纪念萧萐父先生诞辰百周年

内容简介

《吹沙集》（三卷本），是诗化哲学家、武汉大学著名哲学教授萧萐父先生的个人论文集，亦有少量师友评说文字。三卷文字主要体现萧先生吹沙觅金、寻求真知以启后人的哲学情怀。《吹沙集》（第一卷）收入的主要是作者20世纪80年代的文字，以关注中国"内生现代性"和传统与现代的历史"接合点"问题为中心；《吹沙集》（第二卷）收入的主要是作者90年代的文字，以世界多极化发展、东西文化学术交流融合为主题；《吹沙集》（第三卷）收入的则主要是作者21世纪以来的文字，以阐发文化的多元发生、多极并立、多维互动特质为基调。《吹沙集》三卷虽各有重点，然精神一贯，均鲜明地体现了作者"思诗结合"的思维方式、古今中外贯通的宏阔哲学视野，以及关照现实、重视完美人格追求的哲学理想。

作者简介

萧萐父（1924—2008），著名哲学史家和具有诗性气质的哲学家，生于四川成都。1947年毕业于武汉大学哲学系，1956年受邀回武汉大学重建哲学系，是现今武汉大学中国哲学学科的奠基人，开创了"德业双修，学思并重，史论结合，中西对比，古今贯通"的独树一帜的珞珈中国哲学学派。著有《船山哲学引论》、《中国哲学史史料源流举要》、《哲学史家文库：明清启蒙学术流变》（合著）、《王夫之评传》（合著）、《吹沙集》（三卷本）、《大乘起信论·释译》等；编有《中国哲学史》（上下卷）、《哲学史方法论研究》、《中国辩证法史稿》（第一卷）、《王夫之辩证法思想引论》、《玄圃论学集》、《众妙之门》、《传统价值：鲲化鹏飞》等。

萧萐父 著

吹沙集

第三卷

中国出版集团 东方出版中心

自序
PREFACE

《吹沙三集》是巴蜀书社出版的《吹沙集》《吹沙二集》的续编,主要辑存了作者最近十余年已刊和未刊文稿及诗词吟稿。

纵观 20 世纪 70 年代以来的民间学术文化思潮,经过 70 年代后期和 80 年代的思想解放及思潮的反复,到了 21 世纪,又有人将 20 世纪 90 年代概括为"反思的年代"。既曰"反思"似乎就应当是"文化热"的消退;"反思"这里隐含对于 20 世纪 80 年代文化思潮中启蒙取向的后退和拒斥。有一种所谓"超越模式"的提出,他们把文化启蒙心态视为"有问题的心态",认为只有取消、解构启蒙,才能进入"正常发展"。对此,作者未敢苟同。所以,在《吹沙三集》中作者仍然坚持早期启蒙思潮说,并进一步论述它与中国现代化的关系。

坚持早期启蒙说,是为了从 16 世纪以来我国曲折发展的历史中去寻找传统文化与现代化的历史接合点,寻找我国传统文化的现代转化的起点。如实地把早期启蒙思潮看作我国自己文化走向现代文明的源头活水,看作中国文化自我更新的必经历程,这样我国的现代化发展才有它自己的历史根芽,才是内发原生性的而不是外烁他生的。如果不是这样如实地看待和尊重这段文化自我更新的历史事实,而把中国文化看作一个僵化的固定不变的"体",我们势必又会陷入"被现代化""被西化"的体、用割裂的处境。正视并自觉到明清之际崛起的早期启蒙思想是传统文化中现代化价值的生长点,正在成为我们中国文化自我更新之体。这样,我们才可能自豪地看到近代先进的中国人既勇于接受西学、又自觉地向着明清之际的早期启蒙思想认同的形象是多么光彩和大气;"外之不后于世界之潮流,内之弗失固有之血脉"是多么强的文化自信。如此,所谓中西对峙、中西殊途的狭隘观念也就失去了依据。我们所面对的将不是"文明冲突论"所夸张的儒教文化与基督教文化的冲突,而是中西文化在更高层次上的会通融合。

然而中国的现代化发展道路正如它的历史发展道路一样,也不应当是一元的和单轨的,而应当是多元的、多轨互通的。在《吹沙三集》里作者更多地强调了和着重论述了早期启蒙说与现代化建设的关系。从历史上来看,早在楚简中我们就已经看到儒、道由互黜而又互补的思想,此后中国历史的发展,文化和社会生活都呈现一个多元发生、多极并立、多维互动的态势。丰富多彩的和而不同,恰是中国和谐文化的核心思想。

2005年在珞珈山召开的"新儒学第七次国际学术研讨会"上,我送去的贺联是:

多维互动,漫汗通观儒佛道。

积杂成纯,从容涵化印中西。

萧萐父

丙戌仲秋于珞珈山麓

目 录
CONTENTS

自序 ｜1

思史纵横

东西慧梦几时圆？

　　——1998 年 11 月在香港"中华文化与二十一世纪"国际学术研讨会上的发言 ｜3

楚简重光　历史改写

　　——郭店楚简的价值和意义（1999 年 10 月在珞珈山首届郭店楚简国际学术
　　　研讨会开幕式上的发言） ｜8

《熊十力全集》编者序 ｜15

"熊十力与中国传统文化"国际学术研讨会开幕词 ｜20

欲从今古究长河

　　——缅怀吕振羽同志 ｜24

"早期启蒙说"与中国现代化

　　——纪念侯外庐先生百年诞辰 ｜29

王夫之经济思想发微 ｜44

船山人类史观述评 ｜71

附：哲理诗心船山魂

　　——评介《王夫之评传》　吴根友 ｜126

附：萧萐父先生船山学方法论述要　许苏民 ｜130

论中国哲学中的"和" | 137

关于改革开放的文化思考

　　——1984 年 9 月 19 日在第二汽车制造厂党委组织的报告会上的讲话 | 144

嘤其鸣矣

神州慧命应无尽,世纪桥头有所思

　　——萧萐父教授访谈录　田文军 | 165

漫汗通观儒释道,从容涵化印中西

　　——访萧萐父教授　丁祖富 | 175

非佛非儒,吾只是吾

　　——熊十力哲学的根本精神 | 182

关于《熊十力全集》的访谈　黄　熹 | 184

序跋选存

慧命相沿话启蒙

　　——明清文化名人丛书总序 | 193

《王夫之评传》弁言 | 202

易道与书法

　　——序屠新时先生《墨韵易经》 | 206

应当重视辩证思维的民族特点

　　——序田文军、吴根友《中国辩证法史》(简编) | 210

传统价值观转换问题的当代思考

　　——序《鲲化鹏飞》一书 | 214

序谢宝笙《龙·易经·中国文化的起源》一书 | 217

序王仲尧《隋唐佛教判教思想研究》一书 | 222

陆学小议

　　——序王心田《陆九渊知军著作研究》 | 225

吴根友新著《从李贽到戴震》题词 | 229

亡友陈君吉权自选诗词集之一《沉舟诗草》题记 | 230

怀念邵融　｜233

佛教哲学简介

　　——八十年代研究生专题课讲义之一　｜237

师友评说

灵均芳草伯牙琴　契真融美见精神　许苏民　｜297

星空德律导佳句,哲命诗魂化典辞　邓晓芒　｜307

吹尽狂沙始到金　陈家琪　｜314

神州鼎革艰难甚,唤起幽潜共启蒙

　　——浅谈萧教授的学术思想　钟兴锦　｜321

吹沙觅金　心火之传　黄小石　｜342

萧萐父和中国启蒙哲学研究　施炎平　｜347

萧萐父先生"明清启蒙"学术史观之演进　秦　平　｜360

湖海微吟

湖海微吟(续)　｜373

联语　｜398

原版后记　｜401

跋　｜403

索引　｜405

思史纵横

东西慧梦几时圆?

——1998 年 11 月在香港"中华文化与二十一世纪"
国际学术研讨会上的发言

> 雄鸡唱晓破霾天,史路崎岖三百年。
>
> 唤起莱翁共商酌,东西慧梦几时圆?

这首访欧杂诗之一所寄托的历史感情,一方面把高卢雄鸡所象征的法国革命启蒙,仍看作是西方近代文明的凯歌;另一方面对人类历史的迂回波折,又感到某种惘然。不仅 17 世纪以来的中国史曾可悲地经历过几度大的洄流,以致近代化社会长期难产;而且西方近现代社会的发展也暴露出种种畸形和弊端。仅就中西文化交流史而言,也行程坎坷,蹒跚了三百年。遥想 17 世纪时,当西学东渐、中学西传之初,东西方一些睿智的启蒙者都怀着多么美好的愿望,遥相呼应。徐光启、李之藻等对"异国异书,梯航九万里而来",表示衷心欢迎,并力主"会通",以求"超胜";方以智总评西学"质测颇精,通几未举",主张"借远西为刍子,申禹周之矩积","坐集千古之智,折中其间",并有兼容各门学术编成一套大百科全书的构想。与之同时,莱布尼茨等在西欧,仅因读到白晋等介绍的《周易》《中庸》等而盛赞中国的哲学智慧,曾满怀希望想亲自到中国访问,并协助康熙皇帝建立中国科学院,发展中西"融合"(李约瑟语)的数理科学。这些美好愿望,全部都落了空。以后的历史现实,全是另一番图景:中西文化的正常交流被人为地中断了，中国在闭关封锁与文化专制下迅速落后了，终于导致鸦片战争以来西方列强相继狂暴入侵。举国仓皇，奋起救亡。抱恨重重，血泪斑斑。"西风一掬哀时泪，流向秋江作怒涛"；"愿将热血浇黄土，化作啼鹃唤国魂"。诗人的悲愤，无法挽救戊戌变法、辛亥革命的失败，而无数烈士鲜血铸就的民族危机感，却成为一系列狂飙式革命运动的驱动力。

20 世纪的中国基本上是在狂飙式运动中度过的。与政治风云相激荡，中国文化思想也经历了急剧变化。晚清以来，西方各种思潮汹涌而来，与中国传统思想汇聚冲突，离合纷纭，蔚为奇观。当时学界有句口头禅，"纵横数万里，上下几千年"，正反映出当时人们对中西和古今两方面矛盾交错的庞杂文化局面，不免感到惊惧和茫然。一方面，从中国主流文化思潮回应西学的态度看，似乎晚清时期大都"浮浅认同"，到"五四"时期"笼统辨异"，再到后"五四"时期才注意到由"察异观同"而"求其会通"，大体经历了这样一个三段式的认识循环，似乎对大小问题都得如此，只有经过曲折和反复认识才能深化。另一方面，从中国主流文化自身的推陈出新的要求看，既溯源寻根，又各自选择。或以复古为解放，把礼运大同说、春秋公羊学等视为变法改制思想的先驱；或尊崇宋明儒学，把朱子、阳明塑为新统；或以朦胧的历史自觉，从不同层面对明清启蒙学术表示文化认同。可见百年来中国社会转型中的文化变迁，并非单向输入或被动回应西方思潮，西方学者所谓"冲击—反应"模式实属浮明误断；事实是，近代中国文化思想的发展，既表现为中西的冲突与融合，又表现为古今的变革与贯通，可说是处在中西、古今错综的矛盾汇合和新旧文化复杂的代谢过程之中，绝非只是中国文化被西方化的单向过程。正因为是矛盾的复杂汇合，所以，几代人在探索中就不免相继陷入或踏过这样或那样的思想误区，诸如："西学中源说""中体西用说""中西互补说""中西殊途说""国粹论"或"西化论"及"传统至上论"或"全盘西化论""充分世界化论"或"中国本位文化论"，以及立论总倾向上的"西方中心论"或"华夏优越论"等。这些成对的思想范式，都有其历史形式的复杂原因，在历次文化论争中，虽曾把人们引入各种歧途，相反而相因，出此而入彼，迷途未远，今是昨非，故能一再流行，长期反复。中国式的现代化理论，也是通过这些思想范式，逐步衍化提升而得以成形的。这表明,历史提出的复杂课题及其探索中出现的一些思想误区,只有当条件成熟时,经过历史的自我批判与全面反思,才可能找到圆满解决的途径。

斗柄东旋,时移势异。伫立世纪桥头,纵观国际风云。人们不难发现,两次世界大战之后,东西方文化对峙的旧格局已发生根本变化;殖民体系瓦解,冷战基本结束,以和平与发展为主流的国际新秩序正在形成;高科技、新体制,正使亚非拉一些发展中国家得以迅速腾飞。有人惊叹"西方之没落",有人呼唤"东方的觉醒",有人郑重宣布"全球化时代已经来临",当然也有人表示怀疑或唱唱反调。但世界经济、政治实力不可避免地向多极化发展,文化上长期盛行的"西方中心论"已难乎为继。近半个世纪,西方一再兴起"东方文化热",西方学者对中国社会、历史、哲学、文化的研究日益深入,成果累累。同时,中国对西方学术文化的译述、评价、研讨也达到前所未有的深广度,特别是经过对"从万历到五四""从五四到今天"的历次文化运动和文化争论中的成就、失误、遗留问题的总结反思,中国学人的思维模式、学术视野、价值尺度与文化心态都与以前大不一样,提升到了新的精神境界。今天,人们似乎回归到17世纪,而又比方以智、莱布尼茨等更有着无比优越的条件和无比广阔的思想空间来从事中西文化的对话、交往和会通的工作。历史似乎又开始孕育着中西文化汇合交融的新的希望,人类文化的历史发展似将进入一个新的时期。

毫无疑问,应当满怀文化乐观主义的希望,迎接人类文化史的这个新时期。为了迎接这一新时期,人们应当具有一定的历史自觉,作好思想理论准备。近些年,东西方都有学者乐观地预言,21世纪将是中国文化大发扬的世纪,或者按"三十年河东,三十年河西"的惯例,认为中国文化将在世界上逐步发挥主导作用。另有学者慎重地指出:"从全世界范围看,今天我们正处于一个东西文化互相影响、趋于合流的时代。"这就需要对东西方文化和哲学作全面、系统、深入的比较研究,以求融会贯通。这又必然会见仁见智,产生不同的学说或学派,所以我们面临的是"世界性的百家争鸣"。海内外中国哲学的各流派,都将"在国际范围的百家争鸣中接受考验"。为此,中国哲学文化必须经过一个自我批判的阶段,进行系统全面的反思,克服各种"理论上的盲目性"①。

这一论断,切实近真。所谓"理论上的盲目性",究何所指,尚待在自我批判的实践中多方剖析。

就管窥所见,近半个世纪在中国实现的新的文化整合中,本来可以为中国的学术文化的繁荣开拓新的前景,但由于"左"道乱真,照搬苏联文化模式,造成严重后果。而最主要的教训就是把学术文化简单化,直接地、草率地政治化。用政治标准代替其他一切标准而抹杀学术文化固有的特点和独立价值,用政治决定一切代替诸意识形态的相互作用,用真理的单向运动代替真理的螺旋发展,用僵化的思想来限制民族文化主体精神的发扬。诸如此类,就是理论上盲目性的表现。

面向未来,中国民族文化的进一步发展和中西哲学智慧的互补合流,任重而道远。

一方面,消极地说,中国哲学文化必须通过自我批判的反思和历史教训的总结,从根本上走出单一政治化的旧格局,而更好地恢复和实现学术文化固有的价值和功能。同时,也必然由统合走向分殊,摆脱"统比分好""贵一贱多"的传统偏见,而走向真正百花齐放的多元化的发展方向。美国学者亨廷顿鼓吹在未来世纪,东西方只有"文明冲突",不可调和。我们则预计东西方文化正由单向西化引起的冲突走向融合。"和实生物,同则不继。"因为有冲突,才可能进行调和。"杂以成纯""异以贞同"。"君子乐观其杂""乐观其反",正是在杂多中求其统一,在矛盾中观其会通。这样一种文化包容意识,更符合当今人类的和平与发展的大势。

另一方面,积极地说,中国哲学文化的未来发展,应当更好地实现"两化",即中国传统文化的现代化和西方先进文化的中国化。"两化"是互相区别而又互相联系的文化过程,必须善于兼顾,才能逐步圆满解决古今和中西两方面的矛盾的复杂交错的问题。要使中国传统文化向现代化转变,必须吸收西方的先进文化,

---

① 冯契:《智慧的探索》,华东师范大学出版社,1997年,第559—563页。

其中当然包括西方文化发展的重大成果马克思主义在内；但是再好的外国文化，如果不与我们民族特点和现实需要相结合，不经过民族文化主体的演化与现时代的选择，都不可能真正生根和发生作用。只有充分发扬民族传统文化的精神，才能真正实现外来文化的中国化。因此，"两化"是交涵互动的。只有把"寻根意识"和"全球意识"结合起来，通过"两化"，实现中国文化的解构重构，推陈出新，作出新的综合创新，才能有充分准备地去参与世界性的"百家争鸣"，与世界学术文化多方面接轨、多渠道对话，从而对人类文化的新整合和新发展作出应有的贡献。

春兰秋菊，企予望之！

楚简重光　历史改写

——郭店楚简的价值和意义

（1999 年 10 月在珞珈山首届郭店楚简国际学术
研讨会开幕式上的发言）

　　此次郭店楚简学术会得以在珞珈山顺利举行,全靠海内外硕学鸿儒的关怀指导,全靠文史哲各科老中青专家的合力支持;特别是饶宗颐老师、任继愈老师,都以八旬高龄,亲临指导,而许多外国朋友也不远万里前来与会,言传身教,使我们深受鼓舞。

　　20 世纪 70 年代以来,荆楚大地,频频献宝。自 1973 年长沙马王堆汉墓出土大批竹木简和帛书以来,临沂、阜阳、武威、江陵、云梦、荆门等地陆续有新的发现,令人振奋。1993 年底,荆门更传出惊人消息,有记者报道,称荆门楚墓出土了对话本《老子》,这一讹传引来海内外许多朋友函询详情,而我们茫无所知,也无从探问。1995 年 8 月,杜维明教授来我校参加徐复观先生纪念会,会后由唐明邦、郭齐勇教授陪同他亲自去荆门博物馆查访,得见若干散简,稍知梗概,未得窥其全貌。直到 1998 年 5 月,竹简整理完毕,经裘锡圭先生审订,由文物出版社推出了《郭店楚墓竹简》一书,这才顿时引起普遍重视,迅速成为国内外汉学界的研究热点。继 5 月初北京国际儒联召开了首次学术座谈会之后,美国学者信息灵通,5 月下旬美国达慕思学院(Dartmouth College)就举行了一次"郭店《老子》国际研讨会",有来自中国、美国、加拿大、英国、德国、法国、日本、比利时等国家和中国台湾地区的 30 余名专家学者参加,传媒迅速报道了会议情况,把郭店出土的这批简书称为"中国的死海遗书"。接着,北京学术界在炎黄艺术馆召开了隆重的学术研讨会。从此,古墓新知,掀起热潮,多次会读、讨论以及硕、博士论文的撰写、答辩等,涌现出首批可观的研究成果。

为什么一座荆门古墓挖出了一批竹简,写有一万多字,竟会引起如此广泛的关注,竟会成为国际汉学界的热门话题?

我想,这首先是因为这批竹简所承载的文化信息,太丰富、太重要了,几乎全是最高水平的学术著作。可以说,是当时具有很高学养的"老教授"(如墓主可定为"东宫之师"的话),精心选辑的"最精美的图书",代表了当时时代精神的精华和学术思潮的主流。这批竹简,连同尚未公布的上博藏简一千多枚(保存古籍更多),比之西方 1947 年在埃及死海所发现有关基督教早期的资料或许更为重要。这批楚简,除三组《老子》、一篇《缁衣》以外,其他十余种全是今人从未见过的古佚书(其中仅《五行》一篇曾见于马王堆帛书),内容为战国中期以前以儒、道两家为主的重要理论著作。如汇合上博从香港购回的流失楚简及此前出土之简帛书,则涵盖益广,更是洋洋大观。

其次,中国学术传统中似乎有一特别引人注目的历史经验,即每一次地下重要古文献的蓦然出土和深入研究,往往会引发一次学术思想的大震荡,展开一场经久不息的学术大讨论,从而成为中华学术不断跃进的驱动力之一。这次大批简书的纷纷出土和研究的逐步深化,势必对中华学术文化的未来发展产生巨大的、难以估量的影响;1998 年 12 月,在香港举行的"中华文化与二十一世纪"学术会中,饶宗颐先生深刻地指出:近 20 年的考古新发现,特别是大批楚简的出土和研究,有可能给 21 世纪的中国带来一场"自家的文艺复兴运动以代替 20 世纪由西方冲击而起的新文化运动"。饶公预见,立论高远。我想,沿此思路,回顾历史,略举数例,鉴古知今。

首举一例:**汉初孔壁出书**。汉武帝时,鲁恭王刘馀坏孔子宅以广其居,偶于壁中得古书数十篇,计有《古文尚书》《礼记》《论语》《孝经》等,全是古文字(蝌蚪文)所写,与当时流行的经师口传、以今文(即汉隶)写定的经传,篇数与文字均大有出入。这批孔壁古书归还孔氏后,经孔安国整理,如《尚书》就比伏生所传多出了16篇。因无师传，未得立于学官，与其他古文经传如《周礼》《毛诗》《春秋左传》《费氏易》等，均在民间流传。文本不同，诠释各异。从此，引发了一场自汉至清持续两千年的经今古文学之争。

西汉朝廷所立"五经博士"，全属今文学家，已形成章句训诂的一套传统模式。孔壁出书，冲击了今文经学的权威地位。当刘歆上书哀帝争取古文经传列于学官，遭到博士们的抗拒，引起激烈论争。刘歆写了《移太常博士书》名文，抨击今文经师们的"抱残守缺"。后虽借助王莽政治势力而使古文经学一度列于学官，但随又被废。东汉时，今文经学的谶纬化，招致古文学派的有力批判，再经贾逵、马融、郑玄、许慎等大师的努力，东汉古文经学大盛。汉末战乱，古文经籍多散亡。东晋时，梅赜称其发现了久佚的《尚书》古文58篇且附有《孔安国传》，震动一时。唐编《五经正义》，采用梅本，使其广为流行。宋以来，学者多怀疑梅本，或直称之为《伪古文尚书》《伪孔传》，到了清代，阎若璩著《古文尚书疏证》，列举百余条证据，论证《古文尚书》及《孔传》皆为伪书；而毛奇龄又作《古文尚书冤辞》，逐条驳斥阎说，而崔述、段玉裁、王鸣盛、丁晏又各撰专著，参加争论，支持阎说。直到清末民初，由于廖季平、皮锡瑞、康有为与章太炎、吴承仕之间的分歧而更趋激化和复杂化，至今余波未息。

孔壁出书所引发的经今古文之争，绵延两千年，初由经传文本及文字诠释的同异、是非、真伪之辨，渐扩展到两派的学术路线、思想倾向及学风、方法之争，更涉及传统文化及学术史观中一些重大问题（诸如古史的疑信问题、孔子的地位问题、孔子与六经的关系问题，等等），足见其影响之广阔与深远！

再举一例：**西晋汲冢出书**。西晋太康二年（281年），有位盗墓者不準，在河南汲县盗发魏襄王墓（或言安厘王墓），得竹书数十车，内容极为丰富，据《晋书·束皙传》、杜预《春秋经传集解后序》记载，有重要古佚书16种，总共75篇，皆竹简漆书蝌蚪文，盗墓者烧简照取宝物，遂有残缺，晋武帝司马炎（当时宰相张华为博物学家）将这批竹简交著名学者荀勖、和峤、束皙、杜顶等整理编次，以今文写定，编入国家图书目录《中经》，列为典籍。当时，引起学术界广泛重视。汲冢书出土不久，既有卫恒、束皙与王庭坚之间的考订、辩难和王接的公允评判（见《晋书·王接传》），又有多种类书和著名作者的广为引证。甚至，在汲冢竹书的书法研究方面也出现了一股热潮。惜经战乱，这批珍贵古书竟散失大半，现仅遗存《逸周书》《竹书纪年》《穆天子传》《琐语》四种，且都非原本，但仍然作为珍贵的出土文献，对传世的许多史实记载起着无可辩驳的证实或证伪的史料作用。

单就《竹书纪年》说，这本唯一出土的魏国编年体史策，以其记载朴实，"诸所记多与《左传》符同"（杜预语），所以受到许多学者的特别重视。杜预注《左传》，郭璞注《穆天子传》，郦道元注《水经》，裴骃、司马贞注《史记》，范晔撰《后汉书》，李善注《文选》，欧阳询编《艺文类聚》，李昉编《太平御览》，刘知几著《史通》……都曾引证《竹书纪年》，足见其在历代学者心目中的重要地位。特别引人注目的是，汲冢《竹书纪年》记有"舜囚尧""夏年多殷""益干启政，启杀之"、太甲杀伊尹、文丁杀季历、共伯和摄行天子事等，与传统《经》《传》及《史记》所载均大异，又引起历代史家的争议。实际上，《竹书纪年》所记更接近史实，对消除儒家美化古史的讹传有其解放思想的巨大作用。所以，诗人李白在其《远别离》名诗中唱出的新声"尧幽囚，舜野死。九嶷连绵皆相似，重瞳孤坟竟何是"正是以新出土的竹书文献为据，反映了他的新古史观。

原十二卷的古本《竹书纪年》，到宋代已仅残存三卷。到明嘉靖年间，又出现今本《竹书纪年》，乃范钦所辑录、伪作，重点在删去了"舜囚尧，复偃塞丹朱"等大异于儒家经传的记载，失去了存真的文献价值。清代学者又进行了《古本竹史纪年》的辑佚工作，王国维总其成，作《古本竹书纪年辑校》一书，大体恢复了汲冢所出古本的原貌。古本《竹书纪年》为古史研究提供了新资料，开辟了新视野，至今仍有重要价值。汲冢出书中还有一部奇书《穆天子传》，记述了周穆王十三年至十七年（约公元前 9 世纪）进行了一次西征昆仑山的大旅游，行程九万里，见到西王母。关于周穆王西征事，先秦古书《左传》《国语》《楚辞·天问》《墨子》均曾提到，而此书记述特详，初出土，即有郭璞为之作注，历代被列入小说家。清代有学者重新考订，近代刘师培著《穆天子传补释》认为"西王母"系译音，即今波斯；丁谦著《穆天子传地理考证》，说"西王母"是古巴比伦的尼尼微城；顾实著《穆天子传今地考》，则认为穆王经波斯到了里海黑海之间的旷原。三说虽不尽可信，但至少表明，此书为丰富人们的西北乃至中亚地理知识,拓展人们的视野空间,起到了重要作用。

再举近代一例:**甲骨文的发现**。殷墟甲骨作为古文物被发现和收集,始于1899 年(光绪二十五年)。迄今,整一百年,国内外公私收藏的有字甲骨估计已达十五六万片。经过许多学者收集整理、断代、分类、缀合、释字、通读,甲骨学已蔚为一门专家之学。甲骨文所发现单字有 4 500 多个(现公认已能破读的 1 500字左右,另有 500 字尚在疑似之间),在多种甲骨文字汇编的基础上,胡厚宣主持编成《甲骨文合集》13 巨册,共收有字甲骨 4 万多片,国内外虽尚有小部分未及选录,但已是集其大成的皇皇巨著。

殷墟卜辞甲骨文(以及 20 世纪 70 年代周原甲骨)的发现,是我国近代地下文物考古的一项伟大的成果,其本身所取得的成就,已享誉海内外。甲骨学的发展和成就,不仅直接地促进了我国古文字学、古器物学、古地理学、古民俗学和社会经济史、科学技术史、思想文化史的研究,而且有力地推动了史学思想、史学方法论等的进展。例如,第一个从文字学角度研究甲骨卜辞的孙诒让,他根据第一部甲骨文拓片资料、刘鹗所编印的《铁云藏龟》,1904 年写成《契文举例》,1905 年写成《名原》,最早认定这些卜辞是殷代文字,他庆幸自己"晚年睹兹奇迹,爱玩不已",详加考释,并据以校正传世古籍中一些错讹字,功不可没。罗振玉继之,考释了甲骨卜辞五万多片,出版了《殷墟书契》初、后、续编,《殷墟文字》甲、乙编。王国维则进一步根据甲骨卜辞,对照传世文献,考证古史,写出了大量高质量的论文:《殷周制度论》《释礼》《殷礼征文》等,其中《殷墟卜辞中所见先公先王考》及《续考》二文,成为震动世界学林的名文,首次把甲骨文作为史料,证明《史记·殷本纪》等文献所记殷王世系的正确性。王国维在清华任教时又写了《古史新证》讲义,同时,郭沫若、董作宾在这方面也卓有成果,作出了独特的贡献,从而把甲骨学的研究推进到一个新阶段。特别是王国维自觉地在史学思想上纠正疑古思潮的偏颇,在史学方法论上提出把地下考古新发现与传世文献综合起来的"二重证据法"[后来,由姜亮夫、饶宗颐先生等再具体化为"三重证据法",即善于把传世文献资料与地下考古发现的新资料(又可分为无字的古器物与有字的古文献)结合起来]。这就在古史研究上提供了新视角、新方法,既扬弃疑古思潮,又跳出泥古传统，为古史的复原开辟了广阔的新天地。至今，我们对楚简的研究，仍然是继踵前修，实践所谓"二重证据法"或"三重证据法"。

孔壁出书、汲冢出书、殷墟甲骨的发现等，这些仅仅例举的史实，我想，对我们了解郭店楚简的价值和意义，包括近二十年来考古新发现的大量简帛书可能发生的巨大影响，不能说没有一定的启迪。近二三十年出土的简帛文献之丰富和重要，可以说是空前的。且大地献宝，似乎作了某种合理分工，诸如：1972 年临沂银雀山汉墓所献，全是兵书；1976 年云梦睡虎地秦墓挖出的，多为法律；1972 年武威旱滩坡汉墓所献，全属医学（1973 年长沙马王堆汉墓出土帛书中亦有大量医书）；1973 年江陵凤凰山汉墓出土的，多为有关田租、赋税、徭役、商贸等的经济史料。而现在我们面对的郭店楚简（加上上博所藏楚简以及 1972—1973 年马王堆三号汉墓所出大量简帛书），则全是学术著作，且时代最早，前后相继，涵盖面广，形成规模，正如有的学者所指出：这批楚简，给我们"打开了一个哲学的世界"。《易》《老》开源，儒道纲举，百虑殊途，并行不悖。其价值和意义，随着研究的深入将愈来愈显示出来。从学术思想史角度，仅就一年多来的初步研究成果看，实际上已涉及一系列重大学术问题，诸如：

先秦儒道思想的流行区域、相互关系、前后嬗变等的新证，便自然涉及整个中国文化学术的发展格局、思想脉络的重新审定。不少学者从简本《老子》无"绝仁弃义"等语，指出早期道家不反"仁义"，且与儒学有相通处。简本《老子》是否还透露出老学自身或有南北、先后的分派问题，蒙文通、冯友兰均曾论及，现从简本《老子》到帛书本《老子》的文字异同，似乎得到某些印证。

同样，儒门多杂，儒学分派问题韩非早言之凿凿。只是由于孟、荀独显，其他多晦而不彰，连子思著作也残佚无闻。今楚简儒书十一种十四篇，就其论点而言，研究者已指出可能分属于子思、子游、世硕、公孙尼子、县成、陈良等儒家各派。杜维明教授就此作出的"先秦儒学的发展是多元多样的"论断，是言之有据的。此后，上博藏简公布和更多地下简帛书发现，必然会提供更多证据，证明儒道两家各派，以及与先秦诸子各家之间同源分流、多极显示、多元互动的固有格局，涤除道统论者对中国思想文化史的臆造和歪曲。

学术思想随时代变迁,往往有其原生、衍生、发展、变异、中衰或复苏的阶段。楚简重光,使我们从被埋藏了两千多年的古佚书中得见早期儒家的一些思想精华。诸如"禅而不传,利天下而弗利(自利)"的思想,"恒称其君之恶者可谓忠臣"的思想,"君臣不相戴也则可已""友,君臣之道也"的思想,"道始于情,情生于性""礼作于情"的思想等。在秦汉专制皇权形成后,虽尚有儒生、经师如浮丘伯、辕固生、赵绾、王臧、畦孟、盖宽饶等坚持这些"微言大义",甚至冒死实践,以身殉道;但自公孙宏、董仲舒曲学阿世的"儒术"得势以后,上述富有人民性、批判性的闪光思想,就逐渐晦而不彰,乃至中绝。如今从楚简儒书得到确证,始知黄宗羲、唐甄、王夫之等人"破块启蒙"所发挥的"公天下""天下为主君为客",以及君权"可禅、可革"等思想,乃是"取今复古,别立新宗"(鲁迅语)的先秦儒学的复苏。足以表明,楚简的重见天日和浚求博证,势必促成对先秦学脉、儒门多派、儒道关系、儒墨关系,以及经学源流等重大问题的重新梳理和重新定位。一些论者,或从楚简多篇引据《尚书》、论及《尚书》的详密考订,重新提出了《六经》形成时代及先后排序问题、《逸周书》的性质问题、今古文《尚书》的争论问题等,这些都是中国学术史上的大悬案。随着郭店楚简及上博楚简的全面研究,这些大悬案势必得到重新审理,进而有可能重新改写中国学术史、经学流变史及楚国文化史等。

这次会议所汇聚的海内外专家提供的科研成果,斐然可观。通过讨论交流,无论从文本校释,或从义理考辨,都必将促进楚简研究的深化和发展。这是世纪之交令人感奋的大喜事。楚简《性自命出》篇有云:"喜斯陶,陶斯奋,奋斯咏",感奋之余,欣然成咏:

神明呵护墓门开,楚简缤纷出土来。

学脉探原儒道合,人文成化古今谐。

不传而禅公心美,道始于情六德恢。

嘉会珞珈瞩新纪,东方旭日扫阴霾。

(原载《文汇报》2000 年 9 月 9 日《学林》)

《熊十力全集》编者序

　　熊十力先生是 20 世纪中国著名的哲学家和坚贞的爱国民主志士。原名继智、升恒,字子真,曾化名周定中,晚年自号漆园老人、逸翁,湖北黄冈人。幼年家贫,勤读自奋;青年投身于推翻帝制的反清、反袁革命;中年慨然脱离政界,潜心研究哲学。1918 年发表第一部论著《心书》,蔡元培为之序,许其"贯通百家,融会儒佛"。稍后由梁漱溟推荐入南京"支那内学院"从欧阳竟无深研佛法,首尾三年,逐步超迈旧说,发挥新义,博学精思,以建构其《新唯识论》的独特体系,成为"五四"以后卓立不苟、流誉海内外学林的一代哲人。

　　熊先生生于清末光绪十一年即 1885 年(甲午战争前十年),卒于 1968 年(新中国成立后廿年)。他的一生,正当我们民族经历着空前苦难,在苦难中觉醒奋起而屡遭挫折,又勉力克服艰危险阻而赢得进步的年代;同时,在文化领域,中西新旧各种思潮的汇合激荡,也空前剧烈。正是这种特殊的历史条件和文化背景,诞生了熊十力这样充满忧患意识的爱国者和民主斗士,培育出熊十力哲学这样独具民族特色的辩证思维体系。这是我们民族的哲学智慧在苦难历程中的升华,是我国近现代的哲学文化遗产中的珍品。

　　熊先生的学术创造,具有反映时代脉搏的深沉思想动力。他戎马青春,投身于辛亥革命。辛亥之后,亲见洪宪改元、张勋复辟,民主革命成果被封建军阀所篡夺,而曾经革命的人,绝少在身心上用工夫者,忧时之思深,愤世之情急。如他自言:"吾年十六七,便以革命从戎……三十左右,因奔走西南。念党人竞权争利，革命终无善果；又目击万里朱殷，时或独自登高，苍茫望天，泪盈盈雨下，以为祸乱起于众昏无知，欲专力于学术，导人群以正见。自是不作革命行动，而虚心探中印两方之学。"（《尊闻录》）他以如此深挚的忧国情怀，弃政从学，转入学术理论的钻研，其内在动力，绝非消极的"逃世""孤往"，而是满怀悲愿所激发的高度自觉的历史责任感。如他晚年追述："余伤清季革命失败，又自度非事功材，誓研究中国哲学思想，欲明了过去群俗，认清中国何由停滞不进。故余研古学，用心深细，不敢苟且。"（《乾坤衍》）熊先生作为辛亥革命失败的痛苦中觉醒之一员，他深研中国传统学术，进行严肃的历史反思，其明确的目的，就在于总结"中国何由停滞不进""革命终无善果"的历史原因和思想教训。他主要从两方面着眼，一方面着眼于对中国封建专制主义传统遗毒的清理，对此他观察敏锐，爱憎分明，认定"两千年专制之毒"，乃至《儒林外史》等所揭露的"一切人及我身之千丑百怪"，都需要大力清除；尤其历代统治者标榜的"以孝治天下""移孝作忠"等宗法伦理政治信条，"支持帝制，奴化斯民"，更必须彻底清算。新中国建立后，他仍反复叮咛："吾国帝制久，奴性深，不可不知。"（《熊十力与刘静窗论学书简》）另一方面，区别于一般菲薄固有文化、漠视优秀传统的崇洋论者，熊先生又深入总结出辛亥革命失败的原因之一，在于"清季革命思潮自外方输入，自己没有根芽"（《原儒》），即民主革命的理论在中国缺乏应有的根基和思想土壤。因而，他上下求索，试图在传统文化中去"掘发固有之宝藏"，竭力为他心目中的民主革命理想——诸如否定神权、反对帝制、"树立人权""宏大人道""荡平阶级""实行民主""同于大公""协于至平"等，找到自己民族传统中的"根芽"，赋予它们以民族化的理论形态和现代化的时代内容，借用古代的语言和传统思维模式来表达新的时代精神。他对《周易》《春秋》《周礼》及《礼运》等儒家经传的独特解释，以及对历代政治学术的评论，几乎全是围绕民主革命和自由平等社会的理想设计这一主题。他采取这种"引古筹今""六经注我"的方式所表达的思想内容，实际是对封建专制主义和封建蒙昧主义的尖锐批判，是对东方近代化的理想价值和特殊道路的探索和追求，力图使西方输入的"自由、平等、人权"等民主革命理论得到系统的中国化，从而对先天不足的辛亥革命进行理论补课。尽管他对自己从儒经中发掘的所谓"革命""自由""民主"乃至"社会主义"等意蕴的阐释,往往是托古论今,不免穿凿,但跳动在熊先生说经评史论著中的文化寻根意识却是时代的脉搏,深刻地表露了他对民主革命理想的忠贞,对社会主义的向往,对中华文化慧命和祖国的前途充满信心。细读熊先生的书,无不有此感受,并自会得到崇高的精神激励。

熊十力先生的学术创造,具有熔铸百家、敢破敢立的思想特征。他生当20世纪前半叶风雨如磐的半殖民地旧中国,西化惊涛,复古逆流,相反相因,交互激荡,使不少人迷惘不知所归。熊先生正当此时进入学界,他没有随波逐流,而是以异乎寻常的苦学精思,自循中国哲学启蒙的特殊道路,自觉地把王阳明、王船山视为自己的哲学先驱,把明清之际的启蒙思潮视为中西新旧文化迭嬗的枢纽,更广博地扬榷古今,另开一条承先启后、推陈出新的学术途径。论者或把熊先生的学术道路简括为初由儒转佛,出入空有二宗,旋又由佛返孔而归宗于《大易》。这也并非无据。但熊先生治学立言的根本特点,不在学脉数变,而在于自有主宰,不囿成说,力破门户,强调"夏虫井蛙,学者宜戒",而主张博采兼综,"以平等心究观古今各大学派","析其异而观其通,舍其短而融其长",因而与当时的崇洋论者和复古论者都各异其趣,与拉杂比附而浪言融通者亦卓尔不同。他虽自谦对现代科学与西方哲学了解不多,而就其博涉所及,确能以高一层次的哲学思络,通贯古今,平章华梵,衡论中西,出入于儒、佛、老、庄及宋明诸子,自立权衡,自创体系。其以"新唯识"或"体用论"为名所自创的独特的哲学体系,有人称之为"新佛家"或"新法相宗",又有人称之为"新儒家"或"新陆王学"或"新易学"等,其实,作为开拓性的哲学家,自当熔铸丰富的先行思想资料,故其论著中,逐处遮破佛法,睥睨西学,痛斥奴儒,且明确自称:"吾惟以真理为归,本不拘家派……然吾毕竟游乎佛与儒之间,亦佛亦儒,非佛非儒,吾亦只是吾而已矣。"(《新唯识论》语体本)这就难于以某种固有的学派范式去加以评定,或诃其乖违佛理,或赞其不坠儒宗,或美其归宗大易,或疵其抨击宋儒,似皆持论有据而与熊氏思想全貌实未必相应。熊先生的哲学思想,虽有其自为经纬的严整系统,在其境论(本体论)、量论(认识论)、人生论、价值论中也各有其理性思辨的范畴体系,但熊氏哲学的根本精神,在于以"体用不二"为致思途径所展开的"本体与主体合一""智慧与知识并重""内圣与外王一贯"的思想,尊生主动,自强不息,高扬在文化创造、道德实践中的主体性原则和"不为物化"的"人道之尊"。不仅在后"五四"时期的中国哲学论坛上独树一帜,卓然成家,而且以其所达到的现代思维水平,以其所阐扬的人文精神与人文价值,既与20世纪世界哲学思潮相汇通,又保持了"东方哲学的骨髓与形貌",故得以蜚声海内外,在中国和世界文化思想史上都占有一定的地位。熊氏哲学虽不免有其固有的理论矛盾和时代局限,但其博大体系中的人格光辉、智慧探索和多方面的学术贡献,则是我国近现代哲学领域中极为珍贵的思想遗产。

熊先生一生贫困坎坷,长年衰病流离,而以极其深挚而悲苦的忧患意识与文化责任感,勤奋讲学,著述不倦,共写出专著近三十种,发表论文、札记近百篇,与人论学书简更不计其数,共三百余万言。除自成体系的哲学巨著以外,尚有经学、史学、子学、佛学等多方面的学术成果。20世纪20年代至40年代曾刊印专著十数种,新中国成立后新印行八种,60年代以后有的在台湾地区、香港地区及海外也曾重排或影印出版。但过去海内外已刊著作,印数既不多,编校又失之零散而不够精善;至于熊先生生前未刊之遗稿、书札,流传不广的讲义,及散见于报刊上的文字,更急待搜集整理。1985年北京中华书局开始出版的《熊十力论著集》,稍经辑校,仍属选集而非完璧。为了保存这一份珍贵文化遗产,为了提供研究现代中国思想及熊十力思想全貌的完整资料,我们在海内外许多师友和熊先生亲属的热情支持下,决定广搜穷索,重新序目编校,辑成《熊十力全集》,共分九卷,约计三百五十万言,幸得湖北教育出版社慨然以保存乡邦文献自任,惠予排印出版。

这部《熊十力全集》,先专著,后论文、书札,拟大体按年代顺排,足以展示熊先生思想的衍变、发展;拟收入已刊和未刊的全部论著及其原载的诸家序跋与附录;特别可贵的是,已搜集到的熊先生自存校订本上的笺条、夹注、眉批等,将全面反映在校注或校记之中,力求完整和存真,旨在巨细无遗地向读者展示熊先生学术思想的全貌。至于散见于报刊的论文札记和大量未刊的书信、题词等,亦大体按年代编辑,无论鸿篇或是片语,均收录在卷,以备检索。当然,全集之"全",只能是相对的,虽力求网罗无余,总难免沧海遗珠。我们恳望熊先生生前友好、门人及其家属,海内外专家和广大读者,能将所收藏的熊先生的佚文、书札、照片、手迹等,提供给我们,使纳入本集的后出诸卷,使这部全集能够日趋完善,不胜企望。

(萧萐父序于东湖,1990 年 10 月)

"熊十力与中国传统文化"
国际学术研讨会开幕词

各位师友、各位来宾：

由武汉大学中国传统文化研究中心、武汉大学哲学系、湖北教育出版社联合举办的"熊十力与中国传统文化国际学术研讨会"以及新校辑的《熊十力全集》首发式，现在美丽的东湖之滨隆重开幕了。我们兴奋地看到，任继愈教授以 85 岁高龄，欣然莅会指导；王元化教授也年逾 80 岁，亲写熊先生语录横幅，寄来致贺。此前，为编校《熊十力全集》，我们得到任继愈教授、王元化教授与海内外学林多方面的支援、帮助；今天，这么多海内外学者，嘤鸣相应，闻风相悦，或不远万里，来聚珞珈，共襄盛举。湖北教育出版社的同志们，克服了各种困难，及时地提供了装帧精美的《熊十力全集》十大卷。这一切，使我们深受鼓舞，衷心铭感！

熊十力先生，是 20 世纪中国最具有独立意识和创新精神的哲学家。熊十力哲学，在后"五四"时期中国哲学论坛上独树一帜，自成一家之言。以其所达到的现代思维水平，以其所阐扬的人文精神与人文价值，既与 20 世纪世界哲学主潮相汇通，又保持了"东方哲学的骨髓与形貌"，从而在国内外思想界产生了广泛影响。

十六年前，1985 年冬，我们和北京大学、湖北省政协、黄冈地区政府协作，在熊十力先生的家乡黄冈，举行了一次纪念熊先生百年诞辰的学术研讨会，海内外学者、熊先生亲属等共一百五十余人参加。会议取得较丰美的学术成果并产生了一定的积极影响。会上，首次刊布了熊先生的未刊珍贵手稿（《甲午存稿》中的《与友人书》及其他书简数十封），交流了评论和纪念的文章近六十篇及颂诗数十首。会中，特参访了熊先生墓园（新立墓碑及铭文为虞愚老师书法）。会后，出版了两本会议文集《玄圃论学集》《回忆熊十力》，较全面地反映了这次纪念活动的学术内涵与思想收获。但是，会议中由我们与中华书局合作赶出的《熊十力论著集》之一《新唯识论》，作为研究文本，却不够精善，多有错夺，留下遗憾，中外学人都曾关注、指点，或寄来勘误表，使我们既感且愧。学术，乃天下之公器；校正文本，乃治学之始基。为吸取这一教训，于是，慨然有重新编校出版《熊十力全集》之计。这一计划，得到许多学术界朋友的支持，并得到湖北教育出版社领导及理论室编辑同志们的响应，从而有此后十余年通力合作从事《熊十力全集》编纂、排校等艰苦工作的展开。

着手编纂设计之始，我们提出了"存真""求全""精校"的编纂原则，旨在力争整理出《熊十力全集》的权威定本。多次讨论，取得共识。首先，为一个"全"字，就得花大工夫，竭泽而渔，巨细不遗，网罗天下放失旧闻，谈何容易！郭齐勇、景海峰、王守常诸君，几乎跑遍京、沪、汉、穗各大图书馆，幸得到熊先生故旧及其后代、学术界师友们的大力支持和无私援助，使我们获得了大量珍贵资料，才得以编出第八卷中占了近500页的"未发表过的论文书札"。为了"精校""存真"，仅以第一卷中《唯识学概论》讲义（1923年）为例，所据乃熊先生自存的海内孤本，经郭齐勇、景海峰与熊世菩夫妇于1984年在沪上觅得；但复印本涂改处难于辨认，又经蔡兆华君反复校订，亲赴沪上熊家核对原本，尽力恢复了原貌，又将熊先生历年涂改处写成校记共280条。

全集十本，后两本为"附卷"。内容为熊先生哲学思想的"评论集粹"。这部分文字，以其具有探究和论战性质必将引人注目。《附卷》编辑仍本"求全""存真"精神，选材力求全面客观，并以问题意识契入对熊先生哲学评判的争论公案，这自会启发人们深入思考，得出自己的结论。

现在，《熊十力全集》出版发行了。我们坚信，它所提供的文本，空前完整，定会促进对熊先生哲学的研究和评判的深化发展。关于熊先生哲学的思辨结构、范畴体系、理论渊源、价值取向及其在中国和世界近现代哲学史上的地位、作用等，联系到这次会中有学者已提出的新轴心时代哲学走向的特点问题，全球经济一体化中的文化多元化及东西方价值观的跨文化对话问题，后新儒学时期的哲学思考向度问题等，通过这次会议，展开自由讨论，必将取得新的成果，进到一个新的水平。欣慰的是，有不少中青年学者，有取于熊先生的"以平等心究观古今各大学派"，"析其异而观其通，舍其短而融其长"，已提出了熊十力与康德、熊十力与柏格森、熊十力与胡塞尔、熊十力与伽达默尔、熊十力与诠释学等深层思考和比较研究的新课题。我们期待着更多的新的优秀成果。我还想提出一个希望，季羡林、汤一介教授最近提出了"拿来主义"与"送去主义"的问题，我想，熊先生全集中文本出版了，全集或选集的英译本及德、法、俄、日译本，是否能争取早日出版呢？"并世黄州两哲人"——熊十力与汤用彤，汤先生的《汉魏南北朝佛教史》，有日本友人奋力译为日文，流传海外。而熊先生著作仅有陈荣捷先生用英文译介过几小段。当初玄奘留学回国，除译出梵书一千四百多卷外，还将《老子》《大乘起信论》等译为梵文。"译唐为梵，通布五天"，"法化之缘，东西互举"。近二十年，我们有几十万留学生散在国内外，难道就不能期望有一两位玄奘式的有心人？

全集到手，我首先翻阅第八卷，特别是 1948—1949 年在杭州和广州的书札文稿，突然发现在杭州大学"漆园"内的自题堂联"白首对江山，纵横无限意；丹心临午夜，危微俨若思"竟未入选。沧海遗珠，实大憾事。熊先生是性情中人，他的哲学富有诗意。这四句诗化联语，意蕴甚深，如联系他当时自号"漆园老人"，又写《漆园记》以见志（《漆园记》原发表于《学原》，现录存《全集》第八卷），其中大有深意可探，实为熊先生作为一代哲人面对历史风涛不忧、不惑、不惧，坦然的心灵独白，很值得我们细心咀嚼。

几天来，翻阅熊先生全集，读到许多这样心灵独白的文字。面对读者，无论是谁，熊先生只顾讲他的神解心得，表达他的无穷悲愿和忧乐情怀，他相信寂感互通，所以强聒不舍。而读者从他的独白中，总会感受到某种启发和激励，自甘淡泊，向往崇高。面对熊集，我蓦然记起王荆公读《孟子》时冒出的一首诗：

> 沉魄浮魂不可招，遗篇一读想风标。
>
> 不妨举世嫌迂阔，赖有斯人慰寂寥。

这算是我个人借荆公诗句表达的一点内心感受，言不尽意。

敬祝大会圆满成功！谢谢！

（2001 年 9 月 7 日于珞珈山）

欲从今古究长河

——缅怀吕振羽同志

  吕振羽同志是海内外学林公认的马克思主义中国史学的奠基人之一。德业风范，世所共仰。他虽曾遭蚕室之冤并已辞世二十年，但所留下的学思成就、人格风范和教泽影响，却令人永志不忘。

  我在新中国成立初期才接触到吕振羽同志的史学论著，粗读浅尝，无所会心。后于20世纪50年代中调武汉大学哲学系工作，时闻李达老校长的指点和介绍，得知20年代初中国共产党成立后李达老应毛泽东之邀去长沙讲学并任自修大学学长，青年吕振羽时为湖南工业学校学生，就是李老最器重的学生之一。30年代李老转到北平各大学任教，呕心沥血，传播马克思主义火种时吕振羽同志也去北平从事革命活动，师事李老，刻苦钻研革命理论，与李达老、侯外庐等结为志同道合的战友被称为北平的"红色教授"，在当时的艰危处境下，为参加社会史问题等大论战、捍卫马克思主义的理论阵地和粉碎反动思潮的文化围剿而共同奋斗，取得不小的战绩。在漫谈中，李达老常以赞誉的口吻谈及振羽同志在北平时还很年轻，而为人治学，勤勤恳恳，思想敏锐，学风谨严，善于把马克思主义的社会经济形态理论创造性地运用于中国历史实际，故能在学术上勇于开拓，不囿成说。李老对其早年力作《史前期中国社会研究》一书给予高度评价，为之作序；又特别肯定其在中国古史分期问题上首倡"西周封建说"，独树一帜，立论有据，不迷信权威，在学术上自立自信，敢于争鸣。

20世纪50年代,武大哲学系在筹建中,我们在李达老指导下准备在武大哲学系开设"中国哲学史"新课,备课过程中,首先细读了振羽同志的论著,连同杜国庠、赵纪彬、侯外庐等同志的有关论著,成为我们最初走进"中国哲学史"园地的"便桥"和路标。当时,振羽同志的论著(包括如《简明中国通史》及50年代增订本所补加的大量史料性注释,还有《中国政治思想史》一书及一些有关中国古代哲学的专题论文等),无不给我们以多方面的启发。而令人感受最深、最难忘怀的,是其全部著作中,贯注了一种纵观全局的史家通识和明辨是非的批判精神。

他将唯物史观与辩证方法运用于中国史研究,不拘限于一时一事,而力求纵贯横通。首先,对于社会经济史、政治制度史、民族关系史、阶级变动史、科学技术史、思想文化史(哲学论争史)等广阔领域,由基础到上层建筑,分别进行了具体考察,不少层面具有开拓性;单就社会经济史这一基础而言,他又以专著和专题论文形式,对于中国史前社会、殷周社会嬗变、秦汉以后在停滞中的社会演化,以及近代的社会转型,分段剖析,然后综合为一上下前后连贯的系统。这样艰苦的学术探研,却往往是在复杂的激烈的论战中进行的。当时特殊的历史条件下,国内外史学界所展开的理论论争,诸如关于"亚细亚生产方式"问题,中国有无奴隶制时代问题,中国封建社会的"长期性"或"停滞性"问题,现阶段(指20世纪前半叶)中国社会性质问题,以及中国哲学史与民族新文化如何创建问题等,"五四"以来,众说纷纭,到三四十年代,论战日趋激烈。故其论著中,一方面,面对论敌,锋芒毕露;另一方面,又力图就争论的问题,探本溯源,予以全面总结。这所展示的史家的通识,旨在通观史实的全过程,探索其固有的规律性,正是司马迁所谓"通古今之变,成一家之言"(《史记·太史公自序》),也如章学诚所阐释:"独取三千年来遗文故册,运以别识心裁,盖承通史家风,而自为经纬,成一家言。"(《文史通义·申郑》)振羽同志有诗赞《司马迁修〈史记〉》中有句云:"欲从今古究长河"[①],通观古今流变,深究历史长河,正是表达了这一意蕴。

---

① 吕振羽:《吕振羽史论选集》,上海人民出版社,1981年,第704页。

言教、身教重于书教。我与振羽同志直接面谈请教,虽仅有三次,但都留下了永远不能忘却的纪念。

1957年之春,我在北大哲学系进修,刚参加了北大召开的中国哲学史方法论讨论会。一天,汤一介同志约我同去拜访新到北大讲学的吕振羽同志,去时,已先有访者在座,我们主要是倾听振羽同志极为兴奋地阐释"百家争鸣"的伟大意义。这是当时普遍议论的热点,而他的特殊见解是:中国历史上各个时期都出现了"百家争鸣",一个浪潮接着一个浪潮,继起不断,这是中国历史的一个重大特点。所以"双百"方针的提出,是中国历史经验的科学总结。这与当时一般的理解很不一样。一般只认为是吸取苏联的教训,是我国先秦诸子"争鸣"经验的借鉴。振羽同志别有会心的理解,认为历史上每一次"争鸣",都使学术思想得到丰富和发展,客观上总是捍卫了、促进了正确的东西。也就是说,这是真理发展客观辩证法。1962年7月,在中央党校一次报告中,他更具体阐述了历史上从"殷周之际""春秋战国""两汉""两晋南北朝""唐朝""两宋""明清"直到"民族民主革命时期"等七次大的"争鸣";阐述中特别指出了"争鸣"靠以理取胜,所以对学术思想的发展有直接推动作用①。这些思想,当时听来,并不令人感到惊奇,但近半个世纪以后再回顾历史所走过的坎坷曲折道路,就会感到他的这些说法,至少在学理上富有启发性和前瞻性。首先,提出中国历史上第一次"百家争鸣"可能在"殷周之际",举出"八卦哲学"同巫教神学之间的冲突,微子、箕子、比干同其他腐朽贵族的思想斗争等,这已预示了中国思想文化史的研究应当超越疑古思潮,并多次提到应当重视考古新发现以重建古史的问题。其次,既然把"百家争鸣"泛化为贯通全史的文化现象,并视作中国历史的重大特点和优秀传统,这就预示着应当超越"道统心传""儒道互黜""三教鼎立""汉宋纷争"之类及"两军对战"等模式,而把中国思想文化史如实地视为"殊途百虑"、多元并存、多维互动的"百家争鸣"史。鉴古知今,理当以多元开放的心态,乐于面对多极化发展的新形势、积极参与国际性的文化交流和学术争鸣。而这正是当今最引人注

---

① 吕振羽:《吕振羽史论选集》,上海人民出版社,1981年,第663—687页。

目的话题。

1962年冬长沙王船山学术讨论会,振羽同志应邀与会,我以两湖地区青年作者之一,得以在会中向他请教,多次亲切交谈,给我留下了特殊深刻的印象。

长沙船山学术会是接着济南孔子学术会举行的。大批专家直接从济南飞来长沙。我们去机场接待时,就听到有的专家谈笑似的宣称:"在济南我唱孔子的高调,现到长沙我就唱王船山的低调。"会议一开始果然对船山思想的评价上就出现了高、低调之争。两湖作者特别是青年作者多倾向于"高调",如评判船山的认识论及知行观,"整体水平已超过了费尔巴哈",又如肯定船山哲学已"扬弃了程朱陆王""总结和终结了宋明道学"。而低调论者则强调船山思想始终未跳出朱熹的手掌心。一系列问题上,争论热烈。振羽同志莅会后,初未表态,而非常认真地仔细阅读两湖青年作者的论文,热情关心他们的研究成绩及不足之处,多次交谈,除了热情鼓励之外,特别指点我们既要勇于坚持自己认为正确的观点,又要注意"言必征实,义必切理",适度而不要片面夸张,真理多跨进一步就会变成谬误。当时我判定船山思想产生的阶级基础,是明末清初阶级斗争与民族斗争互相纽结的特殊条件下地主阶级激烈分化所形成的"地主阶级政治反对派",振羽同志表示怀疑,认为单从政治分化难以形成稳定的社会集团,且称之为"地主阶级反对派",反对谁呢? 他申说他的观点:从明清之际的社会实际出发,既已有了萌芽中的资本主义经济,就有其思想政治代表。王船山代表了早期市民阶级。针对我论文中曾提到王船山思想是"一面时代矛盾的镜子",他细心指点:研究思想的矛盾性既要深入到当时的时代矛盾中去究其根源,也要深入到思想家个人的内心矛盾去确切体会,因而他强调应注意研究船山在《章灵赋·注》中及其他诗文中的许多自我剖白。大会闭幕式上振羽同志针对会中的争论所作的总结报告,充分肯定了会议展示的研究成果和会中的争鸣气氛,并对会中提出的一些新问题如船山历史观的性质问题等,不强作结论而鼓励继续探讨。这一总结报告,既有理论深度,又平易近人,受到普遍欢迎。

以后咏史诗中又盛赞船山史论:

船山史论掀巨波,欲明"理""势"究长河。

导论进化别达氏,认有律规拟韦哥。

肯定船山的古史进化观自有其特色而不同于达尔文,其历史规律观则近似韦哥(G. B. Vico,《新科学》作者,今译维柯)的历史地位,如此揄扬,情见乎辞。

长沙会后,李达老校长特邀吕振羽同志赴武汉大学讲学,嘱余志宏和我先返校作些安排。可是,我们回珞珈,久候振羽同志不至,且音讯渺然,很久以后才得知他突然蒙冤,在来汉途中即横遭拘捕,从此再无任何消息,珞珈讲学,遂成泡影。此后劫波浩瀚,船山学术研究自然被迫中断;万花纷谢,万家墨面,"文革"中李达老、余志宏同志也都受到牵连……

20世纪70年代末,我参与编辑出版《李达文集》等工作,多次赴京访问,约在1979年趋访过振羽同志一次,得知他在"文革"中虽身陷囹圄,仍积极面对,不放弃对人生、对信仰的追求,令人感佩无已!

1980年7月杪,我再次赴京,原拟为《李达文集》编辑问题再趋访振羽同志请教,万未想到抵京后即闻噩耗,怆怀久之!当时曾趋访病中的侯外庐同志,当谈到20世纪30年代北平旧事,每提及李达老、振羽同志,侯外老亦为之泫然!我留京至8月9日,赴八宝山参加了振羽同志的追悼会。

当时我想到李达老一生播火,坚贞不渝,最后以身殉道;想到振羽同志继传心炬,破雾擒妖,燃犀烛怪,在社会史论战等理论斗争中战功卓著;晚年身陷狱中,仍在奋战,以破报纸写下许多引古筹今的咏史诗篇……他在逆境中表现出的忠贞和浩然正气,凝结了民族历史的优秀传统和亿万人民的正义心声,也是他留给我们的最珍贵的精神遗产,必将永远激励后进,光耀学林!

"早期启蒙说"与中国现代化

——纪念侯外庐先生百年诞辰

蓟下烽烟笔仗雄，胸悬北斗气如虹。

洞观古史知难产，发掘新芽续启蒙。

细案船山昭学脉，钟情四梦寄幽衷。

百年风雨神州路，永记前驱播火功。

为纪念侯外庐先生（1903—1987）百年诞辰，小诗致颂，词难达意。

侯外老是 20 世纪中国马克思主义史学的开拓者和奠基人之一。他对中国史学的诸多领域都作出了重要的学术贡献。30 年代在北平，40 年代在重庆，他以学者兼战士的"红色教授"身份，在反击当时国内外反动思潮的斗争中，笔剑纵横，敢破敢立，战功卓著。新中国成立后，他对新中国史学的学科建设和人才培养，尤其是"中国思想通史"的拓荒耕耘，更是成果辉煌，学林共仰。侯外老以其"通古今之变"的中国社会史观，提出"周秦之际"与"明清之际"（两个之际）的社会转型期，揭示了中国社会发展的规律和特点，并以社会史与思想史的统合研究，提出并论证了中国特有的"早期启蒙说"以及中国近现代化的"难产说"，卓然成为一代学术宗师。在国际上，他被看作是"世界一级的亚细亚生产方式问题论者"和"马克思主义思潮及其历史科学的少数高水准理论家之一"。在国内，他始终是马克思主义史学阵地上的一面光辉旗帜。

但是,在已经过去的 20 世纪,他的学术思想在大部分的时间里却被人们视为不合时宜。20 世纪 30—40 年代,苏俄、日本所谓《新史学》以及国内新理学、新心学、新国史等新派风行学界,他不合时宜;20 世纪 50—70 年代,他的思想又受到"左派"理论家的排斥,依然是不合时宜;90 年代至今,中国特色的后现代主义流行中国,"消解启蒙心态"的声音仿佛成了主流学术话语,他的思想同样是不合时宜。

然而,正是这"不合时宜",凸显了执着追求真理的学术研究的意义和价值。侯外老始终在那变幻无常的时代风雨中保持着对于真理的"韧的追求",保持着一个创造性的马克思主义者的理论活力,他以独树一帜的理论建树和不肯曲学阿世的崇高人格,赢得了一切以追求真理为最高价值的学者们的拳拳服膺和衷心敬仰。侯外老的著作,哺育了一代又一代的中国史学研究者。如今,虽然不少随波逐流的人们漠视侯外庐先生的学说,虽然他的"早期启蒙说"成了摩登的后现代派学者们力图"消解"的对象,但我们仍然在此庄严地宣称:我们自愿继承侯门学脉,自愿接着侯外老的启蒙说往下讲。

一

启蒙,是 15 世纪以来世界历史的主题。启蒙的核心是"人的重新发现",是确立关于人的尊严、人的权利和自由的人类普遍价值的公理,特别是确认每一个人都有公开地自由地运用其理性的权利,并且以人道主义原则为人类社会至高无上的原则和普世伦理的底线,反对任何形态的人的异化。在世界范围内,这一历史进程至今也没有完结。启蒙与反启蒙,人道与反人道,始终在各种五光十色的思想旗号下进行着激烈的抗衡和交锋。

侯外老的"早期启蒙说",确立于他在抗战期间写的《中国近世思想学说史》一书,该书于 1945 年由重庆三友书店出版,1947 年改名为《近代中国思想学说史》,由上海生活书店再版。50 年代中期,又将其中从明末到鸦片战争前的部分单独修订成书,改名为《中国早期启蒙思想史》,列为他主编的《中国思想通史》的

第五卷。1959 年，侯外庐先生又发表了《王廷相的唯物主义哲学思想》《李贽的进步思想》（与邱汉生先生合作）、《十六世纪中国的进步的哲学思潮概述》等文章，将早期启蒙思潮的产生上推到 16 世纪的中叶（明朝嘉靖年间）。1960 年问世的《中国思想通史》第四卷（下），其中第 21～27 章，写的就是 16 世纪的中国思想。完整地理解侯外庐先生的观点，中国的"近世"或"近代"的上限当断于 16 世纪，不宜夸张政治外因而以鸦片战争划段。而早期启蒙思想史，也当从 16 世纪开始，而不是从 17 世纪开始。

"早期启蒙说"的提出，是中国史研究领域的一大发现，一大创见，具有十分重大的学术价值。

第一，它为我们提供了 16 世纪以来中国传统思想文化发生历史性异动的大量第一手材料，提供了用马克思主义观点研究中国近世思想学说史的拓荒之作。

科学地论定 16—19 世纪中国社会时代思潮的性质，以及这一时代思潮与同时段的西方思潮是否具有本质上相通的可比性，首先并不是一个理论思辨的问题，而是一个科学实证的问题，一个需要拿证据来、不是拿个别的偶然的证据，而是大量的具有普遍必然性的证据的问题。

侯外老在《中国近世思想学说史·自序》中说："本书所采的研究方法，仅'朴实'二字。"他是从大量无可置疑的第一手资料出发，从精读原著、精研每一个案入手，来作通观全体之研究，从而作出"启蒙"性质的论断的。他研究得最精深的是王船山，作《船山学案》；由此下行，精研各时段思想界的代表人物，集个案研究而成鸿篇巨帙，遂有从王船山至王国维的《中国近世思想学说史》（《近代中国思想学说史》）和从王船山至龚自珍的《中国早期启蒙思想史》；然后又从王船山向上追溯，精研王艮、何心隐、李贽、王廷相、罗钦顺、吕坤及东林学派诸个案，肯定这一时期的进步思想已开 17 世纪启蒙思潮之先河。"早期启蒙说"决非有意抬高古人学说的价值，而是以严格的科学研究的态度所得出的结论。对于以个人的好恶去肆意抬高古人、以古人的学说与西欧近代思想作牵强附会之比较者，侯外老表示了坚决反对的态度。他曾经列举了学界的种种错误倾向而予以批评，指出："有因爱好某一学派而个人是非其间者；有以古人名词术语而附会于现代科学为能事者;有以思想形式之接近而比拟西欧学说从而夸张中国文化者;有以历史发展的社会成分,轻易为古人描画脸谱者;有以研究重点不同,执其一偏而概论全般思想发展的脉络者;有以主观主张而托古以为重言者。凡此皆失科学研究之态度。"侯外老的中国思想史研究,是极力避免他所批评和反对的以上错误倾向的。他的结论是从材料中得来,而不是先预设一些原则,然后再去寻找材料,所以他才说他的研究方法"仅'朴实'二字"。对于那些否定"早期启蒙说"的人们而言,侯外老对大量的史料的朴实引证,永远是他们绕不过去的一大障碍。不正视这些史料,而空诬为"伪问题",足见其学风浮躁而已。

第二,它对思想变迁的内在理路作了精微的辨析。

侯外老在思想史研究中十分注重思想演进的内在理路的辨析。早在写《中国古代思想学说史》的时候,他就给自己提出了以下问题:"人类的新旧范畴与思想的具体变革,结合何存?人类思想自身的过程与一时代学说的个别形成,环链何系?学派同化与学派批判相反相成,其间吸收排斥,脉络何分?"而在早期启蒙思想史的研究中,关于明清之际学者与宋明理学的关系,是一个颇有争议的问题,这就需要在清理思想发展的内在理路上狠下一番功夫。在这方面,侯外老表现出极深蕴的功力和极敏锐的眼光。如论王船山学说与程、朱、陆、王的关系,论定王船山"对朱为否定式的修正,对王为肯定式的扬弃"[①]。又如论黄宗羲与宋明理学的关系,侯外老指出,梨洲虽然在思想体系上犹保留了"明道之余技"而留连于理学的"枝叶",但在基本上则自觉于人类现实的社会,反省于社会活生生的人类[②]。关于全祖望与黄宗羲学说的关系,侯外老指出:"全谢山笔削枝叶,不失学者态度。明人好为晚年定论之说,在晚年定论一命题下便渗入了后学的新观念,于根柢上发展了前儒,全谢山亦然。不明这一点,无以言'史'的思想过程。梁任公先生虽有夸大清学之病,而把根柢放大,犹可见其一面,而冯友兰先生抹煞根柢,重视清儒之'留连'者则失实远甚。"[③]这些论断,在我们看来,都是合乎

---

① 侯外庐:《中国早期启蒙思想史》,人民出版社,1956年,第43、179、38、19、3页。
② 侯外庐:《中国早期启蒙思想史》,人民出版社,1956年,第43、179、38、19、3页。
③ 侯外庐:《近代中国思想学说史》,上海生活书店,1947年,第135—136页。

实际的确然不易之论。

第三,它科学地揭示了 16—19 世纪中国社会时代思潮的本质。

在侯外老以前,梁启超、胡适之皆曾认为清代学术类似于西方的"文艺复兴",这充其量只是一种现象形态的类比;而侯外老用"启蒙"二字来论定 16—19 世纪中国社会思潮的变迁,才真正揭示了时代思潮的本质。

侯外老把早期启蒙思潮的理论形态归结为"个人自觉的近代人文主义"。他说:

> 在十六、七世纪之交,中国历史正处在一个转变时期,有多方面的历史资料证明,当时出现了资本主义的萌芽。因此,在社会意识上也产生了个人自觉的近代人文主义。①

从这一观点出发,他肯定王夫之具有增补"人权平等"的思想,肯定黄宗羲的《明夷待访录》类似"人权宣言",其中"具有人权平等、自由放任的道理",并且"由人权的平等推论到法律的平等";又进一步阐说黄宗羲个性解放的自由思想,指出"人文主义的自我解放或自由的思想,和他的政治哲学脉络相贯,而为近代启蒙者的精神","崇拜个性"是启蒙学者自由思想的一个重要表现。又肯定傅山反奴性思想"具有启蒙期个性解放的进步性"。他认为顾炎武的"清议"论,"含有近代'大宪章'里的'自由'的内容","是近代言论自由的'新民'思想";又说顾炎武的"经济思想的前提,是自由经济与私有恒产",而顾炎武之所谓"以天下之权寄之天下之人"的政治思想,更体现了"市民的民主要求"。自由、平等、人权是近代启蒙思想的理论基石,是"个人自觉的近代人文主义"的集中体现。由以下论述可见,侯外老是深刻地把握了"启蒙"的精神实质的。

第四,它科学地揭示了社会历史的演进与思想之发展的关系。

与梁启超偏重于从学术与政治的关系来考察"近三百年"学术变迁的观点相

---

① 侯外庐:《中国早期启蒙思想史》,人民出版社,1956 年,第 43、179、38、19、3 页。

区别,侯外老是从中国资本主义萌芽的产生、发展、挫折、复苏的全过程入手,来探讨中国近代社会缓慢前进的艰难历程和思想启蒙的曲折道路的。他认为中国的资本主义萌芽产生于明朝的嘉靖年间,即16世纪中叶。从嘉靖到万历,即16世纪中叶到17世纪初叶,是中国社会发展的时代转折点,是资本主义萌芽最显著的阶段。他从三个方面对这一时期社会内部的新旧矛盾作了考察。

一是考察土地所有制的变化。他认为明代中叶以后土地私有的发展,是适应着商品经济的发展的,特别是在东南沿海和长江流域及赣水流域的广大的三角地区。他极力说明,这种状况与19世纪在俄国发生的情况在性质上是相似的:"俄国土地私有制的发展,即在于由身份性之转变为非身份性",土地日益卷入商品流通之中,经营地主的势力在扩大,为交换而生产的农业在发展。正是在这样的情况下,明王朝才以"一条鞭"法的法典的形式确立了从实物地租向货币地租的转变。

二是考察手工业和商业的发展。传统的生产方式是农业和手工业直接结合的自然经济的生产方式,而16—17世纪的中国,则出现了农业与手工业的分离和带有资本主义雇佣劳动性质的城市手工业工场。

三是考察中国民间商人的对外贸易活动。侯外老指出,在中国的16—17世纪,"商业资本也随着商品经济的发展与对南洋、俄国及日本的贸易的开展而活跃起来。特别是在嘉靖以后至隆庆时代,不仅沿海苏、浙、闽、粤的商人资本有了较大的国际和国内的经营组织,内地的川、陕、晋、赣、徽的商人资本也参与着贸易活动"①。

他认为经济的发展带来了社会风尚和人们的价值观念的变化,这种变化必然反映到思想家的思想上。早期启蒙思想的产生,归根结底只有从社会经济的新变动上才能得到科学的说明。通过对早期启蒙思潮赖以产生的经济的和社会心理的原因的揭示,侯外老为我们树立了把唯物史观创造性地运用于中国思想史研究的典范。

---

① 侯外庐:《中国早期启蒙思想史》,人民出版社,1956年,第43、179、38、19、3页。

二

关于 16—19 世纪的中国产生了自己的启蒙思潮的观点，马克思主义经典论著没有说过，倒是梁启超、胡适之这些非马克思主义的学者从现象形态的考察上发现清代学术类似于欧洲的文艺复兴，为侯外老透过现象而洞察本质、提出"早期启蒙说"提供了启迪。因此，如今学术界流行的那种认为早期启蒙说是"唯物史观的教条"的观点，是完全没有根据的。侯外老不存学派偏见，善于从非马克思主义学者的研究成果中汲取营养并获得启迪，由此而自创新说，正表现了一位创造性的马克思主义者的宽广胸襟和理论卓识。

"早期启蒙说"的提出，不仅具有重大的学术价值，而且具有深刻的理论意义。

第一，它驳斥了国际上普遍存在的中国社会自身不可能产生出现代性因素的西方中心主义偏见，有力地证明了中国有自己内发原生的早期现代化萌动，有现代性的思想文化的历史性根芽。

在西方，"东方文化否定论"的传统源远流长。亚里士多德关于"希腊人天生就是自由的，东方人天生就是奴隶"的种族偏见，深深地影响了 18 世纪以来知名度最高的一批西方学者。孟德斯鸠说："在那个地方（编者注：中国）的一切历史里，是连一段表现自由精神的记录都不可能找到的"①。英国古典政治经济学家们致力于对中国社会作经济政治分析，分别从自给自足的农业村社与专制制度的关系、皇帝作为唯一的土地所有者与法律对私有财产的限制，以及行政机关干预社会经济运作、不存在各种得到传统和公众舆论支持的可以同专制君主相抗衡的独立的社会机构来保护个人不受政府掠夺等方面，来揭露中国社会亘古不变的奥秘。黑格尔认为世界历史的目标是"自由"，而东方从古到今只知道"一个"是自由的，最不可思议的是"连学者也要服从皇帝的命令"。而马克斯·韦伯

① 孟德斯鸠：《论法的精神》，张雁深译，商务印书馆，1982 年，第 279 页。

则干脆断言中国根本就不存在走向现代化的文化背景。他们都一致认为，亚细亚制度没有内部的动力，必须依靠引进外面的因素向它提供动力，依靠外国资本的侵入才能使这种制度的静止状态归于结束，中国只能"被现代化"。

侯外老并不否认英国古典政治经济学家对中国社会的分析具有合理性，不否认"东方专制主义"对于社会发展的严重阻滞作用，但他决不同意只有靠外力、靠外国资本主义的入侵才能改变中国的观点。他认为，从 16 世纪以来，中国的历史没有如欧洲那样走向资本主义社会，这并不等于说，中国封建社会没有解体过程，没有资本主义的形成过程。从 16 世纪中叶开始，中国已经存在着资本主义的幼芽，中国的历史从这时起已经处于封建社会解体的缓慢过程中，"城市对农村的矛盾、货币经济对自然经济的矛盾，以及手工业从农业中分离的矛盾，总而言之，个体经济的自由经营对由法律固定下来的封建特权所依存的土地占有制之间的矛盾，暴露出来了"①。侯外老引证顾炎武《天下郡国利病书》中的《歙县风土论》来说明嘉靖至万历年间的历史变革性的转折步骤，看中国的资本生活史从"末富（工商）居多，本富（土地）益少"到"富者百人而一，贫者十人而九"的发展状况；又引《吴江县志》《震泽县志》《苏州府志》来阐述资本主义萌芽发达地区的阶级关系、风俗民情、价值观念变化的情况。

侯外老也并不否认中国历代专制皇权对人民的自由权利的剥夺和对自由精神的摧残。然而，他深知，被锁链囚缚着的正是反抗的奴隶；一部中国史，并非如西方学者所说"连一段表现自由精神的记录都不可能找到"。在那些充当皇帝的奴仆的学者之外，还有许多不肯服从皇帝命令的学者。因此，在中国思想史的研究中，他除了努力发掘中国历史上的"异端"思想以外，特别重视揭示 16 世纪以来中国的进步学者反对专制蒙昧、争取自由权利的心路历程。他的《近代中国思想学说史》或《中国早期启蒙思想史》，正是先进的中国学者争取自由的心路历程之写照。特别耐人寻味的是，在 1959—1962 年极"左"思潮盛行之时，他却着力于研究汤显祖的"临川四梦"，寻索其在"笔墨之外"的"有讽有托"的深意。在《论

---

① 侯外庐：《中国早期启蒙思想史》，人民出版社，1956 年，第 43、179、38、19、3 页。

汤显祖剧作四种》一书中,他表彰汤显祖"对于黑暗现实的抗议",表彰敢于仗义执言、敢于为民请命的豪杰之士,揭露皇权官僚专制主义的制度性的腐败,谴责假道学"对于黑暗世界装上了鲜丽的花朵,而其本质却使世界历史的发展格而不通";与此同时,又讲到了"大儒大侠惟患天下人有生而无食",讲到了"免除贫困和欺压的人权思想",等等。对于汤显祖的研究,既表现了侯外老的独立人格和批判精神,寄托着他情之所钟的自由理想,同时也为"早期启蒙说"提供了新的有力证据。"早期启蒙说"证明,在中国人当中,并不缺乏对于公开地自由地运用其理性的权利的追求,任何否认中国人同样应该享有人类的普遍价值、把中国人看作"天生的奴隶"的种族论的观点,都是完全错误的。

第二,通过社会史与思想史之统合的研究,通过把 16—19 世纪的中国思想史放到世界历史的总范围内来加以考察,把一般规律与特殊规律统一起来,丰富了马克思主义的唯物史观和世界历史理论。

在侯外老提出"早期启蒙说"以前,在中国"近三百年"学术史研究中,普遍主义与特殊主义两种倾向呈双峰对峙、二水分流之势。梁启超、胡适之的论学思路,明显地倾向于普遍主义,即都有一个基本的预设:东海西海,心理攸同。人类的官能心理是相通的,故在大致相同的历史条件下就会产生出大致相同的思潮和思想学派。所以他们都把清代学术与意大利"文艺复兴"时代相比拟。与此不同,钱穆先生的思路则是特殊主义的,他强调中国自有中国道理,与西方绝然不同,尤其痛恶"言政则一以西国为准绳",强调学者当以"得君行道"为职志;因此,讲"近三百年"学术史,就只能按传统学术的思路讲,诸如程朱派与陆王派之争、汉学与宋学之争,等等,目的是"倡风教,崇教化,辨心术,核人才,不忘我故以求通之人伦政事"。

这种普遍主义与特殊主义的分歧,实际上是一场旷日持久的世界性争论在中国特定历史条件下的表现:从 16 世纪以来的"科学—理性"主义思潮及其代表人物,皆以强调各民族文化的共性和发展进化的一般规律为特征,从意大利学者维柯到法国的百科全书派,从黑格尔到摩尔根、孔德、斯宾塞,全都持普遍主义的、单线演化论的观点;而 19 世纪后期产生的新康德主义的文化哲学和文化人类学中的鲍厄斯学派,则强调各民族文化的多元性,否认进化发展和一般规律。这场争论至今也没有完结。

通过社会史与思想史之统一的研究,把人类社会发展的一般规律建立在对各民族社会发展的特殊历史途径的认识的基础上,把思想文化进步发展的一般规律建立在对文化的多元存在和发展的特殊规律的认识的基础上,是侯外庐先生的一大理论贡献。

侯外老是在首先研究了中国古代社会和古代思想史以后再来研究近世社会及其思想学说史的。他发现,从野蛮时代进入文明时代虽然是希腊、罗马、日耳曼和中国社会发展遵循的普遍规律,但进入文明的具体途径却有不同,因而有"古典的古代""日耳曼的古代""亚细亚的古代"的区别。"古典的古代"遵循的是由家族到私有制到国家的途径,氏族制的枷锁被彻底摧毁;而中国古代文明的形成则遵循的是由家族到国家、"人惟求旧,器惟求新"的途径,是在保留氏族公社的基础上进入文明的,"死的抓住活的",古代文明的形成长期处于难产状态之中。"其思想发展的特征是由畴官世学而缙绅先生的诗书传授,由缙绅先生的诗书传授而开创私学的孔墨显学,由孔墨之学而百家并鸣之学,以至古代思想的没落。氏族制的遗留,规定了国民思想的晚出。对应于希腊古代探究宇宙根源的智者气象,在中国则为偏重伦理道德的贤人作风。"①

中国古代文明形成过程中的这种"死的抓住活的"的情形,影响到汉代以后的中古社会,更影响到了中国的近代。16世纪以来的中国,既在封建社会的母胎中产生了资本主义的萌芽形态,又在发展过程中未能走进近代资本主义世界,关键在于旧的生产方式及旧的思想影响太深,新的因素十分微弱,这即是如马克思说的,既为旧的所苦,又为新的发展不足所苦,死的抓住活的。资本主义要排斥身份性的人格依附,然而封建主义的顽强传统又要维持这样的人格依附;商业有多大的分解作用,首先是依存于旧生产方式的坚固性和内部结构。活的东西要冲破死的,而死的东西还在束缚着活的——这就是16世纪以来中国社会历史

---

① 侯外庐:《韧的追求》,三联书店,1985年,第326、259—260页。

变化的实际情形。方生未死,新旧杂陈,这种情形反映在思想上,就表现为早期
启蒙学者的思想仍然在相当大的程度上受到旧的传统的束缚。

侯外老晚年反复致意:"从古代文明的难产到近代文明的难产,说明旧的传
统是阻碍历史前进的巨大惰力。这是中国历史的特点,也是我们应当认识的国
情。"①在侯外老看来,如果说中国有什么"特殊国情"的话,就在于旧的传统的势
力太过强大,而这恰恰又是根源于古代文明形成和发展的特殊历史途径及由此
而形成的特殊的社会结构,这种结构的坚固性强有力地抵御着商品经济对它的
分解作用。"早期启蒙说"与中国现代化如此紧密相关! 侯外老积一生之追求和
思考所凝结成的这一深刻思想,值得我们反复咀嚼、认真记取。

三

侯外庐先生离开我们已经 15 年了,但关于"早期启蒙说"的争议仍在继续。

20 世纪 80 年代以来,在世界范围内出现了一股鼓吹"启蒙失败论"的思想
文化逆流。以麦金太尔为代表,质疑启蒙运动所确立的人类普遍价值的公理,批
评权利(自由)、公正(平等)、宽容(博爱)、和平(秩序)等启蒙理念不过是一种先
验的假设,从来无法用经验事实和实证方法来加以证实。这种"用启蒙的武器反
对启蒙自身"的论证手法,逻辑地将启蒙的理念引入无法论证的"失败"境地。由
此,"启蒙失败论"便迅速蔓延到了伊斯兰世界和东亚世界。90 年代以来,在中
国一些人的眼中,侯外庐先生对中国早期启蒙思想史的研究正如关于中国资本
主义萌芽问题的研究一样是"伪问题",中国思想史和中国历史研究要完全拒斥
西方的概念和学理,实现彻底的"本土化"。

我们欣喜地注意到,在中国,已经有学者奋笔撰文来回击这种全球性的思想
文化逆流。李申先生在《"伪问题"与"舶来语"》一文中,揭露了中国特色的后现
代主义者不考学术源流、不读古典原著、缺乏基本的学术素养的真面目。② 黎鸣

---

① 侯外庐:《韧的追求》,三联书店,1985 年,第 326、259—260 页。
② 李申:《"伪问题"与"舶来语"》,《开放时代》2002 年第 4 期。

先生也撰文指出："中国的所谓后现代主义者，则是一帮为（现代性的）新生婴儿甚至为还尚未出生的胎儿掘墓的昏人。"①更有吴冠军先生在《什么是启蒙》一文中，阐说康德的启蒙遗产，对麦金太尔的"启蒙失败论"给以有力的驳斥。②

康德是启蒙理念的坚定捍卫者。他在《什么是启蒙运动》一文中指出，启蒙运动除了自由之外并不需要任何别的东西，而且一切可以称为自由的最无害的自由，就是在一切事情上都有公开运用自己理性的自由。③诚然，"天赋人权"的原则是先验的，在以往的人类历史上是得不到经验事实的论证的，但在康德看来，它却是实践理性的必然要求，实践理性通过"自由"概念来为人类社会提供先验法则。实践理性所确立的第一条绝对命令就是：应该使你的意志所遵循的法则永远能够成为普遍的道德律。也就是说，如果你不想被剥夺自由权利，那么你就不要剥夺他人的自由权利；如果你不想被别人当作工具，那么你就不要把别人当作工具。权利的普遍原则就是从这条最高的道德律中所推出：权利乃是以每个人自己的自由与每个别人的自由协调一致为条件，即人人自由而不得侵害他人之自由。因此，尊重人权乃是道德的绝对命令，是做一个有道德的人的最基本的条件。只有尊重人权，才可能有社会的和谐、世界的"永久和平"。通过以上论证，康德捍卫了自由、平等、博爱、和平的启蒙理念，用康德的思想来驳斥麦金太尔之流对启蒙理念的挑战，无疑是十分有力的。

不过，我们还应看到，真正的马克思主义者同样是启蒙理念的忠实捍卫者，是启蒙理念的更为强有力的论证者。康德是以人的内心的实践理性为人类自身立法，马克思则直接以人类的历史实践为人类自身立法。从人类的实践中，马克思看到人的本质在于自由自觉的活动，而启蒙理念正是人类历史实践发展到近代的必然产物。马克思怒斥普鲁士政府的书报检查令，宣传每一个人都有自由地公开地运用自己的理性的权利；马克思在《〈黑格尔法哲学批判〉导言》中热烈地呼唤："（启蒙）思想的闪电一旦真正射入（德国）这块没有触动过的人民园地，

---

① 黎鸣：《20 世纪，西方哲学走向死亡的最后历程》，《书屋》2002 年第 8 期。
② 吴冠军：《什么是启蒙》，《开放时代》2002 年第 4 期。
③ 康德：《历史理性批判文集》，何兆武译，商务印书馆，1990 年，第 24 页。

德国人就会解放成为人！"①马克思在《共产党宣言》中强调，他的社会理想是以每一个人的自由发展为前提的一切人的全面发展——恩格斯曾一再强调，这句话是全部马克思学说的根本精神所在。马克思在论述中国的未来时，憧憬着中国的万里长城上写着："中华共和国：自由、平等、博爱！"②按照马克思主义的观点，人类在实践中千百万次地重复着各种不同的逻辑的格，以便这些格能够获得公理的意义。启蒙者的理念正是人类长期历史实践的结果，是人类的历史实践赋予了启蒙理念以人类普遍价值之公理的意义。在马克思看来，只有确认人类普遍价值的公理，人才成其为人，亦才能使被长期的专制蒙昧扭曲了的人"解放成为人"。

侯外老作为一位马克思主义者，卓越地论证了启蒙的现代性理念不仅产生于西方，而且也产生于中国的观点。为我们突破传统与现代截然二分、体用两橛、中西对峙的思维方式，解决"传统与现代化的关系"问题，提供了一条新的路径。接着侯外老往下讲，我们认为，应当从我国16世纪以来曲折发展的启蒙思潮中去探寻传统文化与现代化的历史接合点，其理由是：

第一，早期启蒙思潮的兴起是以古代文化的长期积累为背景的传统文化向现代转化的历史性起点，是中国传统文化在特定历史条件下的自我批判、自我发展和更新。直到晚清和"五四"时期，中国的启蒙者们皆不忘从早期启蒙思潮中汲取理论营养和推动社会变革的动力。这充分说明传统与现代不是截然二分的，也不可用人为的"断裂"去割断它。尊重历史的辩证法，就不能无视中国文化自身产生的现代性的历史根芽，另外去寻找所谓"返本开新"之路，而应把早期启蒙思潮看作是现代文明建设的源头活水。

第二，早期启蒙思潮既是中国文化的自我更新，其体其用自然是内在的统一的。这表明，中国文化之体并不是一个僵化的固定不变之体，而是历史地更新着的。用这种自我更新了的中国文化之体去接受西方的先进文化，自然不存在"中

---

① 《马克思恩格斯选集》第1卷，人民出版社，1972年，第15页。
② 《马克思恩格斯论中国》，人民出版社，1953年，第189页。

体"与"西体"之间的扞格不通,也不至于导致"中学为体、西学为用"这种体用两橛、徒使严又陵耻笑的荒谬理论。而体用两橛论者的根本失误,即在于他们为了拒斥西学,竟抛弃了我们民族体用一源、不执固定之体的优秀文化传统,把中国文化之体看作固定不变之体,否认了它的自我批判、自我发展和自我更新。

第三,正因为明清之际的早期启蒙思想是中国文化之体的自我更新,所以近代先进的中国人既勇于接受西学,又自觉地向着明清之际的早期启蒙思想认同,真可谓"外之不后于世界之潮流,内之而弗失固有之血脉"(鲁迅语)。如此,所谓中西对峙、中学与西学水火不容的狭隘观念也就失去了其存在的依据。自我更新了的中学与西学既无时代性之隔膜,则民族性之微妙差别自会相互补益,由此而综合创造出人类的新文化。如此,我们所面对的,将不是"文明冲突论"者所鼓吹的儒教文化与西方文化的冲突,而是中西文化在更高层次上的会通融合。这对于为我国的现代化建设创造良好的国际环境,尤为重要。

"早期启蒙说"及关于"传统与现代之历史接合点"的论说,逻辑地指向当代中国哲学的"新人学"的建立。在中国现代哲学史上,有冯友兰先生的接着程朱理学往下讲的"新理学",有贺麟先生的接着陆王心学往下讲的"新心学"。当新理学、新心学问世之时,侯外老独辟蹊径,表彰明清之际"个人自觉的近代人文主义"思想,安知他没有建立一种接着早期启蒙学者往下讲的"新人学"之意?我们认为,从李贽呼吁复"童心"、做"真人",到王夫之"依人建极"、怒斥"申韩之儒",到戴震提出"血气心知"的人性学说、批判"以理杀人",其理论归趋无不通向扬弃伦理异化的新人学的建立,与同时期以"人的发现"为主题的西欧思潮的变迁具有本质上相通的东西方可比性。接着李贽、王夫之、龚自珍、戴震往下讲,既坚持了中国哲学自我发展和更新的主体性,又有利于融摄自文艺复兴以来西方哲学的一切积极因素,从而创造出一种植根于自己的文化传统的新哲学。这是侯外老未竟的事业,想必这一定是他的在天之灵热切地期待于我们去努力实现的。

"早期启蒙说"与中国现代化之关系是如此密切,它为我们解决传统与现代化之关系问题提供了契入点和路径,为我们直接参与民族文化传承的"接力赛"设立了最近、最佳的接力点。接着侯外老的启蒙说往下讲,认真记取侯外老关于中国之现代化何以"难产"的深刻见解，坚持"首在立人"的启蒙事业，以人的现代化促进社会的现代化，正是历史和时代赋予我们的庄严而崇高的使命。

　　（此文与许苏民同志合作，原作为《明清文化名人丛书·总序》，载 1998 年南京出版的该丛书。）

王夫之经济思想发微

判断一种经济思想有没有近代意义，不是看它表面上是重农还是重商，而是看它如何对待行政权力与社会经济运作之间的关系。中国君主专制主义得以长期延续的奥秘之一，就是行政权力直接干预社会经济运作；而一切近代经济学说的根本特征，就在于使社会经济运作最大限度地摆脱行政权力的直接干预，使经济得以按其发展的自然规律运行。正是在这一点上，我们认为，无论王夫之有多少重农的言论，抑或又有多少重商的言论，二者又如何自相矛盾，但他毕竟在主张社会经济运作摆脱行政权力的过多干预上迈出了关键性的一步，使他的经济学说初步具有了近代经济思想的特征。

一、"上之谋之不如其自谋"
——论社会经济生活的自然规律

英国古典政治经济学家和马克思、恩格斯论及东方社会时，皆以行政权力直接介入社会经济运作为东方专制主义的显著特征，把它看作是东方社会发展长期陷于停滞状态的重要原因之一。英国古典政治经济学家倡自由竞争之说，反对行政权力支配和介入经济运作，认为借助于市场经济这只"看不见的手"就可以对经济运作起调节作用，形成合理的经济秩序。这一学说为近代资本主义市场的经济发展奠定了理论基础。在16—17世纪的中国，也已有了此类思想观念的萌芽。李贽的学说，就十分鲜明地反对行政权力介入经济运作，主张在自由竞争中"各遂千万人之欲"。但其论说，未免失之粗放。而王夫之的论述，则更为密实。

王夫之论及经济运作，鲜明地提出了"上之谋之不如其自谋"的命题，并对此做了颇有深广度的论说。他说：

> 人则未有不自谋其生者也，上之谋之，不如其自谋；上为谋之，且弛其自谋之心，而后生计愈蹙。故勿忧人之无以自给也。藉其终不可给，抑必将改图而求所以生，……。上唯无以夺其治生之力，宽之于公，而天地之大，山泽之富，有余力以营之，而无不可以养人。①

这是一段极为深刻地论说行政权力干预社会经济运作只能使民众"生计愈蹙"的文字。其立论的依据，说是"人则未有不自谋自其生者"，肯定每一个人都有求生存的自然本能，都有追求私人利益的动机，都有自谋其生的能力。如果把这一切都强行纳入政府计划，由政府来为民众谋生计，就会使人们"弛其自谋之心"，且"夺其治生之力"，势必导致普遍贫穷，甚至连温饱都难以维持的状况。因此，王夫之坚决反对由政府制定统一的经济计划来支配人们的经济行为，主张让人们"自谋其生"，自由地发挥其"治生之力"，让每一个人都去追求他们的私人利益。这样，以"天地之大、山泽之富"，皆"宽之于公"，又何必"忧人之无以自给也"。历代专制统治者和正统儒家都以"养民"者自居，都说是他们养活了民众，是他们在致力于解决民众的吃饭问题，而王夫之则指出，正是他们的僭妄，他们的行为剥夺了人民的"治生之力"，压抑了人民的"自谋之心"，使人民生计愈困。这是经济理论上的一大翻案。以现代市场经济的眼光看，谋生，毕竟是私人的事；经济活动的主体，也只能是每一个追求其私人利益的个人。只有每一个人追求其合理的私人利益的能动性的充分发挥，才能解决他们的生计问题；而每一个

---

① 《读通鉴论》卷十九，《船山全书》第 10 册，第 710 页。

人满足其日益增长的物质文化生活之欲求的活动，正是推动社会经济发展的最有力的杠杆。这一杠杆的巨大功能，是任何强大的政治权力都无法取代的。把每一个人"自谋其生"的权利还给个人，正是王夫之经济思想的近代诉求。

"上之谋之不如其自谋"，只是一个抽象的经济学原则，对此，王夫之还有许多具体的论述。他反复强调，社会经济生活自有其内在的自然规律，应该让这种自然规律充分发挥作用，只有"陋儒之妄"，才会迷信权力可以支配一切，可以对人民的生活和社会经济生活任意发号施令；而这样做的结果，只能给人民带来灾难。他在《读通鉴论》"魏诏守令劝课农事"条中写道：

> 若农，则无不志于得粟者矣。其窳者，既劝之而固不加勤；而劝之也，还以伤农。方其恪共于耕之日，士女营营，匪朝伊夕，从事于陇首，而吏拥车骑喧阗于中野以贰其心，则民伤；于是刻覈之吏，搜剔垦莱以增益其赋，苟求余丁以增益其役，而民愈伤。……胡为委贪廉不可信之有司以扰妇子于耕馌哉？[1]

他说北魏诏守令劝课农事，完全是多此一举，守令奔走郡县名为劝农，实际上却是扰乱纷纭、使民无宁志，反而干扰了农业生产；同时，守令为了向朝廷显示自己劝农有功，又不免要"饰美增赋以邀赏"，如此，"天下之病尚忍言哉"[2]！他说元朝的统治者课民种桑也是如此，其强令不宜种桑的土地也要种桑，"桑丝之税加于不宜种桑之土"，加上明朝的统治者也沿袭了此种弊政，致使"害极于四百余年而不息"[3]。他认为无论是北魏的劝课农事，还是元明两代统治者的课民种桑，都是些"贼道而害及天下"[4]的举措。他强调："农桑者，小民所自劝也，非待法而驱也。……行之以自然耳，非一切之法限之不得而继之以刑者也。"[5]他认

---

① 《读通鉴论》卷十五，《船山全书》第 10 册，第 593—594 页。
② 《读通鉴论》卷十五，《船山全书》第 10 册，第 594 页。
③ 《读通鉴论》卷十五，《船山全书》第 10 册，第 594 页。
④ 《读通鉴论》卷十五，《船山全书》第 10 册，第 594 页。
⑤ 《读通鉴论》卷五，《船山全书》第 10 册，第 204—205 页。

为农民受其经济利益的驱动,自然知道把地种好,不需要统治者来督促;农民也知道什么土地适合种什么,不适宜种什么,不需要统治者来强迫命令瞎指挥。这就是农业生产中的"行之以自然"的"道",也是社会经济生活中的"道";而以行政命令来干预经济生活,甚至用刑罚来惩治那些不服从其瞎指挥的民众,就是"贼道",就会"害及天下"。

从"上之谋之不如其自谋"的观点出发,王夫之对农业生产中的"合作均收"的制度亦持坚决反对的态度。朱熹在《论语注》中言及周代的"彻法"时说:"同沟共井之人通力合作,计亩均收。"这实际上是朱熹的一种"托古改制"的空想。对此,王夫之予以痛驳。他说所谓"彻法",即所谓"彻田为粮",乃是"言赋税之法,非言民间之农政也"。"民自耕而自入,原不待君之区画。君而强为之制,只以乱民之心目,民亦未有能从者也。"①与此同时,他颇为详细地论列了这种由"君而强为之制"的"合作均收"制度不能行、也行不通的理由。主要是:

> 人有强羸之不齐,勤惰之不等,愿诈之不一,天定之矣,虽圣人在上亦恶能取而壹之乎!如使圣人能使其民人己心力之大同而无间,则并此井田疆界可以不设,而任其交相养矣。王者制法,经久行远,必下取奸顽疲懦不齐之数,而使之自激于不容已,以厚生兴行,未有遽以君子长者之行望愚氓,而冀后世子孙皆比屋可封之俗也。今使通力合作,则惰者得以因人而成事,计亩均收,则奸者得以欺冒而多取,……立法之不臧,未有如此之甚者也。②

在这里,王夫之似乎认同了李贽的"人必有私"说,认为只有让农民"自耕而自入",才能激发其生产积极性。如果强制推行所谓"合作均收"制度,必然造成"惰者得以因人而成事""奸者得以欺冒而多取"的状况,必然导致大家的生产积极性都调动不起来,"彼此相推,田卒污莱"③,其结果只能是谚语所说的"共船

① 《四书稗疏·论语下篇》,《船山全书》第6册,第42页。
② 《四书稗疏·论语下篇》,《船山全书》第6册,第42—43页。
③ 《四书稗疏·论语下篇》,《船山全书》第6册,第43页。

漏,共马瘦"①,因此,合作均收之制乃是"理所必不可"②之事。王夫之进而批评朱熹,说:"朱子以意推测,见为盛世大同之风,而喜其说之矜异,不能自废。"③并且指出朱熹此说乃是"私意矫拂"④、"说得来似好,却行不得"⑤。因而王夫之强调:

> 要之,人各自治其田而自收之,此自有粒食以来,上通千古,下通万年,必不容以私意矫拂之者。⑥

中国传统社会经济运作的又一个重要特征,是专制政府通过匠籍制度对手工业工人实施超经济强制的奴役,凡被列入匠籍者,就必须世世代代为官府服役。明代中叶以后,虽然实行了"以银代差"的匠籍制度改革,但并没有废除匠籍制度,代役银依然是向世代具有匠籍的人征收。对于这种反映中世纪关系的制度,王夫之作了尖锐的批评。他说匠籍制度使列名匠籍者世世代代都要为朝廷服役,即使匠户的子孙已不是工匠,却仍然要被迫服役或交纳役银,"徒为无穷之累";而真正从事手工业的人由于名不列于匠籍,反倒无须承担此项义务,"此政之大不平者也"⑦。但问题不在于把手工业者都列入匠籍,而在于要彻底废除这一超经济强制的制度,以雇佣劳动制代替匠籍制。他说"朝廷所用工匠,自宜招募和雇"⑧,而全国的工匠只需每人向政府交纳"岁役三日"的代役银,即可支付朝廷所雇工匠的工资和路费。他认为在雇佣劳动关系中,应该根据工匠的技术水平和工作之难易给以不同的工资待遇,并且彻底革除在以往的匠籍制度中对工匠所实施的超经济奴役的积弊:"若召募不以其道,工食克侵,役使过度,刑责

---

① 《读四书大全说》卷八,《船山全书》第 6 册,第 968 页。
② 《四书稗疏·论语下篇》,《船山全书》第 6 册,第 43 页。
③ 《四书稗疏·论语下篇》,《船山全书》第 6 册,第 43 页。
④ 《四书稗疏·论语下篇》,《船山全书》第 6 册,第 44 页。
⑤ 《读四书大全说》卷八,《船山全书》第 6 册,第 968 页。
⑥ 《四书稗疏·论语下篇》,《船山全书》第 6 册,第 43—44 页。
⑦ 《噩梦》,《船山全书》第 12 册,第 586 页。
⑧ 《噩梦》,《船山全书》第 12 册,第 586 页。

过峻,以致销沮其趋事求精之心,甚至避逃不赴,造作稽迟,及粗恶不中程式,但责之部司之官而不责之匠,则弗患其不能来百工矣。"①此外,他认为还须明确规定,受雇的工匠只要为朝廷工作一个月,其余的时间尽可以自谋其生,有充分的人身自由和经营自由,"即往他处,本岁不致重征"②。这样,就可以使原先官府与工匠之间的超经济强制的关系转变为雇主与雇工之间的纯粹的经济关系,使中世纪义务转变为近代式的为工资或金钱而出卖技艺或劳动力,从而使手工业劳动者从原先的"工奴"或"准工奴"的枷锁中解放出来。他的这一主张,同样反映了在经济生活中排除中世纪关系和其他非经济因素之干扰,使社会经济生活按其自然规律运行的时代要求。

中国传统社会经济运作的又一个重要特点,是以行政权力来干预市场物价。而王夫之则认为,以行政权力来调节市场物价,只能作为凶荒之年救偏补弊的权宜之计,而不可作为通例;在正常情况下,行政权力干预远不如听任市场之自行调节。他说:

> 乃当其贵,不能使贱,上禁之弗贵,而积粟者闭籴,则愈腾其贵;当其贱,不能使贵,上禁之勿贱,而怀金者不售,则愈益其贱;故上之禁之,不如其勿禁也。③

他看到了物价之贵贱取决于买方市场与卖方市场的互动关系,因为大家都想贱买贵卖,商家彼此间的竞争又总是受制约于买方市场,结果就使得物价总是趋于一个使买卖双方都能接受并由此受益的平均数。与此相反,以行政权力强制降低物价,则商家宁可使货物积压而不愿卖,商品流通减少则贵者愈贵;以行政权力强制提高物价,则消费者望而却步,导致商品多得卖不出去而贱者愈贱。因此,只有让市场自行调节,方能使物价常趋于平而避免出现贵者愈贵、贱者愈

---

① 《噩梦》,《船山全书》第 12 册,第 587 页。
② 《噩梦》,《船山全书》第 12 册,第 586 页。
③ 《读通鉴论》卷十六,《船山全书》第 10 册,第 608 页。

贱的局面。

行政权力不正当地介入社会经济生活,还表现在官商勾结垄断市场物价上。譬如食盐,由官办盐业生产,然后批发给商人销售。于是奸商便和官府勾结起来"以限地界","地界限,则奸商可以惟意低昂,居盈待乏,而过索于民"。人民苦于盐贵,就从外地购进食盐,"官抑受商之饵,为之禁制",这就造成了官商勾结共同垄断物价的局面。为了打破这种垄断,王夫之主张打破地界限制,"一委之商,而任其所往";至于价格,"一入商人之舟车,其之东之西,或贵或贱,可勿问也"①。也就是说,让商人自由地去进行贸易,自行定价,政府不得干预。至于价格的高低,自有市场这只"看不见的手"在起作用:"此方挟乏以增价,而彼已至,又唯恐其售之不先,则踊贵之害亦除。"②只要是自由的竞争,没有官商勾结垄断价格,物价自然会低廉,百姓亦可免受物价腾踊之苦。当然,对于商人来说,商品贸易的自由竞争中肯定有盈利者,有亏损者,有成功者,有失败者,王夫之认为,这是正常现象,自由竞争本来就是要较量智力的捷钝:"相所缺而趋之,捷者获焉,钝者自咎其拙,莫能怨也。"③这里所表达的自由竞争的经济思想,简直与近代的市场经济理论同调!当然,王夫之也不是绝对拒绝经济生活中的任何政府行为。丰年谷贱伤农、荒年奸商坑民,就是一个需要政府采取"权宜之法"来予以调节的问题。采取什么样的"权宜之法"呢?他说:

> 贱则官籴买之,而贵官粜卖之,此"常平"之法也。④

然而,他仍然强调,常平之法"犹未尽也"。为什么呢?他认为,作为权宜之计,常平之法固然"可以救偏",但政府行为的根本却不在于直接干预物价,而在于不管丰年荒年,都要采取促进商品流通的措施:

---

① 《读通鉴论》卷二十四,《船山全书》第 10 册,第 902 页。
② 《读通鉴论》卷二十四,《船山全书》第 10 册,第 902 页。
③ 《读通鉴论》卷二十四,《船山全书》第 10 册,第 902 页。
④ 《读通鉴论》卷十六,《船山全书》第 10 册,第 608—609 页。

官籴官买,何必凶年而粜卖乎? 以饷兵而供国用,蠲民本色之征,而折金钱以抵谷帛之赋,则富室自开廪发笥以敛金钱,而价自平矣。①

明朝万历年间,张居正任首辅,大力推行嘉靖以来开始在局部地区试行的"一条鞭法",从而在全国的大部分区域实现了从实物赋税和劳役赋税向货币赋税的转变,这是明王朝实行的有限的改革开放政策的重要组成部分,也是明王朝为促进市场经济发展而采取的有利于商品流通的一个重要措施,从以上论述看,王夫之对实行从实物赋税向货币赋税转变的政策是赞成的。

王夫之之所以认为"常平之法"仍然是一种权宜之计,还在于他清楚地看到,试图通过行政权力来"齐一天下"的经济生活,纵然主观上认为是"利民"的良法美意,其实行的结果也往往是事与愿违。譬如汉宣帝时耿寿昌提出的"常平"之法,诚然是一种"利民之善术",但也必须"因其地,酌其民之情"才能实行,"而非天子所可以齐一天下者也"。而最好的办法,无过于让"民自得节宣,不必上之计之"。他说:

> 三代封建之天下,诸侯各有其国,其地狭,其民寡,其事简,则欲行"常平"之法也易。然而未尝行者,以生生之计,宽民于有余,民自得节宣焉,不必上之计之也。上计之而民视以为法;视以为法,则惮而不乐于行,而黠者又因缘假借以售其奸。故三代之制,裕民而使自为计耳。虽提封万井之国,亦不能总计数十年之丰歉而早为之制也。郡县之天下,财赋广,而五方之民情各异,其能以一切之治为治乎?②

这段论述,又重申了"上之谋之而不如其自谋"的经济学原理。理由是人的认识能力总是有限的,统治者纵然头脑再聪明,也"不能总计数十年之丰歉而早为之制",而事实上也根本不存在无所不知、无所不能的"圣人",因此,让人民"自

---

① 《读通鉴论》卷十六,《船山全书》第10册,第609页。
② 《读通鉴论》卷四,《船山全书》第10册,第170页。

为之计",远胜于统治者为之谋划。在上古三代"小国寡民"的分封制社会中,由政府直接干预经济运作诚然行不通;至于秦汉以后的郡县制社会,国家大,财赋广,各地经济发展不平衡且民情各异,又岂能把民众的经济行为统统纳入国家计划之中呢? 以强制性的行政法令直接干预人民的经济生活,"以一切之治为治",善良的民众会消极抵制("惮而不乐于行"),而奸狡欺诈者则会利用政策的漏洞"因缘假借以售其奸",其结果不是利民,而是害民。因此,正确的政策应该是"裕民而使自为计",尽量避免行政权力对社会经济生活的不正当介入。

总之,在王夫之看来,政府愈无为,市场就愈有为;政府干预愈少,市场就愈繁荣。这是老庄道家随顺自然的"无为"思想在新的历史条件下的发展和在社会经济生活中的运用,同时又与17世纪英国古典政治经济学家亚当·斯密关于自由竞争的资本主义市场经济理论在基本立论上具有一致性,是王夫之经济思想中值得珍视、具有现代性的理论资源。

二、"大贾富民,国之司命"
——论保护和促进商品经济之发展

王夫之的经济思想所具有的"新的突破旧的"的近代性质,还表现在他具有保护和促进商品经济之发展的思想:他认为商品经济乃"立国之资",提出了"大贾富民,国之司命"的观点;反对对专制主义的超经济掠夺和对商品经济的摧残,提出了"惩墨吏,纾富民"的主张;批判专制统治者的闭关"自困之术"和使用关卡"暴虐商旅"的行为,主张打破地区间的贸易壁垒,保护商民利益和促进商品流通;反对传统的积聚财富"置于无用之窖藏"、以贪吝为"节俭"的观念,提出了与"奢能致富"的近代经济学说近于一致的思想,主张鼓励和刺激消费,以促进市场的繁荣和"裕国富民"之政策的实施。

首先,纵观晚明商品经济蓬勃发展的形势,王夫之敏锐地意识到中国社会将进入一个"大贾富民,国之司命"的时代;同时,目睹专制政权对商品经济发展的摧抑,王夫之又鲜明地提出了"惩墨吏、纾富民",以保护商品经济发展的主张。

他说：

> 天地之奥区，田蚕所宜，流肥潴聚，江海陆会所凑。河北之滑、浚，山东之青、济，晋之平阳，秦之泾阳、三原，河南大梁、陈、睢、太康，东傅于颍，江北淮、扬、通、泰，江南三吴滨海之区，歙、休良贾移于衣冠，福、广番舶之居僦，蜀都盐、锦，建昌番布，丽江牦毡金碧所自产，邕管、容、贵稻畜滞积，其他千户之邑，极于瘠薄，亦莫不有素封巨族冠其乡焉。此盖以流金粟，通贫弱之有无，田夫畦叟盐鲑布褐、伏腊酒浆所自给也。卒有旱涝，长吏请蠲赈，卒不得报，稍需日月，道殣相望。而怀百钱，挟空券，要豪右之门，则晨户叩而夕炊举矣。故大贾富民者，国之司命也。①

在王夫之的视野里，商品经济的发展正在带动城市化的进程，使原先作为地方行政中心和带有相当大程度的封闭性的消费城市逐渐变为"江海陆会所凑"的开放性的商品贸易城市；王夫之亦突破了传统的"四民"之区分，以士为最尊、以商为最卑，二者界限不可逾越的传统偏见，肯定了"歙、休良贾移于衣冠"，商人亦在争取其社会政治地位；王夫之更看到了不仅国内贸易在蓬勃发展，而且对外贸易也在发展的事实，讲到了"福、广番舶之居僦"，把它看作是经济发展的组成部分。在王夫之看来，商品经济发展和大贾富民之存在的最基本的社会功能就在于"流金粟，通贫弱之有无"，以满足人们的日常生活需要。他看到，在中国这样地域广阔、人口众多的国土上，要由政府统一规划社会经济生活是难于做到的，但凭借地区间互通有无的商品经济和组织、从事商品流通的大贾富民的存在，则可以解决政府所不能解决的问题。他以赈灾为例，饥民若要等地方官上报朝廷请求赈济，则不知会饿死多少人；但如果有大贾富民在，则"晨户叩而夕炊举矣"。所以他肯定"大贾富民者，国之司命也"。也就是说，民众的生计、国家的经济命脉，都系于那些组织和从事商品流通的大贾富民。应该说，在这一点上，王夫之

---

① 《黄书·大正第六》，《船山全书》第 12 册，第 529—530 页。

是敏锐地看到了近代经济的发展趋势的。然而，又一个明显的事实是，当时专制主义的国家政权对于商品经济和大贾富民的无情摧抑。对此，王夫之作了深刻的揭露，并提出了相应的对策，他说：

> 今吏极亡赖，然胶刻单贫，卒无厚实，抑弃而不屑，乃藉锄豪右，文致贪婪，则显名厚实之都矣。以故粟贷凝滞，根柢浅薄，腾涌焦涩，贫弱孤寡佣作称贷之途窒，而流死道左相望矣。汉法：积粟多者得拜爵免罪，比文学孝秀。今纵鹰鸷攫猎之，曾不得比于偷惰苟且之游民，欲国无贫困以折入于□□（原缺，疑为"乱亡"二字。——引者），势不得已。故惩墨吏，纾富民，而后国可得而息也。①

他看到，专制统治者对于贫苦民众的掠夺并不能满足其贪欲，遂借"锄豪右"为名，把大贾富民作为掠夺的主要对象，这样既可以获得道德的"显名"，又可以得到巨额财富的"厚实"，由此而严重地破坏了社会经济发展的正常秩序，导致贫苦民众"佣作称贷"无门而"流死道左相望"。王夫之认为，汉代立法虽说是重本抑末，然而尚且有大贾富民可以"拜爵免罪"、获得可"比文学孝秀"之政治地位的规定，可是有明一代的专制统治者却"纵鹰鸷攫猎之"，让那些"矿监""税使"及贪官污吏对大贾富民肆意榨取掠夺，使得大贾富民的社会地位还不如那些偷惰苟且的游民。在人民的私有财产根本没有保障的情况下，谁还会努力发展生产、勤劳致富呢？人民普遍贫穷，国家又如何能够不贫困？何况大贾富民乃"国之司命"，社会经济命脉既被破坏，天下又何能不乱，国族又何能不亡！所以王夫之坚决主张"惩墨吏，纾富民"，即严厉打击那些以"锄豪右"为名、行敲诈勒索掠夺财富之实的贪官污吏，保障大贾富民的合法利益以利其开展经济活动，如此方能使经济得以复苏，国家亦免于贫困和动乱之虞。

适应商品经济发展的要求，王夫之主张打破地区之间经济贸易的壁垒，撤销

---

① 《黄书·大正第六》，《船山全书》第 12 册，第 530 页。

阻碍商品自由流通、"暴虐商旅"的关卡。他在《四书训义》中写道：

> 夫四海之内，有分土而无分民，商旅行焉，以通天下之货贿，可无用关也。而古之为关者，以非常之变，恐为行者之害，而讥察之以使无变，所以止暴而安商也；乃今之为关也，则暴君敛之，污吏侵之，奸民因起而刻削之，刑罚日加，争夺日甚矣，暴虐商旅而已矣。[①]

所谓"有分土而无分民"，是说行政区域的划分不应成为限制商旅自由贸易的障碍。商人来往于不同地区之间，足以"通天下之货贿"，完全没有必要在国内各行政区域之间设立关卡。他说古代在山川险要之处设关，是为了防止盗匪劫掠行商的货物钱物，保护商人的安全，即所谓"止暴而安商"；而如今的情形，却是暴君借关卡以横征暴敛，贪官污吏借关卡对商民巧取豪夺，盗匪路霸借关卡险隘处对商民敲诈勒索，暴君和污吏以刑罚为劫掠之手段，盗匪劫贼则对商民以打杀相加，而暴君污吏奸民之欲壑难填，遂导致"刑罚日加，争夺日甚"，关卡设立遂成为社会的一切恶势力共同来"暴虐商旅"的一大弊政，严重侵害了人民理应享有的生命权、财产权和经济生活的自由权利，破坏了商品经济的发展，所以王夫之坚决主张革除这一专制弊政，鲜明地提出了"无可用关"、纵然设关亦当以"止暴而安商"为目的。

王夫之对食盐流通领域特别重视，反复申说打破地界之限制，实行"利便一听之民"的自由贸易的必要性。他说：

> 行盐之有地界，商人之奸利，而有国者听之。同此天下之人，食此天下之盐，何畛域乎！通行，则商人不得持有无以增一时腾踊之价。若地分，则舟车之浩繁，自然不行，其可行者自然各有所底止。唯偶然一方缺乏，则他方济之，究竟商人可以通融得利而无所大损，但不能操低昂以抑勒细民而

[①] 《四书训义》卷三十八，《船山全书》第8册，第910页。

已。无地界,则盐价恒平,商之利亦有恒,而狡者愿者不至赢获之悬绝。……天下一家,随在可以挪给,岂必在粤输粤而割裂以为之限乎! 利便一听之民,而上但取其固然之利于所出之地,何至殉商人之奸以困编氓,而召私盐挟仗行凶之祸! 诚欲惠商,支放以时而无坐待寄引之苦,则已足矣。①

他认为,地区之间的贸易壁垒,使得各地区之间不能互通有无,亦使得商人中的"狡者"可以借此以肆意抬高物价、谋取暴利,侵害人民利益。尤其是像食盐这样的生活必需品就更是如此。正常的流通渠道既被禁堵,遂又导致"私盐挟仗行凶之祸"。由于禁止地区间的食盐贸易,不仅盐商中的"狡者"可以因此获取暴利而富甲天下,统治者亦通过对这种带有垄断性的贸易来获取经济利益,真正受害的是普通百姓。王夫之认为,只有打破这种贸易壁垒,才能避免以上各种危害,使盐价恒而商人之利亦有恒,使商人中的"狡者"和"愿者"不至获利悬绝,亦使得普通百姓免遭盐价腾踊之苦。放开食盐贸易,"利便一听之民"而"支放以时",使各地区之间能够及时互通有无,方能做到"官有煮海之饶,民获流通之利"②。王夫之认为,这样做才是真正的"惠商",使受惠的不只是商人的"狡者","愿者"(老实的商人)也能因贸易的放开和盐价恒平而受惠。

对于禁止"国"与"国"之间的商品流通的闭关自守政策,王夫之尤为反对,斥之为极其愚蠢的"自困之术"。他说:

据地以拒敌,画疆以自守,闭米粟丝枲布帛盐茶于境不令外鬻者,自困之术也,而抑有害机伏焉。夫可以出市于人者,必其余于己者也。此之有余,则彼固有所不足矣;而彼抑有其有余,又此之所不足也。天下交相灌输而后生人之用全,立国之备裕。金钱者,尤百货之母,国之贫富所司也。物滞于内,则金钱拒于外,国用不赡,而耕桑织纴、采山煮海之成劳,委积于无

① 《噩梦》,《船山全书》第 12 册,第 562 页。
② 《读通鉴论》卷二十四,《船山全书》第 10 册,第 902 页。

用,民日以贫;民贫而赋税不给,盗贼内起,虽有有余者,不适于用,其困也必也。①

这段话虽然是就中国处于分裂割据状态时期"国"与"国"之间的经济关系而发表的议论,但在明清之际海路大通、徽商和东南沿海人民为反抗专制统治者的海禁政策而斗争的历史条件下讲这番话,却具有新的针对性。其中所提出的一些论点,如批评闭关自守乃是隐伏着严重危机的"自困之术",认为只有发展"天下交相灌输"的自由贸易才能满足人民的物质生活需要和立国所必需的物质储备,就是具有普遍意义的近代经济学观点;又如他认为"金钱者,尤百货之母,国之贫富所司也",更反映了随着商品经济的发展,货币作为一般等价物已成为社会经济生活中不可缺少的媒介,顾炎武、傅山都在山西经营过类似银行的钱庄、票号。

王夫之进而把"国"与"国"之间的商品贸易上升到"立国之资"的高度来认识,肯定商品贸易乃是"裕国而富民"的根本途径:

……余于己而待售之货,得以转易衣被器械养生送死之具者,为立国之资,而金钱去彼即此,尤百为之所必需,以裕国而富民,举在是乎!②

他认为闭关自守有百害而无一利。事实上"国"与"国"之间的商品贸易是禁绝不了的,以严刑峻法惩治"皇皇求利之民",反而使本国的人民成为敌国结纳的对象,奸民们甚至充当敌国的间谍,从而给国家带来巨大的危害。他说:

禁之者,法之可及者也;不可禁者,法之所不可及者也。禁之于关渡之间则其售之也愈利,皇皇求利之民,四出而趋荒险之径以利相贸,虽日杀人

---

① 《读通鉴论》卷二十七,《船山全书》第 10 册,第 1056—1057 页。
② 《读通鉴论》卷二十七,《船山全书》第 10 册,第 1057 页。

而固不可止。强豪贵要，于此府利焉，则环吾之封域，无非敌人来往之冲，举吾之人民，无非敌人结纳之党，阑入已成乎熟径，奸民外告以腹心，间谍交午于国中而莫之能御，夫且曰吾禁之已严，可无虑也。不亦愚哉！①

这段话虽然仍是就历史上国内分裂割据状态时的"国"与"国"关系立论，但很明显是针对明王朝的海禁政策讲的。明朝开国以后，一直遵循"片板不许下海"的"明祖定制"。但随着国内资本主义萌芽的生长，徽商和东南沿海的人民开始向海外发展，不断地与明王朝的海禁政策作斗争，嘉靖、隆庆年间的所谓"倭寇之乱"，实际上就是徽商和东南沿海的人民以武力迫使明王朝开放海禁的大规模军事行动，因其中有极少数日本浪人参与其事，故明王朝名之为"倭寇"，但其首领皆为中国商人。王夫之说"强豪贵要，于此府利焉"，且为之掩护，正是当时被称为"中国衣冠之盗"的滨海势要之家的写照。明王朝对"倭寇"实行镇压，但实际情况又正如王夫之所说的"虽日杀人而不可止"，最后终于迫使明王朝于万历初年宣布开放东西洋海禁。万历末年为防止荷兰人入侵又一度实行海禁，但在以李旦、郑芝龙为首的武装海盗集团的抗争下，又不得不于天启四年（1624）重新开放海禁，因此而出现了中国商人在与西方殖民者争夺西太平洋贸易制海权的斗争中占有明显优势的状况，亦出现了王夫之所说的"福（建）、广（东）番舶之居傥"的状况。王夫之为反对闭关锁国政策而发挥的长篇议论不仅是针对历史上国内分裂割据状态而言，而且是针对明王朝的海禁政策而言的。

王夫之既认为闭关锁国政策是一种有害的和愚蠢的政策，所以他力主变"闭关"为"通市"，允许民间开展正常的对外贸易活动，以利国惠民。他说：

夫唯通市以无所隐，而视敌国之民犹吾民也，敌国之财皆吾财也，既得其欢心，抑济吾之匮乏，金钱内集，民给而赋税以充，耕者劝耕，织者劝织，山海薮泽之产，皆金粟也，本固邦宁，洞然以虚实示人，而奸究之径亦塞。利于

---

① 《读通鉴论》卷二十七，《船山全书》第 10 册，第 1057 页。

国，惠于民，择术之智，仁亦存焉，善谋国者，何惮而不为也？①

他把实行经济上的对外开放政策提到"仁"与"智"的高度来认识，认为"择术之智，仁亦存焉"，主张以"视敌国之民犹吾民"的仁者胸襟，以视"敌国之财皆吾财"的气魄和智慧来发展平等互利的对外经济贸易活动。这在当时是十分开明且进步的议论。惜乎王夫之的这些论说长期湮没不彰！

王夫之经济思想中的近代因素，还表现在他对中国传统的富裕观念和消费观念的突破方面，表现在他提出了有利于促进和扩大社会再生产的新富裕观和消费观。

中国传统社会从朝廷到民间，从王侯将相到庶民百姓，皆以多积金银为富。而王夫之认为，富不在金银，而在于生活必需品之生产和交换的扩大。他说："五谷、丝苎、材木、鱼盐、蔬果之可为利，以利于人生而贵之也。金玉珠宝之仅见而受美于天也，故先王取之以权万物之聚散。"②也就是说，真正能给人们带来利益而为国计民生之攸关的是日常生活必需的物质产品，而金银珠宝不过是商品交换中作为一般等价物而用以估量商品价值的媒介。他又说："银之为物也，固不若铜铁为械器之必需，而上类黄金，下同铅锡，亡足贵者。尊之以为钱、布、粟、帛之母，而持其轻重之权，盖出于一时之制，上下竞奔走以趋之，殆愚天下之人而蛊之也。故其物愈多，而天下愈贫也。"③也就是说，以银作为商品交换中的一般等价物，不过是一时之制；而银本身，既不如钢铁可作器械之用，又不如粟帛为生计之须臾不可无，实在无足贵；倘若天下之人唯银是求，以银多为富，却不关心物质生活资料的生产，那么，就足以产生银愈多而天下愈贫的后果。因此，富之根本不在金银之开采和积聚，而在于大力发展为生活和生产所必需的物质资料的生产。这一观点，与亚当·斯密在《国富论》中所阐述的近代经济学观点亦是基本一致的。

① 《读通鉴论》卷二十七，《船山全书》第 10 册，第 1057—1058 页。
② 《读通鉴论》卷二，《船山全书》第 10 册，第 102—103 页。
③ 《读通鉴论》卷二十，《船山全书》第 10 册，第 769 页。

节俭是中国传统社会的美德,所以王夫之说:"夫俭与勤,于敬为近,治道之美者也。"但传统的所谓节俭并不是为了积累资金以扩大社会再生产,而主要是为了适应生产不发达、物资匮乏的社会状况。而且,又正如王夫之所说:"俭之过也则吝,吝则动于利以不知厌足而必贪。"①吝啬和贪婪使皇帝、百官乃至豪民拼命聚敛财富,置大量财富于无用之地,导致民生日困,国家危亡。对此,王夫之讲得极为痛愤。他说:

> 夫财之所大患者,聚耳。天子聚之于上,百官聚之于下,豪民聚之于野。聚之之实,敛人有用之金粟,置之无用之窖藏。聚之之心,物处于有余而恒见其不足。聚之之弊,辇之以入者不知止,而窃之以出者无所稽。聚之之变,以吝陋激其子孙,而使席丰盈以益为奢侈。聚之之法,掊克之金人日进其术,而蹈刑之穷民日极于死。于是而八口无宿舂,而民多捐瘠;馈饷无趋事,而国必危亡。然且曰:"君臣上下如此其俭以勤,而犹无可如何也。"呜呼!劳形怵心以使金死于藏,粟腐于庾,与耳目口体争铢两以怨咨。操是心也,其足以为民上,而使其赤子自得于高天广野之中乎?②

这是一幅传统社会上至天子、中至百官、下至豪民(豪绅)的一大批土地主的群丑图、群凶图。老地主们以"勤俭"为名拼命聚敛财富,贪得无厌,穷凶极恶,使得"民多捐瘠""日极于死",而他们则将掊克敲榨人民得来的财富或藏于府库,或埋入地下,却极其吝啬,以至"与耳目口体争铢两以怨咨"。老地主们死后,受够了吝陋之苦的小地主们遂大肆挥霍浪费,"席丰盈以益为奢侈";除了帝王之家的挥霍有百官为之聚敛而不必动用库藏外,家境败落的其他土地主的子孙们遂又转向贪吝。如此恶性循环,正是中国传统社会百官豪绅的生活状况及其变迁的真实写照。一直弄得亡国了,陋儒们尚且为亡国之君文饰曰"君臣上下如此其勤其俭,而犹无可如何也"。从王夫之引用的这句陋儒的文饰之语看,王夫之显然

---

① 《宋论》卷三,《船山全书》第 11 册,第 93 页。
② 《宋论》卷三,《船山全书》第 11 册,第 95 页。

是在影射崇祯皇帝,这位亡国之君是以所谓"勤俭"著称的。史载李自成撤离北京时,方才发现皇家的府库内尚且存有"镇库金积年不用者三千七百万锭,锭皆五百(十?)两,镌有'永乐'字"(《明季北略》卷五)。这些财富虽不是晚明帝王聚敛来的,却印证了王夫之所激烈抨击的那种"劳形怵心以使金死于藏,粟腐于庾"的所谓"勤俭"之君确有可能是指崇祯皇帝。在王夫之看来,社会经济的发展和人民的生计皆有赖于"流金粟",即货币和商品的流通,而那些"敛人有用之金粟"而"置于无用之窖藏"的君臣们,是根本不配"为民上"的。

要避免"金死于藏,粟腐于庾"的状况,就必须鼓励正当的消费,有时甚至要刺激消费,并以此为启动经济发展的杠杆。应该说,王夫之对此是有所认识的。他认为国家取之于民的收入,除了用之于公共事业以外,还可以通过消费而还之于民。他说:

> 夫官资于民,而还用之于其地,则犹然民之得也。贡税之入,既以搴兵而卫民,敬祀而佑民,养贤而劝民;余于此者,为酒醴豆笾犒赐之需,而用之以燕游,皆田牧市井之民还得之也。通而计也,其纳其出,总不出于其域,有费之名,而未尝不惠。较之囊括于无用之地者,利病奚若邪?①

王夫之主张官员用公费"搴兵""养贤"乃至"燕游",官虽"有费之名",但获利的却是"田牧市井之民",比起使金钱"囊括于无用之地"来,还是要好得多。所以他对传统的提倡节俭、反对奢侈的观念作出了以下修正:

> 子曰:"奢则不孙。"恶其不孙,非恶其不啬也。传曰:"俭,德之共也。"俭以恭己,非俭以守财也。不节不宣,侈多藏以取利,不俭莫大于是。②

在这段论述中,王夫之把传统的提倡节俭、反对奢侈的观念改造成为反对吝

---

① 《宋论》卷三,《船山全书》第 11 册,第 96 页。
② 《宋论》卷三,《船山全书》第 11 册,第 96 页。

啬、反对俭以守财、反对侈多藏以取利的观念，提倡消费，以利民生和经济发展。这种观念，正是晚明资本主义萌芽生长、要求人们改革传统消费观念以适应商品经济的发展而产生出来的。早在王夫之以前，在江浙资本主义萌芽发达地区，就已产生了"奢易为生""奢致市易""奢能致富"的观念。例如顾公燮说："有千万人奢华，即有千万人之生理。"①陆楫说："其地奢则其民必易为生"，"所以市易者，正起于奢"②。他以上海为例，明中叶前，本是一海滨偏僻之地，但因靠近苏杭，其民尚奢，于是招引了"数十万"的游贾。魏昭士说："吝啬之积其财也，害在财；……害在财，则财尽而民穷矣。"而"奢"，"其财未始不流于民间也"③。王士性说："西湖业已为游地，则细民所藉为利，日不止千金。有司时禁之，固以易俗，但渔者、舟者、戏者、市者、酤者，或失其本业，反不便于此辈也。"④顾炎武也赞成王士性的这一观点，将其抄录在自己的《肇域志》中。他们都看到，商品经济的发展是受社会需求量所制约的，消费程度高（"奢"）可以增加就业，促进商品生产和流通的发展。王夫之虽然囿于孔子所谓"奢则不孙"之说，不像顾公燮、陆楫等人那样公然讲"奢"的种种好处，但他反对吝啬和积财于无用之地，主张将其用于消费，还利于民，却是与上述诸人的观点在精神实质上是完全一致的。

三、"均天下"的理想

——论中国社会的土地问题与农民生计问题

中国社会最棘手的问题是农民问题，而农民问题的实质是土地所有制的问题。章士钊先生论"中国传统的社会主义"的基本特征是："士农工商四民共戴皇帝，五十年至一百年相杀一次以均财产。"这种周期率的时间长短虽可商榷，但这

---

① 顾公燮：《夏闲记杂抄》上，转引自陈学文《中国封建晚期的商品经济》，湖南人民出版社，1989年，第307页。
② 陆楫：《兼葭堂杂著摘抄》，商务印书馆，1936年，第2、3页。
③ 《魏昭士文集》卷七，转引自陈学文《中国封建晚期的商品经济》，湖南人民出版社，1989年，第310页。
④ 王士性：《广志绎》卷四，转引自陈学文《中国封建晚期的商品经济》，湖南人民出版社，1989年，第308页。

种周期率却确实存在。明清之际的社会大震荡就是这种周期率的一次重演。

明朝万历初年张居正秉政以后,中国社会走上了有限度的改革开放的道路,"一条鞭法"的赋役制度改革促进了从自然经济向商品经济的转变,开放东西洋海禁带来了东南沿海经济的繁荣。虽然政治领域对思想"异端"的迫害并没有放松,但经济领域确实是放开搞活了。

长江流域,自汉口以下至于苏杭,东南一线,自淮扬至于闽广,城市生活甚是富庶。可是农民呢? 在以皇室为首的大地主阶级的疯狂兼并与残酷剥削下丧失土地,大批破产流亡。东西部经济差距拉大,贫富两极分化十分严重,加上天启、崇祯年间陕西、河南饥荒不断,朝廷不肯动用库藏,东南士大夫不肯捐款,地方官还要向农民横征暴敛,终于爆发了掀天揭地的明末农民战争。

明王朝首先亡于农民起义,其次才是亡于趁火打劫的清王朝,农民起义的根源是贫富两极的严重分化和统治者的横征暴敛。"上狠下怨,成乎交逆。"①这一严酷的事实促使王夫之思考中国的农民问题,特别是关系农民生计的贫富两极分化、土地兼并问题。在深入思考的基础上,王夫之提出了"均天下"的经济社会理想。但这种"均天下"的理想,绝非是传统的"五十年至一百年相杀一次以均财产"的所谓"均天下",而是试图跳出这种周期性的怪圈,兼顾效率与公平,实现某种动态的平衡,使贫富不致过于悬殊,从而既可避免社会动乱,又能促进社会经济发展的一种改革方案。

"均天下"的理想或改革方案的逻辑前提是"两间之气常均"的自然法。对于自然界来说,"均"是常态,"不均"是反常的变态,自然界失去了均衡,就会发生灾害。同样的道理也适用于人类社会,违背了"两间之气常均"的自然法,社会分配严重不均衡,就会发生"一夫揭竿而天下响应"的大变局。对此,王夫之作了生动而深刻的阐述。他说:

两间之气常均。均,故无不盈也。风者,呼吸者也。呼以出,则内之盈

① 《诗广传》未刊稿,见《湖南历史资料》1959 年第 3 期。

者损矣；吸以入，则外之盈者损矣。风聚而大，尤聚而大于隧。聚者有余，有余者不均也。……至于大聚，奚但不均哉！所聚者盈溢，而所损者空矣……

空而俟其复生，则未生方生之顷，有腐空焉。故山下有风为蛊，腐空之所酿也。土满而荒，人满而馁，枵虚而怨，得方生之气而摇。是以一夫揭竿而天下响应，贪人败类聚敛以败国而国为腐，蛊乃生焉。虽欲弭之，其将能乎？故平天下者，均天下而已。均，物之理，所以叙天之气也。①

以上论述包含了十分丰富的思想内容，是他的"行之以自然"的经济思想的进一步展开。他确认"均"为气之常理，"均故无不盈"；反之，就会失去均衡，"所聚者盈溢，所损者空"；"空"酝酿着"蛊"（《易·蛊卦》："山下有风，蛊"），意味着重新达到均衡的大变动的来临。王夫之认为，这种自然法则同时也是社会经济生活的法则。土地兼并使得豪绅地主占有大量土地以致"土满而荒"，农民则失去了土地或仅占少量耕地而导致"人满而馁"，加上"贪人败类聚敛以败国而国为腐"的严重政治腐败，使得农民"枵虚而怨"，犹如"得方生之气而摇"似的激发他们对豪绅地主和腐败官僚的满腔仇恨，于是"一夫揭竿而天下响应"，明王朝的统治亦因此而覆亡。总结明王朝覆灭的历史教训，王夫之认为，只有遵照"均，物之理，所以叙天之气"的自然规律，实行"均天下"的治国方略，使人民过上"均故无不盈"的生活，才能避免因贫富两极的严重分化而导致的社会动乱，保证社会的长治久安。

问题在于如何"均天下"。首先是如何解决土地问题。王夫之说：

若土，则非王者之所得私也。天地之间，有土而人生其上，因资以养焉。有其力者治其地，故改姓受命而民自有恒畴，不待王者之授之。②

这是一个要求土地私有权的宣言。中国自古以来通行的是"普天之下，莫非

---

① 《诗广传》卷四，《船山全书》第 3 册，第 472 页。
② 《噩梦》，《船山全书》第 12 册，第 551 页。

王土"的金科玉律,皇帝是全国土地的最高所有者。开国帝王据此实行所谓"均田""授田",历代的帝王更以此为理由来任意剥夺和侵占人民的土地,朱明王朝的众多王爷们占有的土地数目更是大得惊人。而王夫之则认为,土地不是帝王的私产,拥有土地"因资以养"是人民与生俱来的自然权利,应该遵循"有其力者治其地"的原则来保障农民"自有恒畴"的合法性。既然土地并非帝王的私产,所以王夫之强调帝王不得侵犯人民的土地所有权。他说:

> 王者则臣天下之人,不能擅天下之土。人者,以时生者也。……若夫土,则天地之固有矣。王者代兴代废,而山川原隰不改其旧;其生百谷卉木金石以养人,王者亦待养焉,无所待于王者也,而王者固不得而擅之。故井田之法,私家八而公一,君与卿大夫士共食之,而君不敢私。唯役民以助耕,而民所治之地,君弗得而侵焉。民之力,上所得而用,民之田,非上所得而有也。①
>
> 王者虽为天之子,天地岂得而私之,而敢贪天地固然之博厚以割裂为己土乎?②

这是对皇权专制主义的有力批判,全部东方专制主义的暴虐、专横和野蛮都是建立在帝王对于全国土地的最高所有权的基础上的。以此为基础,帝王就可以任意剥夺臣民的土地、财产甚至生命,就可以对天下臣民操生杀予夺之权。王夫之在这里确实接近了近代式的"私有财产神圣不可侵犯"的自然法,而私有财产的保障,确能激发每一个人的追求财富的冲动,促进社会经济的发展;同时,私有财产的拥有和法律保障,又是个人自由和近代式的政治民主的必要前提。王夫之不可能意识到这一点,但他的价值取向却在趋近于这一点。

然而,怎样保证每一个自耕农都有其"恒畴"呢? 怎样抑制土地兼并这一历朝历代的不治之症呢? 首先必须探寻土地兼并的根源。

---

① 《读通鉴论》卷十四,《船山全书》第 10 册,第 511 页。
② 《读通鉴论》卷十四,《船山全书》第 10 册,第 511 页。

王夫之认为,土地兼并的根源主要有三:

一是专制王朝的赋税制度的不合理。"后世立法,始也以夫制地,其后求之地而不求之夫,民不耕则赋役不及,而人且以农为戒,不驱而折入于权势奸诡之家而不已。"①官绅豪右享有免赋免役的经济特权,赋役的负担则主要落在中小地主,特别是广大自耕农身上,且又以田亩数量征税,不种地反而无须承担赋役,于是很多农民也就宁可投献于官绅豪右之家了。

二是贪官污吏的横征暴敛,鱼肉乡民。对于农民遭受贪官污吏之肆意侵害的悲惨状况,王夫之作了极为沉痛的描述,他写道:

> 今夫农夫污耕,红女寒织,渔凌曾波,猎犯鸷兽,行旅履霜,酸悲乡土,淘金,采珠,罗翠羽,探珊象,生死出入,童年皓发以获赢余者,岂不顾父母,拊妻子,慰终天之思,邀须臾之乐哉!而刷玄鬓,长指爪,宴安谐笑于其上者,密布毕网,巧为射弋,甚或鞭楚斩杀以继其后。乃使悬磬在堂,肌肤剟削,含声陨涕,郁闷宛转于老母弱子之侧,此亦可寒心而栗体矣!②

他说那些贪官污吏们对农民"密布毕网,巧为射弋,甚或鞭楚斩杀以继其后",这是多么恐怖的社会景象!中国社会中抛弃土地的游民阶层之生成,不正是那些"刷玄鬓,长指爪"的大人先生们的贪婪、奸诈与残忍所造成的吗?

三是人们彼此之间的智力较量。他说:"降及于秦,封建废而富贵擅于一人。其擅之也,以智力屈天下也。智力屈天下而擅天下,智力屈一郡而擅一郡,智力屈一乡而擅一乡。莫之教而心自生,习自成。"③

此外,王夫之也说到了农民中由于勤惰之不齐,懒惰者不愿力耕于田亩,从而其土地为官绅豪右之家所兼并的情形:"若窳惰之民,有田而不能自业,以归于力有余者,则斯人之自取,虽圣人亦无如之何也。"④应该承认,这种情形的存在

①《噩梦》,《船山全书》第 12 册,第 551 页。
②《黄书·大正第六》,《船山全书》第 12 册,第 528 页。
③《读通鉴论》卷五,《船山全书》第 10 册,第 194 页。
④《读通鉴论》卷五,《船山全书》第 10 册,第 194 页。

也是事实。

找到了土地兼并而造成"土满而荒,人满而馁"的主要原因,就可以对症下药了。

首先是改革不合理的赋役制度,变以田亩计赋役为"以夫计赋役"。他称这种做法为"定民制",为"劝农以均贫富之善术"。他说:

> 而惟度民以收租,而不度其田。一户之租若干,一口之租若干,有余力而耕地广、有余勤而获粟多者,无所取盈;罢废而弃地者,无所蠲减;民乃益珍其土而竞于农。其在强豪兼并之世尤便也,田已去而租不除,谁敢以其先畴为有力者之兼并乎?人各保其口分之业,人各劝于稼穑之事,强豪者又恶从而夺之?则度人而不度田,劝农以均贫富之善术,利在久长而民皆自得,此之谓定民制也。①

他认为实行"以夫计赋而不更求之地"②的制度的主要好处是:使勤于耕作者不因其收获多而增加赋税负担,使懒惰者不能因弃地而免去赋税,从而使农民珍视他们祖祖辈辈耕种的土地,"各保其口分之业"而"各劝于稼穑之事"。农民自己珍视其赖以活命的土地了,强豪者又怎能肆意侵夺呢?因为大家都有土地,都努力耕作,那么贫富差距就不可能很大,所以王夫之说这是一种"均贫富之善术"。

王夫之最为深恶痛绝的是那些贪官污吏和那些充当他们的爪牙、直接去敲诈勒索农民的"猾胥里蠹"。实际上国家规定农民应上缴的赋税额是极为有限的,据黄仁宇先生在《万历十五年》一书中的考证,明朝廷规定农民应交的税额还不到农民收入的十分之一,有的地方甚至只有三十分之一。那么是谁逼得农民丧失土地而活不下去?是那些县一级的贪官污吏和他们在乡里中的爪牙。所以王夫之提出朝廷除了减轻赋税之外,还要坚决主张制止官府和吏胥对农民的欺

---

① 《读通鉴论》卷十四,《船山全书》第 10 册,第 152 页。
② 《噩梦》,《船山全书》第 12 册,第 551 页。

凌和盘剥,强调一定要"惩有司之贪",禁止横行于农村社会基层的专制暴行。他说:"诚使减赋而轻之,节役而逸之,禁长吏之淫刑,惩猾胥里蠹之恫喝,则贫富代谢之不常,而无苦于有田之民,则兼并者无可乘以恣其无厌之欲,人可有田而田自均矣。"①他又说:"轻其役,薄其赋,惩有司之贪,宽司农之考,民不畏有田,而强豪无挟以相并,则不待限而兼并自有所止。"②总之,他认为朝廷制定的合理的赋役制度要与打击贪官污吏结合起来,才能真正减轻农民的负担,使农民"不畏有田",从而可以有效地抑制土地兼并。

至于因"智力"差别而造成的土地兼并,王夫之就不主张采取任何行政干预的手段,而主张听其自然了。他认为对于这种情况的行政干预,只能是"芟夷天下之智力,均之于柔愚","是仁义中正为帝王桎梏天下之具"③,其结果只能是束缚生产力的发展。自然界的气化之盈虚有其规律,人世间贫富之代谢亦是无常,对于因"智力"的竞争而造成的贫富差距,只能靠"贫富代谢之不常"④的经济自然法则去调节。当然,王夫之也讲到了道德上的"仁"与"恕"或"絜矩之道",以缓和贫富之间的矛盾冲突。

由以上论述可见,王夫之所讲的"均天下"的"均",是社会经济生活按其自然法则运行而达到"均衡"的意思,之所以不均衡,是行政权力的不正当行使,破坏经济运作的结果。去除了不合理的赋税制度和贪官污吏的敲诈勒索,经济运作就可以按其自然规律运行。虽然人的智力差异不可避免地会导致贫富之间的差距,但人的智力差异毕竟有限,竞争既然是公平的,那么就谁也没有怨言。加上道德的"仁"与"恕"的调节贫富矛盾的作用,社会就可以在这既均衡而又充满竞争的生机和活力的状态中得以"日新而不滞"地发展。

王夫之的"均天下"的经济思想,具有十分重大的理论意义。

第一,它突破了农民的绝对平均主义的狭隘眼界。农民起义中提出的"均田""均贫富"的口号,虽然具有反对压迫和剥削的历史合理性,然而正如列宁所

---

① 《宋论》卷十二,《船山全书》,第11册,第277页。
② 《读通鉴论》卷五,《船山全书》第10册,第194页。
③ 《宋论》卷十二,《船山全书》第11册,第277页。
④ 《宋论》卷十二,《船山全书》第11册,第277页。

说,它"在经济学的形式上是错误的"①。即使农民起义成功了,也只能再版一个朱元璋式的专制政权。许多开国帝王在登基后都会做一些"均贫富"的事,由此而必然要采用严刑峻法。对此,王夫之是坚决反对的。他说:"均之者,非齐之也。设政以驱之齐,民固不齐矣。则必刑以继之,而后可齐也。政有成型,而刑必滥,申、商之所以为天下贼,唯此而已矣。"②事实上农民的绝对平均主义也行不通,其在中国历史上周期性的出现不过是章士钊先生所说的"五十年至一百年相杀一次以均财产"。要跳出这一历史的怪圈,只能打破行政权力直接支配经济运作的东方专制主义传统,让经济生活按其自然规律运行,其理想的结果也就是王夫之所说的"两间之气无不均",即"均者,有不均也"③的均衡,是相对平均,而非绝对平均。

第二,它与"以刻核得民誉"的"申韩之儒"的平均思想划清了界限。王夫之认为"申韩之儒"的平均思想实际上来自"惰民"或"罢(疲)民"们"贫疾富,弱疾强,忌人之盈而乐其祸"的心理。而"富且强者之不恤贫弱,而以见凌之,诚有罪矣"。二者交相恶而"其恶惟均"。作为一个好官,应该怜悯贫者,"勉贫者以自存",同时要教育富且强者不得欺凌贫民。而"申韩之儒"的做法则不然,他们一味迎合"罢(疲)民"们的那种"忌人之盈而乐其祸"的心理,"鸷击富强",以收"大快人心"之效;乃至"敢于杀戮,以取罢民之祝颂"。王夫之认为这样做的结果,只能是使老百姓"以贫弱为安荣",越穷越光荣,于是"偷以即于疲惏",谁也不去努力发展生产和致富,反而热衷于和那些努力致富的人"相仇相杀",由此终将导致"不至于大乱而不止"④。在这里,王夫之强调,不应该引导人民向低标准看齐,而应该引导人民向高标准看齐,从而激发人们勤劳致富的积极性,以推动经济的发展。

第三,与不切实际的复古主义思想划清了界限。如前所说,王夫之坚决反对

---

① 《两种乌托邦》,《列宁选集》第 2 卷,第 432 页。
② 《宋论》卷十二,《船山全书》第 11 册,第 279 页。
③ 《宋论》卷十二,《船山全书》第 11 册,第 277 页。
④ 《读通鉴论》卷四,《船山全书》第 10 册,第 161—162 页。

朱熹关于实行"合作均收"的集体生产劳动制度的主张,认为在这种制度下,农民干多干少一个样,不利于调动生产积极性,必不可行;同样,在土地问题上,王夫之也坚决反对朱熹泥于孟子之所谓"仁政必自经界始"的教条,批评朱熹在潭州任上曾建议并一度经朝廷批准实行过的"经界法"。他说:"以为辨赋役之相诡射者乎?……豪民自可诡于界之有经,而图其逸;贫民乃以困于所经之界,而莫避其劳。""以为自此而可限民之田,使豪强之无兼并乎?此犹割肥人之肉置瘠人之身,瘠者不能受之以肥,而肥者毙矣。"①他反复强调,造成土地兼并的真正原因是"赋重""役繁""有司之威""吏胥之奸","豪民无所畏于多有田,而利有余;弱民苦于仅有之田,而害不能去",所以抑制土地兼并的真正有效的办法是改革赋役制度和严禁贪官污吏以"淫刑"鱼肉百姓的暴行。因此,像朱熹那样来搞什么"均田""限田",不过是"假立疆畛,而兼并者自若,徒资姗笑而已"②。他更指出,朱子此法,不但当时行不通,"至贾似道乃窃其说以病民,宋由是亡"③,"设政以驱之齐……刑必滥,申、商之所以为天下贼,唯此而已矣。"④朱熹之所以被王夫之斥为"申韩之儒",恐怕强行推行"经界法"也是一个重要原因。

如果我们承认上述思想是王夫之经济思想中主导的和创新的方面,那么,这种遵循自然法则以发展生产、流通和解决人民生计的思想只要能被付诸实施,其结果就只能是使中国成为一个自由竞争的市场经济的社会。他的这些思想不仅在当时具有进步意义,至今也能给人们以有益的启迪。

然而,我们也看到,王夫之的经济思想中也有许多自相矛盾的言论,当"新的突破了旧的"的时候,旧传统的无形惰力总是试图把它拉向后转,因而他也重复过许多前人说过的陈言旧话。但在思想史研究中,我们应当遵循这样的原则,即主要看他提供了哪些前人没有提供过的而又符合历史前进方向的新的东西,这才是评价他的思想贡献的主要依据。

---

① 《宋论》卷十二,《船山全书》第 11 册,第 277 页。
② 《宋论》卷十二,《船山全书》第 11 册,第 277 页。
③ 《宋论》卷十二,《船山全书》第 11 册,第 275 页。
④ 《宋论》卷十二,《船山全书》第 11 册,第 279 页。

船山人类史观述评

王船山哲学思想的显著特点之一,是他基于以人道率天道的人本主义的立场,特别重视对民族历史和社会现实的调查研究。据王敔的《薑斋公行述》记载:

> 府君自少喜从人间问四方事,至于江山险要、士马食货、典制沿革,皆极意研究;读史、读注疏,至于书志年表,考驳同异,人之所忽,必详慎搜阅之,而更以见闻证之。①

这种求实精神和他在考古、论史中所坚持的"刻志兢兢"的严肃态度,不仅使他在史学上取得卓越成就,对许多历史事件和历史人物的分析、评论比较切近实际;而且,由于他致力于社会生活和历史现象的解剖、观察并达到一定的深度,也使他在哲学上比起前人有新的贡献。这些新的贡献突出表现在:他把自己的自然史观运用于对社会历史现象的研究,多少揭示了一些社会生活的实际和历史运动的辩证法。而且王船山突出地提出了"依人建极"的人本主义思想,强调人在宇宙中的特殊地位。在他看来,人类史的研究比自然史的研究更为重要。因此,王船山把历史哲学研究的课题提到了新的地位,并使他的整个思想体系处处表露出浓厚的启蒙主义者的思想光辉。这在他的历史哲学上表现为具有较多的

---

① 《薑斋公行述》,《船山全书》第 16 册,第 84 页。

"新的突破了旧的"的思想内容。

王船山历史评论著作众多,其中早年写有《尚书引义》《春秋家说》《春秋世论》《续春秋左氏传博议》《诗广传》等书,晚年重订了《诗广传》《尚书引义》,并写有《读通鉴论》《宋论》两部巨著。早年写的书虽名为说经,实际大都是论史之作,是他的系统史论的古代史论部分;晚年写的两部巨著,对秦以后漫长的中古史进行了系统的分析和评论,是他的史论的代表作。船山采取了观点和史料相结合的形式,有意识地把评史、论政两者统一起来,借评论史事来抒发自己的政治主张。同时,他也借对历史现象的分析,来阐述自己的哲学思想。船山论史不止于就事论事,对于"上下古今兴亡得失之故、制作轻重之原"①,对于历代王朝更替及其"合离之势"②"变革之会"③等,他都力图分析其原因,探索其规律,给以理论上的概括。因而在船山的系统史论中贯穿着他的历史哲学。此外,船山历史哲学还体现于《周易内外传》《读四书大全说》《四书训义》《四书笺解》《礼记章句》《思问录》《张子正蒙注》《庄子通》《庄子解》等经子注疏中。总之,船山的史学思想是自成体系的相对完整的系统理论。

一、"依人建极",今胜于古

我国古代朴素形态的唯物辩证法,一般把自然史和人类史看作同一气化过程。从王充到张载,莫不如此。船山是在承认此前提下,更多地注意到人从自然界中产生和分化出来以后,所具有的人的"类特性"。它与"草木禽兽"有着"壁立万仞"的界限。"天道不遗于禽兽,而人道则为人之独"④;"人之异于禽兽,则自性而行,自道而器,极乎广大,尽乎精微,莫非异者"⑤。因而,强调不可"迷其所

① 《薑斋公行述》,《船山全书》第 16 册,第 84 页。
② 《春秋世论·叙》,《船山全书》第 5 册,第 385 页。
③ 《读通鉴论》卷末《叙论四》,《船山全书》第 10 册,第 1180 页。
④ 《思问录·内篇》,《船山全书》第 12 册,第 405 页。
⑤ 《读四书大全说》卷九,《船山全书》第 6 册,第 1026 页。

同而失其所以异"①,反对"过持自然之说"②。由此,区别于自然史观而展示了把人的类存在作为单独考察对象的人类史观。

(一) 人极的内涵

船山曰:"天人之蕴,一气而已。"③天地间气化氤氲流行,生生不息。故曰:

> 天以其一真无妄之理为阴阳为五行,而化生万物者曰天道。阴阳五行之气化生万物,其秀而最灵者为人,形既成而理固在其中,于是有其耳目则有其聪明,有其心思则有其智睿,智足以知此理,力足以行此理者曰人道。是人道即天分其一真无妄之天道以授之,而成乎所生之性者也。④

> 天地之生,以人为始。故其吊灵而聚美,首物以克家,明聪睿哲,流动以入物之藏,而显天地之妙用,人实任之。……自然者天地,主持者人。人者,天地之心。⑤

人是天地的产物,是阴阳气化最灵秀者。"禽兽之与有之者,天之道也……人之独而禽兽不得与,人之道也。"⑥因此,人不仅是天地的组成部分,是"天地之妙用"的体现,而且是最集中最本质的表现,是"天地之心"。人的这种特殊性主要表现在有耳目能知觉万物,有心思能了悟大道,因而,能够化天之道为人之道,以人之道尽天之道。

船山人类史观的理论前提,即肯定人是自然的最高产物,人一旦产生便成为自然的"主持者",成为"天地之心"⑦。人的生理发育特别迟缓,人的智慧和道德更必须在社会生活中"践形尽性",长期培育,"迟久而始成"⑧。正因为如此,人

---

① 《思问录·内篇》,《船山全书》第12册。
② 《读四书大全说》卷九,《船山全书》第6册,第1018—1019页。
③ 《读四书大全说》卷十,《船山全书》第6册,第1052页。
④ 《四书训义》卷二,《船山全书》第7册,第105页。
⑤ 《周易外传》卷二,《船山全书》第1册,第882—885页。
⑥ 《思问录·内篇》,《船山全书》第12册,第402页。
⑦ 《周易外传》卷二,《船山全书》第1册,第885页。
⑧ 《周易外传》卷五,《船山全书》第1册,第987页。

以其"聪明睿哲"成为混沌的开辟者。人一产生,就作为主体而与客体自然物形成一种矛盾关系,"已成形则与物为对,而利于物者损于己,利于己者损于物,必相反而仇,然终不能不取物以自益也,和而解矣"①。通过"取物自益"的人的实践活动,天下之物才由"自在之物"变成"为我之物","以我为人乃有物,则亦以我为人而乃有天地"②。总之,人产生之后,自然界才作为人所认识和改造的对象而存在。据此,船山揭示了"依人建极"的思想原则。他提出:

> 道行于乾坤之全,而其用必以人为依。不依乎人者,人不得而用之,则耳目所穷,功效亦废,其道可知而不必知。圣人所以依人而建极也。③

这就是说,作为自然法则乃至统一宇宙法则的"道",必须通过人类社会生活表现出来,并只能由人按实践需要去加以把握。所谓"言道者必以天为宗,必以人为归"④是也。

何谓"依人建极"? 即是说,不应该抽象地去讲"天道""物理",而应以"人"作为出发点来考察万物,考察人类在天地中的地位及其活动规律,"以人为依,则人极建而天地之位定也"⑤。而所谓"人极"(在船山思想中也指"人纪""人维""人道"等),指的是人的类特性或文明人类的本质特征,就是船山说的"人之独而禽兽不得与"。换言之,就是人之所以为人的本质特征,以及文明人类之所以为文明人类的本质特征。船山云:

> 朴之为说,始于老氏,后世习以为美谈。朴者,木已伐而未裁者也。已伐则生理已绝,未裁则不成于用,终乎朴则终乎无用矣。……人之生理在生气之中,原自盎然充满,条达荣茂。伐而绝之,使不得以畅茂,而又不施以琢

---

① 《张子正蒙注》卷一,《船山全书》第12册,第41页。
② 《周易外传》卷三,《船山全书》第1册,第905页。
③ 《周易外传》卷一,《船山全书》第1册,第850页。
④ 《尚书引义》卷五,《船山全书》第2册,第381页。
⑤ 《周易外传》卷一,《船山全书》第1册,第852页。

磨之功,任其顽质,则天然之美既丧,而人事又废,君子而野人,人而禽,胥此为之。若以朴言,则唯饥可得而食、寒可得而衣者为切实有用。养不死之躯以待尽,天下岂少若而人耶!自鬻为奴,穿窬为盗,皆以全其朴,奚不可哉!养其生理自然之文,而修饰之成乎用者,礼也。①

针对"古人淳朴,渐至浇伪"的说法,船山反其道而行之,斥"朴"而尚"文",强调"文"对于人的重大意义,认为由"朴"而"文"是人之为人的必然发展过程。因此,船山严于"人禽之辨""华夷之辨",认为人的道德自觉和人格塑造有一个由禽到人、由夷到华即由野到文,乃至继善成性而超迈流俗的漫长过程。

首先,就"人禽之辨"说,王船山强调人和动物都同样具有生命、知觉,以及"甘食悦色"等自然本能;但"人之异于禽兽者几希"的"几希"二字,却是"严辞,亦大辞"②。这一严格的标准,重大的界限,即是人更具有社会生活中自觉的道德意识和道德活动。所谓"明伦、察物、居仁、由义四者,禽兽之所不得与。壁立万仞,只争一线"③。如果"视情皆善,则人极不立",乃至"自陷于禽兽"④。

此外,就"华夷之辨"说,王船山沿袭了华夏族才达到了文明人类这一传统偏见,甚至把夷狄视为"异类",认为华与夷"地界分、天气殊而不可乱,乱则人极毁"。但他所强调的华夏与夷狄的区别,主要是由于地域不同而形成了文明与野蛮的界限,认为"均是人也,而夷、夏分以其疆"⑤。"夷狄不能备其文";而"中国之文,乍明乍灭",华夏族也可能倒退为夷狄,乃至退化为"植立之兽"⑥。

"人禽之辨"与"华夷之辨"是船山"人极"思想的重要组成部分,它们明确了船山的人的类特性思想的界限,为生活在历史中的人提供了具体规定。但王船山并不满足于对个体的人的思考和表达,他似乎不仅看到了作为抽象的群体的人,而且还看到了生活在历史中的作为文化的人的群体。在《黄书·原极》中,王

---

① 《俟解》,《船山全书》第 12 册,第 486—487 页。
② 《读四书大全说》卷九,《船山全书》第 6 册,第 1023 页。
③ 《俟解》,《船山全书》第 12 册,第 478—479 页。
④ 《读四书大全说》卷十,《船山全书》第 6 册,第 1072—1073 页。
⑤ 《读通鉴论》卷十四,《船山全书》第 10 册,第 503 页。
⑥ 《思问录·外篇》,《船山全书》第 12 册,第 467 页。

船山更提出"三维"的观点,试图把"人极"的内容,规定为人和物、华夏和夷狄自觉地划清界限,"自畛其类"①。透过其中民族偏见、阶级偏见的迷雾,可以发现王船山所谓"自畛其类"的"人极",实即把人的特殊本质朦胧地看作为具有一定文明的族类生活的群体。这样的群体,即是社会化的现实的人类;这样的人类,有其由禽到人、由夷到华(即由野到文)、由文之不备到高度文明的发展历程。王船山由此出发而展开的人类历史考察,就不会是关于抽象的人的历史活动叙述,也不是带有神秘色彩的天命史观,更不可能是那种所谓的神意史观了,而是对于人群的社会历史客观发展的学术思想研究。

（二）人群的进化

船山考察人类社会着重发挥了今胜于古的思想,驳斥了"泥古过高而菲薄方今,以蔑生人之性"②的退化史观及复古理论,深刻论证了历史的发展方向问题。他根据自己当时对湘桂一带少数民族社会生活的实地考察,结合历史文献的研究,大胆地打破了对三代古史的传统迷信,否定了邵雍、朱熹等人的退化史观,断定人类史是由野蛮到文明的进化过程。

首先,船山有力地戳穿了对三代古史的神话迷信,他说道:

> 唐虞以前,无得而详考也,然衣裳未正,五品未清,婚姻未别,丧祭未修,狉狉獉獉,人之异于禽兽无几也。故孟子曰,"庶民去之,君子存之"。舜之明伦察物,存唐虞之民所去也,同气之中有象,况天下乎? 若夫三代之季,尤历历可征焉。当纣之世,朝歌之沈酗,南国之淫奔,亦孔丑矣。……春秋之民,无以异于三代之始,帝王经理之余,孔子垂训之后,民固不乏败类,而视唐虞三代帝王初兴、政教未孚之日,其愈也多矣。……唐初略定……以太宗为君,魏征为相,聊修仁义之文,而天下已帖然受治,施及四夷,解辫归诚,不待尧舜汤武也。……孰谓后世之天下,难与言仁义哉!③

① 《黄书·原极第一》,《船山全书》第 12 册,第 501 页。
② 《读通鉴论》卷二十,《船山全书》第 10 册,第 764 页。
③ 《读通鉴论》卷二十,《船山全书》第 10 册,第 763—764 页。

这些议论,冲击了所谓"三代盛世"的传统教条,直接驳斥了朱熹等所谓三代以上天理流行、以后一千五百年间全是人欲支配的复古谬论,指出了:古代是野蛮的,后世是日趋文明的,历史是沿着由野蛮到文明的方向不断前进的。他根据自己的研究考察得出了他对于所谓"三代盛世"的看法:

> 自邃古以来,各君其土,各役其民,若今化外土夷之长,名为天子之守臣,而实自据为部落。①
>
> 三代沿上古之封建,国小而君多……而暴君横取,无异于今川、广之土司,吸龁其部民,使鹄面鸠形,衣百结而食草木。②

这就是说,他把唐虞三代的"国""君",如实地描绘为原始的部落和残忍野蛮的奴隶主的统治。他甚至断定:

> 故吾所知者,中国之天下,轩辕以前,其犹夷狄乎!太昊以上,其犹禽兽乎!……所谓"饥则呴呴,饱则弃余"者,亦植立之兽而已矣!③

据此可知,船山竟然宣布我们的祖先是"植立之兽"!

同时,在《诗广传》《思问录》《读通鉴论》等著作中,船山明确论定文明人类的华夏族也有其史前史的发展阶段。他说:

> 草木禽兽之有材,疑足以为质矣,而未足以为质者,资于天而不能自用也。故天均之以生,而殊之以用。野人之有质,疑亦有其文,而未足以为文者,安于用而不足与几也。故圣人善成其用,而不因其几。……文者,圣人之所有为也。天无为,物无为,野人安于为而不能为。高之不敢妄跻于天,

---

① 《读通鉴论》卷十五,《船山全书》第10册,第585—586页。
② 《读通鉴论》卷二十,《船山全书》第10册,第746页。
③ 《思问录·外篇》,《船山全书》第12册,第467页。

卑之不欲取法于野人,下之不忍并生于草木,而后皇极建焉。皇极建于上,而后人纪修于下,物莫能干焉。至哉其为文乎![1]

名之不胜实,文之不胜质也,久矣。然古先圣人,两俱不废以平天下之情。奖之以名者,以劝其实也。导之以文者,以全其质也。人之有情不一矣,既与物交,则乐于物而相取,名所不至,虽为之而不乐于终。[2]

故吾所知者,中国之天下,轩辕以前,其犹夷狄乎!太昊以上,其犹禽兽乎!禽兽不能全其质,夷狄不能备其文。文之不备,渐至于无文……太昊以前,中国之人若麋聚鸟集。非必日照月临之下而皆然也,必有一方如唐、虞、三代之中国也。……《易》曰:"乾坤毁则无以见易",非谓天地之灭裂也,乾坤之大文不行于此土,则其德毁矣。故曰:"黄帝、尧、舜垂衣裳而天下治,盖取诸乾坤",则虽谓天开地辟于轩辕之代焉可矣。[3]

以上引文表明,船山认为华夏文明开创于轩辕黄帝时代,以此为标志,此后为文明史的开展,而此前的史前史则分为四个连续的发展阶段:禽兽→"植立之兽"("不全其质"且"无文")→夷狄("文之不备")→文明人类在中国的诞生("天开地辟于轩辕之代")。这无疑是一种冲破历史蒙昧主义的卓越创见,是一种独特的"人文化成天下"[4]的人群历史进化观。

继而,船山认为,从轩辕时代开辟的文明史,也呈现出人类社会前进发展的诸阶段。从经济生活看,船山认为由原始的"射生饮血",发展到燧人、神农时代开始"火食""粒食"而仍"鲜食艰食相杂矣,九州之野有不粒不火者矣",再进到后稷时代的农业普遍化,"来牟率育而大文发焉"[5]。以后,"世益降,物益备"[6],物质文明不断提高。从政治组织来看,他判定由古代的"万国分立"到三代时"渐有

---

① 《诗广传》卷三,《船山全书》第 3 册,第 391 页。
② 《读通鉴论》卷十,《船山全书》第 10 册,第 389 页。
③ 《思问录·外篇》,《船山全书》第 12 册,第 467—468 页。
④ 《尚书引义》卷六,《船山全书》第 2 册,第 415 页。
⑤ 《诗广传》卷五,《船山全书》第 3 册,第 491—492 页。
⑥ 《读通鉴论》卷十九,《船山全书》第 10 册,第 697 页。

合一之势"的"封建之天下","风教日趋于画一,而生民之困亦以少衰"①;经过战国时期这一"古今一大变革之会",发展到秦以后的"郡县之天下"②,出现了汉、唐、宋、明这样统一强盛的朝代,终于形成一个"财足自亿,兵足自强,智足自名"③的伟大国家。从精神文明看,他认为唐虞以前"婚姻未别,丧祭未修,狉狉獉獉,人之异于禽兽无几也",直到孔子"删诗书,定礼乐而道术始明"④。唐宋以后,整个国家民族的文化、道德水准大大提高。在这个发展过程中,逐渐形成了以"华夏"为中心的独立自主的政治传统("帝王之兴,以治相继"的"治统")和文化传统("圣人之教","以人存道"的"道统")。尽管这样的民族传统曾屡次被落后民族的统治和暴君篡主的窃夺所打乱,但从战国到明代这两千多年间,它不但没有中断过,而且我国民族还日趋强大和进步⑤。他以坚定的民族自信心预言着:今后只要"公其心,去其危,尽中原之智力,治轩辕之天下,族类强植,仁勇竞命,虽历百世而弱丧之祸消也"⑥! 他提出当时的主要任务,是保卫华夏民族的自主和维系华夏文明的存续,"可禅、可继、可革而不可使夷类间之"⑦,"以往来绝续,系人纪于不亡也"⑧! 至于民族的未来,他坚信在"不以天下私一人"的条件下,必然能够"修养厉精,士饱粟积,取威万方,濯秦愚,刷宋耻……保延千祀,博衣弁带、仁育义植之士旺,足以固其族而无忧矣"⑨! 由深厚的历史教养培育起来的爱国热情,使王夫之在他所谓"大运倾覆""地裂天倾"⑩的艰苦岁月里,对民族复兴的前途始终充满着信心。

(三) 人类文明史概观

船山在坚持今胜于古的历史进化观的同时,更进一步通观古今,从中国文化

① 《读通鉴论》卷二十,《船山全书》第 10 册,第 754 页。
② 《读通鉴论》卷末《叙论四》,《船山全书》第 10 册,第 1180 页。
③ 《黄书·宰制第三》,《船山全书》第 12 册,第 519 页。
④ 《读通鉴论》卷二十,《船山全书》第 10 册,第 763 页。
⑤ 《读通鉴论》卷十一,《船山全书》第 10 册,第 416—417 页。
⑥ 《黄书·任官第五》,《船山全书》第 12 册,第 527 页。
⑦ 《黄书·原极第一》,《船山全书》第 12 册,第 503 页。
⑧ 《春秋世论》卷一,《船山全书》第 5 册,第 389 页。
⑨ 《黄书·宰制第三》,《船山全书》第 12 册,第 519 页。
⑩ 《春秋家说·叙》,《船山全书》第 5 册,第 105—107 页。

中心南移的一些事实,推论历史上华夷文野是迭相转化的;由此臆测到历史的前进运动并非直线,而是充满着曲折和反复的。

船山继承了文化至上的中国传统思想观念,把文化看作是华夏族与其他民族区别的标志,加以他所处的明末清初的特殊历史背景,因而尤其强调夷夏之防、文野之辨。他说:"天下之大防有二:中国、夷狄也,君子、小人也。非本末有别,而先王强为之防也。中国之于夷狄,所生异地,其地异,其气异矣;气异而习异,习异而所知所行蔑不异焉。乃于其中亦自有其贵贱焉,特地界分、天气殊,而不可乱;乱则人极毁,中国之生民亦受其吞噬而憔悴。"①所谓夷狄之防,就是中国与夷狄的分界。这种分界不是种族的分等,而是地域习俗的差异,"均是人也,而夷、夏分以其疆"②;更不是人为的划分,而是"其分也,天也,非人之故别之也"③。民族间的差异是本身就存在的,"因乎天"。船山认为,这些民族差异导致了生活习俗的不同,进而出现了各民族文化先进与落后的发展状况。在他看来,人与禽兽、夷狄的差别只是道德文化价值意义上的,而非出于种族歧视的以及狭隘的华夏族中心主义的偏激之见使然。因此,民族差别的实质是文化的差别。他说:

> 天以洪钧一气生长万族,而地限之以其域,天气亦随之而变,天命亦随之而殊。中国之形如箕,坤维其膺也,山两分而两迤,北自贺兰,东垂于碣石,南自岷山,东垂于五岭,而中为奥区,为神皋焉。故裔夷者,如衣之裔垂于边幅,而因山阻漠以自立,地形之异,即天气之分;为其性情之所便,即其生理之所存,溢而进宅乎神皋焉,非不歆其美利也,地之所不宜,天之所不佑,性之所不顺,命之所不安。④

船山论述了物质生活条件对民族及其文化发展的影响,尤其强调在远古生

---

① 《读通鉴论》卷十四,《船山全书》第 10 册,第 502 页。
② 《读通鉴论》卷十四,《船山全书》第 10 册,第 503 页。
③ 《读通鉴论》卷十五,《船山全书》第 10 册,第 566 页。
④ 《读通鉴论》卷十三,《船山全书》第 10 册,第 485 页。

产力十分低下的条件下,地理环境对人类社会的发展、民族文化的形成的极其重要的作用。正是天定的地理环境的各种复杂因素,促成了各民族文化的形成和发展,因而,各民族文化的特性从一开始就与其生活的地理环境息息相关。然而,船山并不是所谓地理环境的决定论者。他的卓越之处就在于他不仅注重物质生活条件对文化的产生和发展的重要作用,而且更为强调人及其群体在历史文化中的创造作用。

"无资而兴,天与之也;有资而兴,人自兴也。古之帝王及其元侯,肇邦国,立人纪,其势一屈一伸。介乎其伸,苟有为者,皆有造以兴,后先相藉,而天无能开猝起之功。"①禽兽只有初命,故终其一生只能用初命。"人所有事于天之化,非徒任诸天也。"②天道授命,人道用权。人能"继天成性""竭天成能""因天造命",成就"人之天","以人文化成天下"。故船山云:"文明以应,窃成天也"③;又云:"天之化裁人,终古不测其妙;人之裁成天,终古而不代其工","均乎人之天者,通贤智愚不肖而一"④。由此可见,船山对人于历史创造作用的重视。然而夷狄因天不佑,性不顺,而命不安,"徒自溃乱也"。华夏则不然。他指出:

> 述古继天而王者,本轩辕之治,建黄中,拒间气殊类之灾,扶长中夏以尽其材,治道该矣。……何为其然也? 民之初生,自纪其群,远其害沴,摈其夷狄,统建维君。故仁以自爱其类,义以自制其伦,强干自辅,所以凝黄中之氤氲也。今族类之不能自固,而何他仁义之云云也哉!⑤

其人能化天成文,故贵;其族类能保此"氤氲",仁以自爱,义以自制,强干自辅,成为文化道德的寄存者,故由此族类繁衍其文化,日新日化,愈贵矣。由此,保其族类即是保其文化之谓。进而,船山比较了华夷之间的不同特点:"夷狄之

① 《春秋世论》卷三,《船山全书》第 5 册,第 473 页。
② 《尚书引义》卷四,见《船山全书》第 2 册,第 350 页。
③ 《黄书·后序》,《船山全书》第 12 册,第 539 页。
④ 《尚书引义》卷一,《船山全书》第 2 册,第 270—271 页。
⑤ 《黄书·后序》,《船山全书》第 12 册,第 538 页。

强也，以其法制之疏略，居处衣食之粗犷，养其骁悍之气，弗改其俗，而大利存焉。……彼自安其逐水草、习射猎、赋税之可纳，婚姻仕进之可荣。"①夷狄的特点为缺乏礼义节制、粗犷、强悍，生活原始，文化落后，发展停滞。华夏则表现为完善的礼义制度、智巧、坚韧，繁荣富庶，文化发达，不断进步。先进、文明与落后、野蛮的冲突构成了华夷之防的核心。故船山说："中国之义、人禽之界，天下古今之公义也。"②所谓"中国之义""人禽之界"，就是华夷文野之论，一方面为民族冲突，是民族主义；另一方面是文化冲突，为文化主义。这两者似纠缠一起，其实互为表里，合为一体。

尽管船山特别重视夷夏之防，但并未把它绝对化，看作是不可变易的。如前所述，这些差异被看作是人类文明发展的不同程度的表现。由"兽"而"夷"而"华"，乃是由"野"到"文之为备"到"文之已备"。人类是可变化的、不断发展的。华夏文明就是由禽兽、夷狄进化来的。因此，夷狄可以进化为华夏文明，华夏文明亦可以退化为夷狄乃至禽兽。对此，船山论述甚详，有一套确切的理论。他说：

> 天地之气衰旺，彼此迭相异也。太昊以前，中国之人若麇聚鸟集。非必日照月临之下而皆然也，必有一方如唐、虞、三代之中国也。即人力不通，而方彼之盛，此之衰而不能征之，迨此之盛，则彼又衰而弗能述以授人，故亦蔑从知之也。以其近且小者推之，吴、楚、闽、越，汉以前夷也，而今为文教之薮。齐、晋、燕、赵，唐隋以前之中夏也，而今之椎钝驵戾者，十九而抱禽心矣。宋之去今，五百年耳；邵子谓南人作相，乱自此始，则南人犹劣于北矣。洪、永以来，学术、节义、事功、文章皆出荆、扬之产，而贪忍无良、弑君卖国、结宫禁、附宦寺、事仇雠者，北人犹酷焉。则邵子之言验于宋而移于今矣。今且两粤、滇、黔渐向文明，而徐、豫以北风俗人心益不忍问。地气南徙，在近小间有如此者，推之荒远，此混沌而彼文明，又何怪乎！《易》曰："乾坤毁

① 《读通鉴论》卷二十八，《船山全书》第 10 册，第 1093—1094 页。
② 《读通鉴论》卷十五，《船山全书》第 10 册，第 589 页。

则无以见易",非谓天地之裂也,乾坤之大文不行于此土,则其德毁矣。

中国之文,乍明乍灭,他日者必且陵蔑以之于无文,而人之返乎轩辕以前,蔑不夷矣。文去而质不足以留,且将食非其食,衣非其衣,食异而血气改,衣异而形仪殊,又返乎太昊以前,而蔑不兽矣。至是而文字不行,闻见不征,虽有亿万年之耳目,亦无与征之矣,此为混沌而已矣。①

以上引文表明,船山对历史做了仔细考察。他认为,不仅民族文化会随着历史社会的变化而变化,而且造成民族文化特性的"天地之气"也会随着历史社会的变化而变迁,具体表现为"天地文明之气日移而南"②。"三代以上,淑气聚于北,而南为蛮夷。汉高帝起于丰、沛,因楚以定天下,而天气移于南。郡县封建易于人,而南北移于天,天人合符之几也。天气南徙,而匈奴始强,渐与幽、并、冀、雍之地气相得。故三代以上,华、夷之分在燕山,三代以后在大河。"③由此,他做出推论,当远古的中国文明未萌时,世界上别的地方必有文明之族存在;而进入文明后,中国之文,还乍明乍灭,甚至于有"无文"为兽而混沌的危险。所以说,夷可变华,华亦可变夷,文可无文,野亦可成文,华夷文野互变迭相异。这就表明:华夷文野之防并非绝对的界限,文化既不是华夏族独有的,也不是一成型而不易的。各民族文化不断发展,文野的界限也随之而不断地改变。显然,各民族的文化的发展具有不平衡性和盛衰起伏的规律性。而这一切又都与"天地文明之气"密切相关,随着它的迁徙而兴衰更迭,文明的中心也随之移异。但天地之气并不神秘。在生民之初,它就是物质生活条件特别是地理环境。渐向文明之后,就不仅指此,还包括"人文化成之天下"了。"文质随风会以移"④是也;"武帝平瓯、闽,开南越,于今为文教之郡邑。而宋置河朔、燕、云之民,画塘水三关以绝之,使渐染夷风,而彝伦泯丧,于是天地文明之气日移而南,天且歆汉之功而厌宋之偷

---

① 《思问录·外篇》,《船山全书》第 10 册,第 467—468 页。
② 《读通鉴论》卷三,《船山全书》第 10 册,第 127 页。
③ 《读通鉴论》卷十二,《船山全书》第 10 册,第 454 页。
④ 《尚书引义》卷一,《船山全书》第 2 册,第 253 页。

矣"①亦是也。

进而言之,既然华夷文野互变迭相异,各民族的文化发展不平衡,文化的进步具有盛衰起伏的规律,那么人类历史社会的前进运动就不会是单一的直线性的,而是曲折的、反复的。故"天下之势,一离一合,一治一乱而已。离而合之,合者不继离也;乱而治之,治者不继乱也"②。因此,船山的人类文明史观也就可以概括为进化与治乱离合的统一,换言之,即是以今胜于古为总趋势,合以治乱离合之势而已。

二、古今殊异,道随器变

船山从"古今殊异"而今胜于古的历史外部表现来揭示人类社会发展的总趋势之后,为了进一步探索人类社会是怎么发展,他继续深入到历史的内部结构去剖析各种社会政治立法原则依存于相应的社会制度,即"道丽于器"的关系问题。他沿用了《易传》上"形而上者谓之道,形而下者谓之器"等古老命题,赋予了新的内容,创立了自己的道器论,把它运用到了人类社会的历史领域。

(一)"道丽于器""法因时变"

"道器"范畴在船山哲学中具有多种涵义。抽象地说,道器关系问题实即一般(普遍)和个别(特殊)的关系问题。所谓"'道'者,物所众著而共由者也"③,又言"道者,天地人物之通理"④,即普遍的物质实体和普遍规律之意。而"象日生而为载道之器"⑤,"器"指的是个别、特殊的具体事物,以及与普遍规律相对而言的具体规律和特殊本质。当"道器"范畴运用于人类史观,则从标志普遍规律与具体事物的涵义中引申出社会政治、道德立法的原则与具体的社会关系、社会制度之间的关系。他试图运用"道器"范畴对社会历史进行横剖,触及了各种社会

---

① 《读通鉴论》卷三,《船山全书》第 10 册,第 127 页。
② 《读通鉴论》卷十六,《船山全书》第 10 册,第 610 页。
③ 《周易外传》卷五,《船山全书》第 1 册,第 1003 页。
④ 《张子正蒙注》卷一,《船山全书》第 1 册,第 15 页。
⑤ 《周易外传》卷五,《船山全书》第 1 册,第 992 页。

关系、制度、器物等具体存在（"器"）对依附于它们的政治立法原则、伦理道德规范以及一般原理（"道"）的决定作用问题。"盈天地间皆器矣。"①同其本体论的论证一样，船山首先明确地指出充满整个宇宙间的都是具体器物，人类社会历史的存在发展也不例外。他说：

> 天下惟器而已矣。道者器之道，器者不可谓之道之器也。无其道则无其器，人类能言之。虽然，苟有其器矣，岂患无道哉！……人或昧于其道者其器不成，不成非无器也。无其器则无其道，人鲜能言之，而固其诚然者也。洪荒无揖让之道，唐、虞无吊伐之道，汉、唐无今日之道，则今日无他年之道多矣。未有弓矢而无射道，未有车马而无御道，未有牢醴璧币、钟磬管弦而无礼乐之道。……道之可有而且无者多矣。故无其器则无其道，诚然之言也，人特未之察耳。……呜呼！君子之道，尽夫器而止矣。②
>
> "盈天下而皆象"，"象不胜多"而"天下无象外之道"③。
>
> "盈天地间皆器矣"④，"象日生而为载道之器"⑤，故"群有之器，皆与道为体"⑥。
>
> 道非直器也，而非器则无所丽以行。故能守先王之道者，君子所效法而师焉者也；能守道之器者，君子所登进而资焉者也。⑦

这里，船山深刻论述了"道器"关系。他认为，世界上一切事物都是具体的存在物。现象是无比丰富的。但每一具体事物和现象，本身既具有自己的特殊性，又具有同类事物的共同性，即是说都是个别（特殊）和一般（普遍）的统一。"普遍性即存在于特殊性之中。"共同本质即存在于杂多现象之中。既然"天下惟器"，

---

① 《周易外传》卷五，《船山全书》第1册，第1026页。
② 《周易外传》卷五，《船山全书》第1册，第1027—1029页。
③ 《周易外传》卷六，《船山全书》第1册，第1038—1039页。
④ 《周易外传》卷五，《船山全书》第1册，第1026页。
⑤ 《周易外传》卷五，《船山全书》第1册，第992页。
⑥ 《周易外传》卷二，《船山全书》第1册，第862页。
⑦ 《读通鉴论》卷六，《船山全书》第10册，第240页。

"道在其中",所以"无其器则无其道"。没有个别,就没有一般。"一般只能在个别中存在,只能通过个别而存在。"①一般包含在个别之中,而个别却不能完全包入一般。所以,只能说"道者器之道",而不能反过来说"器"是"道之器"。这看来是抽象的逻辑推论,却具有重大的意义。历史在发展,"器"在变化,"道"也必须随之而变,根本不存在一个"天不变、道亦不变"之"道"。"据器而道存,离器而道毁。"②他虽强调"道器无异体"③,"器道相须而大成"④,但反复指明两者的关系只能是"道"依存于"器",有了"器"才会有"道"。横剖历史,只能承认"形而上之道丽于器之中"⑤,"器"变则"道"亦随之而变。他具体地指出:"洪荒无揖让之道,唐、虞无吊伐之道,汉、唐无今日之道,则今日无他年之道多矣。"其所以如此,因为:"未有弓矢而无射道,未有车马而无御道,未有牢醴璧币、钟磬管弦而无礼乐之道;则未有子而无父道,未有弟而无兄道,道之可有而且无者多矣。"这就是说,人类社会在发展中,具体的政治关系、伦理关系、经济生活、器物制度等都在变化,依存于"器"的"道"也必然随之而变。"事随势迁,而法必变"⑥,"时移势易,而是非然否亦相反相谢而因乎化"⑦。社会立法原则、道德规范、是非标准必然随古今社会的变革而不断变革。这就是船山所说的,"道非直器也,而非器则道无所丽以行"。因而,"君子之道,尽夫器而止矣";"尽器则道在其中","尽器则道无不贯"⑧。此之谓"道"随"器"变。

同样,由"器道相须""道丽于器"的观点,就他的"见闻所及",船山从社会制度上把中国史分为先秦"封建制"和秦以后"郡县制"两大阶段,并对"封建"、学校、乡举里选、土地制度、兵农合一,乃至肉刑、职田、什一之税等具体政法制度的演变情况作了具体的分析研究,总结出了"封建不可复行于后世,民力所不堪,而

① 列宁:《哲学笔记》,人民出版社,1956年,第36页。
② 《周易外传》卷二,《船山全书》第1册,第861页。
③ 《周易外传》卷五,《船山全书》第1册,第1027页。
④ 《周易外传》卷三,《船山全书》第1册,第905页。
⑤ 《张子正蒙注》卷六,《船山全书》第12册,第232页。
⑥ 《读通鉴论》卷五,《船山全书》第10册,第191页。
⑦ 《庄子解》卷十七,《船山全书》第13册,第276页。
⑧ 《思问录·内篇》,《船山全书》第12册,第427页。

势在必革也"①,"郡县之与封建殊,犹裘与葛之不相沿矣"②的明确论断;得出了"汉以后之天下"只能"以汉以后之法治之"③的结论。在船山看来,所谓"法者,非以快人之怒、平人之愤、释人之怨、遂人之恶恶之情者也;所以叙彝伦、正名分、定民志、息祸乱,为万世法者也"④。也就是说,"法"不是维系道德伦理、人情好恶的手段工具,"法与情不两立"⑤,而是具体时代具体社会的制度原则。政法制度随时代条件的变化必然发生变化。"理有定而法无定,因乎其时而已。"⑥是故,时移事异,"法"亦"一兴一废一繁一简之间"因时而改变。所以他说:"就事论法,因其时而酌其宜。"⑦此之谓"法因时改"。

总之,"道者因天""生于心","法者因人""生于事"⑧,故"道"大"法"小,"道"变"法"亦变。历史在发展,"器"在变化,依存于"器"的"道"也必然随之而变,根本不存在一个永恒不变的社会立法,而只能是"道"随"器"变,"法"亦因时而改。

(二)"道因时而万殊"

王船山运用自己的"道器"论来考察社会历史,他看到了时代条件的变化决定着社会法则也在向前推移,因而得出了洪荒、唐虞、汉唐、今日,乃至他年的社会都各有自己的"道"的结论。很显然,"道"与"时"有着密切的关系。他说:

> 夫天下之万变,时而已矣;君子之贞一,时而已矣。变以万,与变俱万而要之以时,故曰:"随时之义大矣哉!……括天下之变而一之以时","莫变匪时""时者,天之恒。"⑨

> 时者,有序而不息之谓……道者,日用事物当行之理,皆性之德而具于

---

① 《读通鉴论》卷二,《船山全书》第 10 册,第 114 页。
② 《读通鉴论》卷三,《船山全书》第 10 册,第 124 页。
③ 《读通鉴论》卷五,《船山全书》第 10 册,第 191 页。
④ 《读通鉴论》卷二十一,《船山全书》第 10 册,第 814 页。
⑤ 《读通鉴论》卷二十,《船山全书》第 10 册,第 7470 页。
⑥ 《读通鉴论》卷六,《船山全书》第 10 册,第 233 页。
⑦ 《读通鉴论》卷末,《船山全书》第 10 册,第 1180 页。
⑧ 《读通鉴论》卷十七,《船山全书》第 10 册,第 667 页。
⑨ 《诗广传》卷三、卷四,《船山全书》第 3 册,第 405、451—452 页。

心,无物不有,无时不然,所以不可须臾离也。①

道一本而万殊。万殊者,皆戴夫一本者也。②

"变"者,尽乎万殊之理而无所滞也。③

道之所行者时也……时之所承者变也……道因时而万殊也。……万殊仍乎时变,而必有其相为分背者矣。往者一时,来者一时,同往同来者一时,异往异来者一时。时丞变而道皆常,变而不失其常,而后大常贞,终古以协于一。小变而输于所委,大变而反于所冲,性丽时以行道,时因保道以成性,皆备其备,以各实其实,岂必其始之有殊心,终之无合理,而后成乎相反哉?④

"时"是天地万物的本性,具有"有序"与"不息"两种基本属性。"道"也是天地万物的本性,是"日用事物当行之理",特点是"一本而万殊"。天下事物就存在意义而言,都共有同一个本源"气";"气化流行"生成器物,而器物与"道""时""不可须臾离"。就其变化的意义而言,万事万物都无不有"常"与"变";"时丞变而道皆常,变而不失其常",但"道"与"时"、"常"与"变"终归要"协于一"。人类社会历史的发展也就是"道"与"时"、"常"与"变"的辩证统一的变化表现。"道"的流行就是"时"的体现。"道"的开展需要"时"。任何事物的"当行之理"都是通过过程才体现出来的。"时行物生"⑤"道因时而万殊"。也正因为有"时"世界才有变化,有变化才显示出意义来。

依存于"器"的"道",是随着时代条件的变化而变化的。"时已变,则道随而易,守而不变,则于情理未之协也。"⑥因而,船山重时因时,强调"趋时"。他指出:

---

① 《礼记章句》卷十八,《船山全书》第 4 册,第 876、1248 页。
② 《续春秋左氏传博议》卷下,《船山全书》第 5 册,第 608 页。
③ 《周易内传》卷五下,《船山全书》第 1 册,第 554 页。
④ 《周易外传》卷七,《船山全书》第 1 册,第 1112 页。
⑤ 《张子正蒙注》卷五,《船山全书》第 12 册,第 208 页。
⑥ 《宋论》卷一,《船山全书》第 11 册,第 43 页。

道莫胜于趋时。富贵、贫贱、夷狄、患难，极于俄顷之动静、云为，以与物接，莫不有自尽之道。时驰于前，不知乘以有功，逮其失而后继之以悔，及其悔而当前之时又失矣。①

时有常变，数有吉凶。因常而常，因变而变，宅忧患者每以因时为道曰："此易之与时盈虚而行权"者也。……故圣人于常治变，于变有常，夫乃与时偕行，以待忧患。②

船山认为，一切社会历史现象莫不有其"自尽之道"，莫不有其"盈虚之时"，故要"与时偕行""因时为道"，就要"趋时应变"③。所谓"趋时者，与时行而不息，宵昼瞬息，皆有研几徙义之功也"④，"趋时，因时择中，日乾夕惕也"⑤。趋时即是紧随时势的发展变化，善于把握时势的动向，抓住时代的脉搏，引导并推进时势的潮流，成为历史的参与者和创造者。因而，人在历史中，"时然而不得不然"，"时将然而导之"，进而"时然而弗然，消息乎己以匡时"，从而实现由"因时者"而"先时者"乃至"治时者"的转化⑥。此外，他说，"盖道至其极而后可以变通，非富有不能日新"；又说，"趋时应变者惟其富有，是以可日新而不困"⑦。因此，唯能趋时应变，才可达道变通，才可日化日新。他运用"道莫盛于趋时"的观点，来总结历史事变，得出无论因、革，只要顺"时"，都是合"道"的结论：

是故，因亦一道也，革亦一道也。其通也，时也，万古不易者，时之真也；其塞也，时也，古今殊异者，时之顺也。考三王，俟百世，精义以中权，存乎道而已矣。⑧

① 《思问录·内篇》，《船山全书》第 12 册，第 416 页。
② 《周易外传》卷六，《船山全书》第 1 册，第 1056 页。
③ 《张子正蒙注》卷七，《船山全书》第 12 册，第 277 页。
④ 《张子正蒙注》卷五，《船山全书》第 12 册，第 216 页。
⑤ 《张子正蒙注》卷七，《船山全书》第 12 册，第 309 页。
⑥ 《春秋世论》卷五，《船山全书》第 5 册，第 509 页。
⑦ 《张子正蒙注》卷七，《船山全书》第 12 册，第 276—277 页。
⑧ 《宋论》卷一，《船山全书》第 11 册，第 45 页。

同时,他基于民族爱国主义的立场,面对民族矛盾掩盖了阶级矛盾的现实,更得出为了保卫民族,君权"可革"的结论:

> 今族类之不能自固,而何他仁义之云云也哉!
>
> 保其类者为之长,卫其群者为之邱。……可禅可继可革而不可使异类间之。①

船山以上的这些思想,对于自董仲舒以来长期占统治地位的道统史观,即所谓"道之大原出于天,天不变,道亦不变"的神学教条,无疑是一个沉重的打击。他所得出的这些结论显然是具有启蒙色彩的政治结论。

总之,王船山的"道器"理论,应看作是明清之际基于民族爱国主义的启蒙思潮和民主思想相结合的理论化的表现。正因如此,清末的谭嗣同才会从王船山的"道器"论中找到自己主张变法维新的理论根据。然而,就历史研究来说,王夫之认为,对古今、道器怎样发展变化,还必须"推其所以然之由,辩其不尽然之实"②,即必须进一步探究历史运动的"所以然"(必然性、合理性)和"不尽然"(偶然性、现实性),对历史运动进行纵剖,剖视其发展的必然趋势和内在规律。这样,由"器道相须"的社会结构论过渡到"理势相成"的历史规律论。

三、理势"相成","延天祐人"

在王船山看来,历史发展过程是一个有规律的客观过程。他依据他的"理依于气""气无非理"的自然观,创立了关于历史发展规律的学说,即"理势合一""理势相成"的学说。当然,船山没有、也不可能发现人类社会生活中的客观物质基础,而只是从对大量历史事变的综合中制定了一个标志历史事变发展的必然趋势和客观过程的范畴,即所谓"势"。他把刘知几、柳宗元等人曾运用过的十分笼

---

① 《黄书·后序》《黄书·原极》,《船山全书》第12册,第538、503页。
② 《读通鉴论》卷末,《船山全书》第10册,第1177页。

统的"势"概念,加以具体规定,并与新加界说的"理""几""天""时"等范畴联结起来,试图更深入地来揭示历史运动过程的必然性。他认为,正如物质自然界的"气化"过程有其固有之"理"一样,历史事变的发展过程是一个必然之"势",在"势"之必然处,也就表现出当然之"理"。历史之"势",是社会运动的客观过程;历史之"理",便是这一过程所表现的规律性。在王夫之看来,都是一个合规律的必然过程,也就是一个自然过程("天")。其实,就王船山的一贯思路,在自然观上坚持"理依于气""道寓于器",似乎在历史观上也会归结为"理因乎势"。但事实不然,他似乎意识到了历史运动的复杂关系,试图展开多侧面的论证。

(一)"理成势"与"势成理"

在王船山的人类史观中,"势"范畴标志历史发展的客观过程及其必然趋势,涵有"自然之气机"①"不得不然"②诸义,近于"现实的"或"现实性";"理"范畴标志历史必然趋势中所表现的规律性,涵有"当然之宰制"③"当然而然"④诸义,近于"合理的"或"合理性"。他认为,现实的历史进程,其"势之必然"就表现了"理之当然",即使"势之偶然",也表现了某种"理之固然"。历史事变的必然性和偶然性,都体现了历史运动的内在规律;至于人们的历史实践,"得理自然成势",顺势也就合理,所以"理势不可以两截沟分"⑤,两者在现实的历史中是相涵互成的。

船山根据"心有两端之用,而必合于一致"的辩证思维方法,把关于"理"与"势"的思想概括为"理势相成"的历史规律学说。他有一个简括的论纲:

> 顺逆者,理也。理所制者,道也;可否者,事也。事所成者,势也。以其顺成其可,以其逆成其否,理成势者也。循其可则顺,用其否则逆,势成理者也。⑥

---

① 《四书训义》卷三十一,《船山全书》第8册,第431页。
② 《读四书大全说》卷九,《船山全书》第6册,第990页。
③ 《四书训义》卷三十一,《船山全书》第8册,第431页。
④ 《读四书大全说》卷九,《船山全书》第6册,第990页。
⑤ 《读四书大全说》卷九,(船山全书)第6册,第992页。
⑥ 《诗广传》卷三,《船山全书》第3册,第421页。

　　"理"是历史发展的规律性,历史规律是客观存在的,在一定时期,人们对于历史客观规律,可以顺之而行,可以逆之而行,所以,对于"理",有顺或逆的问题。"势"则是由历史事变的事实形成的,在事实面前,只有可行或不可行的问题。正因为"顺理",所以可行,因而"成势";因为"逆理"而造成行不通之势,这都属于"理成势"的情态。反之,正因为"势"已形成,必须循之而行,所以"循其可"之行,也就合乎"理";如果"用其否"也就违背了"理",这都属于"势成理"的情态。这是"理"和"势"的区别和统一。他看到了在历史的进程中,历史人物的活动和历史事变的发展是不可分的;"理"和"势"基本上是统一的。无论历史事变是"成乎治之理",或是"成乎乱之理""均成其理","均成其理,则均成乎势矣"[①]。"是故大智者,以理为势,以势从理。"[②]

　　根据以上论纲,理势关系便可从两方面予以分析:

　　一方面,就"理成势"的角度说,"迨已得理,则自然成势","理当然而然,则成乎势矣","势之顺者,则理之当然者已","凡言势者皆顺而不逆之谓也;从高趋卑,从大包小,不容违阻之谓也。夫然,又安往而非理乎"[③]? 历史的必然规律,体现在人们合乎规律的历史活动之中。他以文王"以百里而兴"的史实为例,即使"势不便而受屈",但由于文王的行动合理,"道自我行",结果能够"易无道为有道""尽人事以回天",实现了"长诸侯而图王业"的历史使命[④]。又如他在《宋论》第一篇分析宋太祖赵匡胤的"统一天下",似乎有一种"天命"的必然在支配;在论述中,他还沿用了一些"帝王受命论"的传统观念[⑤]。但他在分析历史事变时所用的"天命"这一范畴,却曾作过明确的理论规定:

　　　　天之命,有理而无心者也。……生有生之理,死有死之理,治有治之理,乱有乱之理,存有存之理,亡有亡之理。天者,理也;其命,理之流行者

① 《读四书大全说》卷九,《船山全书》第6册,第991页。
② 《春秋家说》卷上,《船山全书》第5册,第120页。
③ 《读四书大全说》卷九,《船山全书》第6册,第990—992页。
④ 《四书训义》卷三十一,《船山全书》第8册,第433页。
⑤ 《宋论》卷一,《船山全书》第11册,第19页。

也。……违生之理，浅者以病，深者以死，人不自知而自取之。……自然其不可移矣，天何心哉！夫国家之治乱存亡，亦如此而已矣。①

以人的生死寿夭为例，看来好像有一个不可知的"天命"在支配，实际却是"理"的支配。人自己违反了"生理"规律，招致疾病以至死亡，这里确实存在着"不可移"的必然性。但并不是"天"有什么意志、目的，"必欲寿之，必欲夭之"。"国家之治乱存亡"等社会现象，也是如此。从船山的基本思想看来，周文王的兴起、宋太祖的"统一天下"，不过是"以其顺成其可""得理自然成势"的规律在起作用，"天何心哉"！总之，"势因理成"②，即是说，凡是合理的，必将成为现实的。人们合理的历史活动形成历史的现实过程，历史的必然规律也体现在人们合理目的的历史活动之中。

另一方面，从"势成理"的角度说，他着重指出："只在势之必然处见理"③，"势既然而不得不然，则即此为理矣"④。这是王夫之历史理论的根本思想。他试图区别历史现实所表现的两种"理"：一为"有道之理"即"有定"之理或"当然而然"之理，例如汤武革命，勾践复国；二为"无道之理"即"无定之理"或因势而成的"不得不然"之理，例如曹操成功地顺势统一北中国。无论"有道之理"还是"无道之理"都依存于必然之势表现出来，而历史必然之势所实现的客观规律性和合理性，并不以任何历史人物的主观意愿为转移。他在《读通鉴论》的第一篇对秦变"封建"为"郡县之制"这一重大历史事变表现出的必然性和合理性的统一，进行了卓越的分析，得出了"势相激而理随以易"的重要结论，确立了他的"理势相成"的历史观的基石。⑤ 首先，他肯定了"郡县之制垂二千年而弗能改"这一历史的现实。然后分析其所以如此，指出：到战国时期，"封建"制已经过时，"世国""世官"等已是"势所必滥"；而在世袭等级制压迫下的人们，作为新兴势力，已经

① 《读通鉴论》卷二十四，《船山全书》第 10 册，第 934 页。
② 《读四书大全说》卷九，《船山全书》第 6 册，第 992 页。
③ 《读四书大全说》卷九，《船山全书》第 6 册，第 992 页。
④ 《读四书大全说》卷九，《船山全书》第 6 册，第 990 页。
⑤ 《读通鉴论》卷一，《船山全书》第 10 册，第 67—68 页。

由"势所必激",而"相乘以兴";并且,事实上,"郡县之制"的萌芽"已在秦先"出现,所以,"封建毁而选举行"就成为不可阻挡的必然趋势。依存于"势"之"理",也就必然随之而变。因而,秦变"封建为郡县",就完全顺势而合理,所以"今古上下皆安之"。他指出"秦以私天下之心而罢侯置守",却实现了历史前进的"大公"之理。通过对这类历史事件的概括,船山得出了下述理论上的结论:

> 势之所趋,岂非理而能然哉!①
>
> 势之顺者,即理之当然者已。②
>
> 时异而势异,势异而理亦异。③
>
> 势合而后可言情,情得而后可言理。④

王夫之的理论是首尾一贯的。正如他在本体论上坚决驳斥"悬道于器外""离气而言理"的唯心主义世界观一样,他在历史观上也坚决反对在现实的历史发展过程之外去设置"天命""道统""天理"等各种唯心史观。并且,按照"只在势之必然处见理"的原则,他认为,只要是顺着必然之势而存在的现实,即使看来好像是不合理的,也总有它的合理成分。他以汉末曹操用武力权术统一北中国为例,肯定当时"弱小固受制于强大,以戢其糜烂鼎沸之毒。而势之顺者,即理之当然者已"。所以,"从旁旷观",曹操是做得对的⑤。总之,"理因乎势"即是说,凡是现实的,总有其合理性。

总体来说,王夫之的历史理论是以历史之"势"作为现实基础的,显然区别于以朱熹为代表的以为帝王心术的好坏就决定了社会历史发展的"天理史观"。他肯定"理势"不可分,又强调了"势因乎时,理因乎势"⑥。他之所以把"理成势"和"势成理"两方面结合起来分析,实质上是力图全面阐明历史运动既是一个现实

---

① 《读通鉴论》卷一,《船山全书》第 10 册,第 67 页。
② 《读四书大全说》卷九,《船山全书》第 11 册,第 991 页。
③ 《宋论》卷十五,《船山全书》第 11 册,第 335 页。
④ 《春秋家说》卷中,《船山全书》第 11 册,第 238 页。
⑤ 《读四书大全说》卷九,《船山全书》第 6 册,第 991 页。
⑥ 《读通鉴论》卷十二,《船山全书》第 10 册,第 458 页。

的客观发展过程,又是历史人物合理的能动的实践过程。船山的"理势相成"说概述了社会历史运动的基本规律,至今仍有着重要的理论意义。

(二)"贞一之理"与"相乘之几"

船山的"理势相成"说深入到社会历史运动内部去探索古今道器演变的必然性和合理性。他发现理有顺逆之别,势有可否之分,人们的历史活动更有各种复杂情况,因而形成历史运动中偶然性和必然性、曲折性和前进性、现实性和合理性的复杂联结。这就使王船山看到了历史的具体发展充满着复杂的矛盾,人们在历史的活动中经历着无穷的"忧患"和"险阻"。因此,对历史规律的认识把握,还要求人们在"顺势""合理"的历史活动过程中正确把握"时"与"几"。

"时"与"几"是王船山历史辩证法的重要范畴。"时"多与"势"相联系,主要指历史发展过程中转折变动的时机、时势、时代脉搏;"几者,事之微,吉凶之先见者也"①,"几"多与"理"相联系,主要指历史发展规律中屈伸消长的契机、比较隐微的征兆、矛盾转换的关键点。船山说:"可与知时,殆乎知天矣。知天者,知天之几也。"②显然,两者同一层次,可以互通。"知时"也就是"知几",而"适当其可之几"也就是"得天之时"。

船山强调"时"和"势"一样,具有"不可违"的客观性。"得天之时则不逆,应人以其时则志定。时者,圣人之所不能违也"③,且"违乎时,违乎道矣"④。一方面,不能"先进而动","时之未至,不能先焉"(《读通鉴论》卷三);另一方面,也不能"时过犹执",如果"时已过而犹执者,必非自然之理"(《张子正蒙注》卷五)。因而,应当"更新而趋时",如果"时驰于前,不能乘而有功",乃是"终身于悔之道"(《思问录·内篇》),"亟违于时,亡之疾矣!"(《春秋世论》卷五)同时,他又提出"理势"均不是固定的,因而"时"更具有变化性。他说:

> 夫所谓理势者,岂有定理,而形迹相若,其势均哉?度之己,度之彼,智

① 《读通鉴论》卷八,《船山全书》第 10 册,第 337 页。
② 《读通鉴论》卷二,《船山全书》第 10 册,第 117 页。
③ 《读通鉴论》卷二十,《船山全书》第 10 册,第 733 页。
④ 《读通鉴论》卷二,《船山全书》第 10 册,第 93 页。

者不能违,勇者不能竞,唯其时而已。难得而易失者,时也。已去而不可追者,亦时也。……知时以审势,因势以求合于理。岂可以概论哉?①

"时"的特点是伴随"理势"而变动不居,"难得而易失","已去而不可追"②。要做到"时将然而导之""时然而不得不然"③,即善于抓住时代脉搏,推进或适应时代潮流,才可能完成某种历史功业。单凭"智慧以立功"是不行的,"有智慧而无可为之势,则不如乘时者之因机顺导,易用其智慧"④。

所谓"乘时者"要能"因机顺导",在于"见几""知几"。船山视"几"为"动静必然之介",即动静必然之理的一种隐微表现。"几者,动静必然之介,伸必有屈,屈所以伸,动静之理然也。"⑤"天下不可易者,理也;因乎时而为一动一静之势者,几也。"⑥足见,"几"是历史运动中必然之理"因乎时"而在"动静之势"中表现出来,人们可以认识和把握。所以,他说:"夫几亦易审矣,事后而反观之,粲然无可疑者。而迂阔之士,执一理以忘众理,则失之;狂铰之徒,见其几而别挟一机,则尤失之;无他,气陷之相取相轧,信乱而不信有已乱之几也。……所谓间世之英杰能见几者,如此而已矣,岂有不可测之神智乎!"⑦

由此,船山提出了"贞一之理"与"相乘之几"的问题。他说:

> 夫天有贞一之理焉,有相乘之几焉。知天之理者,善动以化物;知天之几者,居静以不伤物,而物亦不能伤之。以理司化者,君子之得也;以几远害者,黄、老之道也;降此无道矣。⑧

所谓"贞一之理",主要指历史前进发展的必然而一贯的总规律;而"相乘之

---

① 《宋论》卷四,《船山全书》第 11 册,第 140—142 页。
② 《宋论》卷四,《船山全书》第 11 册,第 142 页。
③ 《春秋世论》卷五,《船山全书》第 5 册,第 509 页。
④ 《四书训义》卷二十七,《船山全书》第 8 册,第 167 页。
⑤ 《张子正蒙注》卷五,《船山全书》第 12 册,第 212 页。
⑥ 《读通鉴论》卷十四,《船山全书》第 10 册,第 527 页。
⑦ 《读通鉴论》卷十四,《船山全书》第 10 册,第 527—528 页。
⑧ 《读通鉴论》卷二,《船山全书》第 10 册,第 117 页。

几"，则指历史运动中各种矛盾势力互相激荡而形成的转化契机。历史前进运动的"贞一之理"正是通过极其曲折、复杂的凭借"相乘之几"而得以实现的，"相乘之几"恰是实现"贞一之理"的历史前进运动的内在根据或"发动之由"①。据此船山分析了秦统一和秦以后历次农民起义的爆发、失败，以及新旧王朝的代谢，朦胧地看到封建社会中王朝更迭的规律和农民战争的作用。

他敏锐地看到：秦变"封建"为"郡县"这一制度变革和历史前进的步伐，是由于两种社会势力"相乘以兴"所激起的必然之"势"所决定的。他说：在已经过时的世袭等级制度下，"士有顽而农有秀，秀不能终屈于顽而相乘以兴"，这种"势所必激"的结果，就使得"封建毁而选举行"②。至于秦以后的改朝换代，大都是由于统治者急于"取民"的残酷剥削。"鸷吏以其繁刑驱民而之死，民死亡而国入益困，上狠下怨，成乎交逆，此谓之以势之否，成理之逆，理势交违，而国无于立也。"③所以，"张角起而汉裂，黄巢起而唐倾……如火之燎原，不可扑矣"（《读通鉴论》卷二十六）。"民本非喦，上使之喦；既喦，孰能反之荡平哉？裘甫方平，庞勋旋起，皆自然不可中止之势也。"（《读通鉴论》卷二十七）这种"上狠下怨，成乎交逆"所引起的"如火之燎原""不可中止"之"势"，冲毁了一个个末日王朝。虽然"亡汉者黄巾，而黄巾不能有汉；亡隋者群盗，而群盗不能有隋；亡唐者黄巢，而黄巢不能有唐"（《读通鉴论》卷二十七），但是，"陈涉吴广败死而后胡亥亡，刘崇、翟义、刘快败死而后王莽亡，杨玄感败死而后杨广亡，徐寿辉、韩山童败死而后蒙古亡"。他们"犯天下之险以首事……不恤其死亡"的活动，正好是"暴君篡主相灭之先征"；这些"狂起而犯上"的人物的出现，也是"天将亡秦、隋、蒙古而适承其动机也"（《读通鉴论》卷五）。王夫之朦朦胧胧地看到了封建社会王朝更迭的基本规律。他认为，发生这样的历史事变是属于"天下之势，循则极，极则反"④"势极于不可止，必大反而后能有所定"⑤等历史规律在起作用。对于农民起义者，他

---

① 《读四书大全说》卷一，《船山全书》第 6 册，第 432 页。
② 《读通鉴论》卷一，《船山全书》第 10 册，第 68 页。
③ 《诗广传》卷三，《船山全书》第 3 册，第 421 页。
④ 《春秋世论》卷四，《船山全书》第 5 册，第 491 页。
⑤ 《宋论》卷八，《船山全书》第 11 册，第 201 页。

甚至称赞他们"自输其肝脑以拯天之衰",以及面对统治者残酷的压迫剥削"不走而死,义尤烈哉"①! 这些无疑都是船山历史观的卓越之处。但船山历史观也有其自相矛盾之处。如他既论述了"势极则反而后定"的历史规律,又说"人事之几,往来吉凶,生杀善败"的规律,"固有极其至而后反者,而岂皆极其至而后反哉"②? 又如王船山看到了历史上农民革命的"烈火"作用,却把它看作是历史发展中的变局或"险阻",甚至说:"孔甲之抱祭器以归陈涉,有苦心焉";但又认为孔甲是"无其德""轻出者为天下笑"③。这些议论深刻表露出明末农民起义对他的冲击作用,以及作为一个伟大的传统思想总结者所具有的无法避免的矛盾性。

通过以上分析,可以看到,船山对历史事变发生原因的解释,并不满足于"天理流行"之类的理论框架的硬套;而是似乎更进了一层,试图运用一种社会历史矛盾运动观来驾驭历史事变。船山在其氤氲生化的自然史观中,强调了"天下之变万,而要归于两端,两端生于一致"④,"合二以一者,既分一为二之所固有"⑤的辩证思想;在其人类史观中,继续贯穿了这一"两端而一致"论。他说,"同人者,争战之府也"(《周易外传》卷二);"生之与死,成之与败,皆理势之必有"(《读通鉴论》卷二十八);"治乱循环,一阴阳动静之几也"(《思问录·外篇》)……人类社会充满着尖锐的矛盾。但他认为,对于尖锐的社会矛盾不应"惊于相反",而应当看到"反者有不反者存","相反固会其通"(《周易外传》卷七)。在他看来,人类社会作为一个"同者所以统异""异者所以贞同"的矛盾统一体,既不能"解而散之",又不能"因而仍之",而只能"斟酌融通",调节矛盾,"善其交而不畏其争"。他说:

　　反者有不反者存,而非积重难回,以孤行于一径矣。反者,疑乎其不相均也,疑乎其不相济也。不相济,则难乎其一捑;不相均,则难乎其两行。其惟君子乎! 知其源同无殊流,声叶之有众响也;故乐观而利用之,以起主持

---

① 《读通鉴论》卷五,《船山全书》第 10 册,第 207 页。
② 《思问录·外篇》,《船山全书》第 12 册,第 430 页。
③ 《周易外传》卷二,《船山全书》第 2 册,第 867 页。
④ 《老子衍》,《船山全书》第 13 册,第 18 页。
⑤ 《周易外传》卷五,《船山全书》第 1 册,第 1027 页。

分剂之大用。是以肖天地之化而无渐,备万物之诚而自乐。下此者:惊于相反而无所不疑,道之所以违,性之所以缺,其妄滋矣。①

夫惟其一也,故殊形绝质而不可离也,强刑弱害而不可舍也。……夫同者所以统异也,异者所以贞同也,是以君子善其交而不畏其争。今夫天地,则阴阳判矣;雷风、山泽、水火,则刚柔分矣;是皆其异焉者也,而君子必乐其同。……其异焉中固有同然者,特忘本者未之察耳。②

这是他对人类社会中"异"与"同"、"反者"与"不反者"的矛盾分析,他承认了社会矛盾运动中差异的同一、对立的同一,并强调了从差异对立中去把握同一。"听道之运行不滞者,以各极其致,而不忧其终相背而不相通,是以君子乐观其反也。"③他基于这种"乐观其反"的辩证矛盾论,揭露了"规于一致而昧于两行"的"庸人"和"乘乎两行而执为一致"的"妄人"④,并深刻地批判了邵雍等"局于方、划于对、剖于两"的貌似辩证法的形而上学;也有力地批驳了一切"忌阴阳而巧避之"的"抱一""执一""贵一""归一""抟聚而合一""分析而各一之"及"合两而以一为之纽"⑤等反辩证法的谬说。如前所述,针对社会矛盾运动中的对立斗争乃至对抗性冲突,旷观历史,船山指出,历代"贪暴"的统治者,"迫民于死地,民乃视之为仇雠",所以农民起义"皆自然不可中止之势",冲翻一个个王朝。这样的客观社会历史运动被他概括为:

天下之势,循则极,极则反。⑥

势极于不可止,必大反而后能有所定。故《易》曰:倾否,先否后喜。否之已极,消之不得也,倾之而后喜。⑦

---

① 《周易外传》卷七,《船山全书》第 1 册,第 1113 页。
② 《周易外传》卷四,《船山全书》第 1 册,第 980—981 页。
③ 《周易外传》卷七,《船山全书》第 1 册,第 1112 页。
④ 《周易外传》卷七,《船山全书》第 1 册,第 1113 页。
⑤ 《周易外传》卷五、《老子衍》、《思问录·内篇》。
⑥ 《春秋世论》卷四,《船山全书》第 5 册,第 491 页。
⑦ 《宋论》卷八,《船山全书》第 11 册,第 201 页。

这里提出的"极""反""大反"等范畴，是社会矛盾激化为对抗及其斗争形式的反映。但船山认为，"极则反""极其至而大反"乃是社会矛盾运动的一种特殊形式，大量的社会矛盾并非如此。他说：

> 通者，化虽变而吉凶相倚，喜怒相因，得失相互，可会通于一也。推其情之所必至，势之所必反，行于此者可通于彼，而不滞于一隅，则夏之葛可通于冬之裘，昼之作可通之于夜之息，要归于得其和平，而变皆常矣。①

即是说，对抗形式是对立双方各走极端造成的，如果善于调节，使之"会通"，"不滞于一隅"，可以"得其和平"。他结合天道人事，进而分析矛盾状态大体有两种：一种是"雷风相薄"的激烈斗争状态；另一种是"水火不相射"的和平共处状态。他认为，"盖阴阳者恒通，而未必相薄，薄者其不常矣"②。矛盾双方"相薄"的状态是"反常"的，而互相联合、贯通，始终保持同一性的状态才是"正常"的。由此，进入到船山社会历史观的"常变"说。

"常变"范畴在船山哲学中亦有多重涵义，但在历史观中主要标志社会矛盾运动的常态与变局和社会制度演化中的常住性与变动性。就社会矛盾运动说，他虽提出过"乐观其反""不畏其争"等命题，也承认了"雷风相薄"的非常变局的客观存在；但在理论上旨在论证矛盾同一性的常规性和重要性，强调了"奉常以处变"③。就社会制度演化说，他虽提出过古今道器的变化，"今日无他年之道多矣"④，"当其未变，固不知后之变也奚若"⑤，并主张"于常治变，于变有常，夫乃与时偕行，以待忧患"；但在思想上更多地倾向于"变在常之中"，"变而不失其常"（《周易外传》卷七）。船山人类史观常变论的基本思想是"《易》兼常变，礼惟贞常"的矛盾。

---

① 《张子正蒙注》卷二，《船山全书》，第 12 册，第 72 页。
② 《周易外传》卷七，《船山全书》第 1 册，第 1077 页。
③ 《周易外传》卷七，《船山全书》第 1 册，第 1112 页。
④ 《周易外传》卷五，《船山全书》第 1 册，第 1028 页。
⑤ 《读通鉴论》卷末《叙论一》，《船山全书》第 10 册，第 1174 页。

> 《易》全用而无择,礼慎用而有则。礼合天经地纬以备人事之吉凶,而于《易》则不敢泰然尽用之,……《易》兼常变,礼惟贞常,易道大而无惭,礼数约而守正。故《易》极变,而礼惟居常。[①]

这里的"《易》",实指他自己坚持的哲学辩证法,"极物理人事之变",并要求普遍应用于一切对象,"全用而无择";"礼"则是封建政治道德原则,"天经地纬",只能"慎守"。他承认不敢把《易》的"极变"思想全面运用于"礼"的原则,因而尽管《易》"兼常变",而只能在礼的原则的制约下讲变,保留"礼惟贞常"这一常住性的绝对性(《周易外传》卷六)。因而,他只能强调:"天下亦变矣,变而非能改其常"[②],"变而不失其常,而后大常贞"[③]。船山所谓"变不出其范围",所谓"反变以尽常"[④]的"大常",实即封建礼法制度的总原则在其思想中的升华。因此,船山的社会历史矛盾运动思想终究是囿于"礼惟贞常"范围内的,承认了社会生活、历史事变的变动性,而不敢否认封建制度的常住性。这是其人类史观不可摆脱的历史局限。

对船山而言,"贞一之理"与"相乘之几"是其"理成势"与"势成理"的历史规律论的进一步发展,也就是历史前进发展的必然规律与历史运动中各种矛盾交错所形成的偶然契机。由此深入到社会历史运动内部去探索社会历史事变发生的根本原因,进而形成他独具卓识的社会历史矛盾运动理论,对社会历史事变做出了较为合理的解释,从而为其"理势相成"的社会历史规律论找到了内在的理论依据。这些思想无疑充满了现代气息,具有浓郁的启蒙色彩。而它们竟然出自一个生活在 17 世纪的中国山居士人的头脑,这是多么地令人惊讶的思想史奇迹!

(三) 理势合而为天与相天造命论

根据船山的历史理论,"理势相成"即为"理势合一";"理"与"势"成于历史,必合于历史。然而,"理"与"势"虽是历史发展的体现,但并不是历史本身。历史

---

① 《周易外传》卷六,《船山全书》第 1 册,第 1057 页。
② 《周易外传》卷四,《船山全书》第 1 册,第 946 页。
③ 《周易外传》卷七,《船山全书》第 1 册,第 1112 页。
④ 《周易外传》卷六,《船山全书》第 1 册,第 1057 页。

只是气化流行的一个组成部分。他说:"太虚即气,氤氲之本体……其升降飞扬,莫之为而为万物之资始,于此言之则谓之天。气化者,气之化也。……其一阴一阳,或动或静,相与摩荡,乘其时位以著其功能,五行万物之融结流止,飞潜动植,各自成其条理而不妄,则物有物之道,人有人之道,鬼神有鬼神之道。"①故"理"与"势"只不过是"天之化"的表现罢了。

> 天者,所以张主纲维是气者也。理以治气,气所受成,斯谓之天。……有道、无道,莫非气也,则莫不成乎其势也。气之成乎治之理者为有道,成乎乱之理者为无道。均成其理,则均成乎势矣。故曰:"斯二者,天也。"②
>
> 顺必然之势者,理也;理之自然者,天也……天者,理而已矣;理者,势之顺而已矣。③
>
> 理与气不相离,而势因理成,……知理势不可以两截沟分。④

因而,船山"总将理势作一合说","看得'势'字精微,'理'字广大,合而名之曰'天'"⑤。即是说,天有其理,亦成其势。理势合而为天。

由此,针对两汉以来盛行的以"天人感应"为核心的神意史观,以及一切由神秘的力量所支配的宿命论,船山提出了"天命有理而无心"论。首先,他指出,天命无心。所谓"命","其或寿或夭不可知者",是不以人的意志为转移的支配事物变化的原因或力量。但它并没有自我意识,而是纯属自然的。"天何所须其人之久存而寿之?何所患其人之妨己而夭之?……而非天必欲寿之,必欲夭之,屑屑然以至高大明之真宰与人争蝼蚁之春秋也。"进而,他提出:"天者,理也;其命,理之流行者也。"一切无非一"理"。事物与现象的生死存亡,社会与国家的治乱兴衰都有其固有之理。人之得病,或寒或暑、或饥或饱,无不是违背了生命的固有

---

① 《张子正蒙注》卷一,《船山全书》第12册,第32页。
② 《读四书大全说》卷九,《船山全书》第6册,第991页。
③ 《宋论》卷七,《船山全书》第11册,第177和179页。
④ 《读四书大全说》卷九,《船山全书》第6册,第992页。
⑤ 《读四书大全说》卷九,《船山全书》第6册,第993页。

之理,故浅一点的,大病一场;重一点的,不免一死。然而,人们并不知晓。结果,本来是自己的缘故而造成的,却由于人们自己的愚昧而不自知,还以为是神的意旨或别的什么神秘力量造成的,因而奉为"天之命"。对此,船山痛切地指出,这确实是天命使然,但此"命"非彼"命",而只是自然之天所应有的客观规律罢了。人们违背了客观自然规律,与自然天道相对抗,当然不会有好结果。"天何心哉!"①进而船山认定"任天无能为,无以为人"②,因为人有心而可知天事。

船山认为,人"合五行之秀以成",可"原天顺道,凝于形气,而五常百行之理无不可知,无不可能",故人能"秉彝""有性""涵之于心而感物以通""以心尽性,以性合道,以道事天"。故"人心即天"③。他说:

> 天之命也无心,人之命也有心,……人有心而制命,有心而非其自私之心,然后信之以为天。④

> 大哉人道乎! 作对于天而有功矣。……人者,两间之精气也,取精于天,翕阴阳而发其迥明。故天广大而人之力精微,天神化而人之识专一,天不予圣人同忧,而人得以其忧相天之不及。故曰:"诚之者,人之道也。"天授精于人,而亦唯人之自至矣。唯人有道,人自至焉。天恶得而弗求,求恶得而必获哉! 知天之道则可与安土,安土则尽人而不妄。知人之道则可与立命,立命则得天而作配。呜呼! 知人之道,其参天矣夫!⑤

> 天之所不可知,人与知之,妄也;天之所可知,人与知之,非妄也。天之所授,人知宜之,天之可事者也;天之所授,人不知所宜,天之无可事者也。事天于其事,顺而吉,应天也;事天于其无可事,凶而不咎,立命也。⑥

> 天无定心,君子有定理。……夫君子有定理,捍患御灾,侧身修行而已。……先事而为之备,加于素而益虔。以其定理修人之天,则承天治人之

---

① 《读通鉴论》卷二十四,《船山全书》第10册,第934—935页。
② 《续春秋左氏博议》卷下,《船山全书》第5册,第618页。
③ 《张子正蒙注》卷一,《船山全书》第12册,第33页。
④ 《诗广传》卷一,《船山全书》第3册,第313页。
⑤ 《诗广传》卷四,《船山全书》第3册,第446—447页。
⑥ 《诗广传》卷一,《船山全书》第3册,第306页。

道尽。……故君子之知天,知人之天也;君子之应天,应天之于人者也。楞然自大,以为彼玄象者不出此指纹掌图之中,多见其不知量矣。①

人之道,天之道也;天之道,人不可以之为道者也。语相天大业,则必举而归之于圣人。乃其弗能相天与,则任天而已矣。②

阴阳生人,而能任人之生;阴阳治人,而不能代人以治。既生以后,人以所受之性情为其性情;道既与之,不能复代治之。……圣人与人为徒,与天通理。与人为徒,仁不遗遐;与天通理,知不昧初。将延天以祐人于既生之余,而《易》由此其兴焉。……器有小大,斟酌之以为载;时有往来,消息之以为受。载者行,不载者止;受者趋,不受者避。前使知之,安遇而知其无妄也;中使忧之,尽道而抵于无忧也;终使善之,凝道而消其不测也。此圣人之延天以祐人也。③

以上议论表明,船山关注的中心始终是人,所谓"天地之生,莫贵于人矣"④。天授命于人,天命无心而人命有心,"人有心而制命",故人"知天,知人之天"而事天、应天,而以立命。立命在于知人之道。知人之道,"其参天矣夫",故可"语相天大业"。他概括道,"君子之言化,有天化,有人化,化凝于人而人道起矣。君子以人事而言天,有在天下之事,有在我之事。在我之事,天在我也。在天下之事,天在化也。在乎我之事而我犹不能知,然后推诸人之外而曰天,谓一唯天化"⑤。此之谓"因人以成天"。同时,他又特别指明,人道"作对于天而有功矣"。因此,"天之命"不是不可知的,人在其来临时也不是只能"束手以待之"的,而是"天之绪显垂于人,待人以行"的,即人以所受之性情为其性情,与道合,与天通理,故可"前使知之,安遇而知其无妄也;中使忧之,尽道而抵于无忧也;终使善之,凝道而消其不测也"。此之谓"延天以祐人"。正所谓"人之为,天之化也","人之道,

---

① 《春秋家说》卷上,《船山全书》第5册,第132—134页。
② 《续春秋左氏博议》卷下,《船山全书》第5册,第617页。
③ 《周易外传》卷五,《船山全书》第1册,第992—993页。
④ 《诗广传》卷五,《船山全书》第3册,第513页。
⑤ 《诗广传》卷一,《船山全书》第3册,第329页。

天之道也",讲的都是一个"承天治人"的道理。但在天与人的关系中人的方面是相对的,天的方面才是绝对的,船山显然十分注重这一点,没有因人而废天。他一再强调,"天命不可亢","天命不可违","天之所不可知,人与知之,妄也","天之道,人不可以之为道者也",指的就是人的一切作为必须满足于一个不可抗拒的前提条件,即服从于天道自然的客观规律性。人的一切活动都是由此而展开的。那些不知天高地厚的人类行为被船山称之为"枵然自大,以为彼玄象者不出此指纹掌图之中,多见其不知量矣"。人类的实践活动之所以可能都是由于服从了"天"这一客观规律之所在。对此,船山称之为"任天而已矣"。然而,"任天无能为,无以为人",人之所以为人就在于其能由"任天"而"知天",继而"事天""应天",终能"参天""相天"。所以说,人能"事天""立命",更能"相天""造命"。由此展开了船山著名的"相天""造命"论。

船山认为,历史是人的历史,是人"赞天地之化育"而"人文化成"的。他盛赞了唐代邺侯李泌的"君相可以造命"论。他说:

> 君相可以造命,邺侯之言大矣!进君相而与天争权,异乎古之言俟命者矣。乃唯能造命者,而后可以俟命,能受命者,而后可以造命,推致其极,又岂徒君相为然哉!……君相之权藉大,故治乱存亡之数亦大,实则与士庶之穷通生死、其量适止于是者,一也。……故邺侯之言非大也,非与天争权,自知其藐然不足以当天之喜怒,而天固无喜怒,惟循理以畏天,则命在己矣。虽然,其言有病,唯君相可以造命,岂非君相而无与于命乎?修身以俟命,慎动以永命,一介之士,莫不有造焉。祸福之大小,则视乎权藉之重轻而已矣。①
>
> 圣人赞天地之化,则可以造万物之命,而不能自造其命。……造万物之命者,非必如万物之意欲也。天之造之,圣人为君相而造之,皆规乎其大凡而止。……圣人以此可继天而为万物之司命。……乃若欲自造其命……弗能造也,受之而已。受之以道,则虽危而安,虽亡而存,而君相之道得矣。李

---

① 《读通鉴论》卷二十四,《船山全书》第 10 册,第 934—935 页。

泌曰:"君相可以造命。"一偏之说,足以警庸愚,要非知命之言也。至大而无区畛,至简而无委曲,至常而无推移者,命也。……皆顺受也,奚造哉!造者,以遂己之意欲也。……天命之为君,天命之为相,俾造民物之命。己之命,己之意欲,奚其得与哉!①

粗略地看了以上两段引文,似乎不难发现船山话语的自相矛盾。即是说,他一方面赞"邺侯之言大矣";另一方面又说"邺侯之言非大矣",甚至指出是"一偏之说""其言有病""非知命之言也"。其实不然,这反更凸显了船山史观超越前人之处。

首先,区别于以往的天理史观或天命史观的"俟命"说,船山对它做出了新的解释。他说,"俟命"不是把天命"见为不可知,信为莫之致,而束手以待之"的,而是认为唯能"造命",而后能"俟命"。"圣人以此可继天而为万物之司命"。因此,他赞誉邺侯的"君相可以造命"说。结合传统的"圣贤史观"以及船山对圣贤君相的看重,如"语相天大业,则必举而归之于圣人"等,这很容易让人得出船山只是一个囿于传统、主张圣贤史观的思想史家。然而,他还有进一步的解释,他说,"推致其极,又岂徒君相为然哉"!只不过是,"君相之权藉大",故而对社会历史的治乱兴亡的影响作用亦大。事实上,君相也好,圣贤也好,"实则与士庶之穷通生死、其量适止于是者,一也"。因而,"一介之士,莫不有造焉"。这就表明,历史不只是君相圣贤的历史,而是所有人的历史。历史是由所有人共同创造的,人人都对历史的发展做出了自己的贡献。只不过由于各自的历史背景、社会地位和权力等各不相同,造成各自在历史运动中所起的影响和作用大小不一罢了,即所谓"祸福之大小,则视乎权藉之重轻而已矣"。但每个人不管其作用的大小,都有其独特的贡献与价值。就此而言,那种认为船山史观是英雄史观的观点是难以令人信服的,也是值得商榷的。

此外,船山指出,人能"与天争权"就在于人能"受命",而后可以"造命"。所

---

① 《薑斋文集》卷一,《船山全书》第 15 册,第 88—89 页。

谓"命","至大而无区畛,至简而无委曲,至常而无推移者"。显然,"命"不是神秘的异己力量,而是支配着万事万物的生存死亡并具有"至大""至简""至常"三个基本特征的普遍的客观规律的代名词。"天命有理无心",最简洁地概括了它的特性。所谓"造"就是"以遂己之意欲也"。可见,"造"就是指人所具有的作用"人之独"的主体能动性的能力。于是,"造命"就是人通过认识把握客观规律(包括自然的和社会的)以参与历史和世界的"生化"过程,进而去创造历史、创造世界以推动历史和世界本身具有的"化育"过程。所以说,"天固无喜怒,惟循理以畏天,则命在己矣",又说:"天之造之,圣人为君相而造之,皆规乎其大凡而止。"换言之,无论人有多大的能力和影响力,都不可违"理",与天相背,而要"循理畏天"。人应"自知其藐然不足";人能"造命","非与天争权","任天""循理"而已。脱离了客观规律的"天道",何言"造命"?因而,在自然"天道"的客观规律面前,人是无比渺小的。因此,他才说"郈侯之言非大也"。如果离弃了"造命"的条件——"受命"而"无与于命",只看到人可"造命",李泌的"君相造命"论就不免"其言有病",成为"一偏之词",而"非知命之言也"。因此,"造命"其实是"赞天地之化"的"参天",即"相天"。故人"可以造万物之命,而不能自造其命"。人本来就是"一气化生""天理流行"的产物,"弗能造也,受之而已",它不可能摆脱生育自己的天地以及孕育其中的"命""理",因而它无法肆意妄为,随心所欲地去创造。人总是"秉彝"持理而行,任天而能为的。所谓"可竭者天也,竭之者人也","竭天成能","功被于天下"①。因此,船山史观于此迥异于只见"天理流行",无视人类实践活动的"天理史观";而是既看到了历史的客观规律性,又注重了人的历史实践的主观能动性。总之,"相天"与"造命"不可分割而论,而应有机地联系起来结合起来看待。"相天"表明"天"不可违,"人"不可妄,人只是参赞天地化育;"造命"显示"天命"有理无心,"人"有心得理,人能够充分发挥主观能动性"受道""得道"以"遂己之意欲"。统而言之,就是"相天""造命"之论。这一思想理论具体运用于人类社会历史的考察就是船山史论中著名的"假手"论。

---

① 《续春秋左氏传博议》卷下,《船山全书》第5册,第617—618页。

船山认为,历史的发展是复杂曲折的,"天理流行"即客观规律的实现也不是简单直线的,而有其特殊的运动轨迹、表现方式。如秦变"封建"为"郡县之制",他认为"非天子之利",是秦汉以后"国祚所以不长"的原因。但是这一变革对于人民是有利的,因为它"于守令之贪残,有所借于黜陟以苏其困",是合乎人民要求的,是"理所宜也"。至于"秦以私天下之心,而罢侯置守",这是"天假其私以行其大公";历史的必然规律通过秦统治者的"私"而得到实现①。王夫之以同一原理,论过汉武帝开南越"于今为文教之郡邑",而宋绝民塘水三关之外,"使渐染夷风,而彝伦泯丧",于是"天地文明之气日移而南","天且歆汉之功而厌宋之偷矣"②;论过秦末、隋末农民起义领袖们虽然败死,乃是"天贸其死,以亡秦隋"③;论过"逆若司马,解法纲以媚天下,天且假之以息民"④;论过东晋明帝早夭,无以收复中原,乃是"天假五胡以乱中夏,气数之穷也"⑤;论过梁武帝抑沈约杀王亮,而言"乱臣贼子,天下无能正其罚,而假手于所援立之君,天道也,非人之所可用其厚薄之私者也"⑥;论过"天其假手武氏(指武则天杀裴炎事)以正纲常于万世"⑦等。可以说,船山对此一原理的运用不是偶而为之的,而是自觉的有目的的在其系统史论中贯彻始终的。

通过这些事例,船山认为历史的必然规律的实现,必须通过历史人物的活动;而历史人物的功罪,又必须放在整个历史发展过程中来"通古今而计之",并需进行矛盾的分析。他说:

> "天"欲开之;圣人成之。圣人不作,则假手于时君及智力之士以启共渐。以一时之利害言之,则病天下;通古今而计之,则利大而圣道以宏。……时之未至,不能先焉。迨其气之已动,则以不令之君臣,役难堪之

① 《读通鉴论》卷一,《船山全书》第10册,第68页。
② 《读通鉴论》卷三,《船山全书》第10册,第127页。
③ 《读通鉴论》卷五,《船山全书》第10册,第206—207页。
④ 《读通鉴论》卷十,《船山全书》第10册,第407页。
⑤ 《读通鉴论》卷十三,《船山全书》第10册,第472页。
⑥ 《读通鉴论》卷十七,《船山全书》第10册,第626页。
⑦ 《读通鉴论》卷二十一,《船山全书》第10册,第802页。

百姓，而即其失也以为得，即其罪也以为功，诚有不可测者矣。"天"之所启，人为效之，非人之能也。①

　　"理势合一"的历史发展的必然性，往往通过一些为害当时、造成人民极大痛苦的"反面"人物的活动来给自己开辟道路。历史条件没有成熟之前，不可能出现这些人物；而到了"时之已至""气之已动"，这样的人物便成为"天"假借来实现历史使命的工具。他们为满足个人贪欲，在当时看来又是"病天下"的活动，却反而成了历史发展的杠杆。历史的支配力量、发展趋势是不以历史人物的主观动机为转移的，人只能"成之""效之"，而"非人之能也""非人之所强也"。王船山在这里比柳宗元更明确地表述了社会历史发展的矛盾性问题。一方面，历史运动具有不以人的意志为转移的客观规律性，船山称之为"天理"；另一方面，历史运动又是通过人的实践活动展开的，而人是"天地之心"，能"受命"而后"造命"以"遂己之意欲"，这样"天理"的实现也就在人的历史活动中得以体现出来。不管人类是否自觉的"奉天而行"，"天理"都始终贯彻于历史之中。顺理而行，人类就可造就功业；背天而动，自然无所成，甚至祸害无穷。然而，"天不测，圣人无所测"，"天理"的实现者并不以人的意愿来确定，于是便出现了"天"假借所谓的历史"反面"人物来实现历史使命的事情。船山称之为"假手"论。这种思想同德国古典哲学家黑格尔在其历史哲学中所说的———一种有目的地利用工具的活动即"理性的狡计"②的思想惊人地相似，令人赞叹不已。显然，中国封建社会历史所提供的证据，使王船山模糊地猜到了"自从各种社会阶级的对立发生以来，正是人的恶劣的情欲———贪欲和权势欲成了历史发展的杠杆"③这一历史运动的辩证法。

　　由于对历史和现实的观察达到了一定深度，王船山看到了历史发展的总趋势是合规律的前进运动，而又有各种险阻和曲折，并充满着复杂的矛盾。因而他认为，一个"以身任天下"的人，一定要有高瞻远瞩的气魄，看到历史长河的发展，

---

① 《读通鉴论》卷三，《船山全书》第 10 册，第 137—138 页。注：上文"天"字引号为引者所加。
② 黑格尔：《历史哲学》，上海书店出版社，1999 年，第 34 页。
③ 恩格斯：《费尔巴哈与德国古典哲学的终结》，人民出版社，1957 年，第 27 页。

"体定于百年之长虑,而后机不失于俄顷之利钝"。他语重心长地指出:

> 生之与死,成之与败,皆理势之必有,相为圆转而不可测者也。既以身任天下,则死之与败,非意外之凶危;生之与成,抑固然之筹画。生而知其或死,则死而知其固可以生;败而知有可成,则成而抑思其且可以败。生死死生,成败败成,流转于时势,而皆有量以受之,如丸善走,不能逾越于盘中。其不动也如山,其决机也如水,此所谓守气也。①

这就是说,社会历史事变中的生死成败,"皆理势之必有",是不可避免的;并且生死成败按一定的"时势"条件是可以互相转化的。看到这一客观必然法则,才可以看到长远,不致被一时的挫折失败所动摇,而能够沉得住气;并且善于把握时机,当机立断,"致命遂志","力争剥复"。历史的教养,正是王船山在明清之际的历史剧变中坚持了"生死当前而不变"②的民族气节的重要原因之一。

四、天人相继,"即民见天"

王船山的人类史观,经过"古今道器"的进化观、"理势相成"的规律观、"乐观其反"及"变不失常"的社会矛盾运动观诸理论环节,必然深入到支配社会历史发展的决定力量问题。他认为这就是"理势合一"的"天"。

(一)"天"的内涵更新

"势字精微,理字广大,合而名之曰天。"③"天"这一中国传统思想中的古老范畴被王船山赋予了新的内容。"天"不再是上帝或圣人的意志,也不是绝对的天理,而是理与势相统一的事物运动发展过程。所谓"顺必然之势者,理也;理之自然者,天也"④。从船山整个思想体系来看,"天"是气化氤氲的天,是客观自然

---

① 《读通鉴论》卷二十八,《船山全书》第 10 册,第 1106—1107 页。
② 《薑斋公行述》,《船山全书》第 16 册,第 81 页。
③ 《读四书大全说》卷九,《船山全书》第 6 册,第 993 页。
④ 《宋论》卷七,《船山全书》第 11 册,第 177 页。

的天,而不是神意的天、理念的天或命运的天。因此,船山不曾在事物发展之外寻求运动变化的理由,更没有在社会历史之外寻求历史变化的原因。

船山利用"天视听自我民视听,天聪明自我民聪明,天明威自我民明威"等古老命题,继承和发展了柳宗元的"生人之意"决定历史的无神论史观,在他的历史哲学中,把"天"这一范畴的内涵基本规定为"人之所同然"或"民心之大同",即归结为可视可听的现实的客观力量,并注意到了民心向背的历史作用。他说:

> 善言天者验于人,未闻善言人者验之于天也。宜于事之谓理,顺于物之谓化。理、化,天也;事、物,人也。无以知天,于事物知之尔。①

> 可以行之千年而不易,人也,即天也。天视自我民视者也。……天不可知,知之以理。……拂于理则违于天,必革之而后安。……以理律天,而不知在天者即为理;以天制人,而不知人之所同然者即为天。②

> 天无特立之体,即其神化以为体;民之视听明威,皆天之神也。故民心之大同者,理在是,天即在是,而吉凶应之。③

> "天视自我民视,天听自我民听",举天而属之民,其重民也至矣。虽然,言民而系之天,其用民也尤慎矣。……故可推广而言之曰:"天视听自民视听",以极乎道之所察;固可推本而言之曰:"民视听自天视听",以定乎理之所存。之二说者,其归一也,而用之者不一。展转以绎之,道存乎其间矣。④

很清楚,把"天"归结为"人",归结为"人之所同然"或"民心之大同",也就是把"天"归结为"人之可违可从"的一种客观自然力量。王船山保留"天"这一概念,却改变了它的内容,基本上摆脱了神意史观、天理史观或天命史观,也表明他力图摆脱英雄天才史观,从事物本身的发展变化客观地分析社会历史现象的

---

① 《读通鉴论》卷七,《船山全书》第10册,第280页。
② 《读通鉴论》卷十九,《船山全书》第10册,第697—698页。
③ 《张子正蒙注》卷二,《船山全书》第12册,第71页。
④ 《尚书引义》卷四,《船山全书》第2册,第327页。

变迁。

(二) 五重天的分析

船山赋予了"天"以新的内容,并进一步对"天"的内涵作出分析。他把作为客观支配力量的"天"分为五种:

(1)"统人物之合以敦化"的,是"天之天"。

(2)"物之所知"的,是"物之天"。

(3)"人之所知"的,是"人之天"。

在同属于"人之天"中,又有:

(4)属于少数"贤智"个人的"己之天"。

(5)属于大多数民众(他称为"愚、不肖")的"民之天"。

船山在这里所试图探索的问题是:总的支配宇宙的力量("天之天"),以及生物界的支配法则("物之天")和人类社会的支配法则("人之天"),相互区别;在人类社会生活中,少数"贤智"的个人意志("己之天")与多数民众的共同要求("民之天"),又有区别。对于人类社会发展,究竟哪一种"天"在起主要的支配作用呢? 在这互有区别的几种"天"面前,以往的神意史观及其变相的天理史观,都大讲"天之天"的权威;历代"天人感应"论的社会历史观,则在"天之天""物之天"与"人之天"之间去架设幻想的神秘的桥梁;一切主张"圣贤"(英雄天才)史观的人,则把个人先夸大为高人一等的"圣贤"(英雄天才),而迷信自己的"己之天"。船山力图从这些"臆测乎天"的迷雾中走出来,他认为:"圣人所用之天,民之天也! 不专于己之天,以统同也;不滥于物之天,以别嫌也;不僭于天之天,以安土也。""均乎人之天者,通贤智愚不肖而一。圣人重用夫愚不肖,不独为贤智之天者,愚不肖限于不可使知,圣人固不自矜其贤智矣。"

一方面,他反对了历代"滥于物之天""僭于天之天"的天人感应论及一切神意史观,驳斥了传统的五行灾异说:"不若于民,举天以弹压之;臆测乎天,诬民以模仿之。《月令》《五行传》之天,非民之天也。"另一方面,他认为圣人应当"不专于己之天""不自矜其贤智",而要体察民心,"统同"于民。他强调不能"以己之意见号之曰天,以期人之尊信",而应当重用"民之天"。他反复指出:"《春秋》谨天人之际,《洪范》叙协居之伦,皆'聪明'自民,'明威'自民之谓也。"①

(三)"即民以见天"与"援天以观民"

从王船山对几种"天"的对比分析和对"民之天"在社会生活作用的估计中可以看出,他在探索关于历史发展的决定力量这一复杂问题时,多少看到了人民群众在历史上的作用。但是,"民之天"却需要由"圣人"来加以"重用":"天奚在乎?在乎人之心而已,故圣人见天于心,而后以其所见之天为神化之主。"②这一来,他又把"民之天"屈从于"圣人之见"。在"民众"和"圣人"、"意见"和"历史"两者的关系问题上,王船山仍然陷入"互相作用"的理解。

所以,他的理论再往前发展,便认为反映"民之天"的"民之视听",是必须加以重视的,是不能违反的。但是,他对人民群众的智慧和判别力又表示了极大的怀疑。他说:

> 尊无与尚,道弗能逾,人不得违者,惟天而已。……举天而属之民,其重民也至矣;虽然,言民而系之天,其用民也尤慎矣。……故可推广而言之,曰"天视听自民视听",以极乎道之所察;固可推本而言之,曰"民视听自天视听",以定乎理之所存。之二说者,其归一也,而用之者不一。展转以绎之,道存乎其间矣。由乎人之不知重民者,则即民以见天,而莫畏匪民矣。由乎人之能审于民者,则援天以观民,而民之情伪,不可不深知而慎用之矣。③

由于"畏民"而必须"重民",也由于"畏民"而更需"深知而慎用之"。所以,既做了"即民以见天"的肯定,又做了还需"援天以观民"的保留。作为一个 17 世纪的中国思想家,王船山在这一关乎理论与现实的重大问题上不免有些踌躇。一方面,他看到了人民的视听、好恶是有道理的:"有视听而有聪明,有聪明而有好恶,有好恶而有德怨,情所必逮,事所必兴矣,莫不有理存焉。故民之德怨,理所

---

① 《尚书引义》卷四,《船山全书》第 2 册,第 270—272 页。
② 《宋论》卷六,《船山全书》第 11 册,第 161 页。
③ 《尚书引义》卷四,《船山全书》第 2 册,第 327—328 页。

察也。谨好恶以宣聪明者所必察也。"但是,另一方面,他又认为"民之视听"复杂多变,并不可靠。"一旦之向背,鹜之如不及,已而释然其鲜昧矣。一方之风尚,趋之如恐后,徙其地而漠然其已忘矣。一事之愉快,传之而争相歆美,旋受其害而固不暇谋矣。教之衰、风之替,民之视听如此者甚夥也。"特别是"万有不齐之民","且喜夕怒,莫能诘其所终",具有"一夫唱之,万人和之"的盲目性,"忘大德,思小怨"的狭隘性;又易于因"物变杂生,以摇动其耳目而移易其初秉之灵",视听受"物气之薰蒸,渐渍其耳目而忘其固有之精。则虽民也,而化于物矣"。在这样的状况下,即使形成一时"流风",也不能去"诡随",而应当"持静正之风裁"去"执古以矫颓风",另找"定乎理之所在"的标准。因此,船山又由重用"民之天"回到"己之天",认为所谓"民之天"还需要圣人去加以鉴别和"慎用",把"民之天"又屈从于"圣人之见"。阶级的偏见、时代的局限,使他在"天"(神权、君权)和"民"(人权、民权)的夹缝中生长出的"民心之大同"的思想,只能是一种微弱的人文主义的思想萌芽①。

王船山按他所能达到的认识水平,观察到一些历史实际,一方面,他正确地把社会历史的支配力量,归结为由人民的聪明、好恶、德怨等所代表的"民之天",认为必须重视"人心之向背",不能违反;另一方面,他却又认为"民之视听"很不可靠,还必须另找一个标准来"审民之视听,以贞己之从违"。他将"万有不齐之民"的要求抽象地概括为"民情"或"民之天";他朦胧地看到它的力量和作用,而找不到一个真正的标准来判定究竟什么是反映历史进步要求的"民情",究竟什么是支配历史动向的"人之所同然者"的具体内容。但"民之天"毕竟是一个新范畴。船山的人类史观,试图把支配人类社会历史发展的决定力量归之于"民之天",而具有了某种独立的内容。尽管刚从"人之天"中分化出来,还未能摆脱对少数圣贤的"己之天"的屈从地位,但"民之天"这一范畴的内涵对于所谓"人极"——"人的类特性"这一历史范畴,显然有所充实和具体化。

然而,王船山并没有停步在这里,他转向对人性问题的研究。在这方面,除

---

① 《尚书引义》卷四,《船山全书》第2册,第327—331页。

了展开他的"知能日新""习与性成""继善成性"等系统的人性可变的理论外,更提出了"天理寓于人欲"的观点,企图对他的"人之所同然"的"民之天",充实以现实的物质的内容。他一贯的思路是:不能离气而言理、离器而言道、离势而言理、离行而言知、离行气而言人的天性。因此,他一反宋明理学的"存天理,去人欲"的封建主义禁欲论,而坚决主张"随处见人欲,即随处见天理"①,"人欲之各得,即天理之大同"②,"人欲之大公,即天理之至正"③,"私欲之中,天理所寓"④。他由对"动"的肯定到对"欲"的肯定,发出了时代的呼声:

> 夫欲禁天下之动,则亦恶从而禁之?……天下日动而君子日生,天下日生而君子日动。⑤

> 动则见天地之心,则天理之节文随动而现也。……是礼虽纯为天理之节文,而必寓于人欲以见。虽居静而为感通之则,然因乎变合以章其用。惟然,故终不离人而别有天,终不离欲而别有理也。⑥

> 圣人有欲,其欲即天之理;天无欲,其理即人之欲。学者有理有欲,理尽则合人之欲,欲推即合天之理。于此可见,人欲之各得,即天理之大同;天理之大同,无人欲之或异(自注:愚此解,朴实有味。……但从此求之,则不堕俗儒,不入异端矣)。⑦

船山根据自己这一"朴实有味"的创见,不仅痛斥了一切"离人而言天""绝欲以为理"的唯心主义、僧侣主义的谬论,并且认为人类的社会生活是与"天理"相合的,是由人类共同的欲望在推动着:

---

① 《读四书大全说》卷八,《船山全书》第 6 册,第 912 页。
② 《读四书大全说》卷四,《船山全书》第 6 册,第 639 页。
③ 《四书训义》卷三,《船山全书》第 7 册,第 137 页。
④ 《四书训义》卷二,《船山全书》第 7 册。
⑤ 《周易外传》卷六,《船山全书》,第 1 册,第 1032—1033 页。
⑥ 《读四书大全说》卷八,《船山全书》第 6 册,第 910—911 页。
⑦ 《读四书大全说》卷四,《船山全书》第 6 册,第 639 页。

可欲，则谓之善也，人同此心也，心同此理也。不拂乎天下之情，必不违乎天下之性，而即可以善天下之动。人欲之，彼即能之，实有其可欲者在也；此盖性之相近，往往与天理而相合者也。①

孟子的"可欲之谓善"一语，被解释为：满足共同的"人欲"，合乎共同的人性等，就可以"善天下之动"。因此，他认为满足人类的物质欲望，让人们正常地进行生产和安排好生活，就是"以身任天下"的"君子"所应该重视的"天理"，应该遵循的社会法则。他说：

饮食男女之欲，人之大共也……吾惧夫薄于欲者之亦薄于理，薄于以身受天下者之薄于以身任天下也。……是故天地之产，皆有所用；饮食男女，皆有所贞。君子敬天地之产而秩其分；重饮食男女之辨而协以其安。苟其食鱼，则以河鲂为美，亦恶得而弗河鲂哉？苟其娶妻，则以齐姜为正：亦恶得而弗齐姜哉？②

船山坚决反对"去人欲"，也反对"薄于欲"，而主张充分发展"天地之产"，使人们的物质生活"协以其安"，"饮食男女"的欲望都能得到最好的满足。"入五色而用其明，入五声而用其聪，入五味而观其所养，乃可以周旋进退，与万物交而尽性，以立人道之常。"③

作为"人之所同然"的"公欲"，是指广大人民的形色天性的自然要求，他说："于此声色臭味，廓然见万物之公欲，而即为万物之公理。"这说的是有关社会历史观方面的问题。至于他还另有许多反对"私欲"的言论，那说的是社会伦理观和道德修养方面的问题——两者各有所指，此处不去详论。但即使出自人文的"形色天性"的"公欲"，也各有不同，"民之好恶，直恁参差，利于甲者病于乙"，必

---

① 《四书训义》卷四，《船山全书》第 8 册，第 937 页。
② 《诗广传》卷二，《船山全书》第 3 册，第 374—375 页。
③ 《尚书引义》卷六，《船山全书》第 2 册，第 409 页。

然互相矛盾。王夫之认为,应该根据"民之所好,民之所恶",立出一个准则,即所谓"合上下前后左右而皆无恶"的"均平方正之矩",用来"使一国率而由之","整齐其好恶而平施之",这样就可以做到"天下之理得,而君子之心亦无不安矣"①。这就是所谓"人欲之大公,即天理之至正"。在"上狠下怨,成乎交逆"的对抗性的社会里,这当然是一个根本不可能实现的空想。

王船山对社会历史的研究,由"理势合一"转到"即民见天",再由"天人"关系转入"理欲"关系,形成了他的历史哲学的几个基本环节;而最后,由他的历史哲学所导出的政治结论,乃是一个大公至正的均平原则。他在这一原则指导下,曾痛斥"豪强兼并之家,渔猎小民而使之流离失所",揭露了明末土地高度集中,贫富尖锐对立,必然激起农民大起义的风暴;并因此而提出过"有其力者治其地"②"人可有田,而田自均"③等具体的经济主张。这不是偶然的。应该说,这是一个被农民革命风暴深深震撼了的传统思想家的思想反映,反映了广大人民的反兼并和特定平均要求。以李自成为首的农民起义军的"割富济贫""均田免粮"等主张,在王船山的思想中,则升华为这样的哲学语言:

> 两间之气常均。均故无不盈也。……聚者有余,有余者,不均也。聚以之于彼,则此不足;不足者,不均也。至于大聚,奚但不均哉,所聚者盈溢,而所损者空矣。……土满而荒,人满而馁,桴虚而怨,得方生之气而摇。是以一夫揭竿,而天下响应,贪人败类聚敛以败国而国为腐,蛊乃生焉。虽欲弭之,其将能乎? 故平天下者,均天下而已! 均,物主理,所以叙天之气也。④

这是王船山思想中跳动着的当时时代脉搏的最强音,具有早期启蒙者的人文主义思想曙光;虽然他所自觉到的只是"示平道焉,以消其不平。……君子盖

---

① 《读四书大全说》卷一,《船山全书》第 6 册,第 437—438 页。
② 《噩梦》,《船山全书》第 23 册,第 551 页。
③ 《宋论》卷十二,《船山全书》第 11 册,第 277 页。
④ 《诗广传》卷四,《船山全书》第 3 册,第 472 页。

不得已而用《谦》，以调物情之险阻也"①，又表现出鲜明的阶级局限性。

五、"参万岁而一成纯"，变通可久

从"人极"到"民之天"，从"依人建极"到"即民见天"，船山的史学思想呈现为一个首尾相应的理论思维圆圈。他不仅系统批判了历代史学中弥漫着的神学思想和复古谬论，把对当时湘桂少数民族生活的实地考察与历史文献研究相结合，大胆地打破美化三代古史的迷信，驳斥"泥古薄今"的观点，阐明人类史是由野蛮到文明的进化过程；而且，基于他"理依于气""道器相须"的一贯思路和对历史事变的深入考察，提出了"理势相成"的历史规律论和"即民见天"的历史动力论。由此，形成了他系统的史学思想体系。船山思想中的人类史观系统理论应有其自身的意义和目的。

（一）船山之学，以史为归

船山之学，以史为归。然"史"在船山，非记诵之学，而是可资能动取鉴的镜子。"善取资者，变通以成乎可久。"通过"史"，发现自我的历史存在，感受民族文化慧命的绵延。"鉴之也明，通之也广，资之也深"②，可以唤起和培育巨大的历史感。

他为总结明亡教训，"推本得失之原"而读史、论史。"所贵乎史者，述往以为来者师也。"③他认为，"取古人宗社之安危代为之忧患，而己之去危以即安者在矣；取古昔民情之利病代为之斟酌，而今之兴利以除害者在矣。得可资，失亦可资也；同可资，异亦可资也。故治之所资，惟在一心，而史特其鉴也。"并指出，借鉴历史是"设身易地以求其实"的能动的思维过程，可以做到"人自取之，而治身治世，肆应而不穷"④。因而，历史的作用在于鉴古知今。

---

① 《周易外传》卷二，《船山全书》第 1 册，第 863—864 页。
② 《读通鉴论》卷末，《船山全书》第 10 册，第 1182 页。
③ 《读通鉴论》卷六，《船山全书》第 10 册，第 225 页。
④ 《读通鉴论》卷末，《船山全书》第 10 册，第 1182 页。

然而,船山的用意还不止于此,还有更深更广层次上的意义。他说:

> 过去,吾识也。未来,吾虑也。现在,吾思也。天下古今以此而成,天下
> 亹亹以此而生,其际不可紊,其备不可遗,呜呼难矣![1]

这不仅仅是一个中国传统士大夫偶然流露出来的伤时感怀的悲叹,其实更深深蕴藏着一个文化人极其深重的历史忧患意识和无比强烈的历史使命感。

船山思想表面上是以太虚一实的本体论为落脚点的,即由所谓"太虚即气,氤氲之本体"来展开其从自然史观到人类史观的思想体系的。事实上,氤氲生化、气化流行以生万物,终于"秉太虚和气健顺相涵之实,而合五行之秀以成乎人"的自然史过程只不过是船山思想的伏笔罢了;其根本目的在于,由此而生的人就可原天顺道,凝乎形气,"五常百行之理无不可知,无不可能"而有"人之性",因而函心尽性感物以通,化天之道为人之道,而"以道事天""相天造命"最终而"人文化成天下"[2]。"立人极"才是船山思想的核心。人乃是文化的动物。正因如此,人才能以"人文化成天下"并"积而成乎久大";因而,才能有其历史,历史也才有其意义。船山说:

> 上天下地曰宇,往古来今曰宙,……宇宙者,积而成乎久大者也。二气氤氲,知能不舍,故成乎久大。二气氤氲而健顺章,诚也。知能不舍而变合禅,诚之者也。[3]

诚者,是天之道;诚之者,是人之道。"君子之所以贵者道也,以诚体物也。"[4]是故,船山严于"华夷文野""君子小人"之大防,合而为一:重"人之道"也。

① 《思问录·内篇》,《船山全书》第12册,第404页。
② 《张子正蒙注》卷一,《船山全书》第12册,第32—33页。
③ 《思问录·内篇》,《船山全书》第12册,第420页。
④ 《思问录·内篇》,《船山全书》第12册,第421页。

人类社会的发展繁荣,历史文化的繁衍兴盛,无一不是由人类艰苦卓绝地创造、点点滴滴地积累而成。就是在这个意义上,可以说没有"人之道",就没有人类历史。反过来,没有历史文化的点滴积累,就不可能有人类社会的延续发展"成乎久大",也不可能维系人纪、人极,保全"人之道"。总之,船山思想由天、地到人而史,以史为归,展现的是一个丰富多彩、日新富有而可"成乎久大"的历史文化世界。

（二）"参万岁而一成纯"

船山早年"韶华读史过",晚年"云中读史千秋泪",衰病余年奋力写出史论千余篇,全都是读史养志、"引归身心"的自觉实践。

船山善引庄子的"参万岁而一成纯"一语而为之别解:

> 言万岁,亦荒远矣,虽圣人有所不知,而何以参之? 乃数千年以内,见闻可及者,天运之变,物理之不齐,升降污隆治乱之数,质文风尚之殊,自当参其变而知其常,以立一成纯之局,而酌所以自处者,历乎无穷之险阻而皆不丧其所依,则不为世所颠倒而可与立矣! 使我而生乎三代,将何如? 使我而生乎汉、唐、宋之盛,将何如? 使我而生乎秦、隋,将何如? 使我而生乎南北朝、五代,将何如? 使我而生乎契丹、金、元之世,将何如? 则我生乎今日而将何如,岂在彼在此遂可沉与俱沉,浮与俱浮耶? 参之而成纯之一审矣。极吾一生数十年之内,使我而为王侯卿相,将何如? 使我而饥寒不能免,将何如? 使我而蹈乎刀锯鼎镬之下,将何如? 使我而名满天下,功盖当世,将何如? 使我而槁项黄馘,没没以死于绳枢瓮牖之中,将何如? 使我不荣不辱,终天年于闾巷田畴,将何如? 岂如此如彼,遂可骄、可慑、可屈耶? 参之而成纯之一又审矣。变者岁也,不变者一也。变者用也,不变者体也。岁之寒暄晴雨异,而天之左旋、七曜之右转也一。手所持之物、足所履之地,或动或止异,而手之可以持、足之可以行也一。唯其一也,是以可参于万世。无恒之人,富而骄,贫而谄,旦而秦,暮而楚,缁衣而出,素衣而入,蝇飞蝶惊,如飘风之不终日,暴雨之不终晨,有识者哀其

心之死，能勿以自警乎！①

这样不随风倒的独立人格，"是以笃实光辉，如泰山乔岳屹立群峰之表……俯临乎流俗污世而物莫能撄"。这是基于历史修养而自觉形成的理想人格的崇高美。

关于人格美的自我塑造，船山首重立志和养志。"人苟有志，生死以之，性亦自定。"立志，就是确立坚定的、恒一的价值取向，强调要"仁礼存心"，超越流俗物质生活，超越个人得失祸福，卓立道德自我，创建精神文明，实现真正的人的价值。"壁立万仞，只争一线，可弗惧哉！"②思想上划清界限，实践中长期磨炼，经得起各种考验。"衫衣、鼓瑟而居之自得，夏台、羑里而处之不忧。"养志，就是要始终坚持贞一不渝的志向，并不断地"荡涤其浊心，震其暮气"，"怨艾以牖其聪明而神智日益，退抑以守其坚忍而魄骨日强"，就可以做到"堂堂巍巍，壁立万仞，心气自而和平"，"孤月之明，炳于长夜"。

"有志者其量亦远。""量"，是具有一定历史自觉的承担胸怀。持其志，又充其量，就能够"定体于恒"，"出入险阻而自靖"，面对"生死死生，成败败成，流转于时势，而皆有量以受之"③。不惶惑，不动摇，不迷乱，"历忧患而不穷，处生死而不乱"，达到对执着理想的坚贞，在存在的缺陷中自我充实，在必然的境遇中自我超越。"此心一定，羲皇怀葛，凝目即在，明珠良玉，万年不改其光辉。"④对这一内在人格美的赞颂及其不朽价值的评判，船山曾以韵语托出，字字珠玑：

立志之始，在脱习气……潇洒安康，天君无系。亭亭鼎鼎，风光月霁。以之读书，得古人意。以之立身，踞豪杰地。以之事亲，所养惟志。以之交友，所合惟义。惟其超越，是以和易。光芒烛天，芳菲匝地。深潭映碧，春山

① 《俟解》，《船山全书》第 12 册，第 485—486 页。
② 《俟解》，《船山全书》，第 12 册，第 478—479 页。
③ 《读通鉴论》卷二十八，《船山全书》第 10 册，第 1107 页。
④ 《薑斋文集》卷四，《船山全书》第 15 册，第 146 页。

凝翠。①

对此，我们也只能神交心悟，目击道存，如船山所云："言不能及，眉笑而已。"②

（三）鉴史之法

此外，在史学方法方面，船山也富有创见。他认为研究历史的目的应当是"述往以为来者师也"，把历史作为镜子，"以为力行求治之资"③。如他曾说过："读史者鉴之，可以知治，可以知德，可以知学矣。"④因而，研究历史的态度应当十分严肃，"求安于心，求顺于理，求适于用"⑤；而研究历史的方法，也必须实事求是，力戒虚夸，对历史人物的功罪是非的评断，不能仅着眼于"一时之利害"，而应当"通古今而计之"，力求写出"天下之公史"。因此，船山秉持"推其所以然之由，辨其不尽然之实"、"因时度势察心穷效"⑥、"宁为无定之言，不敢执一以贼道"⑦等鉴史的辩证方法，对历史"引而伸之""浚而求之""博而证之""协而一之"，从而"心得而可以资人之通，是以有论"⑧。

正是在此基础上，船山严厉地批评了那种"流俗之相沿也，习非为是，虽覆载不容之恶而视之若常"⑨的历史观，认为这是一种将人的理性放任自流而缺乏自主性的思想。论史要扫除流俗的遗毒，确立自己的是非原则，否则"人心蛊，大乱作"，遗祸无穷。他说：

> 论史者有二弊焉：放于道而非道之中，依于法而非法之审，褒其所不待褒，而君子不以为荣，贬其所不胜贬，而奸邪顾以为笑，此既浅中无当之失

---

① 《薑斋文集》卷四，《船山全书》第15册，第145页。
② 《薑斋文集补遗·苏太君孝寿说》，《船山全书》第15册，第235—236页。
③ 《读通鉴论》卷末，《船山全书》第10册，第1181页。
④ 《读通鉴论》卷二十，《船山全书》第10册，第760页。
⑤ 《读通鉴论》卷末，《船山全书》第10册，第1179页。
⑥ 《读通鉴论》卷末，《船山全书》第10册，第1177—1178页。
⑦ 《读通鉴论》卷末，《船山全书》第10册，第1181页。
⑧ 《读通鉴论》卷末，《船山全书》，第10册，第1182页。
⑨ 《读通鉴论》卷末，《船山全书》，第10册，第1176页。

矣；乃其为弊，尚无伤于教、无贼于民也。抑有纤曲蔑琐之说出焉，谋尚其诈，谏尚其谲，徼功而行险，干誉而违道，奖诡随为中庸，夸偷生为明哲，以挑达摇人之精爽而使浮，以机巧裂人之名义而使枉；此其于世教于民生也，灾愈于洪水，恶烈于猛兽。①

在船山看来，那种缺乏理性、人云亦云的随意褒贬，虽然无伤于教化、无害于人民，但使得"闻者不足以兴""闻者不足以戒"②，历史也就失去了应有的意义，人道的尊严自然也就形同虚设了。至于颠倒黑白是非不分的害处可就大了，其危害更甚于洪水猛兽。不仅谈不上历史的教化意义，只怕会"导天下于邪淫，以酿中夏衣冠之祸"③了。因此，需要确立评价是非的标准。故船山指出：

天下有大公至正之是非焉，匹夫匹妇之与知，圣人莫能违也。然而君子之是非，终不与匹夫匹妇争鸣，以口说为名教，故其是非一出而天下莫敢不服。④

是非原则、评价标准不是出自个人的意愿，而是客观的、符合历史规律的，即他所谓"大公至正之是非"。

"大公至正"是什么意思呢？所谓"正"，"得其理而守之，不为物迁之谓正"；所谓"至正者，无所不正，贯天下之道者也"⑤。关于"大公"，船山在其史论中有过多次阐述，如"以天下论者，必循天下之公"，"公者，命也，理也，成之者性也"⑥。显然，"大公"与"至正"的含义基本相同，都是指客观规律（"理"），在其史论中则指历史的客观规律和民众的共同愿望之所在。而"大公至正之是非"同"义利"有着密不可分的关系。

---

① 《读通鉴论》卷末，《船山全书》第 10 册，第 1178 页。
② 《读通鉴论》卷末，《船山全书》第 10 册，第 1177 页。
③ 《读通鉴论》卷末，《船山全书》第 10 册，第 1178 页。
④ 《读通鉴论》卷末，《船山全书》第 10 册，第 1177 页。
⑤ 《张子正蒙注》卷四，《船山全书》第 12 册，第 156、159 页。
⑥ 《思问录·内篇》，《船山全书》第 12 册，第 418 页。

　　船山一贯严于华夷文野、君子小人之辨,把它们当作其历史文化思想中的最高原则而予以重视。一般人只以为是其狭隘的民族主义使然。其实不然,船山于此有其深意所在。他说:

　　　　天下之大防二:中国,夷狄也,君子、小人也……而其归一也。一者,何也? 义、利之分也。……故均是人也,而夷、夏分以其疆,君子、小人殊以其类,防之不可不严也。①

　　"天下之大防二"是以义利之分作为标准的。按照儒家传统的一贯做法,当然是义大于利,二者不可兼得,取义而舍利。船山继承发展了这一思想,他认为,"天下无非义而可以利","义者,利之合也。知义者,知合而已矣"②。义利关系是统一的,"义"本身就是"利之合",而"利"本身也是符合"义"的,只是因为时移地异,"义利"在具体的历史环境里表现出差异,形成了一定的矛盾,但从根本上说是一致的。其实,义也好,利也好,船山的本意并不在于一时之历史制度、道德规范和物质利益的得失;而是出于一贯的"人文化成"的思想主张,对华夏族所展现出来的那种人类才有的"文明"的殷切期望与无比关切。对此,他丝毫不掩饰他的民族自豪感。实际上,船山的历史文化思想是文化主义与民族主义的融合、结晶。华夷分界、君子小人殊类,都在于维系"人极""人纪",护持天地间精微广大的人类"文明"。他说:"中国之义,人禽之界,天下古今之公义也。"③因而,他的"义利"思想有更深一层的意义,即他所赞同的"立天下之大义"的思想。在此之"大义"已融会了"义利"的思想,将其抽象为一种普遍的原则了,即"据正有常而不易之谓"④。因此,"大公至正之是非"是以把人类文明的根本利益与华夏民族的长远利益结合起来考虑为出发点来评价历史的发展变化及其人物事变的。船山将这一原则具体化为三个层次,并对它们做了详细的分析:

───────────

① 《读通鉴论》卷十四,《船山全书》第 10 册,第 502—503 页。
② 《春秋家说》卷下,《船山全书》第 5 册,第 267—268 页。
③ 《读通鉴论》卷十五,《船山全书》第 10 册,第 589 页。
④ 《张子正蒙注》卷一,《船山全书》第 12 册,第 37 页。

有一人之正义，有一时之大义，有古今之通义；轻重之衡，公私之辨，三者不可不察。以一人之义，视一时之大义，而一人之义私矣；以一时之义视古今之通义，而一时之义私矣。公者重，私者轻矣，权衡之所自定也。三者有时而合，合则亘千古、通天下。而协于一人之正，则以一人之义裁之，而古今天下不能交全也。则不可以一时废千古，不可以一人废天下。执其一义以求伸，其义虽伸，而非万世不易之公理，是非愈严，而义愈病。①

义有轻重、公私之别，"一人之正义""一时之大义""古今之通义"三个层次有其主次先后关系。公私若一致，自可兼顾；若发生冲突，则"公者重，私者轻矣"，必然舍私从公。因而，他提出"一人之义，不可废天下之公"，"不以一时之君臣，废古今夷夏之通义"②。由是可见，一人之私，君臣之"正义"，即具体历史时代的个人爱好取舍、礼乐制度、道德法制等，都不是最重要的；最终起着决定性作用的是"古今夷夏之通义"，即文明之真义。然而，"大公"与"至正"都是"理也""命也""性也"，需要人去"受之""成之""守之"。否则，又有何用？又有何意义？因此，唯有"人"才是最重要的。"我者，大公之理所凝也。"③确立自我主体的精神，凸显主体的意义才是船山史学思想的意义所在，才是其史学思想方法的根本核心所在。

总之，船山的人类史观确立了以人为核心的历史观念，历史是人的历史，人亦是历史的人。人唯有继善成性、竭天成能，高扬人的主体精神去"尽性践形""相天造命"，才能真正确立"大公至正"的历史是非准则。

---

① 《读通鉴论》卷十四，《船山全书》第 10 册，第 535 页。
② 《读通鉴论》卷十四，《船山全书》第 10 册，第 536 页。
③ 《思问录·内篇》，《船山全书》第 12 册，第 418 页。

附：哲理诗心船山魂

——评介《王夫之评传》

吴根友

自 19 世纪末到 20 世纪，有关船山研究的著作不可谓之少。然而，在众多研究著作文章中，一个颇为棘手的问题是：如何理解船山浩繁文字中新旧矛盾之处？新出的《王夫之评传》(下称《评传》)通过仔细考察船山一生的坎坷曲折道路，将其一生分成五个时期，对其很多重要著作的创作时间及其内容进行了仔细的分析，得出了这样一个具有说服力的结论：早年的船山思想更为接近朱子，而具有独创性的新思想大多表现在其中晚年的著作中，以思想史的顽强史实说明了这样一个学术问题：即船山哲学的主流乃在于"推故而别致其新"的方面。如果不了解这一点，而仅仅看到船山极为宏富的著作中一些与"他的创新思想自相冲突的陈腐内容"，纵然有文本根据，亦不免一叶障目而会对船山哲学的精神作出谬误的判断①。因此，《评传》对船山哲学精神作出了如下的概括：船山哲学绝非"本朱子而黜异端"，"而是精研易理，反刍儒经。镕铸老庄，吸纳佛道，出入程朱陆王而在更高的思想层面上复归张载，驰骋古今，自为经纬，别开生面"②，展示了船山哲学吞吐百家、自成一家之言的博大气象。

---

① 萧萐父、许苏民：《王夫之评传》，南京大学出版社，2002 年，第 604 页。(本文所引内容均来源于 2002 年南京大学出版社出版的《王夫之评传》，下文不再重复标注，只注明页码。)

② 第 87 页。

自章太炎、梁启超、谭嗣同、侯外庐以降，有关船山思想中的近代性因素的分析已经十分详细，可谓"绵丸累到十枚时"（龚自珍语），然即使如此，《评传》在这方面仍发掘了大量的新史料，深化了对船山新思想的认识。如在政治思想方面，以往著作大都注意到了船山大反"孤秦陋宋"、批评申韩之儒，主张君权"可继、可禅、可革"，"不以天下私一人"等进步的民主思想。《评传》则发掘了另一些新史料，如船山将专制政治的根源上溯到周文王，并对儒家政治传统的崇拜偶像周文王提出了严厉的批评，以生动而又顽强的史实揭示了船山政治哲学批判的深刻性。船山认为，文王立制，"恃一人之耳目以弱天下"，不设相位而虚设三公之位，使对帝王权力的监督化为乌有，结果造成了"侯国分割，杀掠相仍者五百余年，以成唐、虞、夏、商未有之祸"①。

在经济思想方面，以往的许多著作大都看到了他"惩墨吏，舒富民"的重商思想。《评传》则重新发掘出船山重视发展私人经济，主张土地私有的思想："若土，则非王者之所得私也"，"王者能臣天下之人，不能擅天下之土"②。还有开放国内国际市场等具有浓厚的自由主义气息的经济思想，如船山提出的经济无国界、无政治之分畛的思想："据地以拒敌，画疆以自守，闭米粟丝枲布帛盐茶于境不令外鬻者，自困之术也，而抑有害机伏焉。""夫唯通市以无所隐，而视敌国之民犹吾民也，适敌国之财皆吾财也"，则可以达到"抑济吾之匮乏"，"本固邦宁"的政治目的③。《评传》对船山的思想研究取得的成就，在很大程度上可以看作是新出的《船山全书》为作者提供了比前人更为丰富的研究材料而取得的结果。然而，《评传》所具有的匠心独用的构思，努力画出船山哲理与诗心相融合的伟大灵魂，则是两代学人共同合作的结果。《韩非子·外储说左上》曾提出了这样一个美学主张，说是画鬼魅最容易而画犬马最难。因为犬马有形而鬼魅无形，有形之画，参照实物，立判好坏；无形之物，随意挥就，无法验证。刘勰在《文心雕龙·神思》篇亦云"意翻空而易奇，文征实而难巧"，皆突出了写实之难。然而，艺术的最高境

① 第 380—385 页。
② 第 487 页。
③ 第 475—479 页。

界有时是"手挥五弦易，目送归鸿难"。实相易得，而神情毕肖难求。像罗曼·罗兰的《贝多芬传》等传记作品，旨在刻画传主的灵魂，这又是传记作品的另一种境界。中国哲人大多能诗。对于一个哲学家兼诗人的王船山，要画出"船山之魂"，又比把握一般的思想家有为难之处。可以这样说，不懂得苦难，就不懂得贝多芬；不知道如何战胜苦难，将欢乐留给人间，就不能理解贝多芬的伟大心灵。那么我们同样可以说，不懂得中华民族的苦难就不懂得王夫之，不知道在苦难中开掘生的希望就不能理解王夫之"六经责我开生面"的伟大灵魂。梅花之所以成为中国文人的精神象征，正在于她能于严寒中吐放生命的光彩！《评传》的正文九章重在揭示船山哲学的精神和其历史地位，《评传》的"弁言"附录专门列出萧萐父教授 20 世纪 90 年代以来"湘西草堂杂咏十首"诗，则体现了解释者与被解释者在灵魂深处的视界融合。诗人哲学家萧萐父教授正是通过诗的语言为我们画出船山的伟大灵魂："薑斋痴绝和梅诗，慧境芳情永护持。"慧境，即哲理；芳情，即诗心。而正是"诗心"，使船山在民族危难之际没有走入宗教的自我解脱，而是在审美的观照下超越了现实的苦难，以审美的情怀面向未来："思芳春兮迢遥，谁与娱兮今朝"。"阒山中兮无人，蹇谁将兮望春？"（《评传》，第 79 页）"年华虽老，不道今非。""还应有，芙蓉出水，妆点钓鱼矶。"（《薑斋词集·鼓棹二集》，《船山全书》第 15 册，第 766 页）这一向往未来的诗情与他担负的"六经责我开生面"的文化使命融为一体，体现了传主哲理与诗心的统一。

"玉在山而草木润，珠在渊而水不枯。"与西方哲学相比，中国哲学的真正精神在于哲理诗心的交辉而表现出"慧境芳情"的融合。诗之三、四二首，萧先生以勾魂之笔画出船山少年时的诗心，"翩翩年少订行社，冲破鸿蒙别有天"，"雪儿红豆少年诗，梦断章江月落时"。一扫古板而僵化的道学家之假相，绘出了一个富于理想而一往情深的少年王船山的形象。诗之第八首，描绘了历史的交响乐章："船山、青竹郁苍苍，更有方、颜、顾、李、黄。历史乐章凭合奏，见林见树费商量。"让我们在三百多年后的今天，依稀听到"天崩地裂"的时代里代表民族良知的士人们的共同心声。诗之第十首表达了作者与船山对民族文化命运的深切关怀，"盘藕修罗梦未圆，无穷悲愿堕情天。屈吟贾哭俱陈迹，唤取狂狷共着鞭"。传主与作者的思诗视界融为一体。体现了作者从 20 世纪 80 年代以来一直坚持的"文化接合点"说——即将明清之际的早期启蒙思想看作是中国的现代文化的源头活水。

"薑斋痴绝和梅诗,慧境芳情永护持。雪后春蕾应更妩,愿抛红泪沁胭脂。"两代学人,或以理,或以情,神交古人,诗思契合。三十多年来,萧萐父教授于船山研究抱拳拳之心,自 1972 年 11 月开始编写《船山年表》。在武汉大学中国传统文化中心,我又查到当年萧先生抄写的许氏船山年谱草稿上下册。为写本文,萧先生特为我准备了一些资料,其中就有他 1972 年编写的《年表》。我从先生手上接过手抄本,翻开一看,只见扉页上贴着岳麓山爱晚亭的一片枫叶,石船山上的一朵杜鹃,还有虽已杳然而叶痕依然清晰地印于纸上的湘西草堂枫马坠叶。这些或存或亡的历史痕迹,正是老一代学者研究船山的真诚感情的标本:"芳情不悔说船山,弹指湘波二十年。今日洮溪忆风貌,芷香芜绿梦初圆。"如今,萧先生研究船山已逾三十年了。这本《王夫之评传》的出版,庶几是"芷香芜绿梦初圆"吧!

附：萧萐父先生船山学方法论述要

许苏民

　　追随萧萐父先生问学 30 年，对萧先生的船山学方法论略有所窥。值此纪念《船山学刊》创刊 90 周年之际，我想谈谈对萧先生的船山学方法论的理解。有理解不对的地方，还请师友和同仁们赐教。

　　第一，萧先生治船山之学，首重文本之考订诠释，以此为治船山学之第一要紧事。

　　或曰：此乃海内外船山学界之共识，不足奇。予曰：唯唯，否否。世间固未有不通文义而能治船山之学者，亦未有不精研《船山全书》而能全面准确理解船山者。然而，先生所云之文本考订诠释，自有其尤重史识和逻辑之特色。其中之重之尤重者，乃在以下三个方面：

　　一是必须区分船山"对旧说之沿袭"与"别开生面之创造"，区分其"授徒之作"与"言志之作"（先生有时也称"授徒之作"为"应酬之作"）。船山著作，卷帙浩繁，新旧杂陈，矛盾重重，有时认同旧说，有时痛驳旧说。先生认为，其沿袭程朱者，如《礼记章句》等，为"授徒之作"；其与程朱论辩或立异者，则为"言志之作"。先生又云，船山自述其志之言曰"六经责我开生面"，曰"推故而别致其新"，按照这一自我论定，其思想之真价值、真精神乃在于其别开生面、别致其新的方面。如果偏重或强调其认同旧说的方面，则与船山自述其志之言不合。先生反复强调，如果一个人只是重复前人所说过的话，那么他就根本称不上是一个思想家，他在历史上可谓毫无价值；衡量一个思想家的标准，主要是看他提供了哪些前人所没有提供过的新的东西，这才是评价他的思想贡献和历史地位的主要依据。对于船山学的研究，也应遵循这一基本的方法论原则。

二是要着重梳理和把握其思想的内在逻辑，在矛盾的梳理和陈述中把握其一以贯之的基本思路和占主导地位的思想倾向。先生治中国哲学，特重逻辑。1962年在《哲学研究》上发表的论船山哲学的长文，就已表现出这一文本诠释的特色。1981年先生与汤一介、李锦全、陈俊民诸先生共同倡导中国哲学史之逻辑的研究，突破日丹诺夫的教条，不仅使整个中国哲学史研究的面貌焕然一新，而且也把船山学研究提升到一个更高的水平。对于船山哲学思想的逻辑线索的梳理，成为先生自20世纪80年代以来一系列船山学研究论著的主要思路。先生从逻辑范畴是把握船山哲学思想体系之网的网上纽结这一基本观点出发，通过缜密的文本分析，建构出一个完全合乎船山思想之内在理路的严密逻辑体系。先生认为，在逻辑推演的过程中，既要正视船山思想的内在矛盾，同时又要看到船山如何致力于克服矛盾，以把握其一以贯之的基本思路和占主导地位的思想倾向。通过对船山哲学逻辑体系的建构，舍弃一切起干扰作用的偶然因素，使船山哲学的学理以更为清晰的形式展示出来，这也就是先生所说的中国哲学研究的"纯化"。尽管后来先生又进而倡导"纯化"与"泛化"的结合，以更好地把握中国哲学的特征，但这一纯化的结果乃是使哲学真正成其为哲学，对于把握船山哲学体系的内在逻辑来说，仍然是最主要和最重要的研究方法。

三是要善于从船山的思想矛盾中清理出其晚年定论。人们爱讲"晚年定论"，但船山的晚年之作，甚至是同一部著作，也不免有自相矛盾的观点。先生认为，对于同一时期的著作，当以晚出者为定论；对于同一部著作中，前后矛盾的观点，当以后面的观点为定论；而这一诠释原则正好合乎船山以"开生面"为己任的立言宗旨。例如，在对待传统的"正统论"与"道统论"的态度上，船山在《读通鉴论》卷十三和卷十五中依然热衷于讲"帝王之统"和"道统"的分合关系，但在《读通鉴论》的卷末则痛斥"正统论"本质上是为独夫民贼正名的"邪说"。由此看来，则卷末所云当为晚年定论；船山先是在《读四书大全说》卷九中对宋儒的"道统论"作了严厉的批判,然而在《读通鉴论》卷十五论及"儒者之统"时却仍不免带有"道统论"的意味,可是在他的最后一部著作《宋论》中,他却明确论定宋儒鼓吹的一线单传的"道统心传"乃是无中生有的杜撰,是专制统治者及其文化仆从"镇压人心"的工具。可见《宋论》对"道统论"的批判才是船山的晚年定论。

此三点,乃先生之船山学文本诠释之真见功力处,非寻常之文本诠释可比也。

第二,在文本诠释的基础上,要着重研究船山思想与中国传统思想的关系,特别是与《易》学之关系、与先秦诸子之关系、与宋明理学之关系、与理学修正派之关系。在贯彻这一方法论原则的时候,先生强调要注意处理好以下三个方面的关系:

一是要善于从学脉渊源和运思倾向上把船山思想与宋明理学区分开来。先生认为,船山思想,以《易》为宗,以史为归,与朱熹视《易》为"鸡肋"之说不相为谋,亦绝非所谓"本朱子而黜异端"。其学脉渊源,在于精研《易》理,反刍儒经,熔铸老庄,吸纳佛道,出入程朱陆王,而在更高的思想层面上复归张载,驰骋古今,自为经纬,别开生面。其运思倾向,大体坚持由体发用,由本向末,由一趋多,由虚返实,与程朱背辙,反接近于陆王;但又不是简单地向着陆王的运思倾向趋同,而是在更高的思想层面上吸纳并改造了陆王哲学的合理因素。侯外老认为船山对于朱熹为"否定式的修正"、对于阳明为"肯定式的扬弃"。先生完全赞同这一精辟概括,并且对这一观点作了更为具体的论证和发挥。船山与道学的分歧,无过于他从气质之性一元论和真理多元论的观点对"人心惟危,道心惟微,惟精惟一,允执厥中"的道学心传的彻底排斥,清初人说得好:"如无《大禹谟》(即道学心传的出处。——引者),则道学绝矣。"所谓"虞廷十六字诀"或"孔门传授心法",乃是道学家脖子上的通灵宝玉,摘去了这块通灵宝玉,道学也就不成其为道学。明白了这一点,则时贤所论船山"重建道学"之说似可作进一步的斟酌。

二是要重视研究船山思想与宋明理学的批判继承关系,特别是与张载学说和理学修正派的批判继承关系。先生认为,"希张横渠之正学而力不能企",乃是船山的谦辞;其实他与张载之间也是一种"推故而别致其新"的关系:他大力发挥张载的元气本体论,同时又克服了张载过分强调"天地万物一体"的偏失,克服了张载本体论与人性论、天地之性与气质之性的割裂,从而也就排斥了张载所拳拳服膺的"道学心传"。先生还指出,要重视研究船山与理学修正派学者的关系。理学修正派的学者,如胡宏、黄震、王廷相、罗钦顺、吕坤、吴廷翰等人的思想,多与船山思想有着或隐或显的内在关联;其思想的合理因素,如胡宏的"天理人欲同体异用"说,以及王廷相、罗钦顺、吕坤等人的气本论和新理欲观等,皆为船山所吸纳并予以发挥。

三是要善于从思想实质上把船山思想与程朱理学区分开来。先生提出了"伦理异化"的概念,把程朱理学视为伦理异化的典型形态。先生反复强调要重视对于"伦理异化"问题的研究,不知对我讲过多少次。这既是先生的一大理论发明,也完全合乎船山以"申韩之儒"这一概念来明确论定程朱理学之性质的观点。船山控诉"后世之死于申韩之儒者积焉",正是对伦理异化之本质的深刻揭露。确实,世界上没有哪一个民族会以道德的名义把女人整治到连正常走路都困难的地步,也没有哪一个民族会以同样冠冕堂皇的名义把男人整治成心理变态的"申韩之儒"的。船山对程朱理学之思想实质的论定,明显具有反对"伦理异化"的近代人文主义性质。

第三,要善于把时代的问题意识与学术的问题意识结合起来,知人论世,神交古人,以把握时代思潮变迁中的活的灵魂。在贯彻这一方法论原则上,要注意以下三个方面的问题:

一是要看到哲学的问题意识既有反映人类心灵之内在矛盾的永恒性的方面,又具有为时代的问题意识所规定的鲜明的时代特色。宋明理学的天人理气道器体用之辨、理欲情理义利公私之辨,既反映了人类心灵的永恒矛盾,因而是哲学的永恒问题,也是船山所无法回避的哲学问题——不同时代所用的哲学术语可能不同,但反映人类心灵之永恒矛盾的哲学问题却无不同——然而,宋明道学家和船山所分别面对的时代的问题意识则完全不同;前者的问题意识是适应巩固皇权官僚专制社会的政治需要,建立和强化"虑民之意甚精、治民之具甚备、防民之术甚周、诱民之道甚笃"的专制主义意识形态,把教人死的哲学披上一件教人活的精致外衣(朱熹之所谓"死法之中自有活法");后者则反映了一种对于近代社会转型之必然要求的朦胧的历史自觉和文化自觉意识,力图把人从物化的政治伦理工具解放成为人。昧于朱熹的"使人觉得亲切"的所谓"活法",而看不到他那"所以人怕"的"死法",绝不能真切理解朱熹;而只有把哲学的问题意识与时代的问题意识结合起来,才能理解船山在哲学上所作出的新的理论建树。

二是要善于把抽象而晦涩的哲理还原为现实生活中的感性具体,看船山与道学家的不同"气象"。哲学对于社会生活的反映,往往由于经过了许多中间环节而不免显得模糊和参差,要认识船山思想与宋明道学的分歧,就需要在研究船山哲学思想的同时,看船山如何由体而发用,如何论说其关于经济、政治、法律和道德的观点,如何批判朱熹提出的"臣子无说君父不是的道理"以及恢复古代肉刑、实行农业合作化等思想主张,乃至于如何在其著作中多次批判朱熹"借醉饱房帏之事入人于罪"等。道学家的气象犹如一位丧失了生命冲动的嫉妒的刻薄老人,恨不得天下人都像他们一样不再有任何自由自主的生命活动和生活的欢乐;而船山则犹如一充满朝气、对未来满怀美好憧憬的青春少年,明朗、主动、尊生,向往"备于大繁"的物质文明之进步,向往自由的思想和自主的生命追求,"潇洒安康,天君无系……光芒烛天,芳菲匝地",尽管还摆不脱旧的观念带给他的种种顾虑。此乃道学气象与船山气象之一大显著区别。

三是要立足于中国社会近代转型与思想文化变迁的历史高度来认识船山思想的历史贡献和历史地位。先生一贯坚持思想史与社会史之统一的研究方法,通过对明代中叶以后中国社会结构的历史性异动和新的社会心理、时代思潮的研究,确认这一时期的中国社会已处于向近代转型的历史过程之中;这是一个呼唤思想巨人并且产生了思想巨人的时代,而王船山正是时代所呼唤出的思想巨人之一,是明清之际早期启蒙思潮的最杰出的哲学代表,并且在史学思想、伦理思想、政治经济思想、宗教思想、文艺美学思想等方面都作出了超越前人的理论创新和贡献,对于中国近代的改革运动和思想文化运动产生了深远的影响,确实起到了促进历史进步的作用。先生之所以能够作出这样的论断,不仅来自他的深厚的学术功力和充足的史料依据,更在于他所具有的高远的历史眼光。记得

1979年3月17日下午，先生曾与我作过一次如何研究中国哲学和思想史的长谈，先生讲到兴奋时站立起来，激昂地说："要有庄严而崇高的民族历史感、使命感和责任感，这是研究中国哲学和思想史所应该具有的基本素质！"这是先生对我的教诲，也是先生自己的学品和人品的写照。

先生最推崇船山"风光月霁"的人格美。通过研究船山，把船山的人格化作自身的道德实践，也是先生的船山学方法论不可或缺的组成部分，是对船山哲学的知行统一观的优秀传统的继承和弘扬。先生的学风，就是其治学与道德实践之统一的人生践履的重要方面。

先生像船山一样，绝无正统儒家"唯我独尊""开口自任道统"、以真理化身自居的妄人气息，亦绝无传统的"文人相轻"的庸人习气。先生研究船山思想，十分尊重并重视继承和吸取前辈学者和海内外时贤的研究成果。对于李石岑、王孝鱼、嵇文甫、张西堂、熊十力、吕振羽、侯外庐、贺麟、唐君毅、许冠三、张岱年、任继愈、陆复初、陈荣捷、王兴国、陈远宁、吴立民、徐荪铭、曾昭旭、严寿澂等学者对船山学研究的贡献，先生总是在授课和言谈中给予高度的评价；即使是对与自己的观点完全对立的学者（如张恒寿先生、蔡尚思先生）的观点，先生也总是以虚怀若谷的态度予以尊重和同情的理解。先生还经常谈起湖南学者在船山著作的辑佚、校勘等方面所做的极为艰辛的工作，以极大的热忱给予高度评价和尊敬，认为这是一项非学问精湛者不能为的工作、一项功德无量的工作。

先生研究船山思想，特别注重发挥学术团队的作用，特别重视集体的智慧和学术团队整体学术水平的提升。1981—1982年间，先生多次召集湖北省哲学史学会讨论纪念船山的论文撰写工作，要求我们每一个青年学者的论文都要经过"千锤百炼、死而复生"的反复修改，并且不辞辛劳地多次为我修改论文。与此同时，先生还组织我们翻译和介绍海外学者船山学研究的成果，亲自审定；最后以一本论文集、一本船山学研究参考资料的形式，提交给湖南省举办的纪念船山逝世290周年学术讨论会，武汉地区船山学研究的著名学者唐明邦、李德永、钟兴锦、罗炽、李寿章、冯天瑜、舒默等先生，以及萧先生的高足萧汉明、郭齐勇、李维武等师友都参与了这一盛举，并且在当时和后来的船山学研究中作出了重要贡献。在先生的精心指导下,高华平、吴根友、朱哲、邓辉诸君在船山学研究领域都各有创获,迅速成长为一代俊才。萧先生的《王夫之评传》,既是他50年来潜心钻研、精思独运的结果,同时在某种意义上也可以说是他所带领的学术团队集体智慧的结晶,是先生为开创中国哲学研究的珞珈学派所作出的重要建树之一。

论中国哲学中的"和"

一、和与同异，和实生物

和，从字源学上考察，古写作龢，本指奏乐或歌唱的声相应和。《说文》："和，相应也。""龢，调也。"《文选·调箫赋注》："龢困，声迭荡相杂貌。"又可作动词用，如《考工记》"弓人和弓"、《周礼》"内饔煎和"等，"和"皆训调。源于生活实践中的"和"概念，在中国首先被用为音乐美学的范畴，所谓"八音克谐，无相夺伦，神人以和"（《尚书·舜典》）；"律吕协，则阴阳和"，"乐者，天地之和也"（《礼记·乐记》）；"为乐之和，无所不谐"（《左传》）。然后，才进一步引申为指不同（杂多、差异或对立）的事物处于特定的关系中相互协调的状态。

在中国哲学史上，早有所谓"和同之辨"。最早对"和"范畴作出哲学规定的，是西周末年的史伯和晏婴。《国语·周语》记载史伯评析周幽王因在政治上"弃和取同"而必然失败时指出：

> 夫和实生物，同则不继。以他平他谓之和，故能丰长而物归之；若以同裨同，尽乃弃矣。故先王以土与金木水火杂，以成百物。是以和五味以调口，刚四支以卫体，和六律以聪耳，正七体以役心，平八索以成人，建九纪以立纯德，合十数以训百体、出千品、具万方、计亿事、材兆物、收经入、行姟极。……夫如是，和之至也。于是乎先王聘后于异姓，求财于有方，择臣取

谏工,而讲以多物,务和同也。声一无讲,色一无文,味一无果,物一不讲,王将弃是类也,而与专同,天夺之明,欲无弊,得乎?

史伯首次从哲学的致思上提出了"和,同"范畴,明确规定"以他平他谓之和",即相异的事物相配合而求得矛盾的平衡与统一才叫和,严格划清"和"与"同"及"专同"的界限,认定"和"才能产生新事物,而相同事物的重复相加则不可能使事物创化更新。史伯制定的"和实生物"的命题,以及对"和"范畴的哲学规定,具有极其深蕴的辩证智慧。

稍后,晏婴论及"和与同异"时,更进一步指出:

> 和,如羹焉,水火醯醢盐梅以烹鱼肉,燀之以薪,宰夫和之,齐之以味,济其不及,以泄其过。君子食之,以平其心。君臣亦然,君所谓可,而有否焉,臣献其否,以成其可;君所谓否,而有可焉,臣献其可,以成其否。是以政平而不干,民无争心。……今据(梁丘据,佞臣)不然,君所谓可,据亦曰可;君所谓否,据亦曰否。若以水济水,谁能食之?若琴瑟之专壹,谁能听之?同之不可也如是!

晏婴继承、发展了史伯的思想,而更强调了"和"的哲学义蕴是"可"与"否"的相反相济,即肯定与否定的对立统一,而明确否定了形而上学的同一观。

孔子沿着史伯、晏婴的思路,贵和而贱同,尖锐指出"君子和而不同,小人同而不和"(《论语·子路》),把"和"与"同"对立起来。孔子的入门弟子有若,则对社会生活中的"和"作了分疏,他说:"礼之用,和为贵,先王之道斯为美,小大由之。有所不行,知和而和,不以礼节之,亦不可行也。"(《论语·学而》)有若区别"不以礼节之"的无原则的"和"与以礼为调节原则的"和",认为前者行不通;只有后者,即《中庸》所谓"发而皆中节谓之和""和而不流"的"和",才是可行的。

孟轲、荀况(以及孙膑、尉缭等)都提出了与"天时""地利"相并列的"人和"思想。孟轲说"天时不如地利,地利不如人和",更突出了"人和"在社会进步活动中的决定性作用。他们的所谓"人和",主要是指理想化了的"礼治"或法治通过宗法等级制所能达到的某种社会和谐。

二、"贵和"与"尚同","太和"与"大同"

孔、孟、荀所讲的"和"或"人和",具有"尊贤而容众"的民主包容意识,在哲学上表现了某种辩证智慧,但强调以等级之礼作为"和"的准则而有其政治偏向。墨子从民选天子则上下同义的幻想出发,提出"尚同",认为如果不尚同,会导致"一人则一义,二人则二义,十人则十义,其人兹(滋)众,其所谓义者亦兹(滋)众。是以人是其义,以非人之义,故交相非也"(《墨子·尚同》),"交相非",达不到社会的和谐统一。因此,墨子主张"一同天下之义",办法是使全社会统一服从一个最高统治者的意志,"上之所是,必皆是之;上之所非,必皆非之"。"天下之百姓皆上同于天子","天子又总天下之义上同于天"(《墨子·尚同》)。以"天志"而不是以"人和"作为"尚同"的集中意志的最高标准,政治上反映了小生产者要求一个统一安定的社会局面的合理理想,而在学理上则偏向于"弃和取同"的形而上学。

孔、墨显学,在"贵和"与"尚同"、重视"人和"与崇仰"天志"上存在着鲜明的对立性。

孔门弟子言偃(颜成子游)显然受到墨学的一定影响,在其《礼运》中假托孔子提出了"大同"的理想,其内容乃指"天下为公"的理想社会,政治上"选贤与能,讲信修睦",伦理上"不独亲其亲,不独子其子",经济上"货恶其弃于地也,不必藏于己;力恶其不出于身也,不必为己"(《礼记·礼运》)。这一大公无私的高远理想,托之远古,批判现实,实际是提供了一个未来社会的模式。这里的"大同"之"同",不是"和同之辨"中与"和"相对立的"同",而是吸取了"尊贤而容众"的"和",又扬弃其以礼制等差为节度的局限;吸取了墨子的"尚同",又否定其对天子权威的迷信,故称"大同"。在传统哲学中,是闪光的思想精华。

《易传》作者以更高的思维水平,总结了先秦哲学的优秀成果,进一步提出了

"太和"范畴。《乾卦·象传》云:"乾道变化,各正性命,保合太和,乃利贞,首出庶物,万国咸宁。""太和"范畴涵摄了更丰富的内容,承认"物相杂,故曰文","龙战于野,其血玄黄"所构成的"天地之杂",正是"文"的发端;"一阴一阳之谓道",易道在于"兼两"("兼三才而两之")、"通变"("参伍以变,错综其数,通其变遂成天下之文")。因此,"太和"所表达的乃是宇宙中杂多和矛盾的万物并存并育的图景,与《中庸》所谓"中和"也一脉相通。而《易传》作者更注重每个个体在"乾道变化"中"各正性命",是"太和"的内容;而无限杂多的"庶物""万国"都得到兴盛和安宁,是"太和"的效果。所以能够保持、聚合在"太和"的状态下,事物就能得到最顺畅、最正常的发展。无论"太和"或"中和",或"天地之和",作为"和"范畴的深化繁衍,由抽象上升到具体,涵摄愈广,致思愈密,其影响以后儒、道两家思想的发展也就愈为深远。

三、知和曰常,知常曰明,和光同尘,是谓玄同

老、庄道家也把"和"作为重要范畴。《老子》四十二章云:"万物负阴而抱阳,冲气以为和。"又五十五章云:"含德之厚,比于赤子……终日号而不嗄,和之至也。知和曰常,知常曰明。"以"冲气"释"和",乃指阴阳交冲而成的和谐状态,如《庄子·田子方》所云:"至阴肃肃,至阳赫赫,肃肃出乎天,赫赫出乎地,两者交通成和而物生焉。"可见,孤阴不生,独阳不长,而阴阳矛盾交错所形成的"和"的稳态,乃是万物产生的条件。老子强调了"和"的机制和功能的重要性,"知和曰常"[①],包含着阴阳对立的和谐统一即是万物运化之中的永恒法则,而了解这一永恒法则也就从根本上明白了"天地之德"。庄子也就此论析:"夫明白于天地之德者,此之谓大本大宗,与天和者也;所以均调天下,与人和者也。与人和者,谓之人乐;与天和者,谓之天乐。……知天乐者,其生也天行,其死也物化,静而与阴同德,动而与阳同波……言以虚静推于天地,通于万物。"(《庄子·天道》)这里

---

① 按长沙汉墓出土之《老子帛书》甲本作"和曰常",无"知"字,义较顺。"和曰常",即肯定"和"是常道,即包含着矛盾的统一是永恒法则。

说的是"知和""知天乐",是道家从自然哲学——生命哲学方面,对"和"范畴的深化与发挥,为中国传统的道术科学与养生妙术提供了重要的哲学指南。

四、仇必和而解,天地之化日新

中古一元化的专制皇权及其宗教异化、伦理政治异化的理论升华,必然趋向于尚同而斥异、贵一而贱多。因此,古代关于"和"及"太和"的优秀思想传统,得不到丰富和发展。董仲舒虽也讲了几句"夫德莫大于和,而道莫正于中","中和者,天地之大美也"(《春秋繁露·循天之道》),但他的思想重心在于论证"大一统"的绝对性,强调"不一者,患之所由生也,是故君子贱二而贵一"(《春秋繁露·天道无二》);并以阴阳定位之说来抹煞一切矛盾,肯定"相反之物也不得两起"(《春秋繁露·天道无二》),肯定"阳尊阴卑"的隶属关系,固定不变。"阳贵而阴贱,天之志也。"(《春秋繁露·天辨在人》)公孙弘在其《对策》中也讲到"和"的重要:"气同则从,声比则应,今人主和德于上,百姓和合于下,故心和则气和,气和则形和,形和则声和,声和则天地之和应矣。故阴阳和,风雨时,甘露降,五谷登,六蓄蕃,嘉禾兴,朱草生,山不童,泽不涸,此和之至也。"(《汉书·公孙弘传》引)这里所讲之"和",主要指事物之间顺从相应的关系,指自然气候、政治气候的祥和,而已失去了矛盾统一的含义。直到宋初的周敦颐,以"太极"统摄阴阳动静,化生万物,承认人性中存在刚柔、善恶的矛盾,但他沿袭《中庸》,强调"中""中节"之"礼"对"和"的限定。"中也者,和也,中节也,天下之达道也,圣人之事也"(《通书·师》),"礼,理也;乐,和也。……君君、臣臣、父父、子子、兄兄、弟弟、夫夫、妇妇,万物各得其理而乐后和,故礼先而乐后"(《通书·礼乐》)。"乐"以"礼"为前提,"和"仍以顺从规范而排斥矛盾为限定。

张载精研易理,重讲"太和"。《正蒙》一书,首揭《太和篇》,把"太和"视为整个宇宙气化过程的总体,是其哲学体系中具有本体意义的最高范畴。《正蒙》开宗明义:"'太和'所谓道,中涵浮沉、升降、动静相感之性,是生细缊、相荡、胜负、屈伸之始。……散殊而可象为'气',清通而不可象为'神',不如'野马细缊',不足谓之'太和'。语道者知此,谓之知道。学《易》者见此,谓之见《易》。""太和"作为气化总过程,既内在地包含了"沉浮、升降"等固有的矛盾,又一开始就发生着"胜负、屈伸"等各式各样的对立斗争。无论可见之"气"(形、器),或不可见之"神"(理、性),都在"太和"之中缊缊运化,是一个"不得已而然"的自然过程。

王夫之对此作了深刻的诠释和阐发,他说:"'太和',和之至也。'道'者天地人物之通理,即所谓'太极'也。阴阳异撰,而其缊缊于太虚之中,合同而不相悖害,浑沦无间,和之至矣。未有形器之先,本无不和,既有形器之后,其和不失,故曰'太和'。""缊缊,'太和'未分之本然;相荡,其必然之理势。……此是天地人物消长死生自然之数,皆'太和'必有之几。""'太和'之中,有气有神。神者非他,二气清通之理也。不可象者即在象中。阴与阳和,气与神和,是谓'太和'。"(《张子正蒙注》)可见,"太和"贯通气化的全过程,不排斥一切差异和矛盾。其解释"一两"(统一体与对立面)关系时,更指明:"惟两端迭用,遂成对立之象,于是可知所动所静,所聚所散,为虚为实,为清为浊,皆取给于太和缊缊之实体。一之体立,故两之用行。……万殊之生,因乎二气,二气之合,行乎万殊。"朴素地论证了矛盾存在于过程始终的普遍性,也就论证了"太和"内涵("阴与阳和""气与神和"等)的无比丰富性。

张载还继承《易》理的矛盾观,精心制定"两不立,则一不可见;一不可见,则两之用息"的命题,又进一步分析了任何矛盾的对立面之间的关系的发展趋向:"有象斯有对,对必反其为,有反斯有仇,仇必和而解。"(《正蒙·太和篇》)把矛盾的发展大体分为"对—反—仇—和而解"等四个阶段或四个层次,就"太和所谓道"的气化过程总体而言,是颇有深意的。宇宙以及人类社会的矛盾运动,其发展的正常状态是由"对—反—仇"而趋向"和";任何特定的矛盾(无论通过对立面的融合或对立面的转化)的发展归宿,也都必然是"和而解"。王夫之对此作了阐释:

以气化言之,阴阳各成其象则相为对,刚柔、寒温、生杀,必相反而相为仇;乃其究也,互以相成,无终相敌之理,而解散仍返乎太虚。以在人之性情言之，已成形则与物为对，而利于物者损于己，利于己者损于物，必相反而仇；然终不能不取物以自益也，和而解矣。

相反相仇则恶，和而解则爱。阴阳异用，恶不容己；阴得阳，阳得阴，乃遂其化，爱不容己；太虚一实之气所必有之几也。（《张子正蒙注·太和》）

面对这种客观矛盾运化的"必有之几"，人并非无能为力，而是能够促动矛盾向"和而解""遂其化"的正常方向发展。"和曰常"，和乃正常状态，而"失和"的反常状态比比皆是。据王夫之的分析，一方面，"人物之生，皆絪缊一定之伸聚，虽圣人不能有所损益于太和"，现实的矛盾是客观存在，不依任何人的主观意志而有所损益；另一方面，"圣人之志在胜天，不容不动也。……二气既分，吉凶、善不善以时位而不齐，圣人贞其大常，存神以御气，则为功于变化屈伸之际，物无不感而天亦不能违之"（《张子正蒙注·太和》）。人有其"存神尽性以保合太和"的主体功能，可以"为功于天"，乃至可能做到"天之所死，犹将生之；天之所愚，犹将哲之；天之所无，犹将有之；天之所乱，犹将治之"（《续春秋左氏传博议》）。

正因为人能"为功于天"，按"保合太和"的价值取向来控驭自然（使人天亲和）、变革社会（使人人亲和）、调理自身（使性命、神气、心身亲和），"推移吐纳，妙于不静"（《老子衍》），"天不听物之自然，是故絪缊而化生"（《思向录·内篇》）。人化了的自然及整个宇宙，都在"絪缊化生"中日新月异，无时无刻不在创化更新，用王夫之的话说，这叫作："天地之德不易，天地之化日新。"（《思问录·外篇》）

张载、王夫之承先以启后，"推故而别致其新"，给我们留下的珍贵思想遗产，不是可以启发我们更加深入地思考中国哲学中关于"和"概念的哲学内涵吗？

关于改革开放的文化思考

——1984 年 9 月 19 日在第二汽车制造厂 党委组织的报告会上的讲话

同志们,这次我们同毕业班学生来二汽搞社会调查,当小学生。原没有准备讲什么,二汽领导指定要讲一讲,只能说谈点感想。

一

我是搞哲学史的,这些年来逐步形成一个教学科研的指导思想,即在研究哲学史的过程中,应当论史结合、中外对比、古今通气。意思是说,观察现实问题应有历史感,研究历史问题应有现实感。所以这次主动要求出来,目的是感受一点时代气息。

首先,谈一点感受。我是第一次来二汽,深切感到这里一派生气勃勃、兴旺发达的气象,同志们大踏步地走在改革的前列。我们来了十多天,在座的好几位同志都给我们作过报告,特别是黄正夏书记前天晚上给我们讲了三个小时没休息,这种精神使我们非常感动,而他讲的内容又很有理论深度,使我们受到教育。昨天晚上陈清泰厂长也给我们作了一个报告,我们受到的启发是多方面的。如果把这些收获集中起来,可以概括成三个字:"开放型"。在二汽到处可以听到,要把单一生产经营型的企业改变成经营开放型的企业。我感到这是指导思想上的一个巨大的飞跃,可以说在当前改革中是一个重大突破。这在二汽已不再是一个设想或空论,而是从理论到实践、从战略决策到具体措施都已初步成形,已体现在当前的行动和未来的计划中,并已物化为一些机构、一些制度。同志们谈到把二汽由生产型企业办成开放型企业时,已经有了一些通俗化的表述,例如说:"口里吃的,手里拿的(指昨天和今天)和眼里看到的,心里想的(指明天和后天)要联成一个系列。"老工人说,按这样的指导思想办企业,可以达到"两个长命百岁",一是机器不断更新,工厂长命百岁;一是劳动条件不断改善,工人长命百岁。那天黄书记给我们讲了工人关于"两个长命百岁"的说法,大家感到很有深意。一个思想被通俗化了,也就变成了群众思想的血肉。我们在调查学习中收获最突出的也就是这一点。开放型企业要求每个成员不论是管理干部、技术人员还是生产工人,都应具有开放型的战略思想和经营思想,都应具有开放型的知识结构、文化素质和技术素质。总起来说,都应有开放型的思维方式。由长期封闭型的思维方式转变成开放型的思维方式,立足二汽,放眼全国,立足中国,放眼世界,立足今天,放眼未来。这种思维方式跟过去盛行的闭关自守、故步自封、作茧自缚、夜郎自大的思维方式截然不同。所以我想,这个"思想转轨"是历史性的飞跃。二汽之所以成为先进企业的标志,首先表现在思维方式的飞跃。而这,具有普遍意义。

十一届三中全会以来,党中央号召我们解放思想,实事求是,团结起来向前看。这几年我们议论最多的是解放思想。回头一想,前些年侧重在思想战线上进行清理,拨乱反正,正本清源,恢复实践标准、实事求是的权威,恢复唯物辩证法的权威,还毛泽东思想的本来面目。过去歪曲了的、搞颠倒了的要还原,着重在清理过去,总结教训,把我们从长期以来历史形成的"左"的思想束缚中,从单一的社会主义模式等框框中解放出来。这当然是完全必要的,党领导我们胜利地走过来了。紧接着党中央号召我们要开创新局面,建设具有中国特色的社会主义精神文明和物质文明,特别是提出了全面改革,对内搞活,对外开放。邓小平同志关于文教工作的"三面向",我国政府又提出要迎接在世界范围内已经兴起的以新技术革命为先导的新产业革命的浪潮。这一切,使我们对解放思想有了新的理解，思想解放可以进一步理解为思想开放。所以二汽提出要办开放型企业，让思想进一步冲破牢笼，符合时代潮流，跟上历史步伐，就要有开放型的思想，培养大批开放型的干部。如果我们真正理解马克思主义是一个发展着的科学真理体系，马克思主义从来没有想到自己要结束真理，而只是在实践中不断地为我们开辟认识真理的道路，也就是说，马克思主义本来就是开放型的。用恩格斯的话说："这种辩证法哲学推翻了一切关于最终的绝对真理和与之相应的人类绝对状态的想法"，也就是永远向前看，永远面向未来。前天晚上听陈厂长讲开放型，他认为生产型企业是视现状为必然，而开放型企业就必须视现状为落后，即全部工作都在于使现状变为落后，这就是开放型企业的指导思想。我们认为，陈厂长的这两句话是很深刻的，所谓使现状变为落后，也就是使现状变为过时的东西，变为行将过时、行将衰亡的东西，也就要不断开拓前进，追求新事物。这使我们自然地想到中国古代的哲学家，比如说 17 世纪有个王夫之，他就说过："趋时应变者可以日新而不困"，"守其故物而不能日新，虽其未消，亦槁而死"。中国古代哲学家也曾有过一些开放型思想的萌芽。而视现状为落后，也使我们自然地想起黑格尔的"两个凡是"，"凡是现实的都是合理的，凡是合理的都是现实的"。对这两个命题，恩格斯在《费尔巴哈与德国古典哲学的终结》中作过详细的分析。有位诗人叫海涅，是马克思、恩格斯的好朋友，他有一本书叫《论德国的哲学和宗教的历史》，其中解释说，凡是现实的都是合理的，是指随着时间的推移，现实的将变为不合理的，将变为行将过时、灭亡的东西。所以说开放型的思维方式，应是每个改革者的哲学灵魂。

当前，改革形势发展很快，全中国热火朝天，改革的浪潮正在冲击着一切。如果说这是一种冲击波，那么它是来自我们这个民族最深广的底层——广大农村。一方面，几年来，在党的引导下，几亿农民尝试改变经营方式，创造新的经济体制，卓有成效地探索着中国式的社会主义现代化农业发展的特殊道路。这是中国历史上一次空前伟大的创举。这股改革之风来自我们这个民族最深最深的底层，因而是不可抗拒的。另一方面，像二汽、首钢等这种在国民经济中举足轻重的现代化大企业，它们的改革将是更大的冲击波。因为它们的改革跟国家经济体制、管理体制和领导体制的改革紧密相连,跟当前世界范围正在兴起的新技术革命和新产业革命又息息相通。因此,城市工业改革之风将更强大,将产生更广阔的影响,无疑会直接使我国社会主义建设从物质技术基础到生产关系的诸方面,再到上层建筑的诸领域,都将发生重大的变化。通过这样的改革,我们将迅速地大幅度地提高社会生产力,加速实现四个现代化,使我们这个民族真正振兴起来,对人类的进步作出贡献。

当前的改革,我体会带有全局性的指导方针有两个大的方面:一是对内搞活;另一个是对外开放。这两者是互相促进的,本质上都是要从根本上改变我们国家的经济面貌,从根本上摧毁我国几千年来形成的自然经济基础。两者比较之下,对内搞活比较容易接受,因为直接经济效果较显著。当然在怎样搞活这方面还大有文章,从根本上说,就是要遵循客观经济规律,时时不忘生产关系、管理体制、规章制度等是否先进,唯一检验标准,就是看它能不能解放生产力,能不能真正促进广大群众的社会主义积极性。在这方面还有大量工作要做,但较容易接受。对外开放,我理解不仅是个经济政策,还应包括很多方面,特别是就思维方式来说,必须由旧的封闭型跃进到新的开放型思维方式,才能真正接受这个国策。这不是很容易理解和接受的,而且还会产生一些盲目的担心,这里有各种历史形成的心理因素及一些传统观念在起作用,思想障碍不是很小的。何况在对外开放过程中,不一定马上看得见效果,而且有些直接效果还明显地具有二重性,即有好的一面,同时也有一些消极现象。由一种狭隘的历史经验所产生的闭关自守思想,加上小农经济必然产生的那种落后的、近视的、愚昧的观念,两者搅在一起,就更加感到不容易真正从心坎里接受中央这个决策。像我这样从反美蒋学生运动中走向革命的干部,前几年听到在外事工作中和少数留学生中出现一些不好的现象,便引起自己的反感,曾写过一首《满江红》词,其中有这样两句:"一席香槟狐步舞,百年鞭扑英雄泪。"意思是说一些人醉心于出国享受而忘记了血泪斑斑的近百年历史。最近几年对外联系多了一些,这样的情绪才有所改变。什么是真正的民族自尊心,什么是真正的爱国主义,有时我们脑子里并不怎么清楚。当前整个改革与对外开放密切联系在一起,为了加深对中央这一重大决策的理解,为了真正了解我们民族当前所面临的历史任务,需要站在一个新的思想高度来进行一番严肃的历史反思。

二

伟大的中华民族,悠久的历史,光辉灿烂的文化传统,从未中断的独立发展,使我们经常引以为荣,也是我们民族自尊心、民族自信心的深厚源泉。印度的历史也很悠久,但经常中断,一空就是几百年,印度古代学者的生卒年代经常不清楚,前后差个一两百年无所谓,因为没有记载。我国完全不同,从公元前841年,那年是周厉王被流于彘,即周天子被人民群众赶下了台,由共伯、和伯共同执政。从那年起直到现在,每年都有记载,没有中断过一年,这是值得自豪的。但是,独立发展绝不等于孤立发展。相反,我们这个民族之所以能在地球上独立发展这么多年,恰好是由于我们乐于接受外来文化,并且善于通过学习消化,勇于创新。回顾历史,每当我们打开大门,欢迎外来文化,乐于引进,善于消化,又勇于创新的时候,也正是我们民族生命力蓬勃向上的时候。而每当我们民族由于各种原因搞闭关自守,故步自封,中断了与外国文化接触交流的时候,也就是我们民族和民族文化衰败的时候。回顾一下,非常明显。我们民族在文化上的消化力跟我们民族的生命力这两者是互为因果的。

关于这方面试作一些简单的回顾。

我们的祖先在亚洲东部这块平原上进行文化创造活动,说起来是100多万年前的事情了。远古时期,我们民族文化的发展是多元的、多根系的。现在的考古发现表明,我们最老的祖先"元谋人"在云南,距今170万年。接下来是河北的"北京人"、陕西的"蓝田人",距今50万年左右。发展到"古人"距今20万年,在全国南北都有,如广东韶关的"马坝人"、湖北长阳的"长阳人"、山西汾县的"丁村人"。再发展起来的"新人",那就更多了,广西的"柳江人"、四川的"资阳人"、北京周口店的"山顶洞人",等等。新中国成立后的考古发现,旧石器时代的遗址遍布24个省市,新石器时代的遗址6 000多个,遍布全国。经过长期的斗争、融合,形成了三大历史文化区,最后凝结成统一的华夏文化。三大文化区首先是山东半岛的海岱文化区,发展最早,领袖是少皞氏、蚩尤氏,属夷族,在山东半岛一带发展起来。这些年大汶口文化的考古发现,充分证明了他们的文化水平相当高。大汶口的墓葬发现了上千个,用碳14鉴定,距今6 000年到5 000年前。从墓葬中反映出财产开始分化,出现了私有制。第二个文化区是河洛文化区,就是我们常说的最早的祖先黄帝、炎帝的活动区域。黄帝部落是从黄河上游迁到黄河中游的,逐渐发展到25个氏族、12个胞族,与当时早在河洛的炎帝神农氏联姻,用族外婚形式把两大族结合在一起。这就是常说的"炎黄子孙"的来历。这时期发生过三次大规模的连环战争。第一次是炎帝部落中的共工氏与少皞部落的蚩尤氏发生了一场大的战争。这次交战,共工打败了,他气愤之下用头把不周山碰断了。从此天倾西北,地陷东南。毛主席《渔家傲》词里用了这个典故,并加注说"共工是胜利的英雄"。这个传说故事表示当时战争打得非常激烈。共工氏打败了,也就是炎帝部落打败了。炎帝向黄帝求援,于是发生了第二次大战,即黄帝与蚩尤之间的涿鹿之战,从山东半岛一直打到北京的密云水库附近,最后黄帝用了先进的技术和武器——指南车和弓箭,擒杀蚩尤,然后与少皞部落结成联盟。这又引起炎帝不悦,发生了第三次炎帝与黄帝之间的坂泉之战。据《史记》说,黄帝"三战而后得其志",此后"五十二战而天下咸服"。这样形成了中原地区先进的华夏文化。第三个文化区是南方的苗族所创建的江汉文化区。这个文化区农业生产搞得很好,近几年在浙江河姆渡文化遗址发现大量水稻,用碳14鉴定距今7 000年。华夏文化形成后,经历了尧舜禹三代,完成了治理洪水和南征"三苗"两大任务,终于通过分散的奴隶制部落王国而形成了统一的奴隶制大帝国——夏、殷、周,史称"禹会诸侯于涂山,执玉帛者万国"。过去传说中的夏王朝、夏文化,现已由夏墟考古的新发现日益得到证实。过去认为殷王朝所管辖的地区很小,现在考古新发现证明,从黄河直达长江流域都包括在内。到了周代末叶,由于生产力的发展,从奴隶制向封建制过渡,在这个过程中,在统一的华夏文化指导下,又发展了地区性文化,诸如邹鲁文化、三晋文化、燕齐文化、荆楚文化、巴蜀文化、吴越文化、关陇文化等。当时因关中秦国改革较彻底,后来居上,统一了全国,形成秦汉统一的封建大帝国。这个统一是了不起的,使我们这个民族凝聚起来,形成一个文化共同体。统一了驰道、文字、度量衡等,这就了不起。这样,我国就从统一大帝国的形式形成了发达的封建制和高度发展的封建文化,对人类文化曾作出应有的贡献。从总体来说,我们成为人类所创造的三大文化系统之一,与古希腊、罗马以来的西欧文化系统和印度文化系统并列,一直到现在还保持着自己的民族文化传统。

纵观历史,我国文化是独立发展的;过程中,曾经接受外来文化,比较大幅度地引进、消化外来文化有两次。

第一次是公元1—8世纪,正当我国封建社会的上升时期,即汉唐盛世,我国接受和消化了印度文化。以佛教为中心的印度文化系统,经过引进、翻译、认真学习消化,一共花了七八百年时间,终于融入我们民族精神生活的很多方面。经过消化后进一步再创造,反过来又丰富了人类文化。我们民族在一至八世纪干了这么一件大事。其中有许多故事,举一两个为例吧!公元401年鸠摩罗什被抢到中国,鸠摩罗什是印度人,跟其母流落到中亚一带,他从小就学习佛学,学得很好,读了很多书,在西域成了一位知名学者。当时我国北方正当所谓"五胡十六国"时期,氐族首领苻坚建立了前秦政权,他曾派20万大军进攻西域,目的之一是抢鸠摩罗什到中国来,这样"聘请专家"。他派去的大将军到西域后闹独立,没有把鸠摩罗什送到内地。稍后羌族建立了后秦政权,它的领袖姚兴又派大军去西域抢鸠摩罗什,这一次达到目的。公元401年鸠摩罗什被送到长安,拜为国师。鸠摩罗什在长安郊区大开译场,门下聚集了三千人,其中培养出优秀学者僧肇、竺道生等。鸠摩罗什学问好,在他的领导下,印度大乘佛学中最精华的部分被精确的翻译过来,传入了龙树、提婆之学。短短12年间,他译出98部400多卷佛学著作,高质量、高速度,出成果、出人才,真了不起。到了唐代,我国更强盛,派了好多留学生去印度,其中成绩最佳者是玄奘。他留学16年,精通印度学术,满载国际声誉回到长安,唐太宗让全朝文武到郊外迎接他。玄奘带回大批印度书籍器物,除佛经外还有药物、乐器,等等。他在长安办了大型展览会,参观的人排队排了几里长,这说明当时我国对外来文化是敞开大门表示欢迎的。玄奘回来后,唐太宗接见他,劝他还俗当官,玄奘拒绝了,而是立即着手翻译佛经,共译出 1 300 多卷。应该看到,当时传入的印度文化主要是佛教哲学。佛教哲学是一种特殊形态的思辨哲学,它的系统传入对中国整个哲学界起了巨大的启迪作用。我国封建时代哲学在全世界达到很高水平与印度佛教传入有关。此外,印度的逻辑学、文法学、声韵学、医药学、天文学、数学、历法学,以及音乐、舞蹈、绘画、雕塑等都带进来了。同志们看刘禹锡诗集,刘禹锡患了白内障到处求医无效,后来请了一位印度医生用特殊方法治好了。"反弹琵琶"等舞蹈、喇叭裤等装束都是唐代从印度引进来的,到敦煌去看看壁画就知道了。8—10 世纪,印度佛教开始衰败,13 世纪回教入侵时,印度佛教文化就全部被消灭了。但我国佛教恰好在七八世纪得到大发展,创立了许多中国化了的佛教宗派。智颉创立了"天台宗",法藏创立了"华严宗",玄奘回国后创立了中国式的"唯识宗",善导创立了"净土宗",特别是我们湖北黄梅县的弘忍及其弟子神秀、慧能创立了"禅宗"。"禅宗"纯粹是中国化了的佛教哲学,在思想界影响尤其深广。我举两个数字,唐代末年在民间流传的佛教经论达 8 441 卷,超过儒家的经传不知多少倍。1921年,即日本大正十年,日本开始出版《大正大藏》,把中外所有佛教著作搜集起来,编成一部大书,共有 23 900 多卷,其中大部分是中国学者的译著和专著,也有少量是日本、朝鲜学者翻译、著述的。这些著作表明中国学者经过译介、消化和再创造,反过来又输出到东亚、东南亚,现已普及到全世界,使佛教成为世界三大宗教之一,而且被称为具有很高思辨水平的特殊形态的宗教哲学。同志们知道德波林,他被批判后就去研究佛教哲学,写了些论文,他说佛教是"彻底的无神论",是一种"高级形态的辩证法"。苏联不少学者也这样讲。这说明佛教被我们消化以后,反过来又充实了世界文化。受我们这方面影响最大的是日本。日本现有佛教大学 13 所,佛教学会 50 多个,专门佛教刊物 20 多种。日本学者吹嘘关于中国佛教的研究中心在东京而不在北京。再说德国,德国有位学者叫科本,是马克思、恩格斯一生的好友,激进民主主义者,他写了一本书叫《佛陀及其宗教》,成为西方研究佛教的重要著作。在马克思的博士论文中提到过科本,马、恩通信中也经常提到他。马克思曾在信中对恩格斯说,"我现在读了一部非常重要的著作"，就是科本的著作，把它介绍给恩格斯。《自然辩证法》中有段话说：辩证思维只有在高级发展的人类才有可能，在高级发展的人类后有个括号注明"例如佛教徒和希腊人"。表明恩格斯肯定佛教徒有较高级的理论思维。恩格斯根据什么作出这个判断呢？据一位印度学者考证，恩格斯正是从科本的著作中了解到佛教哲学的思辨水平。再说苏联，有位沙俄时代的院士谢尔巴茨基，十月革命后继续聘请他当科学院院士。他是世界有名的佛教学者，同欧洲一些佛教学者合编了一部大型的《佛教丛刊》，已刊出 30 多卷，全世界都很尊重。谢尔巴茨基写过不少著作，能够用一些近代方法分析佛教哲学问题，写得很好。至于美国，对东方的研究本来是落后的，但第二次世界大战以后，有一个大发展——佛教，中国化了的佛教受到广泛重视。日本学者铃木大拙到美国去宣扬中国的"禅宗"，"禅宗"在美国风行一时。据说美国现有好几十个"禅宗"研究中心，关于中国"禅宗"的著作有好几种，他们把"禅宗"与存在主义相结合。美国还办了一所佛教大学，他们所学的主要就是中国化了的佛教。印度本来是佛教的策源地，现在搞"反翻译"，即把中国过去译的梵文佛经而梵本早已亡佚的，现再从中文倒译为梵文。至于《丝路花雨》的演出轰动了意大利的歌剧界，不过是我们过去消化了印度文化后的一点再创造，留在敦煌壁画上，现在摹了点下来，搞成一幕歌舞剧，就丰富了世界的歌舞文化。

以上是说，我们民族在历史上曾经成功地完成了第一次消化外来文化的任务，并经过咀嚼和再创造，反过来又丰富了人类文化。这基本是 10 世纪以前的事，现已过去一千年了，给我们留下的是保存在《大藏经》中的一份丰富的学术遗产，和保留在各地石窟、名山古刹中的文化遗迹。赵朴初同志在外事活动中常即席赋诗，回顾和歌颂古代中印、中日、中朝之间学术文化交流的盛况。

我们民族第二次接受外来文化，从 17 世纪开始，直到现在还远未完成。17世纪起，我们开始接受西方文化，中西文化在我国开始汇合。300 多年来，历史走过一条坎坷、曲折的道路。直到"五四"时期，通过十月革命的炮声，我们还接受了作为西方文化最新成就的马克思主义。300 多年来，我国先进人物一直在吸收、消化、咀嚼西方文化及其最高成就，至今还在继续进行，还要付出巨大的努力才能完成我们中华民族承担着的这一时代任务。

关于中西交通,很早就有历史记载。例如三国时,有一个罗马帝国的商人叫秦伦,漂洋过海到了中国,当时孙权在武昌接待了他,跟他进行了亲切友好的谈话。孙权问他:"你的国家在哪里? 有什么特产?"他一一作了介绍。孙权很高兴,把他留在中国住了八个月,然后送他回去。这是 3 世纪的事情。到了 13 世纪,元代形成了地跨欧亚的大帝国,东西交通往来更频繁,著名的有意大利人马可·波罗通过"丝绸之路"来到中国,忽必烈友好地接见了他,请他在朝廷供职,经常奉命巡视各省,还任过扬州总督 3 年。马可·波罗在中国做了 17 年官才回国,后写了《马可·波罗游记》,盛赞中国的文明。在元代,有位蒙古族学者曾把欧几里得几何学原本翻译成蒙文,可惜没有流传下来。一般说,尽管有这些来往,但由于中国封建经济、文化水平高于西方,没有引进西方文化的需要,因而还说不上文化交流的作用。直到 17 世纪情况变了,西方经历了文艺复兴,我国元明时期商品经济的发展也促成了明中叶以后社会经济的变动,开始出现一个新局面。我国漫长的封建社会走向末期,封建社会的母体内已经孕育着资本主义的萌芽。据《明神宗实录》记载:万历年间,在苏杭一带大批破产农民涌入城市成为"浮食奇民",在苏州的桥头上,这样的人十百成群,"延颈待雇",他们"朝不谋夕","得业者生,失业者死",这样的人,万历年间在苏州等地数以万计。所以,长江三角洲一带资本主义生产关系开始出现。古书上记载,所谓"机户出资,机工出力,相依为命",正典型地反映了早期资本主义生产关系。这在《三言》《两拍》等小说中都有反映。类似这种现象在两广的铁厂、云南的矿山、北京门头沟的煤窑都同时出现了。伴随资本主义萌芽的出现,早期市民运动兴起。1600年,武昌市民暴动,把皇帝派来的税使陈奉捆起来丢进了长江。1601 年,苏州暴发了纺织工人大暴动,为首的叫葛贤,明朝政府派兵镇压,葛贤挺身而出,英勇牺牲。1606 年,云南发生上万人的矿工大暴动。但这些早期市民斗争都失败了。后来,这批人中的一些人汇集到李自成、张献忠的农民起义队伍里去了。所以明末农民义军的组织性、觉悟性都比以往的农民起义高得多。李自成的第二把手刘宗敏是个铁匠,他的队伍有许多矿工、纺织工、小商贩等,成分发生了一些变化。伴随资本主义萌芽还兴起了自然科学的研究热潮,我国被称为自然科学的巨著、自然科学的巨人都出在 16—17 世纪。我们湖北的李时珍,他的《本草纲目》是世界上最全面的药典,在 17 世纪末就被翻译成拉丁文,传到外国去了。徐宏祖写《徐霞客游记》,第一个研究了地貌学,勘测了黄河的源头。徐光启是中国科学史上的重要人物,被竺可桢称为"中国的培根",他主编《崇祯历书》一百卷,可以说是当时一部世界性的天文历法百科全书。另外还出了一批兼有哲学修养和科学头脑的思想家,诸如宋应星、方以智、梅文鼎、王锡阐等人,都是同一时期涌现的。郑和等下西洋开始开辟外贸市场。万历到崇祯七十年间,外国银元输入竟达 1 亿元。经过了明清换代,到康熙时,资本主义萌芽又复苏,商品生产发展起来,又占有了国际市场。从康熙到乾隆 100 年间,外国银元的输入达 3.5 亿元。外贸水平在当时的条件下是不低的。可以肯定,假如没有外国资本主义的干扰,我国的资本主义萌芽也会发展到资本主义社会。这里只是从分析文化背景的角度来说,中国当时有了接受西方文化的可能和需要,而这时首批西方的学者也就合乎历史规律地来华,开始传播"西学"。

第一个到中国来的是利玛窦,1582 年他到中国,先到澳门,后到南京,1601 年进入北京,结识了当时的上层学术界。1982 年是他来华的 400 周年纪念,北京出版了利玛窦的《中国札记》。1620 年,随利玛窦之后,汤若望、傅汎际等带着 7 000 卷书来华,有宗教书,也有西方的科学书,如欧几里得的几何学等。他们来后与中国当时的知名学者,如李贽、徐光启、李之藻、王征、方以智等交朋友,并译介了不少西方文化的著作,如《几何原本》《名理探》等,从此开始了"西学东渐"的历史。

当时我国学者热情欢迎西方文化的传入,抱着平等交流、互相学习的态度。徐光启有句名言:"欲求超胜,必先会通,会通之前,必须翻译。"因此,徐光启亲自翻译了《几何原本》,并领导汤若望等编著了《崇祯历书》,吸取了西方天文历法的重要成果。徐光启非常敏锐,西方的望远镜出现不久,他就想办法把它引进来。利玛窦等传教士把一些科技知识作为传教的敲门砖,而我们却把它们当作人类文化创造的成果来看待。有些学者如梅文鼎,他是 17 世纪中国的大数学家,也说过应当"深入西学之堂奥,而规其缺漏"。他的一部数学名著就叫《中西算学通》,他是康熙非常敬重的学者。另外方以智也是当时著名学者,曾明确指出,"泰西质测颇精,通几未举"。这是说西方的科学技术相当精到,而哲学世界观则说不上,这些话都表明我国当时的学者不仅思想敏锐而且有很大气魄。方以智设想能够召集全国专家编一部百科全书,这部书要包括各门学术,"编其要而详其事,百卷可举",即可达百卷。由于明清之际的变局,方以智当了和尚,清政府逮捕他,他自杀了。但这样的历史要求在清代初年以另一形式实现了,乾隆时编出了当时世界上最大的一部百科全书——《古今图书集成》一万卷。

至于政府的态度,明朝末年政治相当糟糕,但对于外国传教士到中国来却放任不管。利玛窦把汤若望介绍给徐光启,被任命为钦天监的官员。到清初,以康熙为代表的革新势力相当开明。康熙这个人有些方面确实需要重新评价。我举几个例子。康熙曾经与莱布尼茨有过通信,莱布尼茨是德国的大哲学家、大数学家,二进位制的发明者。莱布尼茨给康熙写过一封信,表示他愿意到中国来,帮助中国建立科学院。关于这封信我国有记载。据说康熙回了他一封信,但德国却未查到。在德国却传说莱布尼茨送过康熙一台计算机,到故宫查,结果清出10部计算机,当然不是现在的微型电子计算机,而是手摇计算机,但不知哪一台是莱布尼茨送的,难于考证。康熙对国外的科技成就非常重视。1693年,康熙在畅春园的蒙养斋里果然开始建立算学馆。这个"皇家科学院"聘请了法国传教士白晋、张诚等每天去讲学,这个白晋回国后给路易十四写了个报告,介绍康熙,建议路易十四向康熙学习。白晋回国后又与莱布尼茨通信,使莱布尼茨注意到中国的《易经》。这说明17世纪中国对外文化交流是很正常的。再举一个例子,康熙南巡的时候,通过李光地读到梅文鼎的《历学疑问》,亲自加批注,给予很高评价。以后在南巡的舟中会见了梅文鼎,写了"绩学参微"四个大字相赠。康熙曾把他主编的《律吕正义》派人送给梅文鼎,请其指正书中"错处"。梅文鼎的孙子梅毅成后到康熙的蒙养斋肄业,康熙亲自教他代数学。因而梅毅成在数学、物理学方面都有很大成就,曾主持了32种物质密度的测量,并参加编写《历象考成》《数理精蕴》等书,把当时传入的西方自然科学知识条理化。还有一个有名的蒙古族青年叫明安图,他在代数、解析几何等方面都达到很高的水平,也是在康熙的算学馆中培养出来的。康熙个人写了近90篇自然科学方面的论文,还学了几种外文,这在中国皇帝中恐怕是绝无仅有的。这些例子说明,17世纪的中国,连封建皇帝也不以主观意志为转移地反映了他所处时代的社会发展的客观要求。

这样,在明清之际特殊的历史条件下,形成了一代新思潮、新学风,从南到北涌现了一大批具有启蒙思想的哲学家、文学家、科学家,群星灿烂。诸如顾炎武、傅山、黄宗羲、王夫之、方以智等,完全够得上恩格斯所说的文艺复兴时期的思想巨人。在文艺领域更加敏感,诸如"公安三袁""扬州八怪",《三言》《两拍》《临川四梦》,等等,都反映了当时启蒙思潮中人文主义的觉醒。这就是说,在17世纪,中国开始接触西方文化,开始自己的民族觉醒和哲学启蒙,可以说有一个好的开端。

可是,历史车轮转到18世纪,即雍正时期,人为地中断了中西文化交流,表面上由于宫廷里争权夺利而有外国传教士卷入,雍正为了防备政敌,一刀切地把外国传教士全部赶走,从此闭关自守。这一转折,看起来是由于偶然的原因,其实有深厚的历史根源。按侯外庐同志的概括,雍正时期对外闭关封锁,对内钦定封锁,相互配合,促成了所谓乾嘉时代的学术潮流,实际是大兴文字狱,强化封建文化专制,恢复宋明理学的权威,不允许民间有任何自由思想。所谓的"乾嘉盛世",实际是个自我封闭的木乃伊,如果一开放,就会立即朽化。17世纪启蒙思想的火花,到这时候几乎都被扑灭。中国历史经历了一次大的旋涡、洄流,整个18世纪就是这个状态,几乎停滞了上百年。而这个时候恰好是西方近代飞速发展的一百年。18世纪的资产阶级革命,由英国转移到法国,法国大革命前后的近代启蒙运动,从思想准备、理论准备、科学准备到实际政治斗争,蓬蓬勃勃地展开。就是在这一百年间,我们在闭关自守中垮了下来,迅速落后于世界,一落千丈,历史的教训是极惨痛、极深刻的。我们是不是没有人才呢?不是!就是在当时"避席畏闻文字狱"的封建文化专制的残酷统治下,18世纪到19世纪初曾有优秀的科学家、思想家,例如戴震敢于抨击理学是"以理杀人",就是指封建纲常伦理是用软刀子杀人,这是很深刻的命题。戴震还是一位科学家,提出重视"分理"的近代科学方法,在他的影响下,焦循、汪莱、李锐等数学家都卓有成就。汪莱的数学思想曾影响法国数学家,我们中国人却不大知道有个汪莱。直到19世纪中叶,有个戴煦(谔士),曾写过一篇关于球面几何的论文《求表捷术》,传到英国,"彼邦人士,叹为绝业",把它发表在英国皇家学会的数学杂志上,这或许是中国人在外国科学杂志上发表的第一篇论文。又如1820年一位广东的女科学家黄履自造了千里镜、寒暑表、照相机。1830年,一位叫王清任的医生,亲自跑到刑场,偷偷地解剖了42具尸首,重新绘制了脏腑图,明确指出脑髓是思维器官,写成了《医林改错》一书。1835年,一位物理学家郑浣香还写成了一部光学专著《镜镜诊痴》。但这些事情却被历史洞流所湮没。清王朝对内镇压、对外封锁的政策,造成了极其可悲的后果。1760年(乾隆二十五年)法国传教士蒋友仁来华写出《地图图说》一书,正式介绍哥白尼的日心说和开普勒的行星运动三规律,却被中国官僚们愚昧地斥之为"异端邪说"。

1840年鸦片战争前后,西方资本主义列强破关入侵,打断了中国历史发展的进程。我们民族堕入了殖民地、半殖民地的悲惨境地。从鸦片战争起,我国以深重的民族苦难而转入近代,可以说是血泪斑斑。但是,从思想文化史的角度看,先进的中国人这时开始认真地学习西方。如果说17世纪是别人送上门来、平等交流,18世纪是我们关起门来、故步自封,那么19世纪中叶以后,则是别人破关入侵,我们被动接受所谓欧风美雨,以救亡图存的紧迫感,急忙派人出去学习。正如毛主席所说,开始了千辛万苦、前仆后继、摸索救国救民的真理这样一个历程。这时是个什么心理状态呢?从魏源、严复、康有为、谭嗣同的著作中,我们可以感受到他们的思想脉搏,似乎猛然从睡梦中醒来,看到西方资本主义文明已经高度发展起来,而自己一下子落后这么多年。怎么办呢?只能为救亡图存而急起直追。从鸦片战争到"五四"运动,在短短80年间,我们想跑过别人三四百年的历史。旧民主主义革命的80年历史,一方面我们民族灾难深重,许多觉醒、奋起的先进人物前仆后继、奋斗牺牲,可歌可泣。另一方面,他们在向西方学习的过程中,饥不择食,食而不化,耳食肤受,显得芜浅。日本明治维新成功了,而同时我国戊戌变法却失败了。这里面当然有经济、政治的原因,也反映了戊戌变法运动的指导者康有为、谭嗣同等人学习西方,食而不化,自己缺乏必要的思想理论武器就匆匆上阵,结果无力战胜封建主义及其与帝国主义的反动文化同盟。中国的近代哲学启蒙长期处在"难产"之中。"难产"成了我国近代史的一个突出现象。所谓"难产",就是指社会运动和思想运动的新旧交替中出现的新旧纠缠,"新的在突破旧的,而死的又拖住活的"这种矛盾状况。旧民主主义革命是不是新的在突破旧的呢? 当然是。但革命一再失败,几起几落,表明死的又拖住了活的。整个社会生活、文化生活都是新旧杂陈,矛盾交错。这种状态可借用一个医学上的词,概括为处在"难产"的阵痛之中。在这个过程中间,中国资产阶级晚生、软弱,而又早熟。早熟就是尚未成熟而过早地登上了政治舞台,变法维新,救亡图存。直到辛亥革命时期,中国资产阶级在思想准备、理论准备、政治准备都不够的情况下匆匆忙忙地上台了。这样,中国反封建的社会革命和思想革命应该由资产阶级完成的任务都没有能够完成。这给无产阶级留下了难题。怎么办呢? 只有双肩挑,一头把资产阶级没有完成的民主革命任务由我们来完成,另一头还要完成社会主义革命和建设的任务。历史发展的客观情况规定着共产党人的特殊任务。

新中国成立以来的35年,经过社会主义改造,我国社会不断向前发展。由于我们在特殊的国际环境中进行建设,先是美国的封锁,然后是苏联的毁约,我们不得不关门建设,也取得了辉煌的成就。但也有不少失误和教训,中央已作了《决议》。至于思想文化战线的改革和建设的指导思想方面,也出现过许多偏差。如何正视历史形成的国情,勇于摆脱传统的束缚? 如何放眼世界,面向未来,密切注视现代化生活和科学技术的新发展? 如何在新条件下坚持和发展马列主义? 所有这些方面都有不少思想教训值得总结。

三

总起来说,经过以上的历史反思,可以得到一些什么启示呢? 我想至少有这么三点：

第一，关于摆脱历史惰力的问题。

历史的惰力曾像梦魇一样纠缠着人们的头脑。我国近代史上不少立志改革的先进人物曾经演出过不少思想悲剧，这个历史教训应当认真吸取。由于17世纪以来我国的哲学启蒙道路坎坷，近代意义的哲学革命长期"难产"，所以，沉重的历史包袱、强大的历史惰力，使得一些改革家、思想家曾经勇敢地奋起冲决封建网罗，而最后又怯懦地自陷于网罗，在历史上演出了一幕幕思想悲剧。龚自珍、魏源是我国第一代放开眼界看世界的人。魏源写了《海国图志》，现在读起来也是生气勃勃的，龚自珍是唤起一代风雷的人物。毛主席曾经引用过他的诗："九州生气恃风雷，万马齐喑究可哀。我劝天公重抖擞，不拘一格降人才。"但龚自珍、魏源的晚年都转而相信佛教，"忽然搁笔无言说，重礼天台七卷经"。从呼唤风雷到重礼佛经，这不是一幕悲剧吗？他们代表了一代人。谭嗣同慷慨激昂地走上了变法斗争的最前列，"今日中国未闻有因变法而流血者，此国之所以不昌也。有之，请自嗣同始"！他果然悲壮地流血牺牲了，临终绝笔："有心杀贼，无力回天。死得其所，快哉快哉！""有心杀贼"，他有心要冲决封建网罗，但是没有力量和办法，只好自己牺牲算了。康有为曾是叱咤风云的人物，"公车上书"，维新运动的领袖，风云一时，可是几年之间，一变而为保皇派，再变而为帝制复辟派。章太炎是辛亥革命的领袖，笔锋所向无敌，但是，到后来"粹然成为儒宗"，他曾猛烈地抨击封建传统意识，到晚年重新回到老路，主张尊孔读经。这样的悲剧在"五四"新文化运动中也有人重演过，曾经是激烈的革命派、改革派，而曾几何时，就偃旗息鼓，落荒而逃了。有个形象的说法，中国近现代史上有好些人是从左边上台，又从右边下台。这是"五四"以前的情况。"五四"以后，真正用革命理论武装起来的革命者经得起各种考验，千辛万苦，百折不回。但确实也有人以各种形式由趋新向复旧转化。在当前改革浪潮的冲击和考验下，恐怕也会有这种情况。这里充满着令人深思的历史教训。关于这个问题，鲁迅眼光敏锐，观察很深，他看到我们民族有多么沉重的因袭负担，有多么可怕的祖传老病，他提出改造国民性的问题。所谓国民性的问题，就是长期的封建专制及其自然经济基础所形成的愚昧、保守、短视的落后意识,要改造起来相当困难。这个问题的分析,不能从民族心理、性格、品德等方面去找原因,而首先要剖视它赖以产生的深刻的经济基础,应该说那就是自给半自给的小农经济,它必然分泌狭隘、保守观念,必然使封建专制传统意识得以寄生、蔓延。所以中央一号文件深刻指出,要把自给半自给的自然经济转化为社会主义现代化经济,商品生产的大发展乃是"不可逾越的历史阶段"。因此,大力发展社会主义商品生产,从根本上摧毁自然经济基础,从而扫荡依存于其上的一切封建残余阴影和小生产意识,这是当前的迫切任务。

第二,关于树立正确的主体思想问题。

通过历史反思应该提高这么一种历史自觉,即认识到当前的改革是我们三十几年来革命和建设发展的必然结果。改革所包含的内容是我们民族几百年来所走过的曲折道路的历史总结。特别是对外开放,既要摆脱"中体西用"的老框框,又要反对失去主体的自卑思想,敢于引进国外的一切先进科学文化成果,善于消化,又勇于创新,这是我们民族发展到今天所应当承担的历史任务。反思历史,预测未来,应该提高这方面的自觉性。现在有许多西方学者在研究中国学,歌颂东方文化、东方哲学将挽救西方精神文明的堕落。他们怎样想,我们不去管。就我们来说,17世纪开始,我们接触、消化西方文化,经过三四百年来的坎坷历程,到现在我们完全有条件树立正确的主体思想,完全有条件主动地实现对外开放,古为今用,洋为中用。有了这样的主体,就有了消化外来文化的机制,我们就敢于面向世界、面向未来。

纵观当今世界,只有我们这个民族,既有自己源远流长的文化传统,又在历史上曾经消化了印度文化。现在我们继续着17世纪以来的历史行程,正在消化西方文化。如果我们能够察异观同,融会贯通,让整个人类创造的文化信息在中国"聚宝",然后反馈出去,那一定会对人类文化的新发展作出贡献。在现代世界史上用吸取外来文化的"聚宝"的方法来振兴自己民族的,还有美国和日本,他们的经验和长处,毫无疑问,我们应当学习。但我们更应当意识到历史赋予我们民族的特定责任,需要我们一代代付出艰巨的努力。应当有这样的历史自觉,应当从这个高度来理解当前改革中对外开放的决策。这个决策绝非一时权宜之计，而是具有极其深远的意义。

第三，有了这样的历史责任感，就需要清醒地意识到自己的弱点。

由于中国哲学启蒙道路坎坷，近代资产阶级哲学革命"难产"，这一文化发展的历史特点，给现实的投影是双重的：一方面，资产阶级文化上落后，哲学世界观的匆促形成和急剧衰落，为马克思主义在中国迅速胜利提供了条件，李大钊、李达等传播马克思主义的先驱，几篇文章，所向披靡，在中国用不着写《神圣家族》《德意志意识形态》之类的著作来清算资产阶级的理论体系；另一方面，由于中国资产阶级的理论建树少，远未完成其批判封建传统意识、译介西方近代科学文化成果等方面的历史任务，这又为马克思主义在中国的发展带来了思想土壤不够丰厚的困难和局限。许多事实表明，我们正面临着许多历史遗留下来的"补课"任务。

近代各个民族的文化发展各有自己的历史特点。例如，俄国和中国，各有自己历史留下的"补课"任务。当前，我们一定要响应中央号召，迎头赶上世界新技术革命的浪潮，要奋力吸收、消化西方科学文化的先进成果，与愚昧作斗争。

总起来说，通过历史的反思，应当提高历史的自觉，一方面要自觉地清除封建阴影，摆脱传统束缚，打破小生产意识，抵制各种腐朽思想的侵蚀；另一方面要坚持开放型的指导思想，敢于吸收世界各国的先进文化成果，大大提高我们民族的科学文化和理论思维水平，勇攀现代唯物主义和现代科学技术的高峰，努力培养更丰厚的思想文化土壤，让马克思主义这一发展着的真理体系在我国扎下更深的根，开放更鲜的花，结出更新的果！

嘤其鸣矣

神州慧命应无尽，世纪桥头有所思

——萧萐父教授访谈录

田文军

在新旧世纪交替之际，新中国五十华诞即将来临之时，湖北武汉地区的社会科学工作者正在同全国各族人民一道满怀激动和喜悦的心情回顾过去，展望未来，思考国家的学术文化事业在新世纪的发展。为了贴近时代的心声和脉搏，具体了解学者们的所思所想，我们在一个春光明媚的日子里，走访了著名哲学史家，武汉大学哲学系教授、博士生导师萧萐父教授。萧先生的谈话再现了湖北武汉地区中国哲学史学科的发展进程。现以主客答问形式记下这次访谈记录，以就正于学术界同仁。

田：萧先生，我们即将迎来建国 50 周年大庆，眼下湖北武汉的社会科学界正在回顾 50 年来本地社会科学的巨大发展。萧先生是海内外著名的哲学史家，我们想请您从回顾与展望这两个角度，结合自己的学术研究，谈谈我们地区中国哲学史学科的建设和发展。

萧：在新旧世纪交替之际，回顾一下过去的工作，对于我们自己将来的工作和发展很有益处。我很高兴能有机会同你们就中国哲学史学科的建设和发展，谈一些我个人的经历和思考。

田：根据我们粗浅的了解，在我国的学术领域中，中国哲学史作为一个学科被研究和重视是"五四"前后的事情，我们湖北武汉地区的中国哲学史研究工作，同北京等地相比较，起步更晚一些，实际情况是这样吗？

萧：这个问题要依视角而定。如果就中国哲学史研究工作的历史形态而言，可以说是古已有之。像《庄子·天下》、《荀子·非十二子》、司马谈的《论六家要旨》、宗密的《华严原人论》、朱熹的《伊洛渊源录》，直到黄梨洲的两部学案、江藩的《汉学师承记》、唐鉴的《清学案小识》之类的著作，都可以被视为中国哲学史著作的雏形。如果就具有现代学术性格的中国哲学史研究而言，那当然可以说"五四"前后才开始起步。

田：萧先生能够具体地给我们介绍一点"五四"前后的中国哲学史研究情况吗？

萧：你这个要求，实际上是我们中国哲学史工作者所面临的一项工作任务。我们应当有人去专门考察中国哲学史学科的历史发展，形成中国哲学史学科史之类的著作，可惜我们在这方面的工作还做得不够。关于"五四"前后中国哲学史研究的情况，我可以告诉你："五四"前后比较早以中国哲学史这种名称发表和出版论著者，在我的印象中是刘师培和谢无量，而这一时期对后来中国哲学史学科建设作出过重要贡献的学者则应当是胡适和冯友兰。刘师培 1905 年在《国粹学报》上刊发过《周末学术史序》，其中一篇即是《哲理学史序》。在这一篇序中，刘师培认为中国的"唯心之论"发于孟子，并将先秦哲学区划为"天演学派""乐利学派""大同学派"。刘师培理解的哲理学史是与伦理学史、论理学史、心理学史、社会学史等专门学术史对应的，他实际上已经开始以西方的学术观念为参照来分疏先秦学术。只可惜刘师培后来并未深入研探下去，他进入北京大学以后主讲的课程是文学史，而且三十几岁即病逝了。谢无量的《中国哲学史》一书，大概出版于 1906 年，比胡适的《中国哲学史大纲》（卷上）出版要早。但谢氏的著作，既没有真正借鉴现代西方的学术观念和方法，也未能真正利用清代学者研究汉学的认识成果，故对于后人影响不大。胡适的《中国哲学史大纲》，是他 1917 年进入北大以后讲授中国哲学史时所印发的讲义。此书出版之后，风靡全国，影响很大。胡适的《中国哲学史大纲》不是一部完整的中国哲学史。但由于胡适曾留学美国,他的著作中参照和借鉴了现代西方的哲学观念和学术方法,因而在中国哲学史的学科发展中,有着其他著述所无法替代的影响和作用。冯友兰的《中国哲学史》始写于20世纪20年代末,成书于30年代初。这是中国人自己参照西方的哲学观念,运用西方现代的学术方法所写成的第一部完整的中国哲学史。胡适和冯友兰的研究成果,代表了中国哲学史学科发展中的一个历史阶段。

至于我们湖北武汉地区的中国哲学史研究,在旧中国时期也做过一些工作。因为武汉大学在20年代初即设置了哲学系,过去在武大任教的范寿康先生即有过中国哲学史方面的著作。但相比较于北京等地中国哲学史研究,在规模、成果方面确实存在较大的差距。湖北武汉地区在中国哲学史研究方面形成一支比较强的学术队伍,取得较好的研究成果,在全国占有一个比较重要的地位,是新中国成立以后的事情。更确切地说,应当是武汉大学重建哲学系以后的事情。

田:萧先生所说的武大重建哲学系,是指20世纪50年代初高校调整,武汉大学哲学系并入北京大学哲学系,后来武大又恢复哲学系建制这件事吧!那么能不能说武大哲学系并入北大之后,湖北武汉地区的中国哲学史研究工作即停止了呢?

萧:当然不能这样说。武汉高校中有一些非哲学专业的教师的研究工作同中国哲学史也不是没有关系。像华师的张舜徽先生、詹剑峰先生,武大的唐长孺先生、谭戒甫先生,他们的学术成就有一部分也可以归于中国哲学史学科范围。但这种工作情况与有中国哲学史专业队伍的工作似有所不同。

田:萧先生即是因为武大重建哲学系而来武汉工作的吧?

萧:有关系。但我在武大恢复哲学系建制两年以后才来武汉。

田:萧先生能简单地告诉我们您当年来武汉工作的情景吗?

萧:武大重建哲学系是1956年。当时我由组织决定正在中央党校学习。1957年初听到了李达校长关于重建武大哲学系的计划,很受鼓舞,决定应邀来武大哲学系工作。为此,我从中央党校转到北京大学专门进修中外哲学史。我在北大学习了两年。来武大工作已经是50年代末了。

田:听说萧先生是新中国成立前武大哲学系的毕业生,您来武大工作,除了乐于重回母校这种因素之外，也是因为您钟爱中国哲学史这一专业吧？

萧：我是 1943 年进入武大哲学系学习的。1947 年毕业之后即离开了武汉。回到家乡成都以后，任中学教员，参加一些党的工作。新中国成立初参加接管华西大学。被送到中央党校学习之前，我在四川医学院担任马列主义教研室主任。如果说专业，我并未治中国哲学史，而是在从事马克思主义理论教育工作。学生时代，我对哲学有兴趣，但注意力似乎多在西方哲学而非中国哲学。我的大学毕业论文题目是"康德之道德形上学"。这是一个西方哲学的课题。说起来有意思，40 多年以后，竟然有同志帮我在武大档案馆找到了这篇毕业论文。我将论文收进了我新出版的《吹沙集》（第二卷）。应当说我来武大哲学系从事中国哲学史的教学科研工作，主要还是工作需要。

田：这样说来，萧先生治中国哲学史也可以说是"半路出家"啰？

萧：这要看怎么看，应当讲我从 50 年代末走上专治中国哲学史这样的道路，也有一些自己的基础和因缘。我出生在一个知识分子家庭，从小耳濡目染者大都是左、孟、庄、骚之类，故我受中国传统文化的影响很深。用有些人的说法，也可以说我的知识结构和中国学根基还不错吧。上大学时，我受到过张真如、万卓恒、金克木等教授的影响。特别是在北大学习期间，经常有机会向汤用彤、冯友兰、张岱年、贺麟、任继愈等学术界的名家求教，获益很多。这使我来武大工作时，不论是哲学素养，还是中国哲学史的专业知识都已具备了一定的基础。当然，来武大以后即专心致力于中国哲学史的教学科研工作，这在我的人生中也算是一个新的起点。

田：萧先生当年初到武大执教时，工作中困难很多吧！

萧：我来武大不久即是连续几年的自然灾害，物质生活条件确实比较艰苦。当时组织上决定由我主持哲学史教研室的工作。这个教研室实际上包括中、外哲学史两个学科，工作头绪较多。但我们教研室有一支比较好的教师队伍。西方哲学史方面有陈修斋先生、杨祖陶先生，中哲史方面除了我以外，还有李德永先生、唐明邦先生。大家先后来到我们这个学术集体，团结、奋进，工作热情很高。因此，从 1958 年到"文革"开始这十年中间，我们在学科建设方面还是取得了相当可观的成绩。

田：萧先生怎么估价您所说的这十年中中国哲学史学科建设的成就呢？

萧：这可以从两个方面来看。一是这十年中，我们建构起了有自己特色的课程体系。我们以研读"两典"（马列经典著作和中国古典文献）为基石，以清理"藤瓜"（哲学发展的线索及重点）、探索"两源"（哲学思想的社会根源和认识根源）为起点，来规划组织中国哲学史教学。我们编印了近百万字的完整的《中国哲学史》教材，同时编成了一套《中国古典哲学名著选注》，作为中国哲史教学的辅助资料，使武大哲学系的中国哲学史课程，逐步形成了自己的风格和体系。

二是我们重视对哲学史方法论的学习，在科研方面重点开展了对王船山哲学的研究和讨论。当时，我们有一个认识，即学习和研究中国哲学史的目的和意义，应归结为探索马克思主义中国化的历史根据和思想土壤；要达到这样的目的，既需要深入地研探马克思主义的哲学史观，又需要系统地占有历史资料，全面地清理中国哲学遗产，分清其精华与糟粕，揭示其发展规律和历史特点。这种认识使我们主张在具体的中国哲学史研究中既坚持论史结合，又坚持古今通气，并以此作为我们工作的原则和方向。20 世纪 60 年代初，我们开展对王船山哲学的研究，同我们对哲学史方法论原则的理解关联。当年在湖北、湖南两省有关领导的支持之下，特别是在李达校长的具体关怀和指导之下，我们不仅参与了筹办纪念王船山逝世 270 周年的大型学术讨论会，而且向大会提交了我们的多项研究成果，受到了与会专家的好评。现在回想起来，我们湖北武汉地区的中国哲学史研究在海内外开始为人们所关注，同我们 60 年代开展王船山哲学研究所取得的学术成果有很大关系。我们对王船山哲学的研究，实际上反映了我们对中国哲学史研究的理论价值和实践实价的理解，体现了我们的学术目标和追求。可惜我们在这十年中开创的工作局面，在"文化大革命"开始以后完全被破坏了。

田："文化大革命"也是十年，这十年当中，对我们地区的中国哲学史研究应当作什么样的评价？

萧："文革"十年，不堪回首。你们大概读过季羡林先生的《牛棚杂忆》吧。季先生在书中所记述的即是中国知识分子当时真实生活的写照。"文革"初期，我完全被剥夺了工作的权利。"文革"后期也算出来工作了。但是，在那种极"左"思潮泛滥的年月里，实际上谈不上真正的学术研究。"文化大革命"对于学术文化来说实际上是一场劫难。我们的中国哲学史研究，是在"文革"结束以后重新起步的。这种工作到80年代末，大体上也是十年。这十年中，我们的工作取得了一些新成果。

田：20世纪80年代是我国学术文化事业飞速发展的十年，萧先生这里的学术成果也一定十分可观，请您给我们介绍一些具体情况。

萧：20世纪80年代我们的工作首先从思想理论上的拨乱反正开始。那时"文革"结束不久，我们已意识到由于自己在论史两个方面的根底都比较浅薄，才在过去的工作中无法避免陷入迷途，特别是受"左"倾思想的蛊惑，有时作茧自缚，有时随波逐流，教训很多。所以我们觉得要科学地开展中国哲学史研究，首先必须在思想理论方面清"左"破旧，恢复实事求是的思想原则和方法。

80年代，我们首先取得的一项学术成果，是受教育部的委托，主持编写了上下两卷本的《中国哲学史》。这部《中国哲学史》的编写工作，也促使我们在新的时代条件下，对哲学史方法论重新进行了一些思考。那时候，我们力图克服苏联时代的哲学史观念对我们的影响，跳出"两军对战"的僵化模式，把哲学史理解为哲学认识的矛盾发展史，纯化哲学史的研究对象和范围，努力阐释和揭示中国哲学发展的本质矛盾和内在规律。同时，我们坚持历史与逻辑统一的方法论原则，在《中国哲学史》中，努力对作为认识之网的纽结的各种哲学范畴进行静态与动态相结合的考察，论析中国哲学发展进程及其曲折性、跳跃性，揭示哲学认识发展的客观逻辑。我们的这些努力，使《中国哲学史》问世以后，受到了学术界的广泛关注和较好的评价。这套《中国哲学史》由人民出版社出版，已经重印多次，印数在十万册以上，至今仍被许多高校选作哲学专业学生的教材。就我们这个学科点的建设而言，这部《中国哲学史》的编写，也标志着我们武大哲学系中国哲学史课程体系的改革和发展。

"文革"后，由于我们重新思考哲学史方法论问题，还编有《哲学史方法论研究》一书。这部书由武汉大学出版社出版之后，在学术界也曾产生较大的影响。

同时,在科研方面,我们重点抓了中国辩证法史研究。当时拟定这一科研规划的动机,也是基于对"文革"十年中形而上学猖獗、斗争哲学横行这一理论思维教训的反思。目的是想通过对历史和现实思想矛盾运动的深入总结,重新发掘民族传统中的哲学智慧资源。这种研究工作的具体成果是形成了三卷本的《中国辩证法史稿》,由武汉大学出版社出版,后来教研室又有同志单独写成了一部《中国辩证法史》(简编),由河南人民出版社出版。这些研究成果在国内学术界,不论从哪种视角看,都较有特色。

田:萧先生所说的 20 世纪 80 年代完成的《中国哲学史》和《中国辩证法史稿》,是同步进行的吗?

萧:我给你们的介绍大体上照顾到了时间顺序。当然,有些工作实际上是交叉进行的。20 世纪 80 年代后期,我们对自己的工作思路也做了一些调整。当时我们的考虑是怎么样拓展自己的学术视野,拓宽自己的研究领域,于是我们在完成对哲学史"纯化"的研究之后,又开始从泛化哲学史研究的角度,转而注意哲学文化问题。这种工作的具体目标是深化我们对于明清哲学文化思潮的研究。

我们的这种工作同 80 年代国内学术界兴起的文化研究热潮有关系。当时指导我们工作的基本理念是:中国历史上从明代的万历年间到近代的"五四"时期,似乎可以作为一个特殊的历史阶段进行考察。自 16 世纪以来,历史的曲折、道路的坎坷,中国近代革命的"难产",都给中国现代科学文化的发展带来了特定的局限和困难。封建意识的积淀在文化深层结构中的复旧作用,是中国文化现代化的重要阻力。因此,我们应当自觉地有选择地吸收和消化外来文化的最新成果,在中西文化对比中,超越中西对立的思考模式,找到中国传统文化中固有的现代价值生长点,尤其是要重视明清时期反理学的启蒙思潮,正确地理解中国文化必须而且可能现代化的内在根据。在现实的中国文化建设中,既反对盲目地宣扬"西化",也反对不加分析地维护传统,从而找到传统文化与现代化之间的历史接合点,避免历史的洄流,促进我国文化的现代化建设。我们这些观念在学术界被视为一家之言。

　　基于自己的思想理念,我们曾经在武汉地区举办多次"明清文化沙龙",研探明清时期的启蒙思潮,这种集体的研究成果后来反映在《东方的黎明——中国文化走向近现代的历程》这部书中。就我个人的工作而言,在这一时期先是出版了《王夫之辩证法思想引论》,后来又出版了《明清启蒙学术流变》,这是一部 50 万字的专著。书中实际上将我所理解的明清时期哲学文化思潮的演变进行了比较系统的考察和清理。另外,我们把这方面的集体研究成果编辑成《鲲化鹏飞》一书,交武汉出版社出版。

　　田:《鲲化鹏飞》,这个书名颇富诗意。鲲鹏的观念,大概是源于《庄子》,不知你们以鲲化鹏飞表示一项集体学术成果,用意何在?

　　萧:这部书集中了我们这个学科点开展"中国传统价值观念与社会主义精神文明建设"这项国家下达的课题研究的成果。以"鲲化鹏飞"为书名,意在强调鲲化鹏飞不易。鲲要化,必须挣脱历史积淀的沉重外壳;化而为鹏,还得凭借机遇,奋力拼搏,才可能"怒而飞"。今天,我们的民族也需要挣脱沉重的传统枷锁,抓住机遇、破浪乘风,才能奋起,才能腾飞,才能实现民族文化的现代化。

　　总的说,20 世纪 80 年代我们由纯化的哲学史研究,转向了泛化的哲学史研究,但致思趣向是一以贯之的。这样的研究工作,不仅使我们这个学术集体形成了多项学术成果,而且为我们进入 90 年代以后的工作确立了重点和方向,使我们几十年来的工作形成了一个前后相继,有序发展的过程。

　　田:前后相继,有序发展,可以理解为你们进入 90 年代以后,工作重心仍然是深化对从万历到"五四"这一历史阶段中哲学文化思潮的研究吧?

　　萧:大体上是这样。90 年代的十年也即将过去了。这十年中我们的工作情况也可以从教学和科研两个向度看。

　　在培养学生方面,除了本科生之外,我们对硕士生、博士生的培养也经历了十多年的实践和探索,完善了自己的教学体系。我们把培养研究生的方针概括为二十个字:德业双修,学思并重,史论结合,中西对比,古今贯通。这二十字表达了我们学科点研究生培养的目标和要求,也体现了我们这个学科点的学术方向和学风特征。

在科研方面,我们将视角更集中地转向现代,转向"五四"以后。这种转向,首先使我们在熊十力哲学、梁漱溟哲学、冯友兰哲学、蔡元培哲学、唐君毅哲学,以及徐复观、蒙文通、刘鉴泉等人的学术思想研究方面取得了一批重要成果。早在 20 世纪 80 年代,我们即组织举办了国际性的熊十力百年诞辰学术讨论会,其后编辑出版了《熊十力论著集》。我们的研究生以熊十力哲学为对象撰写的硕士论文和博士论文分别在国内(包括香港、台湾地区)出版,在学术界产生了广泛的影响。在熊十力哲学研究方面,我们所做的另一项重要工作是组织、点校、编辑出版《熊十力全集》。这部八卷本的《熊十力全集》将于今年十月由湖北教育出版社作为国庆献礼出版物隆重出版。我们学科点上对中国现代哲学中其他专人、专题的研究成果,也受到了海内外学术界重视。

与此同时,我们在明清思潮研究方面,主编出版了明清文化名人丛书,我个人出版了《船山哲学引论》。在道家道教研究、周易研究及佛学禅风研究方面也取得了一批新成果。我们组织举办了道家(道教)文化与当代文化建设学术讨论会,编辑出版了《众妙之门——道家文化之谜探微》;我们在黄梅组织举办了首届禅宗与中国文化国际学术研讨会,编辑出版了《东山法门与禅宗》;我们点校的禅宗重要典籍《古尊宿语录》上下卷已由中华书局出版;在台湾地区出版的中国佛教经典宝藏精选白话版丛书中的《大乘起信论》《出三藏记集》等几部重要佛典也是由我们学科点的同志释、译的。

1993 年,汤用彤先生百年诞辰,北京大学有纪念会,我曾缀诗表达对汤先生的孺慕之情,其中两句是:"漫汗通观儒释道,从容涵化印中西。"这两句诗也可以反映我们在 20 世纪 90 年代学术追求的另一个层面。80 年代,我们开始强烈地感受到中国学术需要走出国门,面向世界。在我们看来,中国文化的世界化是中国文化在 21 世纪的最高关怀。所以,90 年代我们利用各种机会,让我们学科点的同志先后赴德国、美国、日本访学和研修,去新加坡、韩国和中国台湾、中国香港等国家和地区进行学术交流,使我们的学术活动与世界各国和国内各地区的学术前沿接轨、对话,真正参与世界性的百家争鸣,以谋求在人类文化的新整合、新发展中留下我们自己的业绩,贡献我们的力量。我们现在正在筹办的国际性郭店楚简学术研讨会也是出于这样的动机和目的。一个学术集体,唯有立足本土,扎下深根,又不断地开拓视野,面向世界,面向未来,才有可能在这个学术文化日新月异的时代自强不息,求得发展。要说我们在新时期的学术追求,这应当是一个重要方向。

田:萧先生的谈话,让我们看到了武大哲学系中国哲学史教研室的教授们50年来的辉煌业绩,使我们感到振奋。我们真诚地期盼你们在新的世纪中获得更多的学术成果,为我们湖北武汉地区乃至全国的学术文化事业作出更多的贡献。我们即将结束这次访问,萧先生还有什么想要说的吗?

萧:说得很多了。还需要说两句:学术事业是集体的事业。我们几十年来在学术方面能够取得一些成绩,是学科点全体同志团结一致,奋力拼搏的结果。我在《中国辩证法史稿》第一卷后记中曾说:"深山曳木,劳者自歌,前者唱'邪',后者唱'许',亦盛事也。"这是改用黄梨洲的语言,表达我们这个学术集体的协作精神。今后,我们希望和湖北武汉地区其他高校的中国哲学史工作者更好地协作,以推动我们地区的中国哲学史学科建设。《易传》有言:"日新之谓盛德,生生之谓易。"事物总要趋新进步。我们地区的中国哲学史研究在新的世纪中一定会有新的发展。

漫汗通观儒释道，从容涵化印中西

——访萧萐父教授

丁祖富

萧萐父，祖籍四川井研，1924 年 1 月生于成都，1947 年 7 月毕业于国立武汉大学哲学系。新中国成立初参加接管华西大学，20 世纪 50 年代中被派往中共中央党校、北京大学进修，继调武汉大学哲学系。历任武汉大学中国哲学教授、博士生导师，湖北省社联学术委员，中国哲学史学会副会长，中华孔子学会副会长，国际中国哲学会国际学术顾问团成员，东方国际易学研究院顾问，中国周易学会顾问，中国文化书院导师。长期从事中国哲学和文化的教学和研究，在国内外发表学术论文百余篇，已出版的主要编著有《中国哲学史》上下卷、《中国辩证法史稿》第一卷、《王夫之辩证法思想引论》《船山哲学引论》《明清启蒙学术流变》《中国哲学史史料源流举要》《吹沙集》《吹沙二集》《吹沙纪程》等。

丁：萧老师，最近拜读了您的《吹沙二集》《吹沙纪程》等新著，感到这些新著集中反映了您的"好奇兼爱，杂而多变"的致思特点，也集中体现了您在世纪之交对中国哲学、中国文化未来发展的思考，恰如您在汤用彤先生百年寿诞颂诗中吟唱的："漫汗通观儒释道，从容涵化印中西。神州慧命应无尽，世纪桥头有所思。"对此我很感兴趣。您能否结合自己半个多世纪的学思历程，谈谈您是如何看待这一致思特点的?

萧:这两本书所选录的文章,时跨半个世纪,是我在不同年龄段、不同时代背景和文化氛围就不同层面的学术问题所发的议论,这里面就不可避免地出现一些杂而多端、前后相乖的东西。更主要的是,我们生活在一个过渡时代。新旧杂陈,思想流动,今是昨非,这又几乎是过渡时代人物思想的普遍特征。在中国哲学家看来,"物相杂,故曰文","通其变,遂成天下文"。杂而多变,不一定就是坏事。比如东汉班固在对先秦诸子分类时,提到"杂家",带有贬义,但以《吕览》《淮南》为例,博采兼综,而又自立纲要,这实际上是"杂家"不杂。又如黄宗羲,一生著书一千四百多卷,自觉地坚持"穷此心之万殊",讲"殊途百虑之学",真可谓"综会诸家""连珠合璧"。王夫之也一样,他博览经、史,熔铸老、庄,出入佛、道,扬弃程、朱、陆、王,而复归张载,更旁通天文、历数、医理、兵法、筮占、星象及新兴质测之学,被人称为"其学无所不窥",是公认的历史上罕见的自成体系的哲学家。而王闿运却说他"好奇兼爱,总其成书,亦杂家之流"。由此可见,"杂"不一定就是贬义词。至于王夫之所说的"杂因纯起,积杂以成纯","君子乐观其杂以学《易》,广矣,大矣……",这似乎是值得向往的更高一层的学术境界。因此,有心的读者不难看出,我在这两本书中对王夫之崇高人格美的礼赞,对李达以身殉道精神的敬仰,对冯契"化理论为德性"的"平民化自由人格"的赞扬,对刘鉴泉、蒙文通、熊十力、梁漱溟、冯友兰、唐君毅、徐复观的学思成就从不同层面有所称美和认同,貌似杂越,情乃一贯,其中隐然自有一以贯之的价值取向和不能自解的历史情结,体现了对文化包容意识和多元开放心态的呼唤。"好奇兼爱,杂而多变",既反映了我的学思历程的特点,又是我对学术境界的一种追求。

丁:我想,不仅您个人的思想呈现出杂而多端、辗转流变的特征,就整个中华思想文化史来看,也体现了这样的特点。它总是循着一定的内在规律,在多元互动的发展中,体现着人类认识世界的螺旋曲折的发展过程。在您的新著中相当鲜明地凸显出这一点。您能不能结合中国哲学的发展历程具体地谈一谈中国思想文化的多元化发展问题?

萧:我们中华思想文化史,绵延五千年,源远流长,从未中绝,在总体趋向上始终呈现为多源发生、多极并立、多维互动的发展态势。具体而言,可从回顾过去、通观当代、展望未来三个时间段来谈。

第一,回顾过去。先秦诸子,被司马谈概括为阴阳、儒、墨、名、法、道德六家,这六家各标宗旨,自成体系,都是当时的显学;后来班固补加上纵横、农、杂三家,再增小说家,共为十家;实际上,当时还有兵、医、方技、神仙等专门知识的学派。它们既独立发展,又时有分合,既交相攻难,又相互影响,可谓"同归而殊途,一致而百虑",为以后中华思想文化的发展架构了"尚杂""主和"的发展模式,提供了永不枯竭的源头活水。秦汉时期,"秦皇、汉武,略输文采"。我这里借用毛泽东的两句词,想说的是秦始皇、汉武帝妄想搞文化专制。秦始皇听韩非、李斯的话,"禁杂反之学",下令焚书。汉武帝采纳董仲舒的建议,"罢黜百家,独尊儒术"。一百年间,搞了两次大规模的文字狱,这些都是愚而妄的做法。这些做法不仅丝毫没有阻碍文化多元发展的客观进程,而且恰好从反面证明了"百家之论""杂反之学"的富有活力的顽强存在,以及统治集团的色厉内荏。秦始皇虽下令烧书,秦博士及民间学者却照样论道、传经、授徒,从未停止。汉朝所谓的尊儒,其实倡导的是阳儒阴法的汉家法度,而被推崇的官方儒学,却逐渐变成了曲学阿世、奔竞利禄之徒,并且日益陷入章句烦琐,失去了理论上的创造力。当时一再被黜的道家学者群,或兼采儒、墨、阴阳之长,或撷取名、法、农、医之要,自觉地居于异端地位从事学术创造和批判活动,反而在历史上留下了光辉的文化业绩。此外,当时还有墨侠、阴阳、形名、神仙、医、农等,大都流行民间,形成多维互动的文化格局。与此大体同时,印度佛教开始传入中国,受到朝野的热烈欢迎;经过长时间的译介、消化,逐渐中国化,终于成为与儒、道并列的三教之一。隋唐时期,儒、道、佛三教鼎立,相互冲突而又互相涵化;三教各自内部更是派别林立,此消彼长,构成多维互动、异彩纷呈的绚丽画卷。此后,宋明时期,学术繁荣,既有道学各派内部分化的多极化展开,又有陈亮、叶适等的事功之学和郑樵、马端临等的文化史研究新风,还有各门自然科学技艺的长足进步,这终于酝酿出中国历史上又一次基于社会转型的文化蜕变时期——明清之际启蒙学术思想的崛起。经过历史道路的坎坷曲折,直到20世纪初的新文化运动,仍是这一启蒙思想的历史延续。因而,把中国传统文化单一化、狭隘化,把传统文化的发展归结为某一家的"道统心传",显然是违反历史实际的偏见。

第二,通观当代。近百年来整个中国社会似乎一直处在风雷激荡的大变革中,思想领域里各家各派更是风起云涌。自19世纪中叶开始,西方各种思潮纷至沓来,中西古今汇合激荡,蔚为奇观。1919年以前,各种学术思想就派别分疏、相互涵化,其发展轨迹,历来各有说法,很难统一。"五四"以后,马克思主义、科学主义、人文主义三大思潮异军突起,相互诘难,相互影响,各显风流,构成20世纪前半期中国思想文化多元格局的典型例证。20世纪的三四十年代,思想文化领域呈现出分殊发展的大好形势。各种思潮大量引进,各派学术分道扬镳,人们从不同层面会通中西,产生了各种以"新"为特点而多少能反映时代精神的理论体系,如熊十力的"新唯识论"体系,金岳霖的"新道论"体系,冯友兰的"新理学"体系,贺麟的"新心学"体系,朱光潜的新美学体系,以及顾颉刚、陈寅恪、何炳松、郭沫若等各自建立的新史学体系。特别是以毛泽东为代表的中国共产党人以其对中西古今文化论争的批判总结而创立了新民主主义的理论体系及其哲学基础。这一理论体系及其哲学,以其政治上理论上的明显优势,在平等竞争中独领风骚,既吸纳了广阔的精神资源,又赢得了广泛的社会支持。对于这一历史状况,我曾用四句话来形容:"风雨鸡鸣,破壁腾飞,吞吐百家,迎来解放。"新中国成立以后至今,近半个世纪的思想文化发展,总的特点是由分殊走向统合,马克思主义确立了它在中国思想文化中的主导地位。但这并不意味着中国思想文化就此改变了多源发生、多极并立、多维互动的发展态势,"百花齐放、百家争鸣"方针的提出,正反映了这一历史发展的客观要求。特别是进入改革开放的新时期后,人们逐渐从"十年浩劫"的噩梦中醒过来,砸碎枷锁,打破禁区,开辟草莱,从科学技术到人文、社会科学研究和文艺创作,都出现了新中国成立以来前所未有的新局面。80年代以来,继"文化热"之后,学术界出现了一些令人瞩目的新气象。许多高品位的学术书刊的涌现,许多中青年作者的好学深思,许多重大学术问题的提出、探讨和争论,都给人以耳目一新之感,这是令人欣喜的。

第三,展望未来。对于中国思想文化的未来走向,更是意见纷纭。有人竭力鼓吹儒学的复兴,或主张学术思想的"东化"。也有人认为中国传统文化是中国学术思想现代化的最大障碍,必须实行全面"西化"。我想这些观点都是值得探讨的。我估计21世纪中国文化可能会出现以下的走势:一是学术研究会日益走向非意识形态化,即非政治化;二是学术派别将出现多元化,我们面临的将既非"东化",也非"西化",而是世界性的百家争鸣。具体来说,一方面,中国学术文化必然走出被简单政治化的旧格局,而更好地恢复和实现其固有的价值和功能;同时,又必然由统合走向分殊,摆脱过去"统比分好""贵一贱多"的偏见,而走向多元化的发展方向。毕竟文化包容意识更符合人类"和平与发展"的大趋势。另一方面,中国学术文化的未来发展应当更好地实现"两化",即中国传统文化的现代化和西方先进文化的中国化。我想,"两化"首先是相互联系着的双重过程。要使中国传统文化现代化,必须吸取西方的先进文化,包括西方文化发展的重大成果马克思主义在内。同时,我们还必须认真研究中国的传统文化;不认真研究中国传统文化,西方文化的优秀成果(包括马克思主义)也就缺乏在中国生根的土壤。外来文化,再好的东西,如果不和我们民族的特点相结合,不经过民族文化的涵化,都是不起作用的。只有充分重视中华民族的传统文化,才能实现外来文化的中国化。因此,我们要把"全球意识"与"寻根意识"结合起来;通过"两化",实现中国文化的新陈代谢和重构,作出新的综合和理论创造,从而有充分准备地去参与世界性的百家争鸣,也才有资格去与世界学术文化多方面接轨、多渠道对话,从而对人类文化的新发展作出应有的贡献。我说的"漫汗通观儒释道,从容涵化印中西",这里既包含有博通兼容的文化心态,又预示了未来文化多元化的发展趋向。

丁:刚才您对中国文化多维发展格局的剖析十分精当,对中国文化的未来趋势及走向作出的预测,也很有启发。当代中国哲学的进展,其主旋律是马克思主义与中国传统哲学优秀遗产的交融汇合。一批在八九十年代仍具创新活力的老一辈学者对此作出了突出贡献。他们学贯中西,思维严谨,富于时代责任感,基于各自学术探索和哲学体验的经历,从不同角度、不同侧面探讨了传统哲学走向现代的内在机制和必经环节,使马克思主义和中国传统哲学优秀遗产的交融带上了民族特色和学者个性风格。比如您对中国早期启蒙哲学的研究就似乎具有这样的典型意义。

萧：我说不上，我只是认为，要实现"两化"，使中国传统文化现代化和西方先进文化中国化，必须寻找传统哲学走向现代的内在机制和必经环节，探寻传统文化与现代化的历史接合点。我在思考这一问题时，从中国封建社会发展的典型性和中国哲学启蒙道路的特殊性这一历史背景出发，逐步形成了这样的看法：即传统文化与现代化的历史接合点，虽可以多维考察，但历史地说，应主要从我国17世纪以来曲折发展的启蒙思潮中去探寻。这是因为，明清之际在我国思想文化史上是一个特殊的发展阶段，不仅嘉靖、万历以来社会经济的变动引起了社会风习、文化心态及价值观念开始发生异动，而且在农民大起义中以清代明的社会大震荡和政治大变局也促成了启蒙思想的兴起。几乎同一时期，涌现了一大批文化精英，掀起一代批判思潮，在政治思想、科学思想、文艺思想、哲学思想各个领域，互相呼应，不约而同，其批判锋芒都直接或间接地指向宋明道学，集中抨击了道学家们以"存天理、灭人欲"为主旨的一整套维护"伦理异化"的说教，这就触及后期封建意识形态的命根子，典型地表现出中国式的人文主义的思想觉醒。这一批判思潮及其文艺表现和理论成果，虽经过18世纪清廷文化专制的摧残和思想史的洄流，但仍以遮掩不了的光芒，成为中国近代的变法维新派、革命民主派和文化启蒙派的实际的思想先驱，事实上已历史地被证明了是中国现代化的内在历史根芽或源头活水。所以，在中国传统文化走向现代化的历史进程中，我们应该找到自己实现现代化的历史根源和内在必然性，而不能浮泛地接受"欧风美雨"。

丁：的确，我们应该重视17世纪以来的启蒙思想，并以此作为传统文化现代化的切入点，以宽广的视野，远大的抱负来对待中国新文化的建设。只有这样，我们才有希望脚踏实地的开创未来。但是，我感到两种不同类型文化的融合，不是件很容易的事，并不是两种文化的外在形式的简单结合，而是其内在机制和思维方式的有机结合。西方文化精于逻辑思维，东方文化长于形象思维，这是不争的事实。您能否从东西两种文化结合的视角谈一谈这两种思维方式之间的关系？如果这两种思维方式能够达到有机结合，那么又将会对中国未来哲学的发展产生什么样的意义呢？

萧：我不太赞成对中西文化作比较研究时，采取简单的笼统的辨异或认同，实际上异中有同，同中有异，应当辨其同异，别其共殊，作具体分析。至于形象思维与逻辑思维，是诗与真的问题。我的《吹沙集》和《吹沙二集》都试图体现"诗文并存，情理并重"。现代价值理论中的理论理性与实践理性的关系，实际上也就是科学实证与人文关怀的关系问题。"诗与真""美与真""形象思维与逻辑思维"这些范畴都是互斥又互补的。强调哲学的诗化与诗的哲学化，是中国哲学的一个好传统。"庄周梦蝶""贾谊哭鹏""屈子问天""荀卿赋蚕"，这些都是中国传统哲学里追求诗化的典型反映。"万物静观皆自得，四时佳兴与人同"；"我来问道无余说，云在青天水在瓶"。在情与理的冲突中求和谐，在形象思维与逻辑思维的互斥中求互补，在诗与哲学的差异中求统一，这些都是中华哲人和诗人们共同缔造的优秀传统。他们在这一心灵创造活动中实现着美与真、善的合一，使中国哲学走上一条独特的追求最高价值理想的形而上学思维的道路，既避免把哲学最后引向宗教迷狂，又超越了使哲学最后局促于科学实证，而是把哲学所追求的终极目标归结为一种诗化的人生境界，即审美与求善、契真合而为一的境界。这实际上就是中国哲学的终极关怀。王夫之有诗写得好："唯其超越，是以和易。光芒烛天，芳菲匝地。深潭映碧，青山凝翠。"此乃诗化哲学的点睛之笔。中国哲学最终的归宿是诗化的哲学境界。这一点，对于中西哲学的会通，对于克服西方哲学中某些流派的极端化和片面性，不能说没有一定的启迪意义。

（原载《哲学动态》2000 年第 1 期）

非佛非儒,吾只是吾

——熊十力哲学的根本精神

最近《熊十力全集》的出版以及"熊十力与中国传统文化国际学术研讨会"在武汉召开,标志海内外熊十力哲学研究进到了一个新的水平。

熊十力是 20 世纪中国特具独立意识和创新精神的哲学家。熊十力哲学,是后"五四"时期中西古今各种思潮汇合激荡中最早诞生涌现出的近代哲学成熟形态之一。1918 年,熊先生出版了第一部著作《心书》,蔡元培先生曾为之作序,并盛赞其"贯通百家,融合儒佛"。熊先生的哲学具有巨大历史感和兼容性,一贯主张学贵融通,他说,"世间各种思想、各种学说,参稽互校,触类引申,经验愈丰,神思愈启,于是而新理发见焉"。这是熊先生作为一个具有独创性的哲学家的特色,而这一点也与被他视为思想先驱的"二王"(王阳明、王船山)之学有相似之处。面对"五四"以后的西化惊涛,复古逆流,相反相因,交互激荡,熊先生颇能以高一层次的哲学思络,通贯古今,平章华梵,衡论中西,出入于儒、佛、老、庄及宋明清诸子,自立权衡,自创体系,一再叮咛:"夏虫井蛙,学者宜戒!"意在通观儒、佛、道,涵化印、中、西,以讲求把握宇宙人生固有之真理为归。一般论者把熊先生的学术路线归结为由儒转佛,出入空有二宗,旋又由佛返孔而归宗大易;对于其所自创的独特体系,称之为"新儒学"或"新佛学"或"新易学"等,似皆持论有据而与熊氏思想全貌未必相应。因为熊先生治学立言的根本不在其学脉数变,而在于其自有主宰。如熊先生所言:"吾惟以真理为归,本不拘家派……然吾毕竟游乎佛与儒之间,亦佛亦儒,非佛非儒,吾亦只是吾而已矣。"如此明确地自称"非佛非儒,吾只是吾",这就难于以某种旧有的学派范式去加以限定。

熊先生的哲学创造中洋溢着一种强烈的时代感与文化寻根意识,他深刻总结辛亥革命失败的重要原因,在于民主革命思潮"自外方输入,自己没有根芽"。他的弃政从学,上下求索,都在为他心目中的现代人文理想在自己民族传统中找寻历史"根芽"或文化基因,既否定崇洋论者的浅薄,又并非复古论者的保守,而是后"五四"思潮中另一种新的时代觉醒。正是这一点决定了熊先生哲学体系的独创性,可以说是中国哲学启蒙的内发原生性在熊氏哲学中的体现,故其哲学呈现出古与今、传统与现代化的历史接合。值得注意的是,熊先生的哲学创造中对传统的批判和扬弃的价值尺度。在中西古今文化思潮交相激荡的年代,熊先生以异乎寻常的苦学精思,自觉依循中国哲学启蒙的特殊道路,把王阳明、王船山视为自己的思想先驱,把明清之际的启蒙思潮视为中西新旧文化递嬗的枢纽,勇于扬榷古今,敢破敢立。他自称"余研古学,用心深细,不敢苟且";一再强调"以平等心究观古今各大学派","析其异而观其通,舍其短而融其长"……这正是熊先生异于暖姝之学而成为一代哲人的真精神所在。

熊先生哲学的独创性的实质,在于他的哲学所阐扬的人文精神与人文价值,既与 20 世纪世界哲学主潮相汇通,又保持了东方哲学固有的骨髓与形貌,是对中华优秀传统文化的创造性的发展、转化和继承。中国哲学启蒙的内发原生性,在熊先生的特立独行和学术创造中得到生动体现。这就是我所感受到的熊十力哲学的根本精神。

关于《熊十力全集》的访谈

黄　熹

《中华读书报》编者按：熊十力先生是 20 世纪中国最有原创性的哲学思想家，他一生特立独行，早年投身辛亥革命，后又弃政向学。中年又脱出师门，独创"体用不二"的"新唯识宗"学说，其人格及其学术以独特魅力影响着海内外的思想界。日前《熊十力全集》出版，完整再现了熊十力先生的人格与学术，对研究熊十力先生的哲学思想有非常重要的意义。为此作者采访了全集的主编武汉大学哲学系萧萐父教授。

黄：萧先生，《熊十力全集》已由湖北教育出版社出版，作为《全集》的主编，能否请您谈谈这次编纂出版的缘起，它有何意义和目的？

萧：熊十力先生是现代中国和世界著名的哲学家，他的学术思想在海内外具有广泛影响，深为人们所关注。熊先生除了自成体系的哲学巨著以外，尚有经学、史学、子学、佛学等多方面的学术成果，但过去海内外已刊著作印数既不多，编校又失之零散而不够完善；至于熊先生生前未刊之遗稿、书札、流传不广的讲义及散见于报刊的文字，更急待收集整理。十六年前，在熊十力先生的家乡湖北黄冈举行了一次纪念熊先生百年诞辰的学术研讨会，会议中由我们和中华书局合作赶出的《熊十力论著集》之一《新唯识论》稍经辑校，仍属选集而非完璧。且文字多有错夺，留下遗憾。中外学人都曾关注、指点，或寄来勘误表，使我们既感且愧。学术乃天下之公器,校正文本乃治学之始基。为吸取这一教训,于是,有重新编校出版《熊十力全集》的计划。同时这也是为了保存一份珍贵的文化遗产,为了提供研究现代中国思想及熊十力思想全貌的完整资料。我们在海内外许多师友和熊先生亲属的热情支持下,决定广搜穷索,重新序目编校,辑成《熊十力全集》。这一计划也得到了湖北教育出版社的响应,慨然以保存乡邦文献自任,从而有此后十余年《熊十力全集》的编纂、排校等艰苦工作的展开,至今,终于出版。

黄:能否请您介绍一下这次编纂的经历?

萧:着手编纂设计之始,我们提出了"存真""求全""精校"的编纂原则,旨在力争整理出《熊十力全集》的权威定本。经过多次讨论,取得共识。首先,为一个"全"字,就得花大工夫,穷搜尽索,巨细不遗,司马迁所说"网罗天下放失旧闻",谈何容易!郭齐勇、景海峰、王守常……几位青年学者几乎跑遍京沪各大图书馆,有幸得到熊先生故旧及他们的后代、学术界师友的大力支持和无私援助,使我们获得了大量珍贵资料,才得以编出第八卷占了近 500 页的"未发表过的论文书札"。为了"精校""存真",仅以第一卷中《唯识学概论》(讲义)为例,所据乃熊先生自存的海内孤本,经郭齐勇、景海峰与熊世菩夫妇于 1984 年在沪上觅得,由于复印本涂改处难于辨认,又经蔡兆华君反复校订,亲赴沪上熊家核对原本,尽力恢复了原貌;又将熊先生历年涂改处写成校注,共达 280 条之多。

黄:《全集》的编纂取得了什么成果,它有什么特点呢?

萧:《全集》共十卷,先专著,后论文、书札,大体按熊氏各书原刊行或写作年代顺排,展示了熊先生思想的衍变、发展。后两卷为"附卷",内容为对熊先生思想的"评论集粹"。这部分文字,以其具有论战性质必将引人注目。《附卷》编者仍本"求全""存真"精神,慎重选材,力求客观,并以问题意识契入对熊先生哲学评判的争论公案,这自会启发人们深入思考。《全集》各卷文本都经我们的重新标点并注明书名及所据版本。另将熊先生自己自存校订本上的笺条、夹注、眉批等全部保存,反映在校注或校记之中,力求完整和存真。现在,《熊十力全集》出版发行了。我们坚信,它所提供的文本,空前完整准确,定会促进对熊先生哲学研究和评判的深化发展。

黄：通过这次会议,取得了熊先生哲学研究的新进展、达到新水平,那么您认为我们应如何评断熊先生哲学的时代特色、理论个性和思想特征及其哲学的历史定位呢?

萧：熊先生的一生,正当我们民族经历着空前苦难,在苦难中觉醒奋起而屡遭挫折,又勉力克服艰危险阻而赢得进步的年代;同时,在文化领域,中西新旧各种思潮的汇合激荡空前剧烈。熊先生正当此时进入学界,没有随俗沉浮,而是以异乎寻常的苦学精思,自循中国哲学启蒙的特殊道路。对中、西、印三系文化,察异观同,求其会通。他戎马青春,投身革命,辛亥之后,亲见洪宪改元、张勋复辟,民主革命成果被封建军阀所篡夺,忧时之思深,愤世之情急。他以深挚的忧国忧民的情怀,弃政从学,其内在动力,决非"逃世""孤往",而是作为辛亥革命失败痛苦中觉醒的一员,沉毅地反思"中国何由停滞不进""革命终无善果"的历史原因和思想教训,试图以自己的哲学创造对曾经参加而已成过去的辛亥革命回头做补课式的理论总结。他深研古学,对中国传统文化进行严肃的历史反思,一方面着眼于对过去封建传统遗毒的清理,同时,他又区别于一般数典忘祖、菲薄固有的西化论者,他深刻总结辛亥革命失败的原因是民主革命的理想在中国缺乏应有的根基和思想土壤。由于中西文化之争和民主革命补课乃是中国近代史留给人们长期咀嚼的重大课题,所以熊十力哲学中跳动着的这一时代脉搏,就会对人们具有持久的吸引力和多方面的启迪。

熊先生的学术创造,具有熔铸百家、敢破敢立的思想特征。其根本特点,不在学脉数变,而在于自有主宰,不囿成说,力破门户,因而与当时的崇洋论者与复古论者都各异其趣,与拉杂比附而浪言融通者亦卓尔不同。他虽自谦对现代科学与西方哲学了解不多,而就其博涉所及,确能以高一层次的哲学思络,通贯古今,平章华梵,衡论中西,出入于儒、佛、老、庄及宋明诸子,自立权衡,自创体系。难于以某种固有的学派范式去加以评定,或诃其乖违佛理,或美其不坠儒宗,或赞其归宗大易,或疵其抨击宋儒,似皆持论有据而与熊氏思想全貌未必相应。

黄：那么您对当前熊先生哲学研究有什么方法上的建议呢?

萧：对熊十力学术思想的切实研究，尚有待于多方努力。首先，知人论世是一端，必须考察其治学经历、学术路线、思想发展诸阶段及其社会历史条件；其次，思想剖析是又一端，必须对其历史形成的思想体系和思维模式，进行多侧面、多层次的逻辑分析，纳入当时思想矛盾运动的全局，与并列诸家相比较而观其同异，进而窥视其"吾只是吾"的思想实质和个性特征。所有这些，都是不容易的。

黄：熊先生哲学体大思精，读者难得确解，能否请您对熊先生哲学作一钩玄提要的介绍？

萧：十几年前，在纪念熊十力先生诞辰 100 周年学术讨论会上我曾发表过一首诗："剑歌江汉呼民主，怒扫皇权我独尊。一卷心书昭学脉，千秋慧业蜕师门。深明体用标新义，笃衍乾坤续国魂。白首丹心无限意，神州鼎革正氤氲。"这首诗代表了我个人对熊先生一生学术思想及其精神人格的理解。此诗首句反映了熊先生当时的时代觉悟和对民主革命的深刻理解，辛亥革命胜利后，他曾挥笔直书："天上地下，唯我独尊"，借用佛经，表达了他的价值理想，故他一再强调"个人自由""我之价值""不为物化"的"人道之尊"，坚决反对道、佛"忘我""无我"之论。非佛非儒，这是熊先生之所以异于暖姝之学而为一代哲人的真精神所在。先生之学以"体用不二"为纲宗，体大思密，把本体论、宇宙论、人生论、认识论等均熔冶其内，1958 年出版的《体用论》可视为熊先生哲学的晚年定论。另外，先生还强调必须归本于周易的内圣、外王学，德慧并重，成己成物。

黄：刚才您谈到了熊十力先生哲学的体系结构、思想特征、思想渊源及其哲学的定位与评价问题，进一步我们应该如何理解熊先生哲学与中国传统哲学的联系？

萧：熊氏哲学的根本精神，在于以"体用不二"为致思途径所展开的"本体与主体合一""德慧与知识并重""内圣与外王一贯"的思想，尊生主动，自强不息，高扬在文化创造、道德实践中的主体性原则和"不为物化"的"人道之尊"。其根本的理论趋向，是力图在中国传统文化中去"掘发固有之宝藏"，竭力为他心目中的现代人文理想找到自己民族传统中的"根芽"，赋予这些人文理想以民族化的理论形态和现代化的时代内容。这种文化寻根意识，既否定了崇洋论者的浅薄，又并非复古论者的保守，而是"五四"运动中另一种新时代的文化觉醒。所以，熊十力的哲学创造中，最值得注意的是他对传统的抉择和扬弃的批判态度。他自称"余研古学，用心深细，不敢苟且"，故能自觉探寻中国哲学启蒙的特殊道路，决非偶然地把王阳明、王船山视为自己的哲学先驱，把明清之际的启蒙思潮视为中西新旧文化交会嬗变的枢纽，自辟一条承先启后、推陈出新的学术路径。不仅在后"五四"时期中国哲学乃至东方哲学论坛上独树一帜，卓然成家，而且以其所达到的现代思维水平，以其所阐扬的人文精神与人文价值，既与 20 世纪世界哲学思潮相会通，又保持了"东方哲学的骨髓与形貌"，故得以蜚声海内外，是对中华优秀传统文化的创造性发展、转化和继承，在中国和世界文化思想史上都占有一定的地位。虽然其哲学中不免有其固有的理论矛盾和时代局限，但其博大体系中的人格光辉、智慧探索和多方面的学术贡献，则是我国近现代哲学领域中极为珍贵的思想遗产。

黄：那么，您对熊十力哲学研究的未来发展有什么期望呢？

萧：目前熊先生哲学研究进到了一个新的水平。有学者已提出新轴心时代哲学走向的特点问题，全球经济一体化中的文化多元及东西方价值观的跨文化对话问题，后新儒家时期哲学的思考向度问题。另外，还有不少中青年学者有取于熊先生的"以平等心究观古今各大学派"，提出了熊十力与康德、熊十力与柏格森、熊十力与胡塞尔、熊十力与海德格尔、熊十力与诠释学等深层思考和比较研究的新课题。最近汤一介先生提出中国哲学研究要"拿来与送去"，我想对熊十力哲学的研究也同样要如此。我想提出的一个希望就是，熊先生的全集出版了，全集或选集的英译本及德、法、俄、日译本是否能争取早日出版呢？"并世黄州两哲人"——熊十力与汤用彤，汤先生的《汉魏南北朝佛教史》由日本友人译为日文，流誉海外。当初玄奘留学回国，除译出梵书一千四百多卷外，还将《老子》《大乘起信论》等译为梵文。近二十年，我们有几十万留学生散在国内外，难道就不能期望有一两位玄奘式的有心人？

另外，《全集》既出，但是仍有不少缺失，如第八卷所编的熊先生书札佚稿遗漏了熊先生在杭州大学住"漆园"时的自题堂联："白首对江山，纵横无限意。丹心临午夜,危微俨若思。"沧海遗珠,实为大憾。熊先生是性情中人,他的哲学富有诗意,值得细心咀嚼。当然,全集之"全",只能是相对的,虽力求网罗无余,总难免遗漏。我们恳望熊先生生前好友、门人及家属,海内外专家和广大读者,能将所收藏的熊先生的佚文、手迹等,提供给我们,以便今后再版《全集》时使之更趋完善。

序跋选存

慧命相沿话启蒙

——明清文化名人丛书总序

  中华五千年文明史,既有它古代的辉煌、中古的繁荣与停滞,更有它自己细缊化生出的近世的黎明,有它自己的思想启蒙或文艺复兴的特定时代。从晚明到"五四",可视作一个同质的文化蜕变历程;其文化主流是启蒙性质的思潮一再崛起,经过坎坷曲折的历史道路,终于走到空前开放的今天,迈向无比光明的未来。这一文化蜕变历程,发端于 17 世纪的明清之际,在中国思想史上正可与纪元前"轴心时代"的周秦之际媲美。这一时期的中国,无论社会经济结构或是思想文化形态,都处于新旧代谢的特殊转折时期,封建母体中内发原生的新经济萌芽正催生着早期启蒙思潮的自动滋长。在当时时代潮流中涌现出的一代文化巨人,尽管他们还背负着各种沉重的包袱,但他们适应时代的要求,勇于冲破囚缚,呼唤启蒙,从内心深处迸发出的新思想的火花,总是那么光芒四射,宛如俄罗斯童话中的丹柯燃心为炬一样,照耀着我们民族苦难史中一代代觉醒者走出黑暗的迷宫。对这一代早期启蒙者的独特贡献、批判锋芒、智慧创造、人格风范、倔强灵魂,理应予以充分重视和潜心研究。由于明清之际这一特定历史阶段与鸦片战争后畸形的中国近代史相衔接,又与同时期欧洲历史的变迁具有貌异实同的深层可比性,且与如何确立现代中国的文化选择尺度密切相关,因而吸引了 20 世纪海内外不少研究者关注中国哲学启蒙这一重要课题。各种论说,蜂出并作,争论很多。处于世纪之交,对以往的各种争论给以重新审视和具体评说,显然是有意义的。

首先是关于明清中国是否存在过新经济萌动和早期启蒙思潮的"有无之争"。

早在19世纪,英国古典政治经济学家和德国古典哲学家就有中国文化自身不可能孕育出现代性因素的论说。这一学说曾影响1929—1937年的中国社会史论战。19世纪末至20世纪初,德国社会学家马克斯·韦伯提出了"中国不存在走向现代化的文化背景"的论说,这一学说伴随20世纪70年代世界性的"韦伯热"而传入中国;与此同时,美国著名汉学家费正清早年提出的关于东方现代化的"冲击—反应"模式亦传入中国。这一切,对80年代的中国文化讨论颇有影响,于是,"超稳定系统论""文化彻底重建论"等流行一时。1994年,《顾准文集》问世,作者以其特殊遭遇受到广泛同情而令其书亦风靡学界,其中关于英国因特殊优越的历史条件而成为现代化之发源地和典型形态并因之而逐步扩散于全球的观点,亦随之广为流行。与此相应,认为明清中国有资本主义萌芽的观点,则被斥为"荒唐""非历史主义";判定中国有早期启蒙学说的观点,则被斥为"唯物史观的教条"或"以西方的眼光看中国"。以上诸说的立论,从不同侧面展开,却指向了一个逻辑结论,即中国只能"被现代化"——"被西化"或"被俄化",而诸说共同的理论前提及方法学基础,则是"西方中心论"和"东西殊途论"。

唯物史观作为"通古今之变"的一种历史诠释理论,经过人类史学长期积累,到19世纪中叶合乎规律地产生,而到20世纪又得到不断发展,它本身绝非教条。它虽然产生于西方,却以人类史为对象;它最大限度地摆脱了"以西方的眼光看中国",要求对中西各民族的社会历史作一视同仁的考察,于异中见同,同中见异,引古筹今,预示未来,作出泛应曲当的合理解释。事实上,要超越"西方中心"与"华夏中心"的两端对立,走出"东西殊途"的"超稳定系统论"的误区,只有借助于唯物史观关于社会基本矛盾运动的观点;要超越"以西方的眼光看中国"与"以中国的眼光看西方"的争辩,只有借助于马克思主义的世界历史的眼光。从这一论点出发,则只能肯定中国的现代化的原动力来自中国社会自身的基本矛盾运动,从而确认中国有自己的内发原生的早期现代化萌动和早期启蒙思潮;

同时，由于世界各民族社会结构和文化形态各有其特殊性，所以现代化的转型方式和道路亦各有其民族特色。上述我们执着的观点，其方法论基石是：对比中西而辨其同异，别其共殊，以"世界史眼光"注视"中国式特色"。

20世纪以唯物史观为指导的明清经济史研究，以大量第一手资料，验证了关于鸦片战争以前中国封建社会内部已经孕育着资本主义萌芽的论断。晚清和清中期，许多商业资本转化为手工业产业资本而不再流向土地，不少地主、士人乃至官员弃农、弃文、弃官经商，一些不带有政治、军事性质的纯粹商业性市镇之兴起，早期市民阶层反抗封建超经济掠夺的经济、政治诉求，以及明清统治者被迫实行某些适应商品经济发展的改革措施等事实，都有力地驳斥了西方学者关于中国社会不可能产生现代性因素的观点的片面性。16世纪至17世纪的中国商人冲破封建王朝的海禁政策，并且在与西方殖民者争夺西太平洋贸易制海权的斗争中占有优势，鸦片战争前的中国外贸亦处于入超地位的事实，亦证明了促使历史从国别的区域的历史进入世界历史的并不只是西方人，中国人也参与开创了世界历史。

"五四"以来，大批史学工作者在明清学术领域辛勤耕耘，努力揭示中国传统思想文化发生历史性异动的轨迹，产生了诸如侯外庐的《中国早期启蒙思想史》、吕振羽的《简明中国通史·明清史部分》等运用唯物史观于中国史研究的著作。大批非马克思主义的学者，如梁启超、胡适、谢国桢等，也在同一课题的研究上作出了贡献，肯认中国有自己的"文艺复兴"或"思想史的近代"。而这一时期的中西文化比较研究则证明，现代化对于中西中世纪文化，都是一场巨大的人文觉醒和社会变革，任何蔑视东方民族的历史创造活力的观念，都没有存在的依据。

意味深长的是，80年代中期，当一部分国内学者正沉浸于马克斯·韦伯和早年费正清学说中的时候，大洋彼岸的晚年费正清等西方学者则开始了观念的转变。1985年出版的费正清主编的《剑桥中国晚清史》，承认中国的现代化萌动开始于鸦片战争以前，它在相当大的程度上"是中国社会内部演化的结果"。这说明，无论某些西方学者对唯物史观抱有怎样的偏见，但他们扎实的学术研究，却可以得出接近于唯物史观的结论。

其二，是关于明清之际文化思潮主流的性质问题的"判性之争"。

有学者认为，这一时期思想文化界的代表人物皆为"补天派"而非"拆天派"，其学说至多只属于中世纪"异端"的范畴，因而只是"中世纪黑暗时期一抹殷红的晚霞"。而我们则认为，它超出了中世纪异端的范畴而带有早期启蒙性质，因而是中世纪黑夜消失前的曙光。是为"晚霞与曙光之辨"。

海外新儒家的学者们从儒家道统之延续立论，认为清代顾炎武、黄宗羲、王夫之、颜元、戴震甚至直到晚清的谭嗣同等都是正统儒家，其学说都是宋明理学的继承和完善。而我们则认为，所有这些学者都在一些关键问题上突破了宋明理学的局限，甚至从根本上否定了宋明理学。是为"理学与反理学之辨"。

有学者沿着新儒家的思路，说宋明理学反二氏（佛、道），倡人文，探讨人在宇宙中的地位，这就是中国式的启蒙。而我们则认为，宋明理学作为封建统治思想，是一种反映中世纪伦理异化的蒙昧主义学说，只有明清之际的反理学思潮，才堪称是早期启蒙学说。姑且名之曰"蒙昧与启蒙之辨"。

"判性之争"的实质和核心是：如何区分封建正统文化、中世纪异端与带有近代性质的早期启蒙思潮，也就是说，判定中国早期启蒙思潮的标准究竟是什么。侯外庐在《中国早期启蒙思想史》中沿用列宁论 19 世纪俄国启蒙学说的三个特点，似不完全切合中国实际。我们在《明清启蒙学术流变》导言中以初步民主思想、科学思想和新道德来分疏中国早期启蒙学术，亦未能完全回答"判性之争"中所提出的问题。

以正统儒家为代表的封建统治思想大体具有以下特征：① 以纲常价值观念来统摄一切真伪、是非、顺逆、美丑之判断的泛道德主义或伦理至上主义；② 以抽象的类精神来淹没个体主体性的反个性主义；③ 以"道统论"为代表的"罢黜百家""裁判异端"的文化专制主义。所谓"中世纪异端"，是指在一些非本质的问题上偏离封建正统思想的学说或游离于正统思想之外的某些宗教学说。无论是统治阶级内部分化出的异端，还是农民的异端，抑或本身就是正统意识形态之补充而被统治者赋予其合法性的"异端"，所有这一切"异端"，也许在个人言行方面表现出某种"不遵礼法"的个性特征，但没有也不可能在社会价值理想方面突破伦理至上主义、反个性主义和强调一道同风的宗法社会思想方式。

然而正是在以上三个方面，早期启蒙思想不仅与正统儒家思想相对立，而且也区别于中世纪异端，从而初具近代启蒙的特征：

（1）反对泛道德主义的纯粹求知态度。这是独立思维的理性开始冲决"天理"之囚缚而重新认识世界的首要标志。在明清之际的科学思潮中，对于自然的研究不再是"格物"以体认无所不在的"天理"，而是把"质测"看作唯一能"即物以穷理"的独立学科。在人文思潮中，不再是从先验的道德秩序论到人，而是从对现实的人性和社会关系的认知引申出秩序。将对于自然和社会的认知上升到哲学知识论的高度，于是就有了"智之本体，同于日月"和"察分理"等著名命题。凸显知识的地位，是中西近代启蒙的共同特征。但在西方，是以知识反对神学蒙昧；而在中国，则是以知识反对泛道德主义的蒙昧，这是近代启蒙的中国特色之一。

（2）尊重个人权利、人性尊严和价值选择的主体性。早期启蒙学者依然讲"公天下"，但他们讲"公"，决不是宋明道学"存天理灭人欲"的"公私之辨"，也不是中世纪异端（农民的乌托邦）只讲"公"而绝对排斥"私"，而是在"欲"的肯定和"私"的确认的前提下"合众人之私以成天下之公"；不是用"无极而太极"的"天理"来主宰个人的命运和支配个人的价值选择，而是肯定每一个人都有追求幸福的权利，以"绝假纯真"的"童心"去自作选择。"人的发现"是中西近代启蒙的共同特征，但西方启蒙者反对的是禁欲主义的宗教异化，而中国启蒙者反对的则是以纲常名教的绝对权威来压抑、扭曲人性而使人成为非人的伦理异化，这是中国式启蒙的又一特色。

（3）多元文化心态。反映觉醒了的人对于绚丽多彩的文化生活的向往和对真理的追求，早期启蒙者以各自独特的方式对封建文化专制主义进行了抗争和批判。他们或直接批判儒家道统说之荒谬，提出"道非一途""执一便是害道"的观念；或宣称"道因时而万殊"，反对"执一而废百"，提出尊重"一偏之见"，乐闻"相反之论"，提倡"殊途百虑"的多元学术史观；或公开宣称"不儒不道不禅""我就是我"，主张学者当"自竖脊骨""自树其帜"。提倡学术独立、思想和创作自由，是中西近代启蒙的共同特征。但在西方，是使各学科摆脱神学之婢女的地位；而在中国，不仅要使各学科摆脱儒家道统的束缚，还要摆脱形形色色的宗法门户之见，这是中国式启蒙的又一特色。

至于判性之争中的"补天"与"拆天"之辨、"晚霞"与"曙光"之不同的美学譬喻，似很容易澄清。无论中西，启蒙者几乎都不是"拆天派"，而领导农民战争和市民起义的"拆天派"又几乎都不是思想文化领域的启蒙者；这似乎是历史的吊诡。中世纪黑夜消失前出现的只能是曙光而不是晚霞；旧制度的没落也不可能像"残阳如血"的悲壮的日落，而毋宁说是喜剧式的；真正具有悲剧性的，是这一时期的许多启蒙者往往陷入"新的突破旧的"而"死的又拖住活的"这一历史难产的痛苦之中。

其三，是从民族文化中寻找现代化之"源头活水"问题上的"疑似之辨"。

我们肯定中国有自己内发原生的早期现代化萌动，既讲普遍，又讲特殊，于现代化的普遍趋向中凸显中国文化的主体性，在接受外来先进文化的同时不忘从优秀的民族文化遗产中发掘现代化的内在根芽与活水源头。然而，从晚清的"中体西用论"者到"五四"时期的"东方文化派"、20 世纪 30 年代的"中国本位文化论"者以及现代新儒家和"亚洲价值论"者，也都十分强调中国文化自身的主体性，现代新儒家更大讲"寻找源头活水"的"返本开新"和东方现代化的"特殊道路"，等等。本质上不同的观点看上去竟如此相似，因此不能不认真加以辨析。

从晚清"中体西用"派以来的形形色色的文化保守主义者，其理论是建立在用旧的思想文化传统来规范活生生的现实生活，以及对历史文化的某种恋旧情结上的。他们的说法虽有不同，但都有一个一以贯之的基本思路，即晚清洋务派张之洞所说的"中学治身心，西学应世事"；而所谓"中学"，又仅仅是指作为封建统治思想的儒家道统。他们或宣称"道德无新旧之分"，儒家的道德伦理至上主义的"立国精神"不可动摇；或认为中国文化传统的基石是儒家的德治和民本，儒家思想塑造的中国"民性"不可改变；或强调"道统之肯定"，要"护住孔孟所开辟的人生宇宙之本源"，直接"彰显绝对主体性"的宋明理学，重建儒家的伦理精神，以此为前提"开出新外王"，使科学的知性主体从属并服务于儒家的德性主体，使

"民主"的政统从属并服务于儒家的道统，以此为"返本开新"。所有这些理论，调子可以翻新，而本质上除具有主观社会学的空想性以外，更表现了"人求旧，器维新"的体用割裂的思维模式。

与以上各种观点相区别，民族文化的主体性应当是社会的现代化与人的现代化协调并进的民族文化自我发展和自我更新的主体性。它立足于唯物史观关于社会进步和人的解放之辩证统一的观点，坚信包括道德在内的一切社会意识是随着社会存在的变革而变革，是服从并服务于社会进步和人类解放之要求的。对于外来文化，是"放开眼光，自己拿来"，吸取一切有利于社会进步和人的解放的先进因素。所谓普遍性，应当是唯物史观关于社会进步与人类心灵发展之统一的普遍规律，而反对把人类走向现代化的共同趋向只局限于物质文明的层面，或者将新事物纳入儒家道统的旧轨道；所谓特殊性，应当是以世界历史的眼光来审视过去、正视现实、面向未来，根据中国的具体国情去努力变革一切阻碍现代化之实现的旧事物，包括那些禁锢民族精神、扼杀民族智慧的思维方式和价值观念，反对那种"宁可使中国在现代化的道路上走得慢些，宁可少出大科学家、大艺术家"，也要延续儒家道德，维护"不变的道德"的所谓特殊性。这是我们坚持的"慧命相沿话启蒙"与现代新儒家主张的"反本开新续道统"在思想取向上的根本分歧。

至于从民族文化中汲取"源头活水"的问题，新儒家以维护单一凝固的道统为出发点，认为宋明道学直接孔孟，以宋明道学为民族文化的源头活水。而事实上，中国文化绝非正统儒家思想所能涵盖。我们主张从变化了的社会存在和历史向中国人民提出的现代化的现实任务出发来审视传统，把传统看作是寓于中国人民的历史实践和"殊途百虑之学"中的不断发展和更新的历史文化之流，从传统的发展变化中去寻找它与现代化的历史接合点。正是基于此，我们认为中国内发原生的现代化思想文化的历史根芽在明清之际的早期启蒙思潮之中。因为，只是从这时起，人们才开始具有"认知高于价值""没有真就不可能有善"的现代理念，并冲决道统的囚缚去探求自然和社会的真知；只是从这时起，人们才开始意识到宋明道学的"天理"的本质是"杀人""吃人"，意识到只有尊重每一个人的追求幸福的权利才能实现真实的而不是虚幻的"公天下"的理想；也只是从这时起，人们才开始冲破"必以学孔子为正脉"的道统论束缚，激发出追求新奇的创造力，初步具有多元开放的现代文化理念。"五四"学者大张科学、民主和新道德的旗帜，提倡"伦理的觉悟"，强调"物质开新，道德亦当开新"，高呼"今后最要紧的是思想革命，即改造国民性"，这一切虽有西学尤其是马克思主义的启迪，但从民族文化主体性的观点看，则是中国早期启蒙者长期被窒压的诉求在新的历史条件下的迸发，是中国文化自身孕育的与现代化同质的历史基因在汲取外来文化营养后的迅速成长。所谓"源头活水"，只能是与现代化之要求同质的文化因素，而不是相反。

总结过去，我们深感明清学术研究尚有待于进一步拓展和深化，尤其需要从思潮的共性、学派的殊性与思想家的个性的辩证连接上对早期启蒙学者各自独特的心路历程作神交古人、辨析精微的个案研究。为此，我们应南京出版社之约，主编了这套《明清文化名人丛书》。

本丛书的历史跨度，特指 16 世纪初至鸦片战争前夜这一特殊的历史阶段，以展示伴随中国近代商品经济萌芽的产生、挫折、复苏、发展这一历史行程中思想文化的诸层面。明中叶以后，伴随商品经济发展而出现的具有早期启蒙性质的科学、文艺、哲学思想，成为时代新潮流；而多次历史洄流，又使新经济、新思想遭到摧抑，过时的旧制度、旧规范得以延续，中国的近代化及其文化的代谢发展，走过了坎坷曲折的道路。其中，许多历史事变的因果、学术的兴衰、思潮的起落、奇特的社会心理和人物性格的形成等，复杂纷纭，影响至今，很值得认真加以研究和总结。

本丛书所取的研究视角，为这一时期卓有成就、在海内外有较大影响的文化名人的个案研究。这一时期的文化名人，其思想新旧杂陈，矛盾重重，既有"新的突破旧的"的思想主流，又尚未完全摆脱旧制度、旧规范的羁绊；既有独特的思想个性和传奇般的人生经历，又有其历史的和阶级的局限。如果从这一视角去考察这一时期的文化现象，会触及许多有待重新探索的历史事实和教训问题。这对于历史地分析国情，知人论世，了解传统，寻找传统文化与现代化的历史连接点,正确理解当前的改革开放及与之相适应的文化战略,塑造新人,都具有特定意义。

本丛书的创作起点,自当摄取已有的研究成果,反映时代要求而必有所开拓和创新。"五四"以来,不少学者通观明清学术文化思潮而有"近三百年学术史论"的著作;此外,就明清时期经济、政治、文艺、科学、民俗、学风等方面的研究来说,也有一些论著,海外学者也有一些佳作名篇问世。这些,都为作专精的个案研究准备了一定的基础和前进的阶梯。今天,时代条件的变化,提出新的要求,即使探讨同一课题也必须从新的思想高度出发,网罗新的史料,运用新的方法,以弋取新的成果。把前人的研究终点作为起点,推故而别致其新,就必然成为鹄的。总之,本丛书旨在深化并大力推动中国文化的研究,创造出一批真正有文化积累价值并能为海内外所瞩目的著作。

我们深信,在唯物史观的指导下,明清学术研究又将开一新生面,内发原生的中国早期现代化萌动的思想文化表现和历史演进的轨迹将展示得更为清晰,更为璀璨夺目。

（此文与许苏民同志合作,1997 年 10 月）

《王夫之评传》弁言

　　这本《王夫之评传》,被列入《中国思想家评传丛书》中,依原初设计,按传主特点——明清之际著作极为宏富、思想博大渊深的一代启蒙大师,写成书稿近五十万字,其学术思想述评部分约占十之八强,其生平传记部分仅占十之一二。总体上,虽力求立言有仪,考史有方,合乎学术规范,期能据实以存真。如王夫之所云:"君子格物而达变,而后可以择善而执中。"①真要做到,谈何容易。高山仰止,心向往之。

　　但人物传记,特别是像王夫之这样具有巨大历史感和崇高人格美的大思想家的传记,似乎可以提出更高的要求,即不仅要据实以存真,更要体物以传神。即走近传记人物的心灵,体察入微,与之含情相对,寂感互通,从而自有传神的手笔,为传主的灵魂画像。正如王夫之所揭示的诗美的创作原则:"含情而能达,会景而生心。体物而得神,则自有灵通之句,参化工之妙。"②司马迁以其"参化工之妙"的龙门史笔,在《史记》中,不仅"网罗天下放失旧闻,考之行事,综其终始"(《史记·太史公自序》),展示了我国前三千年的纵横史实;而且通过对历史遗迹的亲身采访,积累了大量的直接感受,刻画和塑造了众多典型人物的典型性格,对许多可歌可泣的历史人物作了灵魂画像。鲁迅赞之为"史家之绝唱,无韵之《离骚》"(《汉文学史纲要》),殆非虚誉。罗曼·罗兰所写的"三大巨人传"(《贝多

---

① 《周易外传·说卦传》,《船山全书》第 1 册,第 1091 页。
② 《夕堂永日绪论内篇》,《船山全书》第 15 册,第 830 页。

芬传》《托尔斯泰传》《米开朗基罗传》)等，享誉学林，也属于这一类为历史巨人的灵魂画像的心得之作。罗曼·罗兰为《贝多芬传》所写的《序》中曾自我剖白：他于 1902 年从巴黎逃去蓬恩——贝多芬的故里访问了十天，"在那多雾的莱茵河畔""我重新找到了他(贝多芬)的影子"和他的老朋友们的影子("在他们的孙子们身上")，"我又听到了他(贝多芬)的交响乐大演奏会"，然后，"我又和他单独相对，倾吐着我的衷曲"，"在那潮湿而灰色的四月天，浸淫着他的苦难，他的勇气，他的欢乐，他的悲哀。我跪着，他用强有力的手搀扶我起来，给我的新生儿约翰·克利斯朵夫行了洗礼。在他的祝福下，我重又踏上巴黎的归路……"罗曼·罗兰一再声明，他的这本《贝多芬传》，"不是为了学术而写的"，而是对贝多芬的"一首感恩曲"、一支"心灵底歌"①。

以司马迁、罗曼·罗兰为某种典范，从人物传记重在传神的特定视角，来回顾我们这本《王夫之评传》，则很容易发现，作为思想家评传，对于学术评判，思想源流，史实考订等，即据实以存真，一般着力较多；而对于传主王夫之的人格成长、气质变化、忧乐情怀等内心世界，则感知颇少，偶尔触及，亦浅尝辄止。因而，这本《王夫之评传》无论立论与考史，类多文本之诠释，思想之整合，而稀有与传主王夫之及其亲友们的影子坦然相对的悲喜同怀与心灵感通。司马迁曾亲访长沙，观屈原所自沉渊，浮于沅湘，上九嶷，亲历屈原、贾谊活动和创作的环境……因而写出了《屈贾合传》这样千古传诵的名篇。罗曼·罗兰亲访蓬恩十日，神交古人……因而写出了震撼人心的文化巨人传之一《贝多芬传》。回想自 1962 年以来，我与两湖船山学的研究者一道，曾多次访问过衡阳曲兰乡王夫之的故居、墓庐、祠堂等，且与王夫之十代及十二代孙亲切交谈过；我也曾在湘西草堂阁楼上默坐移时，也曾抚枫马，步渒溪，登石船山，游方广寺。参观岳麓书院、二贤祠、回雁峰及潇湘八景等，也曾偶有所感，行吟得句，或零星题壁，急就成章。然而，这些杂感诗，毕竟是触感而发；而感之者，乃船山魂也。故择其十首，缀录于此。如果有的读者偶从其中一、二句，得以契入船山精魂的某一层面，则或可补苴这

---

① 罗曼·罗兰：《贝多芬传·自序》，见傅雷：《傅译传记五种》，三联书店，1983 年，第 117—118 页。

本评传"体物以传神"之不足于万一。果尔，幸甚。

（2001 年 8 月）

附：

湘西草堂杂咏十首

一

芳情不悔说船山，弹指湘波二十年。

今日濂溪忆风貌，芷香芜绿梦初圆。

二

薑斋痴绝和梅诗，慧境芳情永护持。

雪后春蕾应更妩，愿抛红泪沁胭脂。

三

衡岳钟灵岂二贤，邺侯书卷石头禅。

翩翩年少订行社，冲破鸿蒙别有天。

四

雪儿红豆少年诗，梦断章江月落时。

天地有情容袚禊，雷风相薄孕新思。

五

衡岳悲笳隐隐闻，霜毫当日气纵横。

芒鞋竹杖莲峰路，虽败犹荣盼好春。

六

当年瓮牖秉孤灯，笔隐惊雷俟解人。

三百年来神不死，船山应共颂芳春。

七

柳子高情对问天,船山孤兴步溪烟。

千秋慧命春常在,钟鼓波涛继昔贤。

八

船山、青竹郁苍苍,更有方颜顾李黄。

历史乐章凭合奏,见林见树费商量。

九

隔海神交岂偶然,只因心曲应朱弦。

密翁禅铎薑斋梦,同谱东方觉醒篇。

十

盘藕修罗梦未圆,无穷悲愿堕情天。

屈吟贾哭俱陈迹,唤取猖狂共著鞭。

易道与书法

——序屠新时先生《墨韵易经》

一部《易经》,堪称千古奇书。

它是东方最古老的一部元典,却激发起现代人广泛的研究兴趣;它以奇偶错综为原型的简单符号系统,却容纳了巨量的文化信息;它原是一本占卜书,一经理论加工,竟被儒门列为"五经之首",道家尊为"三玄之一",成为儒、道两家独一无二的共同经典,成为我泱泱中华的文化传统和哲学智慧的主要活水源头。

经过理论加工,合经传为一体的《周易》,"广大悉备,有天道焉,有人道焉,有地道焉"。《易》兼三才之道,而人道居中。天地自然之道,是人道的依据;又是人顶天立地、仰观俯察、"极深研几"的对象化的认识成果。因此,易道又可三分:"观乎天文,以察寸变"的科学易;"观乎人文,以化成天下"的人文易;"是兴神物,以前民用"的神道易。易道乃是我古先民的科学智慧、人文理想与神道意识三者的奇妙综合。三者既相联系,又相区别,且互为消长,与不同时期的社会思潮相激荡而发挥着不同的文化功能。易道内容繁富,显然以人文易为其核心,"神而明之,存乎其人";而"吉凶与民同患""明于忧患与故"的忧患意识,这是中华传统文化中特有的价值观念,又构成了人文易中整个价值理想的思想核心。

《周易》用以表达和论证这些核心思想的致思方式非常平实,既不故作神秘化的夸张,也不单靠概念化的推理,而是用富有真情实感的意象来表白作《易》者在特定的艰危处境下的忧惧心态。"作《易》者其有忧患乎?""《易》之兴也,其当殷之末世、周之盛德邪?当文王与纣之事邪?"以殷、周之际的政治风云与文王被因于羑里而演《周易》的史实作背景,凸显出《周易》一书的主旨和特色,在于"其辞危"!"危者使平,易者使倾,其道甚大;百物不废,惧以终始,其要无咎。此之谓《易》之道也。"整个易道的价值取向的重心,正是"居安思危""朝乾夕惕""外内使惧""困穷而通"……"忧患从来启圣知,当年羑里演危辞"。一个"危"字,意象昭然!

一部《周易》,可说是"圣人立象以尽意"的一个特殊的符号系统。作《易》者意识到:造作书契文字是人类跃进到文明时代的标志。但单是书契文字,并不足以表达整个人类的意义世界和精神意境。而"立象"却能"尽意"。即通过"观物取象""象其物宜",琢磨出一套"絜静精微"的易象,以之作为媒介,则可以"类万物之情,通神明之德"。通过易象,就能够把握、洞察或表达有关宇宙、人生的多层意义、意蕴或意境。如八卦之象:☰乾、☷坤、☳震、☴巽、☵坎、☲离、☶艮、☱兑,既可代表天、地及雷、风、水、火、山、泽等自然物象,又可以象征父、母及长、中、少三男三女等宗法伦理,且触类旁通而与八方、八风、八音之象等相关联。由八卦重为六十四卦,各有"大象";每卦六爻积为三八四爻,又各有"小象",所谓"八卦成列,象在其中"。这样的"象","其称名也小,其取类也大",并非反映感觉中的个别物象,而是通过"观物取象"的择取、一定程度的类化和"钩深致远"的综合而形成的意象系统。如☰卦的"龙"象,非仅指生物"龙"的由"潜"到"见"、由"跃"到"飞"的过程或"苍龙星"的一年出没规律,而是概指一切事物阳刚之性的健动、升腾、亢进的态势。这就使"易象"符号系统具有极大的包容性。所谓"易道广大,无所不包","见仁见智",任人择取,乃至"百姓日用而不知"的许多潜存的意蕴,也可以不断地被人发掘和阐释出来。

《周易》这一超越名言、特重"意象"的致思思路,对中国传统哲学、宗教、美学、人生修养和艺术创作等方面都产生了巨大的影响。《易传》作者超前两千年清醒地指出:"书不尽言,言不尽意。"名言思辨有其固有的局限性,因而主张"立象尽意"乃至"得象忘言",这是在名言思辨之外另辟的一条意象思维的途径。"易道"与中国传统书法艺术,在这里找到了深相契合的融通之处。"易道"把认知主体所摄取对象分为"言、象,意"三个层面。认定单靠逻辑化的概念思维(名

言)不足以"尽意",必须通过诗意化的意象思维才能够表达超绝名言的深层意义(意蕴、意境)。陶渊明深达此理,写道:

> 结庐在人境,而无车马喧。
>
> 问君何能尔?心远地自偏。
>
> 采菊东篱下,悠然见南山。
>
> 山气日夕佳,飞鸟相与还。
>
> 此中有真意,欲辨已忘言。

　　诗人采菊东篱、悠然心远的真实意蕴,已由所见南山、归鸟等意象全盘托出,用不着再加任何文字说明。中国传统书法艺术也可说是深达此理。首先,书法并不脱离中国字及其形、音、义等内涵,乃至原文出处以及历史文化背景等。但是,书法创作乃是对所书文字及其内涵进行另一番艺术加工,无论是选择真、草、篆、隶诸体的不同造型,无论是对单字笔意、行气疏密与整体章法的精心结构,乃至所书文字的内涵与外形(装裱、色彩)的契合等,都是意象的重新创造,既不脱离又不限于原文字,而旨在重新"立象",借以"尽意"。此处"尽意",乃指书法创作中自觉或不自觉地所要表达的深层的"意蕴"(作书者所感受到的人生甘苦、审美意趣、道德情操、时代精神等)。中国书法艺术的创作、欣赏(欣赏也是一种再创作),都实践着依托文字、立象造型、抒发意蕴这样基本的三步曲,恰与易道一脉相通,并且是"圣人立象以尽意"的"易理"在艺术创作方面最生动的实践。中国书法艺术的实践更具有其特殊的独创性和个性化色彩。王羲之留下的书法瑰宝《兰亭序》,历代临摹者不计其数,传世的著名临摹本已不少,而似与不似,皆各具一格;至于功夫厚薄,意境深浅,更是千变万化,千差万别。此正符合"易道"之"惟变所适""神无方而易无体","通其变,遂成天下之文"。

　　屠新时君研习祖国书法有年,笃学精思,卓然有成,蜚声海外,而仍缅怀先哲,苦恋神州。近年出版《书法与中国大智慧》(岭南美术出版社,1998年)一书,选录古今名言、隽句一百余条,既按其哲思内涵而美之以书法艺术,为求远播,又精译为英文，悦目赏心，已为海内外学人视为珍品。现新时君又出版《墨韵易经》，以精心慎择的书法艺术分别展示《易经》六十四卦的卦象（大象辞）。这正体现了"易道"所谓"圣人立象以尽意"的主旨，正表达了"易道"与书法的深层的意象融合与形神统一。新时君在其书法艺术创作中，力图将中华传统文化长期积蓄的哲学智慧美、诗化情操美、浩然正气美、峥嵘人格美全都熔铸进作品，使得中国书法获得新的慧命和无限活力。这一蕲向，实获我心。乐观其成，喜为之序。

（1999 年元旦序于羊城旅次）

应当重视辩证思维的民族特点

——序田文军、吴根友《中国辩证法史》(简编)

  武汉大学中国哲学学科点,曾较长期地坚持以"中国辩证法史"作为集体科研的一个重点课题。最初的动念,是基于对"文革"十年中形而上学猖獗、斗争哲学横行这一理论思维教训的反思,试图通过历史和现实的思想矛盾运动的深入总结,重新发掘民族传统中的哲学智慧资源。为此,我们依靠集体的持续努力,在 20 世纪 80 年代中多少取得一些进展。首先,系统整理了有关古代及近代辩证法史的文献资料,奠下一定的史料基础;其次,就辩证法史研究中一些特殊的方法论问题进行了探讨,取得一些共识;同时,以此为专业方向培养了多批研究生,指导他们完成了多篇学位论文,积累了一些专人、专题的研究成果。在此基础上,逐步形成了三卷本的《中国辩证法史稿》的总体设计和基本框架(第一卷"远古至秦统一",约 42 万字,已于 1989 年由武汉大学出版社出版;第二卷"秦汉至明中叶"、第三卷"晚明至'五四'",尚在整理中)。这三卷本的《中国辩证法史稿》,属草创立论,枝叶扶疏,不免支离;每编中的各个论题,繁简、虚实,均不拘一格;多人执笔,思路文风,也难求一致。故《史稿》一书,属研究性论著,体例参差,未便初学。

  90 年代初,田文军、吴根友同志应河南人民出版社之约,在学科点已有研究水平的基础上,挥笔撰写了这部《中国辩证法史》(简编),化繁为简,推陈出新,在研究的深、广度上,显示了某些特色。首先,全书以马克思主义为理论导向,把思想史研究与社会史研究相结合；按共性寓于个性之中、人体解剖是猴体解剖的钥匙等观点，剖判中国历史上辩证思想的成果，注意到以唯物辩证法理论体系为圭臬。借鉴、综合已有的研究论著而不盲从，自立权衡，取舍有方，在宏观立论和微观考史两个方面，都务求言之有据，力戒浮明。其次，这部《辩证法史》善于举纲张目，突出主干，由博反约，力避枝蔓。全书按历史进程共分 6 编 43 章，体系结构与表述方法都力求简明扼要，便于读者一编在手，对中国辩证思维的重要成果和基本线索有一个轮廓的了解。再次，全书古今贯通，把中华民族辩证思维传统的史的发展，从远古一直叙述到现代。"五四"以后中西哲学的交融中，一些卓有建树的学者诸如金岳霖、冯友兰、熊十力等的思想轨迹，马克思主义辩证法在中国的胜利传播和毛泽东辩证矛盾观体系的形成与伟大贡献，都作为中国辩证法史的发展进程和理论成果给以专章论述。这就历史地表明了中国辩证思维传统的发展，既是古今慧命相续，又是中西文化接轨，这也正是 21 世纪中国哲学所面临的历史使命和光辉前景。

为了迎接未来的发展前景，中国哲学史、特别是中国辩证法史的研究，我想，除了继续注意人类文化有其普遍的趋同性、中西哲学思想必有其本质的共性以外，似乎更应着眼于中华民族理论思维在历史形成的某些定势中所表现的特殊性或变异性。过去，长期流行的"西方中心论""西方典型论"等时代偏见，以及视作教条的单维进化的历史观，都阻碍着人们对民族思维传统固有的特点、特异性或特殊贡献作深入的探究。这也许是以往中国辩证法史的研究中一个重要的弱点。按西方价值系统所肯定的西方思想史的积极成果，作为人类智慧创造的一支，无疑在当代具有极为重要的意义和不可取代的价值。但是，这一点不能被夸大，不能把西方思想的积极成果说成是唯一的、至上的，是古今中西都必须遵循的普遍真理。事实上，西方各国多维发展的哲学创造，无论哪一家，都只能是人类智慧"殊途百虑"之一环，即使是精美的一环。东方各族人民的哲学文化源远流长，中华民族的辩证思维传统尤为丰美，其中既有与人类哲学认识先后趋同的许多基本观点，更有中华哲人极深研几、孤先发明的独特理论贡献。这些具有民族特异性的思想成果和智慧创造，本是我们民族对人类精神文明的独特贡献,最值得珍视和发扬。但在过去,由于夸张西方思想模式的普遍性,中国辩证思维传统中一些独特贡献,反而被漠视、被贬斥,乃至被视为传统文化中的糟粕。诸如,把"中庸"斥为折中主义,把"合二以一"斥为否定矛盾斗争的形而上学,等等。

80 年代以来,改革开放的伟大实践,唤起了中华民族的新觉醒。民族正气与民族智慧都得到新的发扬。许多学者解放思想,实事求是,对中国文化传统,特别是辩证思维的传统,进行了前所未有的深沉反思,提出了不少饶有新意的思路和慧解。例如,不少学者对"中庸""中和""中道""中行"等的精义,作了多方面的新诠释;有的追溯"和"范畴的衍化,从先秦的"和实生物""和与同异""以它平它之谓和",直讲到宋明张载的"仇必和而解"以及王夫之的注解:"阴阳异用,恶不容己;阴得阳,阳得阴,爱不容己;太虚一实之气所必有之几",认定"和而解则爱"是事物矛盾发展的必然归宿,而"和"或"太和"乃是中国传统辩证法的最高范畴。有的则明确宣称:西方辩证法主"一分为二",中国辩证法则重"一分为三",并进而分析了"两""贰""匹""偶""反""复"和"参"(以及荀子的"能参""所参""所以参")等范畴的内涵,阐发了"人有中曰参,无中曰两,两争曰弱,参和曰强"(《逸周书》),"两生而参视"(《管子》),"赞天地之化育则可以与天地参"(《中庸》)等命题的深意,由此得出了"三极之道"的相克相生的互补性。至于庄子的"两行""两忘"之道,《中庸》的"并育""并行"之理,朱熹易学中"对待""流行"之旨,道教理论中的"三一""重玄"之说,也有一些新的考辨和诠释。凡此之类,虽尚属少数学者对个别或部分问题所发表的独得之见,尚未经过全面综合而形成关于中国辩证法史的系统观点,但已足够引起人们的重视,促使人们去作深入的思考和推敲。

中国辩证法史的研究,尚处于草创阶段,许多理论和方法问题,特别是中西思想比较中如何辨同异、别共殊的问题,尚待进一步探索。田文军、吴根友同志合撰的这部《中国辩证法史》,承先以启后,有所开拓和创新,但仍只是通向未来的一座桥梁。

未来的研究,应当结合更丰富的成果,发掘更广阔的资料,更充分地体现出我们民族智慧中的辩证思维所具有的历史特点和已作出的独特贡献。伟大的社会转型，必然导致文化思想的"推故而别致其新"。汲取诗情，企望未来。是为序。

（1997 年 4 月）

传统价值观转换问题的当代思考

——序《鲲化鹏飞》一书

这本集体学术论著《鲲化鹏飞——传统价值观转换的当代思考》，与另一本断代学术史论《明清启蒙学术流变》（已由辽宁教育出版社于 1995 年出版），实为同一课题研究的两项成果，史论交涵，互为经纬，可视作姊妹篇。

我们原承担的八五科研课题是"中国传统价值观与社会主义精神文明建设"，涉面甚广，经课题组反复研讨，决计从史的追溯与论的剖析两个方面分别切入，展开专题研究，然后综合成书。

关于史的追溯方面，作者经较长时期的学思积累，注意到一定历史阶段社会和文化代谢发展的绵延性，坚持中国传统价值观的近代化转换开始于明清之际的启蒙思潮，从晚明到"五四"是一个同质的文化蜕变历程，中国式的现代精神文明有其内发原生的历史根芽等系统观点，力图进一步为之作出翔实的历史论证，旨在阐明中国的现代化及其文化变迁，西学传入虽起过引发作用，而从根本上说是中国传统文化自身发展的结果。因而，应当深入揭示中国式的现代价值理想的历史形成过程，如实把握传统与现代化的历史接合点。经过较全面的史料爬梳与较深细的思想提炼，终于对"晚明"—"清初"—"18 至 19 世纪"三阶段的启蒙学术思潮的曲折发展，作了一番认真清理，写成一部断代学术史论专著。这就为传统价值观的现代化转换所必然呈现出的特殊复杂性，准备了理论前提和历史铺垫。

　　至于本书，属于本课题的论的剖析部分。初以专题形式分工进行。在研究中，逐步发现本课题所涉及的文化学、社会学、价值学的一些理论问题，往往歧解纷呈，诸如"传统""启蒙""人文精神"等常用概念，也各有界定，互相龃龉。又如，关于中国传统价值观的主流倾向及本质特征问题，按流行的说法，大都概括为重"群体"而轻"个人"、重"道德"而轻"功利"，似乎崇公而抑私、贵和而贱争，乃是普遍的价值取向。但是，另有论者，深入掘发，提出国民性的改造问题，或论定传统价值取向恰好是看重"私利"而漠视"公德"，即使儒、道、释等精英文化的理想人格，也是重在个人修养的"内在超越"，而忽视社会性的公共规范，其思想本质实是"自我中心主义"。两说皆持之有故，言之成理，而又实难并存，适成背反。在研究中还注意到传统价值观中关于儒、墨、道、法等学派的异同、离合如何分疏？儒、佛、道三教鼎立中其主辅地位如何判析？三教融合而诞生的宋明道学又如何孕育出明清启蒙思潮？……乃至中国近现代学者何以大都对明清启蒙学术表示认同，或直接视为自己的思想先驱？这些与本课题相关的理论诸环节，中外学术界多有争议，异说纷纭，莫衷一是。至于现代精神文明创建中传统与现代的因革关系，真、善、美等价值尺度及其相互矛盾如何正确调节，中华文化发展中的分、合、一、多及未来走向，特别是中西文化价值如何由冲突而趋于互补、融合的前景展望……凡此种种，都涉及现代精神文明建设的一些深层次问题，而现成的研究成果，特别是成熟的定论并不多；有些问题领域，还有待驰骋古今去重新开拓。

　　本书在分题研究过程中，也逐步形成了某种共同的思路。大体说来，以当代中国社会为立足点，首先回顾传统而把传统视为"活的文化生命"，着力探寻传统与现代化的历史接合点问题；进而从总体上把握中国传统价值观的本质特征，尽可能全面地清理已有的各家论说，而略申作者在对立两极之间保持张力的初步立论；又针对传统文化中儒、道、法、墨各家价值观的异同及其历史作用与现实投影的二重性，作了必要的理论分析。以此作为上编，旨在引古以筹今，侧重于对传统价值观的现代意义作动态探索。下编着力于现代价值理想的生成、结构、矛盾发展、未来前景等进行多角剖视，重申"哲学启蒙"是现代价值的生长点，而中国式的哲学启蒙及其所引发的价值理想，则具有历史形成的许多重要特点；进一步对现代人文精神的内在架构，以及真、善、美的相互关系及其内在张力等问题，作了一些新的探索；最后，展望中国文化通过"合分—分合""由一趋多"的波浪式扩展而必然走向世界化，走向中西文化的交流、互补与融合的光辉未来。全书以回顾传统始，以展望未来而终之以"未济"。书中有些分题以论文形式曾在《哲学研究》《光明日报》《东方》《学术月刊》等上发表，现虽辑为专论，稍加整合，但毕竟出于众手，义尚参差，视角文风，也不求一律。故此书实为探索性论著，集腋尚未成裘，累丸期于不坠，读者不弃，愿与切磋，匡谬指迷，是所企望！

本书题名《鲲化鹏飞》，有取于《庄子·逍遥游》中的妙喻。鲲化鹏飞，谈何容易！鲲要化，必须挣脱多少世纪以来历史积淀而成的沉重外壳；化而为鹏，还得凭借"海运"、飓风等难得的机遇，加上"水击三千里，抟扶摇而上者九万里"的奋力拼搏，才可能"怒而飞"。我们伟大古老的中华民族，不是恰像一条庞大的鲲鱼正在化而为巨鹏吗？不是也需要挣脱沉重的传统枷锁，抓住机遇，破浪乘风，才可能奋起腾飞吗？我们研究、剖析传统价值观的现代化转换问题，无论是"涉浅水者见虾，其颇深者察鱼鳖，其尤甚者观蛟龙"（王充语），目的都是在为此而尽到涓埃之力。

本书得武汉出版社的垂青，慨予出版，衷心铭感，喜为之序。

（1998 年 10 月）

序谢宝笙《龙·易经·中国文化的起源》一书

王充有言："知今而不知古，谓之盲瞽。"一个民族引古筹今的历史自觉意识的强弱，往往是该民族历史命运兴衰的征兆。

世纪回眸，我们民族所经历的百年沧桑，正是从苦难中觉醒，在奋起革命中屡遭挫折，终于克服艰难险阻而在改革开放中走向全面振兴和腾飞。与之相伴随，对历史童年的回顾，历史自觉意识的成长，也经历了一个曲折的进程。

20世纪初，鲁迅写下了《自题小像》的著名诗篇："灵台无计逃神矢，风雨如磐闇故园。寄意寒星荃不察，我以我血荐轩辕。""血荐轩辕"的历史激情，集中反映了当时在深重苦难中奋起反抗的民族革命觉醒。同一时期，李大钊在其"呼唤青春中国"的《青春》一文中，也满怀激情地声称："支那自黄帝以来，赫赫然树独立之帜于亚东大陆者，四千八百年于兹矣！历世久远，纵观横览，罕有其伦。"稍后，抗日战争伊始，毛泽东在《祭黄帝陵文》中也慷慨陈词："赫赫始祖，吾华肇造，胄衍祀绵，岳峨河浩。……懿维我祖，命世之英，涿鹿奋战，区宇以宁。……东等不才，剑屦俱奋，万里崎岖，为国效命。……还我河山，卫我国权，此物此志，永矢勿谖！"如此深情缅怀民族人文始祖，且声气相通，实非偶然。盖自晚清以来，革命派莫不醉心于光复古史并用黄帝纪元，以与清廷用帝号纪年和康有为等拟用孔子纪元相对抗。当时主流革命刊物《民报》《黄帝魂》《二十世纪之支那》等都争刊黄帝肖像，全用黄帝纪年。刘申叔特著《黄帝纪年说》，夏曾佑首编《中国古代史》，断定"言中国古史者，必自炎、黄之际始"。当时学界对此似乎毫无疑议。但炎、黄史迹，传闻异辞，既缺乏应有的考订和论证；而所谓"黄帝纪年"，各自计算的年数也参差不一。这表明，反思历史的童年，并非易事。从悠然怀古，到严密考古，再到深切著明地释古、知古，还需要经过曲折的认识过程。

辛亥革命失败后的国步艰难，"五四"时期中西文化冲突所引起的思维裂变，别有因缘地引发了一代疑古思潮。晚清今文经学已启疑古辨伪之端。"五四"前夕，胡适在北大讲坛更盛倡"宁疑古而失之，不可信古而失之"，断言"中国哲学结胎时代"始于西周末年，主张"先把古史缩短二三千年，从《诗》三百篇做起"。在其思想影响下，史学界所掀起的疑古思潮，成为"五四"新文化运动的一个侧面。一方面，针对封建史家的迷信和独断，引进西方近代科学实证方法，推倒"圣经""贤传"的权威，冲破乾嘉朴学的局限，在当时令人耳目一新，具有重大启蒙作用。但另一方面，疑古派的一些论断夸张失度，为反对迷信古史而堕入另一极端，如提出所谓"层累造史说"，断言殷周以前的古史全是春秋战国诸子为论证己说而各自编造的，越编越远，问题越多。疑古思潮，遂风靡一时，几乎"无书不伪，是古皆虚"。大量的古文献被判为"伪书"，许多古史人物被判为"非神即兽"，中华文明史被腰斩二三千年。

这一疑古思潮的兴起和泛滥，也非偶然。它既反映了部分"五四"新潮人物在西化声中对民族传统失去信念的文化心态，且与国外流行的"中国文化西来说""中国历史脱环论"等互相助长；更与当时田野考古工作、文献考释工作等极度落后无成的客观情势密切相关。这一疑古思潮，以特有的机遇，得以流行一时，其影响之深远，至今余波未息。相当长期以来，中国史学界对于炎、黄始祖已若存若亡，避而不提；对于古文献中"尧、舜、禹"史迹的真实性也动辄置疑；对于中华文化的活水源头或发轫时期，则比照西方文化史而尽量后移，直移至奴隶制崩溃的春秋战国时期。由疑古而弃古，中国的古史研究，陷入断港绝潢，曾经一片荒芜。

斗柄东旋，时移势异。20 世纪后半叶情况才有所改变。新中国成立后，民族独立，百废俱兴，田野考古及古籍校理等工作得到空前规模的大发展，史学思想也不断提高。许多考古新发现,使传世古文献中保存的史迹或史影得到直接或间接的证实,也就从根本上动摇了疑古派等立论的根基,同时也破除了传统史学中泥古派基于迷信的虚构。考古工作者通过遍及全国的系统发掘,清理出许多旧、新石器时代典型的文化遗址,进行了类型学、层位学、断代学的分析研究,大体上建立起我国古代三大民族集团或三大历史文化区冲突融会、渐趋统一的发展格局,这与前辈硕学蒙文通、徐旭生等仅根据古文献所梳理出的古史脉络遥相契合。一些古史研究者,善于把田野考古新发现与传世古文献的校理、金甲陶文的破读和少数民族社会历史的调查等多层面地结合起来,互相印证,取得一个又一个突破性的研究成果,从而使古文献记载的从炎帝、黄帝、蚩尤、颛顼到尧、舜、禹时代的茫茫史迹,一幕幕地逐渐清晰起来。中国的古史研究,有了大量出土文物作为客观依据,也就有可能真正扬弃泥古派和疑古派,而开始进入一个科学释古的新时期。尤其近二十年来,以恢复古史原貌、弘扬优秀传统、振奋民族精神为宗旨的学术研究,正蓬勃兴起。古史祛疑,炎、黄复位,海内外华人无不深切关怀的黄帝陵祭典一年比一年盛大;对炎黄文化、尧舜禹史实、夏殷周断代工程以及中华元典等的研究,全面启动并不断加深;对中华文化和哲学智慧的起源问题的探索,也有了新的思路和新的开拓。释古新潮,渐成主流。"去其偏颇,得其神明","取今复古,别立新宗"(鲁迅语)。这是跨世纪民族新觉醒的一种文化征兆。

在这样的文化氛围中,古史研究领域中涌现出了一批卓有创见的新成果。谢宝笙君在中山大学攻博中,矻矻三年,奋力完成的学位论文《龙·易经·中国文化的起源》,就是这批新成果中颇具特色的一篇力作。谢君此文提交答辩时,我是通讯评审者之一。时养疴北海,初读文稿,神为之畅,深感此文宏观立论有仪,微观考史有方,不拘陈说,敢标新义,是一篇在释古新潮中自辟蹊径的心得之作,具有相当的学术价值。

谢君此文,经过答辩,得到师友好评,又经他锲而不舍地修订充实,成此专著。作者在此书中知难而进地选定中国文化的起源这一课题,并试图扩大视野,透过特定的历史现象及文化符号来洞察其中深蕴的哲学内涵。作者善于把考古学前沿的最新成果与传世古文献的认真考释结合起来,并引进现代人类学、文化学、神话学、民俗学等的理论和方法作为参照,在中西对比中注意别其共殊,在多学科交叉研究中注意区分主从,在着力于"超越疑古,走出迷茫"中注意防止新的片面性,而旨在如实地恢复古史的原貌和全貌。这一致思方向,是可取的,与当代释古新潮自相契合。作者慎重地认同苏秉琦关于中国国家的起源和发展的三段说,根据"现代考古视野中的五帝时代",深入论证了"共识中国的文化内涵",肯定中国文化的最早源头可追溯到"共识中国"的形成时代,即"五帝时代"的文化乃是五千年中国文化史的活水源头。

五帝时代,文献缺如。本书作者乃另辟蹊径,紧紧把握中国哲学从政治实践中产生,又不断回到政治实践中去验证这一特点,从中西(希腊)古史对比入手,试图从炎黄时代民族斗争与融合的大趋势,尧、舜、禹时代史迹中的禅让活动、治水活动等大规模历史实践的宏观脉络中,来探寻民族文化及其哲学智慧的起源,并揭示其历史形成的特点。黄帝、炎帝与蚩尤连环战争中的"适可而止"、以战求和的民族融合方略,"一张一弛"的"文武之道"等;尧舜禅让中"以退为进"的策略,大禹治水的"导堵结合"的方针,以及大量出土的"龙"的图像作为文化符号所体现的"屈伸之道"等;最后,综合为《易经》所表述的非反即覆、吉凶互变的动态之理。这样,通过宏观的历史事变,大规模的政治实践及已形成的文化符号如"龙象""卦象"等来考察其中的思维定势、价值取向、道德理念、审美情趣等哲思源泉。这是作者所开拓的一个新思路,在中国古代哲学的研究中不失为一种史料筛选的新方法,对哲学史方法学的更新具有重要意义。作者在论证中,对"龙象"到"龙理"的哲学意蕴的分析,对尧、舜、禹事迹的价值理想的剖判,对中西文化思想的核心差异的辨说,对《易经》卦、爻辞的译解和诠释等,多有独到见解,发前人之所未发。至于作者通观古今,提出的"波浪哲学"或"曲线哲学"范式,用以概括整个中国哲学的特质,并认定其具有跨学科、跨时代的普遍意义。作者这一裁断,勇而有征,虽尚待更进一步的绵密论证,但已持论铮铮有据,自成一家之言。

谢君此书,以探寻中国哲学文化的活水源头为主题,以揭橥"波浪哲学"并展望其现代化发展前景为旨归,论题宏大,论点新颖,论据翔实,论旨清晰,一些论断虽尚嫌粗略,但颇富有可塑性和前瞻性,因而对于读者必能起到多方面的启发作用。

戊寅岁杪,香江握晤,谢君以书稿见示,观其琢玉有成,累丸不坠,闻书将出版,喜为之序。

(戊寅冬于羊城旅次)

序王仲尧《隋唐佛教判教思想研究》一书

　　始于南北朝,盛行于隋唐的中国佛教的判教理论,是一种特殊形态的佛教思想史观,它从一个特定角度反映了中国佛教学者对佛教教理发展的整体认识、思维方式和价值取向,是中国佛教研究中的一个很有意义的课题。

　　王仲尧同志的博士学位论文是这一研究领域的优秀成果,具有较高的学术价值和新的创见。作者在论文中肯定,判教是中国佛教基本特征之一,它实际上是在中国佛教发展过程中,南北朝各学派,隋唐各宗派普遍采用的一种认识和批判的思想结构及理论建构方式,也可以说,它是支撑整个中国佛教教理思想的内在的价值评价体系。这个学有心得的见解,获得了评审专家的普遍认可。

　　中国佛教判教发生、发展的思想历史,与南北朝佛教各学派的出现,隋唐佛教各宗派的建立,以及中晚唐之后,禅宗的兴起结合在一起,没有一种学说或宗派理论回避判教问题,即使是在通常被认为似乎缺少逻辑体系的密宗等的教理思想中,都有相当完整、周密的判教结构,无一例外。作者在论文中以丰富的史实论证了这个价值评价体系建立、发展的过程,和判教作为中国佛教教理体系形成的思想结构及其价值意义。此项研究,对于更好地认识和把握中国佛教哲学、佛教文化的发展,乃至与中国传统文化的结合与互相涵化的过程,及其现代启示,都具有重要的理论和实践意义。

　　论文把中国佛教判教的起因和目的归结为"整理佛经使之系统化""认识、批判和总结各家思想学说""建构中国化佛教思想体系",这一归纳,应当说是选择了适当的观察问题的高度与视角。论文从"判教标准""判教结构""价值意义"诸层面,展开对隋唐佛教诸家判教理论的探讨,从而较前人更深入地揭示了中国佛教判教的特色和时代意义。论文中指出,中国佛教判教与中国文化精神如"百虑一致""殊途同归"等思想的内在联系,及其在现代文化建设中的意义,是很有价值的见解。

《易传》说:"乾道变化,务正性命,保合太和,乃利贞。"又说:"憧憧往来,朋从尔思,天下何思何虑? 天下同归而殊途,一致而百虑。天下何思何虑?"表示了一种超越的文化心态。《中庸》讲得更好:"道并行而不相悖,物并育而不相害,小德川流,大德敦化,此天地之所以为大也。""殊途百虑""并行并育"的学术思想史观,在我国传统思想文化中,有荀子《非十二子》,庄子《天下篇》为代表。司马谈《论六家要旨》,各有所长,各有所短;一直到柳宗元所谓"诸子合观",各有贡献,宗密《华严原人论》评判各家,而最后"会通本末";认为历史上的各家理论,都是真理的颗粒,真理发展的一个阶梯,真理认识的一个组成部分。禅宗石头希迁的禅学中,也曾这样说:"人根有利钝,道无南北阻","万物各有功,当言用及处",对当时的顿渐之争,以及禅教之争、佛道之争、儒佛之争等,他都主张回互一切,加以会通。黑格尔—马克思的真理史观,也是以这样一种通观历史的文化心态来看待人类认识史上真理发展的辩证法,也主张只有吞吐百家才能求得自身的发展。就这个意义说,可以启发我们无论研究历史文化还是面对当代学术思潮,都应该坚持多元开放的文化心态,在人类文明多维发展的大道上,去会通中西,融贯古今,发展真理。

王仲尧同志的博士论文所涉及的问题本来就较繁杂,诸如印度佛教为何能在中国大地上扎根、发展,外来的佛教如何与中国儒道文化既冲突又融合——这些问题,在学术界多年来尚无定论。因此,这一题目的难度较大。作者不畏艰难,勇于攀登,值得鼓励。论文中涉及的隋唐佛教宗派有天台、三论、律宗、三阶教、密宗、华严各大宗派,是迄今为止国内比较全面和系统的关于判教研究的重要成果。作者在论文中,大量汇集新旧中国,海内海外,僧俗各界的有关著作,用力甚勤，工夫扎实。有关专家和学者们认为，论文中尤其是对天台宗的判教思想，用工夫较多，这部分也写得最为周密充实。其他如华严宗、三阶教、密宗的判教的讨论，也较有新意。

论文对隋唐各家判教思想清其源头，明其端绪，疏其流变，究其旨归，对隋唐佛教各主要宗派佛教思想家的判教思想，基本上都作了比较深入的剖析；对判教在中国佛教教理体系建立过程中的作用问题，对中国佛教的判教思想与中国文化精神的相互关系问题，也作了具有一定深度的分析与探讨。论文中对判教概念之剖析，判教标准之论述等，都不因袭前人旧说，而多能独阐己意，指出判教的实质在"料简与会通"，而突出诸宗通过判教建立了不同于儒、道二家的以佛性为价值本体的价值评判体系，进一步从中揭示中国佛教的判教思想与中国传统文化精神、思维模式的内在关系，以及判教的现代意义。整篇论文思路清晰，资料翔实，论证细密，文字清通，凡此，皆使论文在总体上具有了较高的学术价值。

王仲尧同志此前已对佛学有所涉猎，撰写、出版过一些佛学著作。攻博以来，学思精进。初拟以天台哲学为研究课题，经反复琢磨，由天台判教思想扩及整个中国化佛教的判教思想，勇于开拓，知难而进，矻矻三年，择善固执，在全面综合评述百年来已有研究成果并重新占有有关的原始资料的基础上，奋力完成了这篇学位论文，做了一件开拓性的学术工作，具有学术补白的作用。今书将出版，喜为之序。

（2000 年 6 月序于珞珈）

陆 学 小 议

——序王心田《陆九渊知军著作研究》

陆九渊(1139—1193年)是12世纪中国南宋时富有平民意识、独立不苟的思想家。他虽经科举考试,历任过县主簿、敕局删定、将作监丞、知荆门军等低微官职,而其一生的大部分时间都在民间讲学,自办书院,创立学派,从事传道授业活动,受教学生多达数千人。他以"心即理"为核心所建构的心学思想体系,勇于独树一帜,与当时以朱熹为代表并集其大成的正宗理学相抗衡,在与朱熹等直接交锋的多次论辩中逐步达到理论上的成熟;此后,经杨简及陈献章等的学脉继承,再由王守仁进一步充实、发挥,蔚为明清以来的主流哲学思潮,一直影响到近现代中国的思想界。后"五四"时期,陆九渊的学术思想对熊十力、马一浮、郭沫若、蒙文通等仍保持着特殊的吸引力,由此足见陆九渊在中国思想史上所据有的独特地位。

陆九渊所创立的心学,其最主要的理论特点是昂扬人的主体意识,典型地抽象发展了人的自觉能动性。他以"人皆具是心,心皆具是理,心即理也"为立论的基点,认定"盖心,一心也;理,一理也。至当归一,精义无二。此心此理,实不容有二"。"万物森然于方寸之间,满心而发,充塞宇宙,无非此理。"由此推论出:"宇宙便是吾心,吾心即是宇宙。"这些论断,似乎可以诠释为主观唯心主义的话语,但如果联系陆九渊从童年起就开始探索客观宇宙问题的心路历程,就其深层的哲学涵义而言,则可如实地理解为:当万物森然呈现于吾心,人所面对的世界才由"自在之物"转化为"为我之物",这是靠人所独具的主体意识及其"满心而发"的活动,从而实现宇宙万物之理与吾心之理的交融契合,"至当归一""不容有二"。他强调的是"道在天下,加之不可,损之不可,取之不可,舍之不可,要人自理会","宇宙不曾限隔人,人自限隔宇宙"。所以,人应当着力的是:"收拾精神,自作主宰!"就这个意义上凸显人的"本心"(精神)的能动作用,理所当然。所以,有的学者褒称陆九渊为一代"精神哲学大师",信然。

陆九渊心学的另一特点,是以"尊德性"为宗,在鹅湖会中与主张"道问学"的朱熹激烈交锋,因而更加自觉地坚持价值理性对理论理性的优先地位;强调"先立乎其大者",就是要把做人的德行践履、人格修养置于首位。在德育与智育的关系上,明确地把德育放在第一。他所主张的德育,并非纲常伦理规范的外在强制灌输,如正宗理学所坚持的以道心钳制人心,用天理窒息人欲;而是相反,强调"发明本心",即把普通人的"人同此心"的"心"作为人生价值和意义之源,通过"存心""养心""求放心"的修养,高扬价值理想,挺立起道德自我,立志"堂堂地做个人"! 他说:"上是天,下是地,人居其间,须是做得人,方不枉。""天地人之才等耳,人岂可轻?'人'字又岂可轻?"他的名诗:"仰首攀南斗,翻身倚北辰。举头天外望,无我这般人。"这都表明,陆九渊的心学,出发点和归宿点都是现实的"人",实可称之为"人学"或"人的哲学"。

陆九渊展开他的"人学"理论,触及一个重要课题,即他对正宗理学所维护的伦理异化和文化专制进行了具体的揭露,表示过深沉的抗议。他所谓"堂堂地做个人"的价值标准,首要的就是"公私义利之辨"。从原则上看它似乎与传统道德观相类,但当他联系现实作出具体剖析,就显示出它的批判锋芒。例如,淳熙八年他应朱熹邀请,在白鹿洞书院一次讲课中,以当时的科举取士的积弊为例,痛切揭露:"今人只读书便是利,如取解后,又要得官,得官后,又要改官。自少至老,自顶至踵,无非为利。"一针见血地指出,"学而优则仕"的流行观念,实际是引导人们追逐名利,"如锦覆陷阱,使人贪而堕其中"。由于他在白鹿洞书院公开揭露"利欲之习",朱熹也承认陆九渊讲得"恳到明白""切中学者隐微深痼之疾",听众"至有流涕者";朱熹自己也"深感动。天气微冷,而汗出挥扇"。《全集·年谱》

中这一实录,生动地展示了陆九渊这次"决破罗网"的讲演的震撼力。

陆九渊指出,"还我堂堂地做个人",必须警惕依附、盲从和奴化。他痛斥一切依附别人,依附权势,随波逐流或甘当"声、色、利、达"的奴隶的人,统称之为"附物"。他说:"今人略有些气焰者,多只是'附物',元非自立。"因而强调人要有独立自主精神,不盲从,不迷信,不随风倒,"不随人脚跟,学人语言",而要"自立""自重"。在治学学风上更力主"自得、自成、自道、不倚师友载籍"。针对当时社会的堕落风气,一些人"奔名逐利",一些人"卑陋凡下",一些人自陷于伦理异化的困境中而不能自拔,陆九渊大声疾呼:"要当轩昂奋发,莫恁地沉埋在卑陋凡下处。""此理在宇宙间,何尝有所碍? 是你自沉埋,自蒙蔽,阴阴地在个陷阱中,更不知所谓高远底。要决裂破陷阱,窥测破罗网!""激厉奋迅,决破罗网,焚烧荆棘,荡夷污泽!"这类激烈言词,散见于他的语录中,近乎冲决网罗的愤怒呐喊,是陆九渊的"理性的激情"的一面;另一方面,他又以冷静的钻研,反对"泛观""泛从",而提倡一种怀疑精神,他说:"为学患无疑,疑则有进。""小疑则小进,大疑则大进。"他从教学实践中总结出一个"疑"字,批评孔门的子贡虽然好学但不疑不辨,所以成就不大。同时,更把慎思明辨的怀疑精神直指向经典权威,大胆声称:"《春秋》之谬,尤甚于诸经";《易经》"系辞首篇二句可疑,近于推测之辞";"《论语》中多有无头柄的说话"。面对当时学术潮流,更敢于藐视权威,抨击司马光《资治通鉴》开宗明义的《名分论》为思想僵化的谬论;又一反时论,赞扬王安石的品德,并肯定其"祖宗不足法"的观点。甚至怀疑君权私有的合理性,声称:"后世人主不知学,人欲横流,安知天位非人君所可得而私。"进而导出一个更具有普遍意义的结论:"学苟知本,六经皆我注脚。""六经注我,我注六经。"这类贬抑儒经的议论和冲决囚缚的思想闪光,不仅在当时惊世骇俗,被朱熹等目为"狂""怪";而且至今还具有启发作用,可以视作传统文化中稀有的现代性的文化基因。

对陆九渊的哲学思想的研究及其历史定位,近些年在超越两军对战的模式后,有所清理和重新评价,但尚有待详据史料,顾及全人,作出具体深入的剖判研究。所幸者,陆九渊晚年(1189—1193 年)思想趋于成熟,任知荆门军,得以在荆门留下他的光辉足迹。陆夫子祠便是近年重修的文化名胜。更有幸者,王心田同志立足荆门,神交往哲,公务之余,深研陆九渊著作,从陆九渊知荆门军时期入手,对其这一时期的全部著作一一予以编年、考订、注释、解评,撰成《陆九渊知军著作研究》一书,期能深入浅出,古为今用,将陆九渊晚年知军形象、为政实践和学术思想,清晰地展现在读者面前。这无论是对陆九渊学说的研究,还是对荆门地方文化的资源开发和建设都具有重要的意义,作出了可贵的贡献。

本书作者摒弃过去用预先设置的框架来割取前人学术资料的做法,以历史唯物主义为导向,坚持从当时当地的历史背景出发,坚持从陆九渊的社会实践活动出发,坚持从每篇作品所反映的思想内容出发,逐篇对陆九渊著作进行具体的分析论述,重在探讨陆九渊学术思想的精神实质及其历史与现实的价值。如在《送宜黄何尉序》解评中,本书作者赞赏陆九渊以人民群众的毁誉为标准,为被免职的县尉何坦鸣不平并多方慰勉的义气,进而对陆九渊个人的情操、修养、胆识进行评介。这样,就使得注与评做到了有根有据,实事求是。本书作者不满足于已往著作对陆九渊学术思想作哲学路线上的简单定性和归类,而是努力突出陆九渊所创立的心学的特点和陆九渊其人的个性,着重指出心学的辩证法的积极方面,即心学能激发人的主体意识和创造精神。

凡此,均表明本书作者自发愿以来,矻矻七年,已卓然有成。书将出版,谨为之序。

(丁丑冬序于珞珈山)

吴根友新著《从李贽到戴震》题词

寄调《金缕曲》

吴根友同志于1992年以《中国传统价值观的近代化运动》为题,写成学位论文,通过答辩,荣获博士学位;又经十年潜心琢磨,将该文充实改写成《中国现代价值观的初生历程——从李贽到戴震》这一学术专著,将由武汉大学出版社作为武大学术丛书之一出版。予幸得读其书稿,喜其勤耕不辍,累丸不坠,走笔题此,期在共勉。

史感纤情久。四百年,风雨鸡鸣,撩人回首。峡谷洄流多险阻,何人堪当旗手?应悟得,乐章合奏。呼唤童心破网罟,从嘉万,波延"五四"后。"西化"梦,共谁剖?

人言"现代"唯西有。顾神州,破雪春蕾,天然韶秀。"贵我""求真"经世用,别有诗心灵透。磨十年,剑铓初就。昂首征程齐接力,价值观,广宇供驰骤。鲲鹏化,金石镂。

(癸未春萧萐父题于珞珈)

亡友陈君吉权自选诗词集之一
《沉舟诗草》题记

　　乡先贤刘鉴泉先生有言："统观蜀学，大在文史""华夏南多水，其风柔文；北多山，其风刚质"，而"蜀介南北之间，兼山水之美"，故"合刚柔文质"，文心特茂，诗才辈出。近代以来，蜀中民间诗人群落尤盛，星璨萤飞，白雪巴人，交相辉映。陈君吉权（1921—1999 年），乃蜀中民间诗国中一位被褐怀玉、风骨嶙峋的行吟诗人。他对中国古典诗词，从童年诵习，中年醉心，直到老年更一往情深；古典诗词的吟咏和创作，伴随着他整个生命的行程，成为他一生价值理想的追求，成为他生活实践与忧乐情怀的如实写生，同时也是时代风涛、历史沧桑在诗人吟眸中的折射与升华。

　　吉权毕生瘁力于中学教育，红烛自燃，默默奉献，数十年如一日，竟因此一生清贫，一路坎坷，蔑弃声荣，自甘索莫，而他却在诗词创作中找到了精神自由翱翔的广阔空间。无论是天人之际，古今之变，山河之壮丽，世态之妍媸，以至亲情之爱，云树之思，全都在诗人的行吟中化为兴观群怨的诗境。因而吉权一生的诗词作品特富，不下千数百余首，惜屡经劫火，早期诗稿幸存者不过百之二三，辑为《焚余篇》，仅数十首而已。近 20 年，改革开放的春风吹绿了神州大地，凤凰涅槃，缪斯复归，吉权诗作也进入了丰收期，触目成咏，歌哭皆诗，游踪所至，诗亦随之，于是有《嘉峨诗稿》《滇游咏草》《青城后山诗稿》《鹃城访望丛祠》《九寨黄龙游》《七十遣怀》《赠慎修》诸辑，手抄自存。而《沉舟诗草》，则是其近 20 年会心之作的自选集。题名"沉舟"，盖有取于刘梦得诗句："沉舟侧畔千帆过，病树前头万木春"，表达了一位行吟诗人伫立"沉舟"之畔，目送"千帆"竞发的旷达乐观心态。此集中许多感时咏怀诗篇，如他所自白："一室之内，亦可纵遐想于八荒，议古今于几席，或歌或吟，无所拘忌，此情此景，殊足称意。"正是这一心态的诗化表达，故弥足珍贵。

我与吉权，订交已60年。初相知于墨池高中同窗，时避日寇轰炸校迁成都西郊银桂桥，吉权在高十班，我与深之、式平等在高十一班，办有《空谷跫音》《Rainbow》壁报，颇以文心相赏；朗月之夕，常同踏歌散步，有"枫林听雁""草径追萤"诸胜景，视为赏心乐事。当时我们都酷好韵语，并已各有自抄诗集。高中毕业后，劳燕分飞，吉权与深之、式平入川大，且与元谊相识，结为诗友，唱和不绝；我与利华、楫庭等则赴乐山、武大，嘤鸣偶通。1946年秋重聚江楼，吉权、深之、元谊出示其感秋成咏、轮相叠韵的《鹧鸪天》数十首，意蕴情真，我也勉力依韵奉和，为一时蜀中民间诗国之盛事。新中国成立后，各忙所事，风雨征程，感慨略同。"十年浩劫"后始再通音问，童心不改，赠答日多。吉权诗心仁厚，诗骨嶙峋，深为朋辈所敬重。己巳有和迅翁诗寄之，得其一和再和，至为感佩。己卯二月，客羊城，忽得英明电话，噩耗惊心，哀吟当哭：

忍泪呼权子：怎匆匆，骑鲸入海，倏然长逝?! 虹影跫音银桂月，听雁追萤往事。分携后，涉江兰芷。蓦目时艰重聚首，感秋词，意蕴深如此。宋、徐、我，赓相拟。

迎来新国齐更始。纵征途，几多曲折，几番朱紫。白眼鸡虫诗骨硬，浩荡风骚微旨。记寒夜，凤歌谁继。海内知交独再和，唤迅翁，感慨同心史。——魂归欤? 泪难止。

这首悼词中所叙及的许多旧事，在《沉舟诗草》中均有所反映。1998年5月在成都客舍，吉权来送别（也是我们最后一次握别），特将手抄复印之《沉舟诗草》等诗稿相赠，附笺云："古体诗若干首，其中《青城灵岩吟草》，乃50年前写成，幸存至今，此外皆近年吟成。凡为我所好、所遇、所虑、所思者，概纳入之。敝帚自珍，不足示人，蓬父知我者，冀暇日一哂。"同时，将他为我失而复还的《峨眉纪游诗》所写《跋语》交我（已刊入《吹沙集》（第二卷）），其中有言："……诗情慧境，乃以心弦共振，感通无碍，因得永存人间；是知具此慧心妙悟，则人不分今古，地不别中西，会心人此心息息相通。"今吉权已骑鲸不返，幽明永隔，思之泫然；而我抚读他的遗编，又恍如与之面对，诗魂感通，了无间隔。吉权永远活在他的诗中，也将永远活在《沉舟诗草》等读者群的心中。

神交心许，自珍其独。吉权仙逝，已将两载，英明尽力为之搜理遗稿，输入电脑，印送知交，此盖汤义仍所谓"一往情深""死可以生"。因为之题记，语难达意，英明、吉权印可否？

（2000 年 8 月）

怀 念 邵 融

彩笔虹霓绘远图，少年意气惯相呼。

珞珈共鼓风雷动，渤海惊闻黑白诬。

情有独钟世界语，论求博证大同书。

一生无愧亦无悔，皎皎心花永不枯。

——哭邵融　1997年3月5日

　　三月四日下午，电话从大连—武昌传来北海，传来令人震痛的噩耗——邵融已于上午九时长逝了！这怎么可能呢？十多天前春节期间，邵融与我电话长谈，谈到他在北京及转到大连治疗的疗效都很好。他是那么自信和乐观，电话中笑声不断。我和文筠为此充满希望，并拟议今秋争取去大连看望他们。怎么才十多天，邵融竟匆匆离开我们，与世长辞了呢？两天来，悼念的沉思中，记起许多往事。

　　邵融和我可说是总角之交，相识已有半个多世纪。我们初、高中都同班同学于成都县中，高中时就已成为好友。当时班上有两个著名的大型壁报：一是英文壁报《Rainbow》（"虹"），由邵融、唐振祎等主编；一是中文壁报《空谷跫音》，由徐溥、李式平和我主编，互相交流、竞赛，定期展出，书画美，受到师友好评。邵融是班上年龄最小的同学之一，但聪敏好学，不仅英文好，还自学了世界语，不仅数理成绩优异，同时又热爱外国进步文艺。由于他年龄小，经常鼓起两只好奇的大眼睛直视周围一切,或谛听,或怀疑,或介入同学们之间的各种争论,直言无讳,心口如一,特有的坦诚纯真,使大家都乐于与他交往。这时(1940—1943年)正值抗日战争最艰苦的岁月,内地青年思想也最苦闷,高中班上同学都爱看课外书,罗曼·罗兰、纪德、高尔基、尼采、朱光潜、何其芳……全都囫囵吞枣,接触各种思潮,也自然地在各自描绘着未来的图景,酝酿着人生和社会的价值理想追求。邵融送过我《柴门霍夫传》、英文的《雪莱诗选》等书,我也送过他傅雷译的罗曼·罗兰著作等。大概这样一些交往和同好,我们日益成为知交。

1943年,我19岁,邵融18岁,高中毕业,班上好友各自分飞,有的报考西南联大,有的报考四川大学、燕京大学,有的报考中央大学,我和邵融相约同去报考迁到嘉定的武汉大学。我们各带一支钢笔,同乘一叶扁舟从成都到了嘉定(当船泊青神时,他顺便回家去一趟)。邵融的一位叔父早在武大工学院读书,帮助我们借住在工学院学生宿舍。当晚我们坐在大渡河边乘凉,突然暴风骤雨,电闪雷鸣,一会儿雨过天晴,皓月凌空,这是我们首次出游看到的一次难忘的奇景。次日,我们到月儿塘武大校部报名,邵融只报武大数学系一个志愿,我也只报武大哲学系一个志愿。报名的人极少。考后,我们都毫不怀疑定被录取,也就各自回家。后来,武大在报上公布录取名单,在嘉定考区数学系与哲学系果然只各取了一人。

我们同入武大后,保持着深厚友谊,我通过邵融的叔父又认识了后来的挚友徐仲吕(当时读武大化学系三年级)。在嘉定时,文、理分院各住一地,我们在各自的专业道路上开拓着新天地,也有了各自的新朋友,但邵融与庹楫庭、屈济远和我等墨池旧友仍亲密无间。

1946年夏秋,我们随武大回到珞珈山。这时,国内政治形势的急剧发展,促动每个人的思想也发生重要变化,大学校园内的师生们也普遍出现厌恶国民党、同情共产党的政治转向。邵融在朋辈中较早地接触和接受了马克思主义理论,当我初入武大哲学系还醉心于德国古典哲学的思辨时,他从学理上与我讨论和争论过多次,谁也说服不了谁。到大学最后一年,我们从四川盆地来到武昌,眼界顿开,现实教育远胜于理论争辩,时代潮流几乎同时把我们卷进了当时武大的反美蒋学生运动中,成为最亲密的战友。邵融是武大学运中的核心进步社团"△×"的成员,但他以品学兼优、平易近人、毫无小圈子宗派气,与其他进步社团的成员保持广泛联系,起着沟通信息,促成团结的重要作用。从抗议沈崇事件,反饥饿、反内战、反独裁,揭露中美商约,争取学生自治会的自由选举,1947年红五月高潮中组织多次签名罢课、示威游行……直到"六一"屠杀惨案后,组织大规模抗争、打破封锁、扩大宣传、设置烈士灵堂、发动抬棺游行等,在这一系列火热的斗争中,邵融和许多进步同学团结在一起,毫不声张地做了许多埋头工作。仅就我所知,诸如武大首次抗议沈崇事件的大型座谈会,他是保卫工作的组织者之一;又如红五月高潮之前,经他联系邀请了武汉进步作家邹荻帆等来武大座谈,支援学运;又如"六一"屠杀惨案后,他用世界语写了详细报道悄悄寄去捷克世界语协会,得以冲破国民党政府的新闻封锁;他又主动联系到一位工科同学(系一国民党空军子弟,拟被带去北平玩),在其美军皮夹克内缝入大批惨案照片,携交燕京大学朋友,不久得在《燕京新闻》上公布,如此等等。邵融不愧是武大学运中最自觉、最踏实的默默奉献者之一。

"六一"惨案抗议结束后,我们几个川籍同学一道回成都。邵融决意奔赴东北解放区,为此拟改名,我为他想了一个"融"字,他欣然接受了。从此,我们一别就是三十多年。新中国成立前后,在那"天翻地覆慨而慷"的岁月,各自忙于新工作,全都没有通信,我只从零星传闻中知道邵融奔赴解放区后,辗转到了大连,仍在大学搞数学教学工作。1957年我调到武大以后,更传闻庹楫庭在北京、邵融在大连都遭到挫折……既大出意外,也难设想,只剩下茫然。直到1981年冬,我为所编中国哲学史教材的审稿会赴大连,始得与邵融再见,尽管阔别多年,且经巨变,但我们仍然气质未改,眉笑如故。我们在黑礁石海湾,整整散步了一个下午,互道别后征程,我才第一次悉知他1957年被"左"道乱正、颠倒黑白而遭到的坎坷……他叙述时如此平静,毫不挂怀,而他谈话的兴奋所在是当前改革开放的大局,数学的教学和科研,世界语工作的恢复和发展,是如何加紧工作以补偿二十多年的空白和损失。在教材审稿会顺利结束后,我特去大连工学院(编注:今大连理工大学)看望过几位武大老校友,并在邵融、彭沛家中欢聚了一次。从此之后,我们恢复了联系,互相寄赠各自的科研成果,互报在改革开放大潮中各自的工作进展和思想感受等。

20 世纪 80 年代以来,在我的印象中,邵融总在忙。忙于教学,忙于科研,忙于外出开学术会、访老朋友,特别是忙于他的业余专长的世界语教学。他以高度的责任感和使命感长期从事着世界语的宣传工作。这些年,他与好友李世俊同志等,更忙于办世界语教学班,编教材,出刊物,论述中国世界语运动的历史。为促进世界语运动的国际交流,他曾应邀赴波兰参加纪念世界语创始人柴门霍夫的国际学术会议,因而得以顺访莫斯科,参观了红场。他近年两次来武汉,除忙于讲学、访友之外,特与我讨论到关于世界语这一崇高理想的产生和发展的理论问题。一次他向我提到有外国学者说,首先主张推行世界语的人是中国近代史上的康有为(说来惭愧,我对此从未留意研究,了无所知)。邵融托我帮他查康有为的著作,找出原话;我从康有为的《大同书》中查出有关提倡国际语问题的两段话,抄给他,供他考证研究。这是去年夏天的事。以后,他研究的结果是否已成文,现只能在他的遗稿中去查找了。

邵融从中学时代就开始学世界语,以后始终坚持,大力投入,终于对中国世界语运动的普及开展和国际交流作出了自己的贡献,这表现出他对崇高理想的执着追求,百折不回,其中包含着他对人类和平和世界大同的坚贞信念。这种信念,在邵融心中,好像一朵皎洁、神圣的白莲花。"香远益清,亭亭净植",他用一生心血浇灌它,虽经挫折,无愧无悔。因而,这朵心中的白莲花,永远、永远也不会枯萎!

亲爱的邵融,您安息吧!您的朋友、您的学生将永远怀念您!

(1997 年 3 月 6 日于北海)

佛教哲学简介

——八十年代研究生专题课讲义之一

佛教哲学是一个复杂问题，这次简介拟讲四个问题：一、佛教及其在中国的传播；二、佛教哲学的一般思辨结构；然后，讲讲隋唐时期中国化了的佛教哲学的两个典型：华严宗和禅宗。

一、佛教及其在中国的传播

佛教是外来宗教，它在中国生根、发展，并且通过中国传播到亚洲各国以及整个世界上去，成为世界三大宗教之一。

原始佛教产生于公元前 6 世纪的印度，在当时有反对婆罗门神权统治的进步意义。它在印度由小乘佛教发展成大乘佛教，在大乘佛教中，先有般若空宗，后发展出瑜伽有宗，又由显教发展成密教，这种发展一直持续了 1 500 年。公元 10 世纪，佛教在印度开始衰落，特别是 13 世纪回教侵入印度后，佛教在印度基本上绝灭了。相反，佛教在中国及亚洲各国却大发展起来，最近 30 年，印度又出现了一个佛教的复兴运动。大批贫民改信佛教，很值得注意。1980 年在那烂陀举行了"国际佛教研究协会第二次会议"，讨论了印度的新佛教运动的兴起等问题，我国派了代表去参加。

公元前 6 世纪，在当时印度的北部，有个叫迦毗罗卫（Kapilāvastu）的小国，在现在的尼泊尔境内。迦毗罗卫的国王是净饭王首图驮那（Suddhodana），他有一个王子名叫悉达多（Siddhārtha），姓乔达摩（Gautama），他的母亲叫摩耶（Maya），他的妻子叫耶输陀罗（Yasodharā），并且有一个孩子叫罗怙罗（Rāhula）。悉达多确有其人，这点经过中印学者的考证，已经弄得清清楚楚。他由于厌恶宫廷生活，19 岁就出家了（有人考证说他是 29 岁才出家）。出家后遍访名师，35 岁就证道，创立了一个宗教。关于悉达多有很多似真似假的传说。他最初去修苦行，当时印度有修苦行的婆罗门教。修了 6 年，每天只吃一颗米。当然这只是传说，总之是吃得很少，到后来身体羸弱不堪。他悟到修苦行不是一个觉悟的办法，就到河里去洗澡，洗完澡却不能够从河里起来了，后来攀到一枝杨柳才爬起来。一个牧女给了他一碗粥吃，他觉得很好吃，那天是阴历腊月初八，所以到现在我们还吃腊八粥。于是他不愿再修苦行，而想从思想理论上来求得解脱之道。后来，他终于在菩提树下沉思了 48 天，顺逆观十二因缘而得到宇宙真理的证悟。以后他便被称为释迦牟尼（Śākyamuni）。释迦是族名，牟尼是圣者的意思，意为释迦族的圣者。他正式建立学派后，学生们称他为布达（Buddha），梵文意思为觉悟者，对真理有最高觉悟的人，于是布达成为佛教的专用名词。我们说的佛教，按佛教自称则是佛法（Buddba—Dharma），即佛所讲的理论教义。佛教现通译为 Buddhism，佛教徒译为 Buddhist，中国过去用佛陀、浮屠等，都是 Buddha 的译音。

有些真正崇信或研究佛教的人，认为释迦牟尼不是神而是人，佛教不是宗教而是无神论，或者说是一种理智的宗教，是一种实践的智慧，是一种高级形式的辩证法。过去国内外学者中，真正宣传佛教有力的人都讲佛学或佛法，不称佛教。比如我国近代的欧阳渐（字竟无）先生，他是我国佛学研究的权威，很多人都出于他的门下。他写过一本书，书名叫《佛法，非宗教非哲学》。他认为佛法既不是宗教，也不是哲学，而是另外一套东西。"文化大革命"前的科学出版社社长周太玄先生，是有名的古生物学家，自然科学部的学部委员，四川人。他不是党员，是党的好朋友，新中国成立前在香港为我们党做统战工作。1948年有一次他回成都，告诉我说，他一生就相信三个东西，第一是自然科学，第二是共产主义,第三是佛教。这就是他的"三大信仰"。这是佛教的研究者对于佛教的看法。

早期的佛教,被称作小乘,"乘"指的是车船,意思是说教义像车船一样,可以把人载到彼岸世界,载到一个解放的世界去。小乘佛教是奴隶社会的产物。释迦牟尼在创教时讲的一些道理,被称为原始佛教或根本佛教,今天看应当是属于小乘。小乘佛教在佛死后,分为 18 个部派,互相争论,多次结集,开会讨论,统一教义。1956 年是第六次结集,在锡兰(今斯里兰卡)召开会议。当时世界各国,特别是老挝、印尼、缅甸、尼泊尔、柬埔寨、印度、巴基斯坦等国的佛教徒一共去了 260 个代表。这次会议开了两年,很盛大,这次结集之前,1955 年斯里兰卡的佛教组织为纪念释迦牟尼涅槃 2 500 周年,发起编纂英文佛教百科全书。斯里兰卡希望中国承担一部分编译工作。周总理慨然答应,组织许多专家进行编写。我国分担中国佛教及中外佛教关系史方面的条目,一共写了二百多万字,译成英文寄到斯里兰卡,在国际上很有影响。留下的中文本二百多万字,在粉碎"四人帮"后,由中国佛教协会陆续出版,我已经看到了第一集。刚才谈的第六次结集是属于小乘佛教。小乘佛教可说是基本上还属于宗教形态,讲的是四谛、十二因缘,包括轮回、因果、业报及如何持戒修行之类。它也有自己的理论,并不断充实发展。这种理论以苦、集、灭、道"四谛"为纲,主要是讲:一个人一生下来所面临的现实,是一个苦难的世界,这是苦果;追究苦因,则是精神物质因素聚集而形成的人的身心活动,从而堕入业报的因果链条中。最原始的冲动是"无明",产生了贪、嗔、痴、慢、疑、恶见等。只有用戒、定、慧来克服贪、嗔、痴、慢、疑、恶见等。灭掉"无明",由惑到悟,经过学习,努力修证,就能得到个人的解放,得到个人精神的解脱,即从苦海中解脱出来。这是小乘佛教的基本教义。这个教义被后来的大乘佛教斥之为利己主义,只为自己,即个人解脱而不是众生解脱。通过修证个人从苦海中解脱出来,因此,被称之为小乘。小乘这个词是大乘佛教强加给它的。真正的小乘是不自称为小乘的,它认为自己比较正统。

印度小乘佛教的教义,在东汉时期传入中国。汉明帝永平十年,即公元 67 年,这在佛教史上是重要年代,汉明帝派蔡愔到西域去求佛教。当时西域有很多小国家,佛教已从印度传到这个地方。蔡愔在西域果然遇到两个佛教徒,一个是迦叶摩腾,一个是竺法兰。他们愿意到中国来,于是,用一匹白马,驮着一些经书,进入长安,这就是"白马驮经"的故事。汉明帝很高兴,在洛阳修建了一个白马寺(这个寺至今还在),让西域来的僧人住在那里翻译自己带来的经书。最早译出的佛经是《四十二章经》,这是一部杂抄佛经的书,是属于小乘佛教的。后来,又来了很多和尚。其中,三国时期来了个比较有名的和尚,名叫安世高。这个人后来翻译了《四阿含经》,这是小乘佛教的重要著作,是个节译本。小乘佛教传入中国后,尽管皇帝也召集一些和尚翻译,但是在中国不太流行,大家知道这回事,不太相信它,也不太在意。但小乘佛教通过中国、通过北印度的一些小国传到东南亚,在东南亚一带倒大大发展起来,小乘的经典最初也不多,后来著作越来越多,都是用北印度的一种巴利文写的,所以又叫巴利文经典。巴利文是与梵文不同的另一种古印度文字。在东南亚各国,小乘佛教被奉为国教。小乘佛教虽然也有理论,但基本上还是属于比较粗糙的宗教形态。

公元元年前后,印度进入封建社会,出现了大乘佛教。在公元 1 世纪左右,印度历史上出现了安达罗王朝。安达罗王朝统一了印度达 200 年之久,安达罗王朝后来又分裂,到了公元 4 世纪时,笈多王朝又统一了印度。这样,就完成了全印度的封建化,使印度的科学文化来了个大发展。从安达罗王朝到笈多王朝,也就是在封建化的过程中,在印度出现了一大批大乘佛教的经典。这批经书,全部是伪托,即伪托释迦牟尼及其弟子讲的。这批经书全部是用梵文写的,属梵文经典。这样的书越来越多。例如《大般若经》,数量很大,是部丛书;《华严经》据说在印度有十万偈,即由十万首短诗构成,我国的一个节译本由四万五千偈构成;文字较少的,如经常接触到的《金刚经》比较短,只有一卷,也是这时出现的大乘经典的提要。这些著作全部是一些无名作者的作品。有个神话故事说:有一部经书本来是当初佛讲的,后来落到水里,被鱼吞了。一个高僧去求这条鱼,要它把经书吐出来,可是这鱼不愿意吐出来。于是这个高僧就拿棍子敲它,敲一下吐一个字,敲了好长时间,这部经书才一字字慢慢全部吐出来,所以现在和尚念经时敲木鱼。这个故事反映出当时学者创作佛教经典的艰难。

到了公元3—4世纪,在印度出现了一批知名学者。首先就是龙树(Nāgārjuna,约公元150—250年)这位大学者,现在被称为龙树菩萨。菩萨就是很有智慧的意思。他有一个学生叫提婆(Sāntideva,约生活于3世纪)。印度的年代学是很差劲的。他们对于人物生死前后相差一二百年也无所谓。龙树究竟生活在什么时间很难确定,大体上可以断定龙树活动的时间在公元2—3世纪之间。他主要是在北印度活动。这个人的学问非常渊博,他在研究佛教经典之前,曾准备自己创立一个哲学学派。据说后来他在北印度的雪山里看到了大量的佛教经书,看完后,认为自己不必创立新学派,就在经书的基础上阐述就行了。因此,他就为这些梵文经书作注释,他自己也写了很多著作,传说他叫"千部论主",其中最重要的有《大智度论》《中论》《十二门论》,这些著作都有中译本。龙树在写了这一大批论文后,就创立了一个学派,即现在称之为"中观学派",一般称为"般若空宗"。般若(Prajñā)这个字无法译,只好译音,读如波惹。般若,就是一种特殊的智慧,能够悟解真理的特殊智慧。中观学派的理论核心是"中道观"。龙树弟子提婆的著作也很多,特别重要的著作是《百论》,《百论》由100篇论文组成。它有几种本子,一种本子叫《广百论》,是很大一部书,据说有四百卷,后来缩编成小百论,就叫《百论》。还有更简单的本子,叫《百字论》,据说,一次提婆同一个婆罗门教徒辩论,婆罗门教的论师被他辩输了,这个婆罗门论师的一个徒弟就拿一把刀去找提婆,说:"你用舌破我师,我现在以刀来破你腹。"一刀进去,提婆五脏委地。在死之前,提婆用血写下了这部《百字论》。龙树也是被杀死的,龙树和小乘论师辩论,结果小乘论师输了。龙树问小乘论师:"你们愿意我长寿吗?"那小乘论师说:"我们不愿意!"结果,龙树被幽禁起来搞死了。这些说明当时思想斗争、政治斗争是非常尖锐激烈的。

龙树和提婆创立的大乘空宗具有重要的革新意义。革新意义的核心就是反对种姓制度。印度的种姓制度,等级是十分严格的。它把人分为四等。大乘佛教主张废除等级种姓制度。主张众生皆具佛性,人人都可成佛,众生平等。而婆罗门教讲的只有婆罗门高等级才可以修养成圣人。因此,大乘佛教在当时是属于封建化初期新兴地主阶级的意识。

现在还健在的八十多岁的老专家吕澂（字秋逸）先生，是我国哲学社会科学学部的学部委员。吕先生是佛教专家，他精通梵文、巴利文、藏文、英、法、德、日等多种语文，很不简单。他的论著最近整理出版了两本讲义：《印度佛学源流略讲》和《中国佛学源流略讲》，这是当前研究佛教出类拔萃的重要著作。吕先生不是佛教徒，只是佛教的研究者。新中国成立前，南京有个支那内学院，是欧阳渐这批老先生创建的。新中国成立后，周总理批示在南京恢复，改名为南京佛学研究院，请吕澂先生主讲。在讲的过程中，作了一些辩证唯物主义的分析。他的分析是比较实事求是的。按照吕先生的观点，龙树创立的大乘般若空宗含有唯物主义的因素。而他认为大乘有宗倒是唯心的。另外，原来云南大学的田光烈教授，现已被聘为南京大学哲学系教授，他写了一本关于玄奘的书，其中谈到龙树空宗的中观论，他认为这里面充满了辩证法。

到了公元4—5世纪，在北印度又出现了一批学者。这批学者以弥勒（Maitreya，约公元270—350年）为首。此外还有无著（Asanga）和世亲（Vasubandhu）两弟兄，弥勒本来是个大乘论师，很有学问。他曾经写过很多著作，特别重要的著作是《瑜伽师地论》。无著、世亲根据弥勒的著作进一步发挥，也撰写了很多著作。这两弟兄创立了瑜伽学派，有些人称作瑜伽行学派，这就是大乘有宗。无著的著作，汉文、藏文的译本有四十多种；世亲的著作，汉文、藏文的译本有五十多种，大都是哲学专著。世亲的著作影响中国最大的是《唯识二十论》《唯识三十颂》，所以他们又被称为唯识有宗。如果把龙树的学说与之相对比的话，那么，一个是般若空宗，一个是唯识有宗；一个是中观学派，一个是瑜伽学派。据吕澂先生的看法，称中观学派和瑜伽学派更准确，更符合这些学派的原意。我们说的"空宗""有宗"不那么符合它们的原意。因为它们说的"空"与"有"，跟我们谈的都不相同，容易误解。好像讲空宗肯定是唯心主义，讲有宗大概是唯物的，这完全是误解。上面讲的是大乘佛教中已经出现了两个学派，中观学派和瑜伽学派。

到了公元6—7世纪时，又出现了一些大学者。其中较重要的讲空宗即中观学派的有佛护（Buddhapālita）、月称（Candrakīrti），他们著作很多。讲有宗即瑜伽学派的,则以陈那(Diṇṇāga)、法称(Dharmakīrti)最著名。他们在世界哲学史上都有地位。陈那、法称在逻辑学、音律学、哲学理论上都有很大的贡献。刚才简单讲了大乘佛教的发展,总共经历了三个阶段:早期龙树、提婆之学;中期无著、世亲之学;晚期陈那、法称之学。无论是讲世界哲学史还是印度哲学史,大体上都是这样的提法。这都是属于大乘佛教。

最后,到了公元 10 世纪,大乘佛教里还出现了一个大学者,叫师子贤。他在印度也很有名。他试图统一空、有二宗,想把中观派和瑜伽派会通起来,加以总结。一般来说,一种学问到了统一总结时,这种学问也到此结束了。10 世纪以后,印度的佛学整体衰落了,最后趋于消灭。

以上所谈的大乘佛学,以龙树开始,一直到师子贤,这样一大堆东西,很早就陆续传入中国。可以这样说:无论是中观学派或是瑜伽学派,无论是中观学派的逻辑思辨或者是瑜伽学派的心理、名相分析,都把佛教加工成了哲学形态。他们基本不讲小乘佛教所讲的因果轮回那一套了。他们也反对搞个人解脱,主张追求智慧,阐明真理,通过宣传来普度众生。所以他们称自己的这一套是利他的。佛,即释迦牟尼,有一个尊号,叫"大雄",你们到寺庙去可以看到有大雄宝殿,大雄的意思就是具有大智大勇的英雄。据说,佛发的大愿就是要普度众生,按照大乘佛教的理论,如果众生中有一个还没成佛,他就不能成佛,好像有点人类解放我才能解放的意味。佛教讲天堂地狱,地狱是可怕的。但佛说:"我不入地狱谁入地狱!"他要进地狱去拯救那些作恶多端的人,把他们也唤醒了,他们也都成佛了,他才算成佛。大乘佛教就讲这些东西,这些东西是很有鼓动性的,很有吸引人的作用。辛亥革命以前,好多救国救民的志士都以佛教作为精神支柱。他们无论在监狱,还是在刑场,都是慷慨激昂,为救国救民、普度众生,真有点"我不入地狱谁入地狱"的气概。梁启超是很有才华的戊戌变法的鼓动家,他年轻时有这样的诗句:"世界无穷愿无尽,海天寥廓立多时"(愿是佛教用语,发大愿即树立救世的伟大理想)。龚自珍、谭嗣同、章太炎都深受佛教的影响。佛教曾经鼓舞一些人为救国救民而牺牲。有的人就靠大乘佛教的救世精神作为支柱,乃至由此走上革命的道路。这是一个奇特的现象。

  大乘佛教在三国时就传入东吴,支谶、竺法护等名僧把大乘佛教的经书译过来了。特别是公元401年,这个年代在中国佛教史上是很重要的一年,这一年鸠摩罗什从西域来到长安。鸠摩罗什原是印度人,后来流落到西域,最后成为大乘佛教的大师,当时在西域很著名。五胡十六国时,前秦苻坚、后秦姚兴都多次出兵进攻西域,目的之一是为了抢鸠摩罗什,后来果然抢到了。姚兴三跪九叩把他请入长安。鸠摩罗什于公元401年进入长安后,大开译场,他门下招收三千弟子来搞大乘佛教的研究,做传播、翻译工作。这中间出现了一大批第一流的学者。僧肇、道生都出自鸠摩罗什的门下,他们二人都是很有名的。"生公说法,顽石点头",就是指的道生,道生特别会讲课,讲得很好,传说讲课时连顽石都点头。道生死后火化,全身都烧化了,舌头烧不化,这就是所谓"三寸不烂之舌"。僧肇也是有名的学者。鸠摩罗什一来,把龙树、提婆的学问大批传入中国。这一套传入中国,跟小乘佛教的命运不同,很快就和中国的传统思想结合起来。它同当时的魏晋玄学合流,并在中国大为流行。流行的结果是到东晋南北朝时期,大乘佛学已经形成了很多学派,如果以地域分,有北禅、南义的区别。就是说,北方讲禅定比较多,南方讲义理比较多。禅定是佛教的一种修养方法,坐下来冷静地思考,这就是禅,静坐,进入反思。若按理论内容来分,则有般若学和涅槃学之分。道生就是讲涅槃学的,僧肇就是讲般若学的。如果以专题来分,则有地论师、摄论师、三论师之分:地论师是专讲《十地经论》的,这是对《华严经》中的一品的解释,专讲这部书的有一大批学者;专讲《摄大乘论》的叫摄论师;此外,专讲龙树、提婆写的《中论》《百论》《十二门论》这三部论的叫三论师。这三论加上《大智度论》叫四论,专讲这四论的又叫四论师。在南北朝时期,这些论师或者讲般若学,或者讲涅槃学,或者讲禅学,或者讲义学,或者讲各种论,都还只是一些翻译、研究、讨论的学派,还没有形成中国化的独立的佛教宗派。到了隋唐时期才发生变化,才在以上的基础上形成中国化的佛教宗派。这个下面再说,到了隋朝,民间流传的佛经几百倍于中国传统的《五经》。隋朝时编过一次佛教著作的目录,共5 310卷,到了武则天时又增加到6 235卷,比五经、十三经注疏要多得多。

  为什么大乘佛学能在中国得到迅速传播呢? 毫无疑问,首先有它的社会根源,南北朝时期在我国历史上是一个大分裂、大动荡,人民生活极度痛苦的时期,现实的苦难就是宗教的光明,这是普遍规律。按照马克思的说法:"宗教是现实苦难的反映,也是对现实苦难的抗议","宗教不过是被压迫生灵的叹息,是无情世界的感情"(《黑格尔法哲学批判导言》)。《巴黎手稿》还谈到异化问题,从宗教异化谈到劳动异化,谈到人的异化和人的解放,这些都涉及我们对宗教现象的解释。怎样用历史来解释迷信,而不是由迷信来解释历史,值得深入思考。

大乘佛教的传播有其理论上的适应性,这一点也要注意到。这种理论上的适应性我看有两点。一点是佛教与我们传统的宗教不大相同。传统宗教如两汉时期的谶纬神学,以及神道设教、神仙道教等,大都是粉饰现实、美化现实的,而佛教则不然,它是公开承认现实的苦难,公开承认人间是个苦海,而经过一番迂回的论证,最后却又得出了现实苦难的虚幻性的结论,这些很符合宗教意识的本质。大乘佛教比小乘更进一步,不讲小乘佛教中那些简单粗糙的因果迷信,而是主张追求智慧,普度众生。佛教认为,人间的人,自然界的生物,天上的神,阴间的鬼,都是属于苦海中的东西。因为"六道轮回"就包括天上,天上的神也在轮回之中。佛教的任务,按照大乘经典的说法是,"张大教网,入生死海,漉人天鱼,置涅槃岸",好几种大乘经典都有这首偈语,用来表示大乘佛教的理想。"大教网"指真理之网,张开真理之网,投入生死海中去,因为人、神、鬼都像鱼一样在生死海中痛苦地挣扎、循环,因此,"漉人天鱼",把人间天上所有的"鱼"都漉起来"置涅槃岸",放到一个解脱的地方去。因此,大乘佛教反对求神来解放人,而主张人自己解放自己,连天上的神也要解放。释迦牟尼如果是神的话,那么,我们每个人都可以成神,人人皆可成佛,众生皆可成佛,如果众生没有成佛,那么释迦牟尼也成不了佛,要把所有的人都唤醒、都觉悟,释迦牟尼才能安心成佛。这种讲法比较高明,它很符合当时统治阶级的需要,认为佛教"进可以系心,退可以招劝",这是一点。其次,它不同于一般的拜物教迷信,而是对自己所讲的理论作了一套哲学加工,充分利用人们在认识过程中的各种矛盾,来展开它的唯心主义和形而上学的诡辩。在这些诡辩中,含蕴着辩证思维的成分。佛教庞大的思辨体系确实包含着不少逻辑分析、心理分析、对认识运动的矛盾分析。它们提出的某些问题,揭出的某些认识的矛盾,直到现在还要我们去理解和回答。比如,相对和绝对的问题,有限和无限的问题,我们也并没有搞得很清楚,又如感觉的问题,在国内哲学界还没有读到一本论感觉的哲学专著。什么叫感觉?感觉的主观性和客观性的矛盾究竟怎样理解?列宁只把问题提出来了,感觉既是主观的又是客观的,是主观和客观的统一。佛教正是在这上面作文章,抓住感觉的主观和客观的矛盾,搞了很多诡辩。又如,逻辑思维和形象思维是什么关系?搞不清楚,现在还在辩论这个问题,佛教也在这上面作文章。它抓住本体论、认识论中的一些矛盾加以夸大、吹胀、诡辩,而诡辩中又含有辩证思维的因素。恩格斯在《自然辩证法》上有一段话:"辩证法——正因为它是以概念本性的研究为前提——只对于人才是可能的,并且只对于较高发展阶段上的人(佛教徒和希腊人)才是可能的。"所以,大乘佛教传到中国后,可以很好地和魏晋玄学的思辨嫁接起来。

魏晋南北朝时期,许多佛教徒同时也是玄学名士。在佛教徒中有名的支道林(支遁)就完全是玄学名士的风度,他既讲佛教,创立了即色学派,讲《维摩诘经》,又注释了《庄子·逍遥游》。《维摩诘经》是大乘佛教中公元1—2世纪无名学者创作的经书。据说跟佛同时的有个维摩诘,这个人很有智慧。他是个居士,有妻眷,都长得非常漂亮,家中非常豪华。有一天维摩诘病了,佛派弟子舍利弗等去问病,各方有学问的人也都派代表来问病,屋里坐不下,维摩诘就运用法力给每个人变了一个莲花宝座。大家问病,维摩诘就利用这个机会大讲一通,说什么我并没有害病,害病只是一种示相,我是做个样子给你们看。然后,他大讲病与不病之间的"辩证法",越讲越玄,越讲越深。舍利弗和大家听了都叹服,认为讲得好。这时,一些天女从维摩诘背后出来撒花,在每个人身上都撒了很多花瓣,其他学者都很有法力,花瓣落到身上就掉到地上去了,佛的弟子舍利弗,花瓣沾在身上不掉,他赶快运用法力,但花瓣还是不掉。天女嘲弄他,并给他大讲一番"无所分别""究竟无得"的道理,舍利弗很窘,维摩诘来解围。这就是"天女散花"的故事。这说明维摩诘是颇为浪漫的。按这部经的说法,似乎维摩诘居士比释迦牟尼还高明,还有学问,又不出家,生活享受很高级。这更投合士族名士的心理。《维摩诘经》的内容很深,把许多大乘佛教的道理讲出来了。支遁就是讲

《维摩诘经》的,但他又注释了庄子的《逍遥游》。鸠摩罗什本来是印度人,来中国作为佛教大师译经、传道,此人精确地翻译了很多经书,但与此同时,他注释了《老子》。这些说明佛教通过老庄玄学以嫁接的方式在中国生了根。在生根过程中,贡献最大的是僧肇。哲学史上专门有僧肇一章,很重要。僧肇著有四论:《不真空论》《物不迁论》《般若无知论》《涅槃无名论》。汤用彤先生赞为"中华哲学文献中的无上精品",但他考证《涅槃无名论》可能是后人伪作。这四篇论文抓住了大乘佛教的核心,用的是中国老庄玄学的语言来表达的,文字优美精审,起了很大作用。

印度佛教哲学在与中国玄学合流过程中,它自己也有理论上的变化发展。这样就形成了中国化的佛教哲学。中国化的佛教哲学,在选材上,在对于一些范畴的理解上,在对于这一套学问的归趋上,都有自己的特点。如选材上,中国佛教徒比较重视《华严经》《金刚经》《大般若经》《维摩诘经》等经典。另外,在理解上也有不同,如对于"真如"这个词,这是佛教中最重要的一个词,有的翻译成"如性""如如"等,总之是译不出来。最早是由道安翻译的,翻译成"本无",这并不准确。其他翻译,"真如",不好理解;"如如""如性",更是莫名其妙。对"真如",中国讲佛学的人都理解得不确切,如把"真如"理解为现象之外的精神本体等。据吕澂先生说,按印度的原意,"真如"的意思就是"如实的那样""如实际的那样"。道安把它翻译成"本无"以后,"真如"就变成了一种"空无",讲成了王弼的本体学说,被纳入了老子"有生于无"的模式。其实,佛教和老庄对"空"的理解就大有区别。印度的理解:"空"就是把不如实的那一部分空掉、否定掉。现在的理解是把"空"与"有"对立起来,空就是虚无。而印度大乘空宗讲"空"并不是讲的虚无,而是反对虚无主义的。这是理解上的不同。在归趋上,印度佛学的最后归趋是走向"涅槃",就是进入另一个寂静的精神境界。在这个境界里,人们看人看事看世界都不同。涅槃就是寂静,是个洁净的世界,一尘不染,干干净净。这样,涅槃就与寂静联系起来了。这同印度的时代条件,思想传统有关系,所以印度大乘佛教最后的归趋是达到寂静境。但中国佛教的最后归趋,不是涅槃,而是"菩提"。"菩提"是一种智慧,中国化的佛教正是有了这些改变,所以它才能纳入中国哲学思维的逻辑发展,成为中国哲学逻辑发展的一个环节,这是一方面。但另一方面,它毕竟是另一种思维体系。所以,我们也不同意把僧肇等当作玄学的一个分支、一个阶段。我们认为,僧肇是中国化佛教哲学的一个起点,不是玄学的终点,他有他自己消化吸收了印度佛教哲学后的理论思维特征。佛教哲学纳入中国哲学之后,丰富发展了我们的理论思维,中国哲学有了中国化的佛教以后,上承儒道兼综的玄学,下开三教合流的宋明理学,构成了中间的重大环节。

佛教经过中国传播到东南亚、东亚各国,与各种传统与社会势力相结合;发挥着极为复杂的影响和作用。当我们打开窗户望望世界,会意识到我们面临的思想挑战和理论疑难是很多的,且是多层面的。现在有两种状况:一种是利用佛教来反对马克思主义;另一种是利用小乘佛教的教义歪曲马克思主义。许多模糊、混乱、颠倒的问题,有待我们去回答,任务很重。

日本的佛教是我国传过去的,现在日本自认为他们是佛教研究的中心,他们有佛教大学 13 所,学会 50 多个,出了 3 份佛教报纸,24 种杂志,著作很多。过去,日本学者只佩服汤用彤先生的著作,现在他们说,佛教研究的中心不在北京而在东京。

在美国,近 30 年来佛教的研究成了热门,现在美国正式成立了 40 多个佛教研究机构,出版刊物 13 种,有 29 所大学开设佛教课程,特别是哈佛大学,很注意佛教研究,他们专为第三世界留学生开了门课程叫作"非暴力哲学",用这种方法来为美国的战略服务。最近 20 年来,对禅宗的研究风靡美国,他们出版的关于中国禅宗的专著有几十种,有的主张把禅宗与存在主义相结合。去年我在北京听西藏的同志告诉我,中央领导同志赴藏视察后,已决定成立西藏社会科学院,请平格拉西同志当院长。他的古藏文、今藏文都非常好,又懂马列主义,他当院长大家都表示欢迎。他的第一个措施就是收揽科研人才,除了对社会上流散的人员进行聘请外,还打开监狱聘请研究员。有些过去抓起来的西藏高级知识分子,没有多大问题的,当场释放,并聘请为研究员,据说已聘了十几位。这些人很有学问,大都是留学剑桥、牛津的,回藏后又继续研究佛教。这些年由于我们不重视,"左"的一套,造成了国家文化的损失。平格拉西同志提出宏伟的规划:

1985 年前后，西藏准备拿出震惊世界的研究西藏文化、佛教的著作来。西藏的文献堆在布达拉宫里面几十间屋子，无人整理。全世界最长的一首史诗就出在西藏，有一百五十万行，现在还没译成汉文。看来过去不注意，造成这样的损失。

东南亚、日本、美国、苏联对中国佛教的研究都取得了很好的成绩。苏联有个舍尔巴茨基(Stcherbatsky)，是沙俄时代的院士，十月革命后，列宁重新聘请他当院士，此翁 1941 年左右才死。他和法国、比利时的学者合作，编撰了一套佛教文库，是中、梵文，中、巴利亚文，中、藏文，或者是中、英、法文对照的很大的本子。十月革命前开始出版，出到 1979 年，已出了 32 大卷，全世界都非常尊重、重视。此人已经死了，但他培养出一批研究生。此人很有水平，他的著作有很多可取的地方。他写了一本《佛教涅槃的概念》，第一次把大乘空宗的"空"翻译成"普遍的相对性"，一些学者认为译得很深刻。现在苏联藏的佛教文献、敦煌卷子，还有藏文经卷，共有几万份，而我国从法国等国家照回的胶卷还很少。苏联不仅藏有几万份，而且还保密，他们爱搞这一套，一批批发表，每次研究论文出来以后才发表一批。中国的马克思主义哲学研究工作者，应该放眼世界，这样才能达到 20 世纪研究马克思主义的水平。马克思本人对佛教非常重视。过去我们没注意，最近有一位印度学者写了一篇文章，介绍德国学者科本。科本是德国佛教研究最早的一个权威，写了一本书叫《佛陀的宗教及其起源》两大卷。科本是新黑格尔学派的、激进的民主主义者，是马克思、恩格斯一生的好朋友，马克思的博士论文，马、恩的许多通信都谈到科本[①]。马克思在致恩格斯的一封信中说，科本写了一部著作，这是一部非常重要的著作，"我看了很高兴"，如何如何。这就是指《佛陀的宗教及其起源》。恩格斯的"辩证思维只有人才有可能，只有发展到较高级阶段的人才有可能(例如佛教徒和希腊人)"的论断，很有可能就是从科本那里得来的。因为恩格斯在其他著作里都没怎么谈到佛教。那么这么重要的论断从哪里来的，多半就是从科本的书得来的。这个人是德国、也是欧洲研究佛教的先驱，他的两卷本直到现在都被视为重要著作。我们科学技术落后，社会科学落

---

① ［德］马克思、恩格斯：《马克思恩格斯全集》第 30 卷，人民出版社，1974 年，第 167 页。

后,对马克思主义本身的研究也落后,如马克思赞扬的科本,其人其书,过去就不注意。民主德国和苏联联合出版的马恩全集德文本一百卷,每卷上下册,上册是原文,下册是注释和考证,好多著作我们都不知道,都没有看过,这怎么行呢？我们现在读《反杜林论》,杜林有什么著作？不知道。这不是科学的态度,如果不知道杜林是干什么的,写了些什么书,什么内容,为什么要批判,那么就不能完整准确地理解《反杜林论》,甚至把杜林的话误解为是恩格斯的话,我就遇见过这样的同学。这是顺便说说治学方法,下面谈第二个题目。

二、佛教哲学的一般思辨结构

佛教是一种特殊形态的宗教哲学。用马克思主义观点看,佛教哲学是一种颠倒了的世界观,是一种特殊形态的宗教唯心主义体系。关于这点,可能国内外很多学者不同意。因为不少学者认为佛教不是宗教,而是一种实践哲学,是彻底坚决的无神论,比如苏联的德波林院士（斯大林批过他,《矛盾论》中也提到他）,这个人挨过批判后还是院士,就去研究佛教哲学。他有一篇论文说"佛教是无神论",不少苏联学者也这样说;印度近代学者,也说佛教否定"神灵",是一种"出自现实主义"的"高级形态的辩证法"。

关于佛教,可以从多侧面进行研究,可以从文化史的角度去研究,也可以从思想史、艺术史、宗教史的角度去研究。区别于其他各种研究方法,我们现在是从哲学史的角度去把握它。似乎可以这样说,佛教是一种唯心主义的本体论以及对于本体的证悟论。这是最简单的概括。这两个侧面,可以说是佛教哲学试图回答的两个方面的问题。一方面是本体和现象的关系问题,唯心主义本体论都试图回答现象和本体的关系问题,这个问题涉及一系列重要的哲学问题,诸如本质、现象和假象之间的关系问题,这是辩证唯物主义到现在还在探讨的问题,还没看到很系统的阐述文章。还有一般和个别的关系问题,普遍和特殊的关系问题,统一性和差别性的关系问题,恰好也是我们辩证唯物主义要回答的问题。佛教试图按照它的唯心主义世界观来回答这些问题,也就是说佛教提出的问题也是我们需要回答的,而且不能说唯物辩证法就已经回答完了。至于证悟论这个侧面,它试图回答主体和本体的关系问题。当然,它所谓本体有它特殊的含义。我们现在暂时不用本体论这个概念,但苏联和南斯拉夫的学者认为应该恢复使用这个概念,因为这个概念对马克思主义有意义,并不是没有意义。我们只说世界的统一性在于它的物质性,好像有了这个命题以后,我们就不必讲本体论了。实际上我们也有一个主体和本体之间的关系问题,回答这个问题,就涉及一系列认识论、真理论中的问题。比如:认识的有限性和无限性的关系问题,感觉的主观性和客观性的问题,真理的相对性和绝对性问题,语言概念的局限性问题,认识过程中间的飞跃问题,逻辑思维和形象思维的关系问题,等等。佛教徒在探索主体和本体间的关系时,涉及这一系列问题。这些问题,比如感觉的主观性和客观性问题,我们就没有搞清楚,马赫还写了一本《感觉的分析》,列宁针对此书作了一些批判,可是我们辩证唯物主义的《感觉的分析》还没写出。

关于唯心主义本体论,根据马克思主义的分析,按其思想实质而言,就是一种自我意识的哲学。这个问题在《神圣家族》第六章讲得很多,第六章中有一节标题是《绝对批判的思维循环和自我意识的哲学》,这一章分析了唯心主义的思辨哲学往往经历一个自我意识的循环。这个分析是很深刻的。这个分析,我认为适合于各种各样的本体论。唯心主义本体论本身是一个体系,它在现实世界的背后要设想出一个超现实的本体,设想有一个客观存在的本体。关于这个问题,列宁在《亚里士多德形而上学一书摘要》(《列宁全集》第 38 卷第 401 页)一文中分析过抽象思维的二重性:人的抽象思维既可以更深刻地反映本质,又可以把这种反映变成幻想。任何抽象都有这二重性,而且这种抽象就可能形成"本体""自在之物""逻各斯",乃至"上帝、神"这些幻想。这样的抽象就走向了神秘主义,任何抽象都可能走向神秘主义。马克思在其他著作上经常谈到这一点。马克思最爱举的例子:水果,你没吃过水果,你吃的苹果、梨都不是水果,水果是什么样? 看不见,摸不着,都没见过。在苹果、梨之外独立存在的水果就是一个非科学的抽象,就可以成为一个绝对的理念,就可以游离到现实世界之外去。这样的东西就是所谓的唯心主义的本体。在唯心主义看来什么叫水果呢? 唯心主义认为在现实的桃、李、苹果背后有个"水果"。"水果"展现它自己,表现它自己,就变成了苹果、梨。就整个世界来说,也存在一个精神本体。马克思在分析这种方法时说:所谓本体,实质上是"自我意识的外化",是人的理性从自身中分离出来,变成一个"无人身的理性"。这是在解剖蒲鲁东时说的(参见《哲学的贫困》第二章)。

佛教讲的真如、佛性这些本体,就是一种自我意识的外化,马克思在《神圣家族》中分析这种外化经历了这么一个思辨循环:最初是人的自我意识;自我意识上升为一个脱离人的,绝对的自我意识;而到第三步这个自我意识再进一步转化为一个客观的绝对本体,客观世界就是有一个绝对本体在背后支持它;第四步,人又要去认识这个绝对本体,人这个主体又要去和这个本体冥合,最后复归为人的意识,重新回到自我意识中去,这时已经是被神化了。马克思分析自我意识的循环大体上表现为这样一个过程(《马克思恩格斯全集》第 2 卷,第 178—179 页)。

这种复归表现在佛教哲学中有两条致思途径。

一条途径,就是主体即主观意识融入本体中去,这样就使主体永恒化了。你融入本体,跟整个宇宙的本体合而为一,那你不就是永恒化了! 主观的人格,主观的精神永恒了。这条途径用佛教的话来说,叫作"证真如,入涅槃",用《大般若经》的话说,就是"流入大般若海"了。这也是《华严经》中所说的最高的境界。就是说流入大智慧的海洋中去,这样就和本体融合而为一了。这条途径近似于我们所说的客观唯心主义,我是用的"近似"这个词。有个客观的精神在那里摆着,然后主观精神经过修养融合到它里边去。这样就叫掌握真理了,就叫"证真如、入涅槃"了。

另外一条途径,是把本体纳入主体,使本体得到人格化。这种属于佛教所说的"转识成智",就是说把主观意识转成大智,转成最高的智慧,这就是"见性成佛"。不是客观有个佛,是我自己就成了佛,或者说真如佛性在我自己身上获得了人格化。这种思想近似于我们所说的主观唯心主义,把客体包容于主体之中。

大体上有这么两种。我们所以在下面选择华严宗和禅宗来谈,因为华严宗就属于前面的一种,而禅宗就是后面的一种。把主体融入本体之中,或把本体纳入主体,两者都是走向宗教神秘主义的归宿。以上简单说的是它的思想本质,下面再具体说说它的思辨方法。

我们从哲学史的角度去考察佛教哲学的思辨方法,大体上有以下四个侧面:

(一) 缘起论

这个可以说是从小乘到大乘的一个共同的理论基础。小乘佛教一开始从其他宗教中区别出来的时候,主要就是讲的缘起论。如果我们从它的发展了的形态——大乘佛教来说的话,缘起论认为:任何事物(即"法",任何事物有一专门名词叫"法",心、物即精神现象和物质现象都叫"法"),在佛教看来都不是单一的、孤立的存在,而是因缘所生。也就是说,它们与其他的事物处在一个关系之网当中,牵一发而动全身,一变一切变,所以任何事物,任何现象都不能够自主,不能自己主宰自己,即它没有独立性。任何事物都不能够常住,因为它处在关系之中。它不能自主。没有独立性,又不能常住,因而它没有质的规定性。这样一分析,佛教得出一个结论:诸法无自性。这个词比较难懂。不能自主,就是无我;不能常住,就是无常。它都在变化着,随着其他关系的变化而变化着。这就是佛教所说的"三法印",即三个最高原则:诸行无常,诸法无我,涅槃寂静。这个涅槃寂静是说整个教义的归宿就是达到涅槃寂静的境界。这属于宗教意识,但它的哲学理论根据就在这里。无自性,就是说任何事物都没有一个独立的实在体,没有一个自主、常住的质的规定性——如果暂时这样按马克思主义的语言来翻译的话,这就是所谓的缘起论。你想想,什么是×××老师? 不好说,他是父亲的儿子,儿子的父亲;哥哥的弟弟,弟弟的哥哥;他是湖北财院的一个教员……他是诸关系的总和,诸关系的总和规定他的本质。这些关系一变,他就变了。他现在是研究生的哲学史教师,但研究生毕业了,他就丧失了研究生的哲学史教员的这一规定性,这样看来,他是因缘和合而有,并没有一个稳定的规定性。马克思主义有一个命题,人的本质是社会关系的总和。这句话可以有多层次的理解,是很深刻的。所以佛教的缘起论不全是乱说,它中间包含着一些真理的颗粒,或者说真理的萌芽。这个问题本来有很多材料,这里只能提一下。比方说龙树的《中论》里边有一段最有名的话："众因缘生法，我说即是空。何以故？众缘具足，和合而物生。是物属众因缘，故无自性。无自性，故空。"还有这样一段话："以因缘，诸法生，无我、无造、无受者"，选这两句浅显的，比较好理解些。"众因缘生法"，是说很多因缘才产生一个法，任何法都是依靠诸因缘而生成。龙树又说，凡是因缘所生的法，"我说即是空"，"何以故"呢？为什么叫空？众缘凑在一起，具足了，所以和合而物生，"是故"，所以，我们所说的物属于众因缘，为诸关系所规定。"故无自性"，所以说，没有独立的自主的质的规定性。"无自性，故空"，没有自性就叫空，空就是没有独立的自性。下面这段："以因缘，诸法生"，由于因缘，所以诸法生。因此，"无我、无造、无受者"，即无自性、没有造作什么、也没有接受什么，所以说是"空"的。还有很多类似的话。这就叫作缘起论，佛教进行了很多烦琐的论证。因缘这两个字，因，类似我们所说的根据；缘，类似我们所说的条件。我们也说任何事物没有根据没有条件就产生不出来。佛教把缘又分成四种缘。

第一个叫"因缘"，是作为"因"的缘，即条件中的主要条件，也就是我们所说的根据，它与我们所用的范畴不大相同，它用缘这个范畴来概括（有时佛教把缘也叫因缘）。

第二个叫"次第缘"，又叫"等无间缘"。"次第"是紧接着的意思，是说缘具而产生事物，由此事物又产生另外的事物，是前后相继的。比如吴老师前几天要我来讲课，这就是缘，我今天来讲课就是果。没有前面那件事就没有今天的讲课。但这个缘又是不断结果的。我讲课，同志们提意见，这又是一回事了。提意见这个事又和讲课那个事连接着，"等无间"，整个没有间断的，叫"等无间缘"。

第三个叫"所缘缘"，这又更进一步，任何事物的产生，要有个所缘的那个缘。既要有个能缘，心是能缘，能缘又要有个对象，对象就是所缘的缘。可见产生一个思想，必须有一个对象，大体是这个意思。

第四叫"增上缘"，是说除了有"因缘""次第缘""所缘缘"之外，还要有诸条件。比如你要能想的话，首先大脑要健全，其次记忆力要好，有这等等条件，才能产生想。增上缘又叫"助缘"，这就是我们所说的诸条件。对增上缘又有很多解释,所以说是极其烦琐的体系。这是用最简单的语言说的。你要研究它,那要层层分析。

佛教这样的一种思路,触及了辩证法要研究的客观事物的普遍联系问题。在《哲学笔记》上,特别是《谈谈辩证法》这篇文章谈到:"辩证法是生动的、多方面的(方面的数目永远增加着的)这么一种联系的认识。"这些道理过去我们没有很好地研究。事物的普遍联系一定要区别本质联系和非本质联系、直接联系和间接联系、因果关系的联系和函数关系的联系,还有矛盾联系即矛盾着的东西的相互联系,有很多层次。一个普遍联系,结构非常复杂。过去我们不讲普遍联系,只讲矛盾,这种思路造成目前的很多缺陷。由于不讲普遍联系,我们对于相对平衡,对于有计划按比例的发展规律就有些忽视了。有些东西是函数关系,一个增长一分,另外一个也增长一分;一个增长一些,另一个又增长一些。有的是因果关系,有的是矛盾联系,这个矛盾联系又非常复杂,矛盾性联系中有同一性的联系,而同一性的联系中又有直接同一性和间接同一性的联系。最近有一篇文章,介绍矛盾的同一性这个概念包含着多方面的问题。过去我们讲得非常简单,矛盾的同一性就是互相依存、互相转化八个字,完了。其实,同一性中间有非常复杂的联系。佛教就是在这个非常复杂的问题上进行了歪曲,缘起论就是用唯心主义思路否定了任何事物都有质的规定性,从而它也丧失了客观实在性。它说:一切事物都是缘具而生,缘具了就生了,缘散了就无了,所以叫空,空就是这个意思。

经过这样的分析,我们可以体会到斯彻巴茨基把"空"翻译成"一种普遍的相对性"是颇有点哲学意味的。缘具则有,缘散则无,所以叫空。所以空不是虚无的,至少龙树讲的这个"空"不是虚无的。而是讲的诸法都是缘起而无自性,这是佛教所规定的"空"的概念。僧肇的《肇论》的第一篇叫《不真空论》,不真,故空。空不是在"有"之外的东西,而任何"有"都是缘起而有的,所以不是真正的有,所以叫空。佛教哲学中反复强调了这个道理。又如"色"这个字是最固定的东西。精神叫作"心",物质叫作"色",即有名有形象的物质。佛教说:"色即是空",色所以是空,"非色灭空",意思是说,并不是说色消失了才出现空。这支粉笔,本身无自性,是做粉笔的人用水、膏灰,加上他的劳动,这些因缘凑合而成的。并不是说把粉笔丢了是空,而是说粉笔是诸法缘起的,并无自性。佛教反复强调的这点就是缘起论。这套理论贯穿到佛经的各个经典,归根到底,它的目的地是否定现象世界的质的规定性,以及它的客观实在性。这种方法,相当高明。

(二) 中道观

这是从缘起论推出来的,中道观是大乘佛学的又一理论基石,特别是龙树空宗讲的就是这一理论,有一个著名的偈语:

"众因缘生法,我说即是空,亦为是假名,亦是中道义。"

这个偈文又叫"三是偈",因为它是用诗的语言写的,而中国的译者没有办法把它译成诗的语言。

这个偈是龙树空宗的全部理论基础。这里面出现了空、假、中三个范畴,这首偈的前两句我已经解释了,是缘起论,即诸法由众因缘和合而生,所以我说它就是"空",对它进行一个"空"的规定。后两句,并且,我说的这个"空"本身也是一个假名。意思是说,我是为了让你懂起见,而用"空"这个语言概念来破你那个"有"的,根本就没有一个独立的自体,如果你坚执"有",那么我用"空"这个词来破你,把你的道理破掉。"我说即是空",不是说它本身是虚无、空无、什么也没有,不是这个意思,而是,"亦为是假名",所以"空"也是一个假名,是假借名言来表达这个意思。你要懂得这个道理:既不能执"有",不能说一切事物有自性,也不能执"空",不能说是什么都没有。"遮破二边",即把空、有两边都去掉,是为"中道"。你说它是"有",错了;认为存在一个"空",那也错了。凡是执这二边的都叫边见,即偏见,也就是片面性,而我所讲的道理是"中道",不是边见,即既不能执有,也不能执空。在本体论的意义上说,既不能说是有,也不能说是空,这就是"中道"。

刚才讲了"众因缘生法,我说即是空,何以故?众缘具足,和合而物生。是物属众因缘,故无自性。无自性,故空"。紧接着这段话,又说:"空亦复空,但为引导,故为假名说,离有无二边,故名中道。"

"空亦复空",意思是说这个"空"本身你也不能执着地说它就是"空",是什么都没有。"空"也要去掉。"复空"的"空"是否定的意思,要否定掉,遮破掉。我只是为了引导你破那个"有",破那个"有执",即执着于有常住的自体自性这么一个有执,所以才借用"空"字来说。那么,应该是什么呢?应该是"离有无二边"。说"有"也错,说"无"也错,是为"中道"。"中道",按它的意思就是真理的认识,一个真理的认识就是要破掉"空""有"二边。用我们常用的语言来说这些,就是:事物都是缘生的,故无自性,是真无;但既然它已经缘生了,已经出现了,所以你也不能说它是无,不能说它是非有;但是它又只是一个幻有。真无和幻有二者统一起来,就是"空",以"空观"来观察一切事物,就是中道。龙树的意思大体上就是这样。

龙树在这里讲了一大套八不中道,他举了四对范畴来展开:生灭、常断、一异、来出。他认为把中道讲清楚后,就明白任何事物都是不生不灭、不常不断、不一不异、不来不出的。懂得这个道理,就可以破除各式各样的理论,既不会执"有"的那些理论,也不会执"无"的那些理论,这样就破了二边,懂得了八不中道,就能"善灭诸戏论"。八不中道在佛教中被广泛采用。分析任何问题都抓住这个。龙树的《中论》发表后,引起很大的震动,有七十家为之作注释。其中青目论师的注最好,鸠摩罗什翻译《中论》,连青目的注也一起译出来了。青目注释八不中道时举例说:谷生芽,这件事是缘起,本来就没有这个谷芽,之所以有谷芽,是因为种子、空气、阳光、水、劳动等等诸缘共生,谷就发芽了。本来就没有芽,这个芽不是生出来的,是诸缘凑成的,所以说是不生。那么,不生就应该灭,应该消灭,但它又不灭。因为既然是缘起,它就必然会生芽,所以谷的生长是不中断的。那么,不灭就应该常,保持一个常态,但是不常。因为它是依靠诸缘而起的,所以芽生后,种子就坏了,它就是另外一个东西了,所以不常,不是永远是谷种,而是变成了谷芽。不常就应该断,但是不断。因为芽毕竟是从谷种里长出来的,它是等无间缘,是等无间的,它是谷子,就要发芽。不断就应该同一,谷种跟谷芽应是一个东西,但又不一,不是一个东西。因为新谷芽毕竟不是旧谷种。那么不一就应该异,就应该不同,但又不异,不是不同。因为它们是同体而变,毕竟芽是谷之芽。既然是谷之芽,那么就有来,芽从谷来。但又不来,不是从谷种中来。因为谷种不可能自己生芽。那么应该来自外面，外面加一个谷芽。但又不是，它毕竟是谷子本身发生的芽，所以它是不来，不是外部来的。那么应该是从内部钻出来的。他说：不出，不是从内部钻出来的。因为谷子之所以发芽是诸缘凑合。

青目的解释，用最现实的谷生芽这个现象讲出一大堆既不生又不灭，既不常又不断，既不一又不异，既不来又不出的道理。这个就叫因缘生法，这个就叫"空"，这就是八不中道。这样来观察事物，就达到中道的境界了。

这些是不是胡乱说？不完全是。你思考一下我们辩证唯物主义观察某些问题。什么叫时间？时间是点截性和绵延性的统一。只抓住点截性，你的时间观就错了；只抓住绵延性，你的时间观也错了。恩格斯讲在运动中，物体在这一点上又不在这一点上，要这二者统一。运动是动和静的统一，只讲任何一面都错了。本来我们观察事物就应该是这样。刚才龙树讲的那些，多少利用了人们在认识过程中的矛盾问题。它的毛病在哪里呢？在一些对象上，它设置了一些虚构的矛盾，有些矛盾不是本质的矛盾。列宁说，什么叫辩证法？辩证法就是研究事物本质自身中的矛盾。非辩证法就可能在事物身上设置一些不符合事物实际的矛盾，设置一些二律背反，然后再来个双遣两非来显示所谓中道。它用的方法是以遮为表。遮就是遮破。如画月亮，只画周围的云雾，月就显示出来了。它是用否定的方法来显示它所谓的客观真理，借以论证佛教所探讨的真如本体。这个真理就是"如实的那样"。通过遮破二边，遮破各种边见之后，就显示出那个本体的绝对性。"非有非无"，既不是有也不是无；"非非有，非非无"，若把有无划成二个东西，也是错的，有无不二也是错的。这样一来，就非非非非，可以"非"很多层。

三论宗的代表吉藏，是中国化佛教哲学的大师。他认为有无的问题有四重真理。一般说有，即说事物是有，不错。如我在讲课，是有。但讲课是因缘所生，说它是无，这也没有错，但都片面。要把讲课本身看作因缘所生，那就全面了，即我是在这里讲课，但我在这里又是因缘所生，这样看就统一了。如果把讲课和不讲课分成两个，即"有无二"，也错。"有无一"，有无要统一起来，色即是空，非色灭空。但你既然分析了一和二，这就是把一和二对立起来，有一个所谓统一与不统一,这又错了。应该是一和二也是统一,这样,就是非一非二,说一不是,说二也不是。这样非有非无,非非有、非非无;非非非有、非非非无……这就是所说的高僧"想入非非"。我们说:郑重的科学抽象,可以正确地反映事物的本质;不大郑重的非科学的抽象,则会搞出一个神秘化了的绝对来。刚才讲的佛教的那些,就是非科学的抽象。非有非无;有无一,有无二;非一非二。层层抽象上去,必然搞出一个神秘化了的绝对出来,导致形而上学,所以说佛教中道观的观点,所谓双遣两非,破除边见,貌以辩证法。但也可以说是含蕴着一些辩证法的因素。我刚才举的例子同学们可以想想,执着于波动说错了,执着于微粒说也错了,点截性错了,非点截性也错了,在这一点上错了,不在这一点上也错了,等等。说明我们的科学思维也要注意这些问题。佛教也有把二种边见统一起来的辩证思维方法,但是它是设置的矛盾,因此是非科学的抽象。所以它导致一个神化了的绝对。它把相对和绝对、有限和无限这一类辩证关系进行割裂,本来辩证法是要处理相对和绝对、有限和无限等问题,但是如果你一割裂,就会引向反辩证法的思维途径。佛教的这种空观及其论证的思维途径,是否值得深入解剖呢? 中道观就讲到这里。

(三) 二谛义

什么叫二谛义? 佛教认为,我们对客观事物的认识和认识的结果有两重:一重叫俗谛,又叫世俗谛;一重叫真谛,又叫胜义谛。谛在梵语中是道理的意思,二谛义就是说两重道理。什么叫俗谛? 俗谛就是常人、一般人看事物的方法及所看到的结果。简单说,就是从现象上来看问题,而看到的结果按照佛教观点都是假象。什么叫真谛? 就是我们按照佛教世界观来观察世界,即从本质上看,这样看到的都是实相,也即所谓真相。前者在佛经中间是为了方便说法。后者才是真正的真理认识。所以它有时候用俗谛来讲,但是它的目的是引导人们进入真理的认识,这贯穿于一切经论。可以看出,佛教试图解决它所说的真理和常识之间的矛盾。佛教所讲的真理和常识距离很远很远,这里说二谛义,是为了缩短距离,调解矛盾,解决矛盾。在这个问题上不能说它讲的内容全部是谬论,因为在实际生活中也有真象和假象的问题,我们对这个问题也不一定回答得了。太阳从东方升起，这明明是个假象；而地球围绕着太阳转，整个太阳系又围绕银河系旋转，那才是真象。银河系究竟围绕着什么旋转，现在宇宙学还要不断地扩大，以后究竟什么是真象，现在我们还在探索。1958年"大跃进"时说什么亩产多少万斤，结果全部是假象。真象和假象对于我们社会生活也是一个问题，但是我们用我们的一套办法去解决，用本质、现象、假象与主流、支流、逆流这样一些范畴来分析客观世界，还有调查研究、走群众路线、民主集中，等等，力图接近真象。我们有我们的一套办法，佛教也有他们的一套办法。佛教的办法，我认为并不是有些书上所说的，只是简单地宣布：常识就是谬误，佛教讲的才是真理。不是这样，不是那么简单的。它的讲法似乎有点这个味道，即运用二谛义把人的认识进行一些多层次的分析。它进行多层次的分析：最后落脚到取消人的认识，取消正常人的认识。由于这个原因，应该说它接触到在认识过程中的本质和现象，由现象到本质，通过现象认识本质，由一级本质到二级本质……这么一个无穷的深化过程，似乎接触到这个问题，我用的是"似乎"。这里有个比较典型的代表吉藏，他是重要的佛教宗派——三论宗的代表，专门讲龙树空宗。他写了一本书，就叫《二谛义》。这本书写的是四重二谛义说，比较典型地代表了佛教运用二谛义的方法，表达了认识真理的四个层次。他把佛教的真理当作客观对象来探讨，分成四层阶梯。第一层，按照常人的看法，即坚执现象都是实有的，都是有自性的，都是一种客观实际的东西。这种看法是俗谛，是常人的看法。小乘佛教却认为诸法无我，一切事物，一切存在事物没有自性，即没有常住性，没有自主性，一切都是因缘生法。这种看法就是把一切事物的常住性、自主性空掉了，因此认为一切皆空。缘聚则有，缘散则空，因此在缘聚的时候你也看它是空的。这种看法当然比那要深入一些，是真谛。这是第一层。紧接着还有第二层。第一层所讲的那个空，就是小乘佛教所讲的那个空，它还停留在要区别有自性还是无自性这个问题上，对待有自性而言，它说是无自性，这是相对待而言的。因此，有是一边，无又是一边，一边就是一个片面。因为分别了有和无，所以仍然堕入二边，仍然堕入一种相对待的知识。因此就另一个侧面来看，小乘佛教又是俗谛。而大乘佛教如龙树空宗认为，事物的本质是非有，也是非无。这个叫"不二中道"。

"不二",即非有非无。非有非无坚持了"不二中道",因此这是真谛。进一步还有第三层。大乘佛教中间讲的"不二中道"又是相对于二而言,中道又是相对于边见而言,那个中是对偏而言来讲的中。就这个意义上来说,它还是俗谛,因为它还在区别,还是对待的知识。只有更进一步,达到更高的境界,认识到这两者是非二非不二,这才是真谛。就是说,如果你区别中与偏,把有无对立起来,或者把有无统一起来,这样你还是在研究这个二和不二,还是在区别对待。你现在非二非不二,要达到这样的更高的境界,这才是真谛,这才达到第三重真谛。所以,非二非不二,非中非偏,你能够认识到这一点,那么你的认识便进一步了,这是第三层。最后,还有第四层。你所说的非二非不二,还是在勉强地对于你那个需要说明的真如本体进行说明。你讲它非二非不二,你还有个对立的对象,企图用名言、名相来对它进行说明,你还是用一种"分别智",用一种对待客观事物进行分析、分解的办法,这个还是俗谛。因为你还是运用分别智,也就是用理智来分析,用名相来说明。事实上,所探讨的这个对象,即真如本体这个东西,是无名相,不可名相的,不能够用名相的,不能够用分别智来说明。它需要无分别智。这已经就快要进入神秘主义了。用无分别智对待这个不可名相的对象,而且把握它时不能够说明。任何对它有所说明的,都会陷入片面。比方说看待前面三重,一重一重都陷入了片面。只有无分别智,才能达到最高、最完满的真谛。这个完满的真谛,就是"言忘虑绝"。这时,常人、一般人所用的语言、文字、概念都不适用了。到那个时候,达到一种无分别智。这个地方,有时候佛经上用这个话,就叫"究竟无所得",即不能对对象进行任何规定,这才达到了最高智慧,这个才是真正的真谛,达到了最高的真理认识。即用无分别智来排斥掉了分别智,达到"言忘虑绝",言语道断,心行路绝。言语的道路断了,思维行进的路也断了。在这个时候,你达到了最高的认识,真理的认识,这就是它说的最高真谛。

说到这个地方,好像已经进入神秘主义了吧?但是,它又倒过来,说当你一旦达到了这样一个最高认识的时候,你反过来再看那些俗谛,它们都还是说了一部分真理。所以真正讲真谛的人讲到最高真谛时,是不废俗谛的。对于以往所讲的并不是全都否定。因为俗谛毕竟是方便说法需要的。所谓方便说法,是用一种方便灵活的方法来阐明佛教的真谛，所以它不能废，而相反，俗和真这两重认识是相反相成的。本来是绝对相反的，但又是相反相成的。"俗非真则不俗，真非俗则不真。非真则不俗，俗不碍真；非俗则不真，真不碍俗。"这是吉藏的一段结论。这最后一段结论把真俗都统一起来了，就是说，在达到最高真谛之后，又反过来对于过去讲过的俗谛的那些各种片面性都重新肯定下来，认为"俗非真则不俗，真非俗则不真"，即是说这个俗如果不是用真谛来显示它的话，也说不出它是个俗谛。比方刚才讲的大乘佛教，在被佛教认为是很高明的龙树菩萨的理论，相对于更高的真谛而言，又变成俗谛了。小乘佛教，过去佛最初讲的一切皆空，这也是对的，但相对于龙树菩萨来说，它又变成了俗谛。所以，俗谛是真谛的一个侧面，或者是真谛的一个层次。到了最高真谛后，反过头来，则会看到"真非俗不真"，真谛相对于俗谛而言才说得上是真谛，这是相对而言的，俗和真两者是相对的。"非真则不俗"，所以"俗不碍真"，即使讲俗谛也不妨碍讲真谛；那么"非俗则不真，真不碍俗"，你讲真谛时也不要完全排除那个俗谛。我们明明知道地球围绕太阳转，太阳系又围绕银河系转，这已是常识，但目前还是说太阳从东方升起这个属于现实。所以，反过来不废俗谛。这样，"不坏假名，而说实相"。因此，佛教是不坏假名，这些俗谛都是一些假名，就是假借名言，实相指真相。翻那么几层过后，你才领会得到这个道理。

"不坏假名，而说实相"，你说是诡辩也可以，你说是思辨也可以，按照它那个思辨途径，就会得出一系列的结论，比方说，佛教认为，要从生死轮回中解放出来，进入涅槃。这是我们的最早的一个常识；世界是一个苦海，在这个苦海里面生活很烦恼，最重要的烦恼就是生死烦恼。那么，就要从生死轮回中解放出来，进入涅槃。但是，按照"不废假名，而说实相"，按照"俗不碍真，真不碍俗"这样的观点来看，生死就是涅槃。就在生死中间悟到涅槃。烦恼就是菩提，烦恼中间就有菩提。"即世间就是出世间"，这是大乘佛教的重要概念，佛教本来追求出世，但达到最高的真谛认识，即世间（就在这个现实世界里面）就是出世间了。这是大乘佛教和小乘佛教的不同之点。即世间，就是在这个世界里面，你自己觉悟了，也就超脱出这个世界了。所以，达到真理的认识之后，烦恼就是菩提，菩提即在烦恼中;即在生死轮回中,你就进入了涅槃;就在世间你就出世间。到最后,即俗即真,就在俗谛中间你就悟到了真谛,不是离开了俗谛的另外有个真谛。即俗即真,就在每一层俗谛中间,你实际上就悟到了一部分真谛。它就得出了这样的结论。这样的话还多,如"即破即立",就在破中间就有立;"即名言,绝名言",即在名言中抛弃了名言。这不只是禅宗,各个宗都这样讲,就在讲这名言中,不废名言中,实际上就绝了名言,取消了名言。因此它用了很多否定法,方法就是如此,大乘佛教认为,一个人认识达到了这个水平,本来一层层驳,驳到最后反过来全部肯定,就叫"由迷转悟",你就由常人的平常迷见、迷惑转变到觉悟了。

佛教所谓由迷转悟,由俗谛到真谛,就需要一个认识能力的突变。这就转入到它的第四个原则。佛教各宗派都有这个原则,叫"证悟论"。

(四) 证悟论

从缘起论到中道观到二谛义,最后进入证悟论。人们的感觉、理智、理性及其所运用的语言、概念、范畴等都有其局限性;人们的认识都具有相对性,这毫无疑问,大家都懂。佛教证悟论就是抓住了我们认识的局限性和相对性。但它并不是把相对和绝对、局限和全面辩证统一起来,而是通过夸大人的认识局限性从而从根本上取消、剥夺人们正常的认识能力。它认为平常人所见到的都是错误的、都是偏见、边见。它要剥夺人们的正常认识能力,要达到它的所谓"言忘虑绝"这种更高的精神境界,到那时你才可以认识。你现在的认识都要取消,要一层层取消,一层层剥掉。虽然最后它要肯定你,但你还没达到那个最高境界时,你的认识都是荒谬的,都称为"颠倒见"。我们有了分别智,所看到的世界都是颠倒的,都看错了。按佛教的观点就是,我们需要另外找到一种认识能力,在日常、正常认识能力之外,另外找到一种认识能力,这种认识能力在它看来就叫"证悟"。有的论者说,每个人都具有另外一种认识能力,但是,要在宗教实践中经过很长很长时间磨炼、锻炼到一定时候,精神世界就发生突变,突变之后,你就可以达到最高的认识境界。也有的佛教派别认为证悟很容易,"一言相应",顿成正觉,只需点你一下,把你点醒,你马上就会发生认识上的飞跃,发生了飞跃可以立即成佛,即觉悟。这是禅宗讲的。佛教有各种各样的讲法,但总而言之,是来个认识能力的飞跃,就能领会佛教真理,或者领会了佛教的精髓。

这并非胡说。我们也承认在认识过程中间有飞跃。看起来我们讲飞跃讲得比较简单。比如说,感性到理性是个飞跃,理性到实践又是个飞跃。此外,还有一些复杂性的飞跃。按照康德的分析,除感性以外,还有悟性,中间加个悟性,然后才达到理性。马克思对黑格尔的批判改造,认为人的认识不仅从具体到抽象,在这样一个认识阶段上用悟性判断一切;另外更重要的还有由抽象上升到具体这么一个飞跃。把感性的具体,经过多方面的规定,达到理性的具体。黑格尔说飞跃还有很多种。这还有待我们马克思主义者把它完善。另外,在我们日常生活里,还有认识和领会(体悟、体验)这个关系,我到现在还未看到一篇文章把它说清楚了。认识和领会的关系在我们生活中很普遍。三中全会的文件你们都传达了吧,你们也许领会了,也许没有,很难说,或者你领会了,我还没领会。大家都看了文件。文字都认得,一个个字读了,读完后你领会了,我没领会。这个情况是有的。再举个例,马克思说过:《资本论》,剩余价值学说,穿粗布夹克的工人懂,但一群大学教授都没懂,这里面就还有懂与不懂、领会不领会那么一种现象。这个和认识与不认识相似又不完全相同,这里头涉及好多比较复杂的问题。我们承认这个现象。佛教把这一类现象抓住,作了大量的文章。

我上次也提到,逻辑思维和形象思维的关系,这么多年来,文艺界、美学界辩论了很多次,究竟是怎么回事,我到现在也搞不清楚。佛教认为很多问题用逻辑思维不能解决,不能再对它进行说明了,就需要用形象思维。所以,好多佛教徒都是诗人,别人跑去问他佛教的真谛,他回答一句诗就够了。禅宗语录充满着这类故事。别人请教他佛教的真谛究竟是什么,他回答:"长空不碍白云飞。"请教者便一下悟了,全部都悟了,一下获得了真理。这说明什么问题?我们自己有时候读诗,看小说,看电影,看完以后也觉得领会了什么东西,领会了什么境界,你要想把它说清楚不容易。佛教认为,逻辑思维有很大的局限性,直觉思维反而容易超出逻辑思维之外,给人们一种特殊的启发,佛教探讨这些问题似乎也抓住了一些环节。

总起来说,以上所谈的这四层,也可以说四个原则:缘起论,中道观,二谛义,证悟论。这四层贯穿佛教的各宗里面,普遍运用,这是它们的共同原则,假如用我们的比较粗浅的分析方法,佛教至少是把世界二重化了。首先,它总要设想有一个本体世界,一个现象世界;一个真如世界,一个万法的世界。真如和万法、本体和现象、性和相、体和用、本和末,等等,它用一系列的范畴来表达这个思想。认为在现象世界的背后,还有一个起作用的本体世界,这样就把世界二重化了。其次,它把认识神秘化了,把人的认识、领悟真理的能力、认识真理的能力神秘化了。它总觉得有一种特殊的飞跃阶段,那个阶段一跳过去之后,你的精神境界就完全不同了。我们承认有认识的飞跃,但是我们把它纳入我们整个认识和实践的辩证法里面来谈。我们也承认这个问题,这个问题相当复杂。我们可以用认识和实践这样一个辩证运动来探索它、解决它。但是,佛教把这个问题神秘化了,把这么一种现象、这么一个认识过程神秘化了。把世界二重化,把认识神秘化,这恰好是宗教意识形态最本质的特征。而这里设置不设置一个上帝、神,是次要的。因此,佛教认为它自己不是宗教,不是有神论,我们说是,原因在于它把世界二重化了,设置了一个彼岸世界;它把人的认识神秘化了,把人们的认识引向另一个神秘主义的途径。就这个意义上,它本质是一种宗教神秘主义。

以上这只是个非常简单的概要。佛教那么多宗派,佛经浩如烟海,沿着这样一个思路,它展开了很多的论辩。当然,也可以说,它是在虚伪前提之下搞的那么一种严密的论证。有人说,它是郑而重之地撒谎,是一种高级品味的精神鸦片烟。我们应当先懂它是一个什么思路,它是沿着什么思路去展开它那些诡辩(也可以说是论辩),而形成五光十色的体系的。按照玄奘这一派,说成佛要经过三个大阿僧祇劫(一个大阿僧祇劫相当于250亿兆个劫,而一个劫相当于世界好多万年就要经过一次水、火、风三灾的劫难)才可成佛,经过这么长时期的磨炼,你的精神才能得到飞跃,天国的门票开得太远了。所以玄奘那套学问在中国讲了一下,不大流行。后来还是华严宗、禅宗流行,因为它们主张你只要领悟了,马上就可成佛,当下就变。这里面有很多烦琐的体系,这一套学问通过中国,形成了宗派,结果传到日本、朝鲜,著作很多。日本大正年间所编的一部《大藏经》,叫《大正大藏经》,共有13 520卷,除了中国作者和翻译外,朝鲜、日本的作者有950

人。"文化大革命"前，周总理曾经指示，根据日本大藏经，我们重新编一部《中华大藏经》。已经指定了好多同志整理资料，后来被"文化大革命"冲乱了。我们研究佛教的人很惋惜。吕澂先生原写《新编汉文大藏经目录》，近已由"齐鲁书社"出版，其科学水平，显然超过了日本，也远比台湾学者所设计的规模宏大、完备精审。应当以吕先生的这个目录为基础来重编一部真正的《中华大藏经》，藏文、蒙文中保存的重要经论等也应译成汉文补入。这一宏伟任务，应当在我们这一代把它完成。

三、华严宗的哲学思辨浅析

华严宗和禅宗这两个宗派，可以说是中国化的佛教的典型，中国化的佛教和印度的佛教相比，有了变化和发展。

华严宗是唐代初年形成的一个很大的宗派，它自认为是根据印度的《华严经》这部经书来立论的。《华严经》的梵文原本据说有十万偈，即由十万首短诗构成。它是在公元1—2世纪时，由印度一些无名学者炮制出来的。中国在晋代就有节译本，这个译本有60卷，一共译了二万六千偈，还不到原作的三分之一。到了唐代，又有个所谓全译本，80卷，译了四万五千偈，也只译了一半，这可以说是部未完成的译本。印度13世纪以后，由于回教的入侵，佛教受到严重打击，佛教经典被一扫而空，《华严经》的梵文本也佚失了。这部经书在印度被称为"诸经之王"，历代都很重视。按照《华严经》的思路来说，它属于大乘有宗。南北朝时的地论师、摄论师就讲华严。到了初唐时期，中国学者杜顺、智俨、法藏前后相继地创立了一个华严宗学派。

法藏（643—713年）生活在初唐时期。这个人很有学问。华严宗的形成主要是靠他。他曾经参加玄奘的译场，因为意见不合，他就退出译场，自创宗派，立一家之言。法藏的著作很多，他所创的华严宗的教义体系，综合了印度和中国流行的各个宗派的学说，曾经有人把华严宗称之为佛教中的"杂家"。实际上，华严宗综合各家学说，带有总结性质，所以，成为中国化佛教哲学的一个典型。法藏是一个有学问的政治和尚,武则天非常敬重他,封他为贤首国师,因此,华严宗又称贤首宗。法藏出入宫廷,参与武周一代的政治活动。武则天组织"平叛",法藏参与策划,当参谋。武则天曾请法藏讲《华严经》,可她和满朝文武都听不懂,于是,法藏就以案上镇纸的金狮子为例进行讲解,这就是著名的《金狮子章》。《金狮子章》是法藏的一部重要著作,是华严宗教义体系的一个系统的论纲。《中国哲学史参考资料》便选有《金狮子章》中的若干段,从中可以尝到法藏著作的味道。法藏的著作共有 15 种之多,《华严义海百门》是其中最重要的著作,讲了100 条。还有《华严探玄记》《华严一乘教分齐章》《华严问答》《华严策林》等等,都是解释他的那套理论的。法藏的弟子澄观及澄观的弟子宗密,都是唐代有名的佛教理论家。澄观的著作有三百多卷,宗密的著作也很多,特别是《华严原人论》一书有名。此外还有一个居士李通玄,写了《华严经合论》四十卷。这些都是唐代对构成华严宗教义体系作出了理论贡献的人。

法藏的学生中,有一个叫义湘的朝鲜留学生,他把《华严经》带回朝鲜,从朝鲜又传到日本,因此,华严宗在朝鲜和日本也很流行。我国唐宋元明清一直有人研究华严宗。清代末年,法藏的一些著作散佚到海外,国内反而找不到,创办支那内学院的杨仁山先生在日本留学期间,致力于收集流传在海外的法藏著作。后来支那内学院刻了一部《贤首法集》,有 100 多卷。关于华严宗,近代还有一个值得注意的人,这就是月霞法师。他俗姓王,是湖北黄冈人,19 岁出家,到终南山坐禅,隐居三年。佛教是主张生产的,他一个人开了 200 亩荒地,学有成绩,后来到日本、缅甸、印尼、锡兰、印度各国收集资料,进行研究。辛亥革命前后,他在上海办了一所华严大学,后来迁到浙江杭州海潮寺,由他和他的朋友主讲华严的学说,三年毕业。1917 年月霞法师死后,似无人再专门研究。

华严宗最大的特点就是富于哲学思辨。这主要表现两个方面:一是教判;一是观点。

教判,就是佛教的一套判教理论。佛教到了唐代,已经进入总结性的阶段,即在理论上进行总结的阶段。中国的佛教徒如天台宗创始人智顗、华严祖师法藏等,把以往的佛教著作按照他们的标准,判定一个高下,一层层加以排列,使之系统化。这是一种特殊的佛教史观,即按照他们的佛教史观把佛教的各种理论重新排列、摆在历史上。而法藏则以佛教理论的总结人自居,认为佛教到了他所讲的那些就圆满终结了。黑格尔在《哲学史讲演录》中,把古代哲学都排列起来,一直排到他黑格尔的哲学。黑格尔认为,人类的哲学思维进行到他这里,就到此结束了。法藏也是这样干的。

法藏提出了一个"五教观",这是他的判教理论的一个纲。"五教观",用最简单的话来说,就是:小、始、终、顿、圆。他认为佛教理论大体上可以排列成这样一个次序。"小"就是小乘佛教,小乘佛教讲"因缘所生"。小乘中多数人认为因缘所生之法是实有的,但也有讲"空"的。小乘是佛最初讲的道。第二部分是始教。始教又分为两种,即讲法相的相始教和讲大乘空观的空始教。相始教就是我们所说的无著、世亲的有宗。空始教就是龙树、提婆的空宗。相始教讲诸法缘起构成一切身心现象,一切客观事物是缘起而有,但它是个假有。空始教则是龙树、提婆讲的一套空观,认为事物的实相是真空。第三个环节是终教,这以《大乘起信论》为代表。终教认为讲假有和真空都有片面性,它把二者综合起来,使假有、真空并行不悖。第四个环节是顿教,这以《维摩诘经》为代表。《维摩诘经》不仅认为空有二宗可以并行,而且二者可以完全统一起来,叫做"二相俱亡",即空、有二种说法的道理都消失了。但法藏认为这毕竟还不够圆满,他认为他所讲的《华严经》才是一切功德圆满、把以往的一切道理都讲圆了,这就是圆教。法藏认为,以往的那些都属于"偏教",都是偏执着某一方面说。如小乘偏重于破除人们的一般常识;其他的,有的偏于讲假有、有的偏于讲真空;有的偏于二者可以并行一面,有的偏于把二者统一,甚至把对立的二者都取消。法藏认为,只有他的理论是"圆教"。他有很多详细的解释。

从法藏的判教理论可以看出,他较聪明,他的佛教史观有一定的逻辑,表现出华严宗想熔冶以往各宗派于一炉,统合佛教内部的各种争论,把佛教看作是一个发展过程。这个过程,可以这样看,它是由小到大(即由小乘到大乘)、由渐到顿、由偏到圆。这些说明法藏是个有学问、能思考的人。本来在佛教历史上出现的各宗派是有一个历史过程,法藏以前的判教理论大体上是按照历史顺序来说的，如按佛在不同时期说教先后来排列的"佛五时说教"。法藏的高明处在于他是按逻辑进程的先后来说明的。

在印度，龙树空宗与无著、世亲的有宗一直争论不休，由于互相争论，结果互相揭露，后来被婆罗门教所攻垮，所以现在印度主流思潮是婆罗门教。直到最近几十年，佛教才开始复兴，佛教传入中国也有空有二宗的争论，但是出了个法藏，他试图按照他的判教原则调和统一各家，特别是空有二家。

法藏在判教理论中，提出了"破立无碍"的原则。华严宗的理论特点就是讲"圆融无碍"。关于"破立无碍"，法藏有一系列论辩原则，如果从哲学史的角度看，讲得有些道理。他首先分析"破"有若干种"破"。比如，抓住对方论据的错误，可以破；抓住对方理论的自相矛盾，可以破；根据某种事实来驳对方的理论，也可以破。就是说，"破"有很多原则。但法藏认为这些都不是"究竟破"。"究竟破"应该以无破为破，你不破它就是破了它。他的理由是：所谓破，不过是破它的偏执、破它的片面性。如果对方被你破了，被你的道理说服了，这样，又发生了新的偏执。对方又会以你的道理为道理，抓住不放，这就是"执所破"，即陷入新的偏执，并没有根本破。真正的"破"，法藏认为是以无破为破，使对方"究竟无所得、心无所寄"，使对方"言忘虑绝"，最后达到把对方整个认识能力破掉，这样才叫破了。因为有所破就必然会有所执。只有把对方正常人的认识能力全部剥夺掉，这才是真正破，这才把对方引入对佛教真理的认识中去了。以上是"破"的一面。其次，关于"立"他又讲了若干种"立"。但是他认为，这些都不是根本的"立"，根本的立是以不立为立。因为立任何一种理论，至少是陷入那种"分别智"、陷入名言。因为你至少要用语言概念来构造这个理论，而一构造理论，那就又是偏执。法藏的观点是，凡是语言、文字、概念都离开了真理，所以真正立要以不立为立。以上讲的是破立两面。第三层，法藏就讲了"破立无碍"。"破立无碍"是说，彻底的破就是彻底的立，彻底的立就是彻底的破，这二者之间是圆融无碍的。举段话来说明它的思辨性：

　　遣情无不契理，故破无不立；立法无不销情，故立无不破。是以破即立，故无破,立即破,故无立,……立破一而恒二,二而常一。(遣:去掉。情:常情,偏执。契:符合。)

这段话是说:去掉一分常情、偏执,就符合一分真理。如用以遮为表的方法画月,只画月亮周围的云彩来显示月亮的轮廓。这是说把偏执破一层,真理就显露一层。所以,你只要把正常人的常识破一分,对佛教的真理就符合(契)一分,所以"破无不立",每一个破都有所立。"立法无不销情",这个法是指佛法、佛法的世界观,你把佛法的世界观立起了一分,也就是把常情、偏执消除了一分。所以"立无不破",你在立的过程中间也就在破。既然破的过程就是立,谈不上什么破;立的过程也就是破,也没有什么立。所以,立与破是"一而恒二,二而常一"。它是一个过程,但又是两个方面;说它是两个方面,但它又是一个过程,所以破立无碍。

法藏的著作中充满了这些论辩。他认为空有二派相破恰好是相成,这里面,它主要是讲幻有、真空的道理。最后,他认为要"互夺两亡",即互相夺取对方的依据。使双方都失去依据,这样才互相统一。相夺、相破看起来是"极相违"的,但恰好这"极相违"的东西是"极相顺"的。他认为空有二宗完全可以统一。把法藏的这些话综合起来,就是这个意思:矛盾两端,如果走到极端就会互相渗透,这一端被那一端夺尽、那一端被这一端夺尽,在这种情况下,二端的道理彼此易位。例如:讲真空的如果把对方讲假有的道理全部否定光了,结果反而站到对方那边去了。这就是彼此易位,但这二者的理论恰好是彻底互相渗透。这样,相夺相破的结果是相反相成。我们认为,事物走到极端之后,就会变成它的反面,法藏多少悟到这样的道理,他就是用这样的逻辑来说明佛教内部没有什么根本的分歧。法藏的这种说法有一定的道理,哲学史上互相否定、互相渗透、互相转化的问题,也确实存在。

法藏的再传弟子宗密,根据法藏的判教理论,扩而大之,写了《华严原人论》,把中国原有的儒、道两家理论也排列进去,把唯物主义的元气论也排列进去,但加以批驳,形成了他的哲学史观(不仅是佛教史观),最后来一章"会通本末",即用华严宗的哲学来作一个历史性的总结,这篇《原人论》在思想方法上很有特色。总之,对法藏、宗密的判教理论,作为一种方法论值得探讨。

下面谈华严宗另一个侧面:观法。

所谓观法,就是用佛教世界观来观察世界,这个问题可以划分为以下几个环节。

(一) 法界缘起论(又称无尽缘起论)

我们面对着的现实世界究竟是怎样呈现出这种状态呢?过去佛教讲缘起,一般有三种讲法,华严宗则一一加以驳斥。

第一种是小乘佛教讲的业力缘起。这是最简单、粗糙的讲法。它认为众生有一种原始的"无明"叫"惑"(贪、嗔、痴、慢、疑、恶见,就是六种"本惑")。"惑"产生"业","业"就形成身心世界。这是一种宗教唯心主义的世界观。

第二种是大乘有宗讲的赖耶缘起。赖耶是阿赖耶识的简称。玄奘就是属于这一派。它认为人有"八识",即精神作用有八个层次。眼、耳、鼻、舌、身、意,好似我们说的五种感觉和意识,这是前六识。为什么会有这六识呢?它认为还有个自我意识支配着这六识,称为"末那识",但它又进一步说,在那个自我意识背后,还有个阿赖耶识,这是最细、最深的根本识,是自我意识的主体。比如说,我在想,我意识到我在想,这个东西就是阿赖耶识。人的心理活动的全部潜能都包含在阿赖耶识中,故又称"所知依""种子识"。唯识宗就是认为阿赖耶识里边有很多种子,由于种子在起作用,就呈现出这么一个世界来,即这个世界是从阿赖耶识里边的种子所变现出来的。这就是一般说的"三界唯心""万法唯识"。这可说是主观唯心主义的讲法。唯识宗讲的是"唯识造境",首先有识,然后造出个境来。

第三种叫"真如缘起"。这是大乘空宗讲的。"真如缘起"是说在现实世界背后,有一个超现实的本体,这个本体叫"真如",这个"真如",牵强一点说,有点像康德的"自在之物"。这个问题列宁有过分析,这就是人类的抽象,它会游离出来。这种真如本体展现为万法纷纭的现实世界,这可说是客观唯心主义的讲法。

这三种佛教的讲法,"业力缘起"很肤浅,"赖耶缘起""真如缘起"想纠正它。

但都讲得不彻底,法藏认为,要圆满解释客观世界怎么会形成这样的状态,只有提出"法界缘起"。"法界"是指包罗万有的"存在"。这个"存在"中,包括有千差万别的事物:有精神现象也有物质现象,这叫"心、尘";有总体现象也有部分现象,这叫"总、别";有共同性也有差别性,这叫"一、多";有结合现象也有分离现象,这叫"成、坏"……法藏说,所有这一切现象,它们之间有普遍联系,互为缘起。这样,整个世界就形成一个重重无尽的关系之网。他说:"起但是缘,故名缘起。"世界之所以是这样,都是因缘而起,所以叫缘起,法藏的基本理论一开始就是这样说,这就叫法界缘起说。

在这里,首先接触到心、尘关系,他说:"尘为心缘,心为尘因,因缘和合,幻象方生。"他又说:"尘不自缘,必待于心,心不自心,必待于缘。"

他对反映与被反映、精神与物质的关系就是这样认识的,似乎心尘之间就是一个互为缘起的关系,即精神现象和物质现象之间是互为缘起的关系。似乎心和尘根本没有谁是第一性的问题。法藏认为,心尘关系是因缘和合的抽象的关系,而这个关系才是我们所观察的客观世界。此外,法藏还讲了很多范畴,他把它们都平列起来:心尘关系、总别关系、一多关系等,这些关系都是因缘和合而生成的。最后,他又进一步提出"一真法界"的问题。

"一真法界",就是说如果按照佛教世界观的智慧来观察世界,就会发现这个世界呈现的是四种样态。这个世界,从现象上看,具有差别性。没有相同的事物、没有相同的人,也没有相同的心理状态和物质现象,而是千差万别的。这叫"事法界"。但是如果用真心来观察世界,就会发现千差万别的现象都有一个共同的本体,因此,它又有统一性。这叫"理法界"。而共同的本体同千差万别的现象不是割裂开来的,而是重合的。这叫"理事无碍法界"。千差万别的现象之间又是互为缘起、互相联系、互相依存的。因此,这种情况又叫"事事无碍法界"。以上是法藏所说的用佛教的世界观来观察世界时,世界所呈现的四种样态。即这个世界,从现象上看,具有差别性;从本体上看,具有统一性;从本体和现象的关系来看,每一事物都体现了这个本体,所以它们二者是重合的;从各个事物之间的关系来看,既然它们都体现了共同的本体,所以互相之间尽管有差别,但它们是互相渗透、互相融通的,用法藏的话说叫作"圆融无碍"。对于四法界,他经常用水与波来作例子,叫"水波之喻",又叫"海沤之喻",沤就是海面上的泡沫、浪花。

法藏说,我们面临的整个世界像大海一样,波浪起伏,这就是事法界;但波涛万顷,体为一水,这就叫理法界;水波之间又是互融的,统一的,二者无碍,离开水找不到波,离开波找不到水,这叫理事无碍法界;另外,你看那波浪又是一环扣一环的,波波相即、重重无尽,这叫事事无碍法界。这是他用水波之喻来讲这个道理,他还展开讲了很多。在这些环节中间,我认为最重要的是分析他的"事事无碍法界"。在事事无碍法界里,本来千差万别的事物,怎么能够波波相即、重重无尽,怎么能够互相融通呢? 所以下面第二个环节:事事无碍法界。

(二) 事事无碍法界

在事事无碍法界中,最核心的,是他的所谓"六相圆融""一多相摄"的命题,先谈"六相圆融"。

六相是:总别、同异、成坏。法藏认为,宇宙现象大体上可以归结为这六类,即不外乎总别关系、同异关系、成坏关系。他认为这三对互相差别、互相对立的现象,同时又可以融通为一。六相圆融,先以总别为例,他有这样一段话:

> 本以别成总,由无别故,总不成也,是故别者,即以总成别也。

这段话意思是说:"别"就是部分,"总"就是全体。任何事物都是由众多的"别"构成总,没有别,就无所谓总。什么是"别"? 正因为它在"总"中间,所以叫"别",否则就不叫"别"。

法藏这个人很会举例,他还举椽和舍的关系来进行说明:

> "何者是总相?"
>
> "答:舍是。"
>
> "此但椽等诸缘,何者是舍耶?"

"椽即是舍。"

"何以故？"

"为椽全自独能作舍故，若离于椽，舍即不成。若得椽时，即得舍矣。"

他这是说，椽就是舍之椽，一个房子里的椽才是椽，否则它只是木条，所以得椽即是得舍。你看见了那椽，就得到了那个房子，因为椽是房子的椽，一椽就是一舍。因此得出一个普遍性的结论：一即一切，得一就得一切，缺一就缺一切。这个结论是说总别之间是互相依存、互相蕴含，因此都是互相同一的。这是说的"总别"之间的关系。同样，"同异"关系也是这样。他说，"同"就是共同性，"异"就是差别性，没有共同性就没有差别性，没有差别性就没有共同性。这二者本来是互相依存的关系，但这互相依存，在法藏看来就互相渗入、互相同一了。"成坏"关系也是个非常奇怪的论点。他说，"成"就是促成，促成就是诸缘的互相依存性。"坏"就是各自有其独立性。这个成坏不是我们一般所理解的成坏。他说，这房子正是诸缘依存，如柱子立着、大梁横着，所以才构成房子。但与此同时，诸缘又是各自独立的，正因为它们是各自独立的，所以才能互相依存。如果柱子不干"立"的事情而去干别的，不发挥它的独立作用，那么这房子就不成为房子，这种独立性就是叫"坏"，"成"和"坏"也是互相同一的。法藏的"六相圆融"，大体上是这样的思辨。

法藏这些讲法，你不能说他完全荒谬，他是抓住了我们认识过程中间有这种失误。这谈的是"六相圆融"。

关于"一多相摄"，他说一和多是可以互为缘起，互相摄入的。他说，一多相因成立。如：

一全是多，方名为一；又多全是一，方名为多。多外无别一，明知是多中一。一外无别多，明知是一中多。

他这是说，一是多中的一，多则正是一中所包含的多，所以他说"一即多"。

法藏还引用了数学上的例子。引用数学例子的结果是：一等于十。他用十代表多。如现在所说：一斤等于十两、一尺等于十寸。这样，一是等于十。他这是抽掉了计数过程中基数的质的规定性，而完全看作是诸缘会合、没有自性。恩格斯在《自然辩证法》中讲到数学时，也讲过"一等于十"在计数系统中，如果把量的概念同基数的质的规定性割裂开来，一就等于十。一和多是互相转化的。此外，法藏对于空间的大小、时间的长短，都用这套"诸缘互夺"的思辨，说成是互相包容，从而是互相统一的。他说：

> 大是小大，小是大小。小无定性，终自遍于十方；大非定形，历劫皎于一世。则知小时正大，芥子纳于须弥；大时正小，海水纳于毛孔。

这是说，大是相对于小而言的大，小是相对于大而言的小。因此，说它小时，恰好它正大，说它大时，恰好它正小。他这是把相对之中的绝对给抽掉了。这样，就陷入了诡辩。以金师子为例，他还讲：

> 一一毛中，皆有无边师子，又复一一毛中，带此无边师子还入一一毛中，如是重重无尽。

他这是说，每一毛中的"无边"都可以带进一根毛里边去，这个世界就是如此重重无尽。有些西方的佛教研究者认为法藏这一思辨具有科研价值，宏观世界、微观世界现在看来都是重重无尽嘛。

法藏是个很聪明的和尚，他很会搞直观教学。他说，他讲的六相圆融、一多相摄的道理。好比因陀罗网（指天帝殿上挂的珠网），如果点上蜡烛，那么可以看到每一颗珠子里都含蕴所有一切珠子。还有一次法藏讲到此处。他摆出十面镜子，方方相对，中间摆一佛像。然后点燃火炬，结果看到镜子里的佛像重重无尽，镜照佛，镜又照镜。每面镜子里都包含有其他九面镜子里的九面镜子里的佛像。法藏说，这就是因陀罗网境界。

法藏举这些例子,归纳出来的结论就是"一即一切,一切即一"。这是讲的事事无碍法界。这种思维里含蕴着一些辩证法的因素。他把这世界分解成六相,探讨六相之间的关系,既看到它们是互相对立的、有差别;又看到它是互相统一、互相转化、又互相包含。这些有辩证法因素。但他是把同一性的条件性抽掉了。同一性本来是个很复杂的现象。相持、互相渗透、合作、团结,都是同一性的表现。同一性是有条件的。如果抽掉同一性的条件性,你就会堕入反辩证法之中去。又相对与绝对之间的关系是相对的,如果抹杀了相对中的绝对性,也会陷入反辩证法思想,就会否认客观现实的差别性。各个事物有其质的规定性。就已经形成的相对界限本身是绝对的,不能随便抹杀这个相对界限。如果不注意这个问题,也会陷入反辩证法思想。这也是法藏给我们提供的思维教训。

(三) 理事无碍法界

法藏说,为什么会形成事事无碍的关系呢? 这是因为它是"理"的表现,即用真心来观察到的世界,即一真法界里边,事事是无碍的,正因为它是统一的理的表现,所以它是无碍的。法藏这些话是说,一切现实的差别、矛盾、对立,如果你用真理的眼光来看,那么它本是和谐的整体。法藏的基本理论就是这样的,用他的原话说:

空随有现,理遂事彰,一际通观,万物可定。

如果按他的逻辑,一切差别、对立都可归结为"水波"关系。

波:事、相、多、相待、别、坏、万法——现象、假象、幻有;
水:理、性、一、绝待、总、成、真知——本体、实相、真空。

水与波所代表的这些,都是圆融无碍的,他用这个例子把一系列东西都归结为水波关系,是"二而不二"。"二",是区别的。本体和现象、真如和万法当然是区别的;但它们又"不二",又是统一的。他的这种理论,为当时的等级制度、为社会关系中的贫富贵贱的差别找出了一个合理的根据。

在谈到"观法"时,法藏说:

> 若看师子,唯师子,无金,即师子显、金隐;若看金,唯金,无师子,即金显、师子隐。
>
> 若两处看,俱显俱隐。

又说:

> 能遍之理,性无分限。所遍之事,分位差别,一一事中,理皆全遍,……一一纤尘,皆摄无边真理。

法藏的这两段话,是其理论归宿。

他说,若你看狮子,那么狮子这现象表现出来,金隐了,这个本质隐到后边去了;如果只看金,那么只看到一堆金子,金显了,狮子隐了。一个艺术家会说这狮子雕刻是妙不可言,而收破烂的看到的就是一堆红铜,哪有什么狮子不狮子。如果同时从两边看,那么"具隐具显"。这样看,"通遍之理"。意思是说那么本体能够遍现一切万物之理。它是"性无分限"。它是真谛,是总体。"所遍事"有"分位差别",这里包含有明确的政治规定。"一一纤尘,皆摄无边真理。一一事中,理皆全遍。"这就是结论,这个结论当然也很容易找出它的政治内容。如果我们批判的话,可以说这是讲的封建原则是统一的、表现在千差万别的"分位差别"里。作为封建社会的成员,一举一动、一言一行,只要你符合封建原则,那就"理皆全遍",你都"摄无边真理"。这是从抽象的讲。从具体的讲,这是说只要你达到这种境界,最后就达到了宗教的归宿。什么叫成佛?成佛就是丢掉你的妄想、显示真心。那时,你"见狮子与金,二相具尽,好丑现前,心安如海。妄尽心澄、万象齐观。犹如大海,因风起浪。若风止息,海水澄清、无象不现"。那时,你看到整个宇宙就是一个和谐的、重重无尽的网,这样,你的主体就"流入大般若海",你就进入涅槃,精神就得到解脱了。

华严宗的宗教归宿似乎就在这里。这里没有什么迷信、拜菩萨,而是教你一种观法。用华严宗这样的世界观看世界,那么一切差别、矛盾、冲突都是神圣合理的。而且都是和谐的整体。一切都是平等的、和谐的、互相含蕴的、相依为命的,只要你按照华严宗的观点来看世界,本来是个苦海,一下就变成了乐园。法藏作为一个佛教高僧,是在绕一个大弯为封建专制制度祝福。

从简单的介绍可以看出,华严宗这个思辨途径和对于事理范畴的分析,对以后的程朱理学起着直接的、重大的影响。

中国化的佛教,如华严宗,是比较富于思辨的,并且表现出重"观法"。重观法本身带有重理性思维的倾向,这种倾向只有中国佛教才有,它最后的目的是要达到一种智慧,华严宗的著作中经常说要具备"智光"、要具备"佛眼",要用"智光"来照耀一切、用佛的眼光来观照一切。他的著作中常这样说:"思之可解""深思直解"。这样的话,只有中国佛教才有。它是要引导到理性思维,这与最后引导到寂静、禅定的印度佛教不同,那是一种神秘的体验。这种差别是值得重视的。

四、禅宗慧能学派简论

《红楼梦》是大家都熟悉的古典名著,书中有很多禅宗语言。四川宝光寺有一副对联:

> 天下事了犹未了何妨以不了了之
> 世外人法亦非法然后知非法法也

这也是禅宗语言。

禅宗是中国化佛教的最后一个宗派,它是中唐时期兴起的,与华严宗基本同时,但是在中唐以后兴盛。中唐时期是中国前期封建社会向后期封建社会过渡的时期。在这个过渡时期中,封建的等级结构也发生了变化,突出的表现是:随着生产的发展,门阀士族衰落下去,大批庶族地主上升。武则天当皇帝时,有一比较进步的措施是破格提拔了很多一般地主中的优秀分子参加各级政权。禅宗则曲折地反映了封建等级结构变化中大批上升的庶族地主的政治要求。禅宗的流行大都在民间,这个民间不是说的劳动人民中间,而是指在野的地主知识分子,特别是失意的知识分子中间。禅宗反映的就是这部分人的精神要求,这是一方面。另一方面,禅宗的出现也反映了佛教需要革新自救的迫切要求。从生活上说自南北朝以来,上层僧侣都被皇室宠信,赐以官品、赏以法腊,享有大量的寺院庄园,生活侈靡。从著作上说,经论越来越多,极端烦琐,这样,就使佛教慢慢失去对群众的吸引力,因而迫切需要革新。

禅宗的兴起,一般人都认为是佛教的一次大革新。例如胡适,一向以研究禅宗自命,它把慧能弟子神会称作禅宗里面的大革命家,写了一篇神会和尚传。

禅宗,一般认为发源于湖北黄梅。五祖弘忍在黄梅双峰山东山寺开东山法门。在他门下,出现了两个有名的弟子,一是神秀,一是慧能。神秀是弘忍门下最有学问的教授师,而慧能当时只是一劳动僧。弘忍欲传法统,令各人试作一偈,于是神秀在廊下贴了一偈:

> 身是菩提树,心如明镜台。
> 时时勤拂拭,莫使惹尘埃。

众僧看了,都很赞赏,认为神秀将是弘忍的继承人。慧能听说后,请人念给他听,因为他不识字。听后,慧能认为神秀的偈作得不行,于是自作一偈,请人代写,贴在旁边:

> 菩提本无树,明镜亦非台。
> 佛性常清净,何处有尘埃。

后来一传,后二句变得更彻底:

本来无一物,何处惹尘埃。

"偈"是佛教的一种颂诗、短诗。这两首偈几乎是任何讨论禅宗的著作都引用的。弘忍认为慧能可以作继承人,于是夜晚把慧能单独叫去,为之说法,慧能听后,言下顿悟。弘忍把法衣传给慧能,并要慧能连夜南逃,恐神秀加害,其他僧众听说法衣往南去了,几百人在后面追,想把袈裟抢到手。其中有一个当过将军的惠明和尚,在一个山头赶上慧能,慧能看到事情紧急,只好把衣钵放在石头上,可是惠明拿不起来。惠明于是说,我不是来拿法衣的,我是来求教的。于是慧能就为惠明说法。惠明言下顿悟,愿为慧能弟子。这些传说带有神话性,说明禅宗有个争法统的问题。

慧能在南方隐伏了十五年,神秀则作为弘忍的继承人,被武则天请到长安,传弘忍之法,后来慧能以一行脚僧到广州听印宗法师讲学。当时,风吹幡动,一僧曰风动,一僧曰幡动,争论不休。慧能上前说:"既非幡动,也非风动,是仁者心动。"一众大哗。从此,他开始出头露面在南方说法,后来武则天知道了,神秀也向武则天推荐,于是武则天几次下诏请慧能北上。武则天死后,唐中宗又继续请慧能到北方去,可是都被慧能拒绝了,他不愿到当朝权贵中去活动。慧能逝世后,他的学生神会作为继承人,发起了向北方的进军,首先到达洛阳。当时有南能北秀的说法,神会主要是用慧能顿悟的理论驳斥神秀渐悟的理论。这样,禅宗慧能学派的理论经过神会的宣传,就居于正统地位了。唐宪宗时,追封慧能为大鉴禅师,这件事情在当时知识分子中间引起了很大的兴趣,王维、柳宗元、刘禹锡都为大鉴禅师写过碑铭,慧能讲学的讲义,由法海记录下来,经过神会整理,这就是《坛经》。《坛经》有几种本子。敦煌石窟中发现了《坛经》的唐代抄本,称之为敦煌本。现在研究《坛经》,应以这个本子为准。这个本子中有很多错别字,采用语体文写的,文字也似通非通,只有一万二千字。唐末又出现了另一个本子,是由惠昕整理的,一万四千字;宋代著名和尚契嵩又出了个本子,二万字;元代又出了个本子，二万四千字。这些文本对于研究禅学史都是重要的。现在《坛经》一共有四个本子，有人说最后那个本子最好，有人说敦煌本最真，都可研究。

慧能本人是个传奇性的人物。他是中国哲学史上唯一一个不识字的哲学家。《坛经》这部书，用白话文写的，错别字一大堆，而成为中国学者写的佛教著作中唯一一本被称作"经"的书。过去传说，佛讲的理论才能称为"经"，后人讲的只能称为论，如龙树菩萨这样伟大的人物，他的著作也只称为论，如《中论》《十二门论》《大智度论》。然而慧能唯一一本书，似通非通，万把字，中国人写的，被佛教徒公认为"经"，这是个非常奇怪的现象。

慧能所创、《坛经》所表达的这一派学说，被称为慧能学派或禅宗南派，这一学派有其独特的学风。慧能学派所进行的大胆革新，就是为了要摆脱一切宗教仪式和经论的烦琐。他自称是"教外别传，不立文字，直指人心，见性成佛"。这四句话是对禅宗最简单的概括，他是想通过精炼理论来巩固佛教的地位。"直指人心，见性成佛"，这是最廉价地出售天国的门票，它把世俗人的生活同彼岸世界的距离大大缩短了，缩到了只有一纸之隔。宗教的本质是把人性和神性拉开，宗教是人的本质的异化，禅宗很巧妙地抓住最核心的这点，把此岸世界同彼岸世界拉近。过去的佛教理论为了显示宗教的神圣性，把天国的距离说得很远，成佛要经过好多万年的修炼。慧能却一下转过来，指出人性就是神性，神性就在人性中；彼岸世界就是现实世界，就在现实世界中。慧能把人性和神性、彼岸世界和现实世界统一起来，是他大胆创新的理论中最本质的一点。

因为是佛教内部的革新，他编造了很多故事。他在一篇故事中说他的这套理论是从释迦牟尼那里来的。一次，释迦牟尼在灵山说法，一仙女送来一束鲜花，佛把鲜花拿在手中示众。佛的第一流弟子阿难、文殊、普贤都坐在前面，各地来听讲学的也都是第一流的学者，大家都莫名其妙，唯有一通身晒得透黄的金色头陀，大概是个劳动僧的样子，名叫摩诃迦叶，看到佛手中的鲜花，微微一笑，释迦牟尼说："好！摩诃迦叶懂了，我付与你'心法'。"随即把心印之法付与他，这段故事叫"拈花微笑"。慧能说，他所传的法，就是摩诃迦叶当时微笑一下，他的心与佛心完全契合。摩诃迦叶传法至菩提达摩，达摩把这一套传到中国来。达摩在梁武帝时由南印度来。他传布一种禅法,禅就是禅定、坐禅,他这种方法又称"理入""壁观"。理入、壁观不是坐在那里什么都不想,而是从"定"中生出一种智慧来,让精神全部安静下来,反而产生出一种最高的智慧,即"由定生慧"。"壁观"是使心如千仞崖石,壁立不动,达摩这种方法带有神秘主义色彩。

禅宗在中国具有深厚的理论根源,南北朝时与僧肇齐名的道生,就讲过顿悟成佛。他认为理解佛教的真理只能用顿,要来一个飞跃,如果慢慢来,那是学不进去的,越学得多越糟糕,道生还讲,"一阐提人皆可成佛",人人都有佛性,即使是坏透了的人也有佛性。只要"放下屠刀",便可"立地成佛"。此外,经过玄学家们精炼过的庄子哲学,中间也有很多相对主义的理论和神秘体验的理论。认为用一种神秘的直觉,忘言忘象,就可把握真理。应该说,慧能这派学说继承着道生乃至庄子所讲的理论,并用来改造佛教,结果产生了真正中国化的佛教,慧能这套理论在印度没有什么原本。中国化的佛教与印度佛教在本质上的差别在于,一主"心性本静"、一主"心性本觉"。前面提到,这是吕澂先生的重大发现。印度佛教认为:人的修养的结果,最后是清静、寂静,涅槃就是寂静;而中国化的佛教,从华严宗到禅宗,共同的特点是心性本觉,是要智慧、要觉悟。不是进入涅槃寂静,也不需要出世到山林中去修养,而就在世间提高认识的境界,只要具备了某种智慧,就达到了佛教的目的,你就成熟了。这两种不同的趋向,吕先生抓得很本质。

禅宗在中国兴盛后,风靡全国。形成了五家七宗,它们各有自己的特点和著作。本来慧能说不立文字,实际上禅宗的著作越来越多,他们的著作有其特殊性,都是由一些故事及简单的对话构成,这些话被称为"公案"。这些公案被记载下来,称为"传灯录",到明代,被人汇编成《五灯会元》。此外,还有《古尊宿语录》等,这些都是研究禅宗的原始资料。

关于禅宗,我想应主要从哲学思辨的途径去把握它,才能抓住它的要害,禅宗的思辨大体上有三个环节。

(一) 即心是佛

"即心是佛"在某种意义上可以说是它的本体论,它的又一种说法叫"心即真如"。"真如",用最简单的说法,就是本体。真如的原意就是:一切法如实的那样。"法"是各种事物,各种事物本来的样子、实相,就叫真如。佛教认为我们平时看到的都是假象,而只有经过佛教的锻炼之后,看到的真如法相才是真象。这个问题可以研究,我们平时看到的是现象,是千差万别的事物、芸芸众生。那么,这些现象的本质是什么呢?现象与本质是有差别的,禅宗抓住了这点。它说,什么是佛?佛就是觉悟,觉悟了就把握了真如,人的认识把握了真如就叫佛。佛就是一个觉悟的境界,觉悟后,你的主观认识和真如就契合为一了,就统一起来了。上面讲了华严宗用水波之喻来比喻真如和万法、本质和现象。水就是真如,波就是现象,离开水看不到波,离开波也看不到水。这二者本来是结合在一起的。

禅宗认为全部佛教就是要回答这个问题。一方面要像华严宗那样研究真如和万法的关系,另一方面,更重要的是研究主体和本体的关系,即人怎样才能认识真理、怎样才能成佛。关于这个问题,禅宗来了个非常巧妙的诡辩。它说:"心即真如",人的心、人的自我意识就是真如。它认为"心即本体,别无本体"。还有"心生种种法生,心灭种种法灭","不是风动,不是蟠动,是仁者心动"之类的话,认为世界上一切事物的生存变化都是精神作用产生的。但禅宗的特点在于,它按照这一思路,进一步区别了"心之体"和"心之用"。"体"与"用"都是中国哲学的范畴。禅宗就在这上面作文章,它说成佛就是证真如、得解脱,即从现象世界中解放出来,把握住本体世界,成佛并不在于追求一个遥远的彼岸世界,而就在于你"了彻"这个现实世界。禅宗用的是"了彻"这个词,即彻底了解。对于现实世界,禅宗有专用名词,称之为"本地风光"。对于心体,禅宗又称为"本原清静心"或"本觉"。禅宗认为,只要你彻底了彻这本地风光,认识了本原清静心,也就证真如、得解脱了。

所谓心体,如果用我们的语言翻译过来,就是自我意识本身,人为什么能通过眼耳鼻舌身而有感觉?那是因为你有意识,你为什么意识到你有意识?这就是有自我意识,即心体。禅宗认为每个人都具有心体,都具有自我意识本身,这个禅宗称之为本原清静心。世界之所以如此,就是由于有个本原清静心、有个心体。它说:"真如是念之体,念是真如之用",真如即是"念之体","念"及一切见闻觉知是"真如"之用。这里又出现了一个"念"，什么是"念"？心就是"念"。一般人把见闻觉知当"心体"，这搞错了，见闻觉知只是"念之用"，是精神的一种活动。而在"念之用"背后还有个"念之体"。那么，"念之用"和"念之体"是什么关系呢？见闻觉知的作用同能够见闻觉知本身是什么关系呢？禅宗比喻说：见闻觉知如浮云，遮住"心之体"，只有去掉见闻觉知，把浮云吹散，人的"本觉之心""智慧常明心"，即"念之体"才会显露出来。禅宗说，你要常人去掉见闻觉知，他会感到无从下手，觉得"没有捞摸处"，但恰好要去掉见闻觉知，本心才会显露。这个"本心"不属于见闻觉知，但它又不离开见闻觉知，离开了，心体不能起作用，但用见闻觉知又没办法认识"心之体"。这就在研究"心之体"与"心之用"的关系时出现了矛盾。如何解决呢？禅宗主张"直下无心，本体自现"，主张以"无念"为宗。

禅宗全部哲学的宗旨就在这"无念"上面。"无念"并不是什么都不想，而是在想的时候不要把"想"对象化。对象化叫"著相"。禅宗要求不著相、不对象化，达到这种境界，就可以"直下无心，本体自现"。过去，如华严宗讲本体，都讲得比较神秘。客观唯心主义讲本体，讲宇宙观时，都是说在宇宙背后有个精神性的东西，这种东西太难捉摸。而禅宗却抛出一套"以心捉心，终不能得""将心觅心，一觅即失"的理论。意思是说，你想自己的心时，那心就已经被对象化了，仍然属于见闻觉知，不是心体本身。常人的认识不能够意识到意识本身，如果你意识到意识本身，那意识本身又变成了对象化的东西，变成见闻觉知了。比如，眼可以看见物，而看不见眼自己。同样，常人的自我意识可以意识到自己在见闻觉知，但是意识不到自我意识本身，如果一旦意识到了，那么就对象化了，就不再是意识本身了。因此，要无念，要以无念为宗。

禅宗的故事很多，这就是一些所谓"契机"。有这样一个故事：慧能三传弟子马祖一日立于禅院门前，见一猎户追赶一群鹿来到面前，马祖请他下马休息，并说："你的箭法真不错，现在，试把弓举起来，射你自己。"猎户怎么也无法射自己。马祖笑了笑说："你那些无名的烦恼，现在一下都断了。"猎户言下顿悟，拜在马祖门下，这就是后来有名的惠藏法师。这个故事是说，心体本身是常人的认识所不能认识的，你不能意识到意识本身。当然，并不是说一个人听过这点故事就懂了，而是他已经思考过很多哲学问题，这时经老师一点，就点穿了的意思，这就是"契机"。禅宗是这样进行推理的。一切宇宙万象都是依赖于心体的，心体又分为念之体、念之用。平常人把见闻觉知看作是心体，实际上在心体背后还有个自我意识，但你不能自我意识到自我意识本身，因为常人的见闻觉知把你遮盖住了，所以你的智慧很差。因此，要舍掉见闻觉知，这样你才能直接透悟到心体本身，直接透悟到心体本身，那你就觉悟了。

禅宗认为，要觉悟，需要有一个认识能力的突变，产生一种神秘的直觉，可以当下使你的认识同那个本原清静心合而为一，这样就升入到一个崭新的精神境界中去了。禅宗认为认识能力的突变，只能够亲证顿悟，因此转入它的第二个环节。

（二）亲证顿悟

常人把见闻觉知当作心的本体，实际上见闻觉知只是心的作用，是精神的作用，而不是精神本身。要认识精神本身，只能够亲证顿悟，用任何语言、概念、逻辑都不行，要把这些梯子都拆掉。这种道理，禅宗认为是"如人饮水，冷暖自知"。慧能学派讲了很多关于顿悟的道理。它说，如果你像常人那样运用见闻觉知来把握心体、把握真知，结果它反而如片片浮云遮住了你的心体。又如一团丝，一根根理来太费事，只有用"利剑一斩"，才能整个都断。因此，需要把正常人的认识能力剥夺掉，一旦剥夺光的时候，那才会"一念相应、顿成正觉"，"恒沙妄念，一时俱尽"。禅宗认为，常人多年都是靠见闻觉知生活，但见闻觉知并不能认识心休，见闻觉知越多，则越迷，"迷即累劫，悟即须臾"，"迷"是累积起来的，要破掉，而"悟"则只在一瞬间。

禅宗这些理论，不完全是谬论。任何唯心主义，如果它能自成一家之言，那它总是在人类认识运动中间有寄生的地方。禅宗的顿悟成佛，就认识论的意义说，我认为有以下几个问题：

1. 它抓住了人类认识能力以及概念、语言等媒介所具有的相对性、局限性，然后加以夸大。它认为现有的认识能力以及运用的媒介都有局限，都是人们认识真理的障碍，是产生颠倒迷误的根源。禅宗认为，不仅常人的语言等媒介是如此,而且整个佛教的教义一旦说出来,也是词不达意,是多余的废话。全部佛经在禅宗看来是"粗言死语",是"戏论之粪"。禅宗在这个问题上的本质是:它认为正常人的感觉、思维及其媒介(语言)都是一些间接性的知识,完全不能反映事物的本质,完全脱离了事物的真象,只有撇开这些间接性的知识,运用直接性知识,在精神上来个突变,运用直觉去把握事物的真象。关于这个问题,禅宗有这样一种说法:"说即不中,拟议即乖。"意思是一说出来就错,一设想就错,因为真理是绝对的、全面的,你从任何一个侧面去把握都是谬误。公案中还有一段对话,是大梅和尚同另一和尚的问答。

> 问:"什么是西来意?"
>
> 大梅:"西来无意。"

这段对话很有名,一般人认为是把握了禅宗认识路线的本质。结果被另一大师齐安听说了,他评价说:"一个棺材,两个死汉。"即一个棺材里装着二个死汉,一个问得荒唐、一个答得呆板。两个人都是想用语言来表达一个不能表达的东西。又如有一姓唐的和尚问他的师父佛法真如究竟是什么意思,他刚一问,师父赶紧用手把他的口捂住。这个行动也是有名的公案,意思是说你不能问,问题本身荒谬。唐和尚又去问石头希迁,石头希迁随便说:"等汝一口吸尽西江水,再为汝道。"等你一口吸尽西江水,再为你说。意思是说不可能讲。禅宗的一些公案大体上是这样的内容,总之是既不能问,又不能说。

可以说,禅宗是坚持了一种比较彻底的不可知论,乃至于不可论说。自我意识意识不到自我意识本身,有些像康德的"物自体不可知"。

禅宗的这一点,在认识论上是有一定意义的。科学的认识论容纳相对主义,但不能归结为相对主义。任何抽象都可能脱离实际。抽象本身具有二重性,也就是具有相对性。歌德说:"生活之树常青,理论总是灰色的。"因为客观事物的本来面貌是极其生动的、复杂、多侧面的,任何抽象的把握都是不全面的。禅宗就含蕴着这样的思想。它所谓的真如真理,你用任何文字、语言都不可能表达它。在这里，我们和禅宗的区别在于：我们容纳相对主义，但我们不归结为相对主义。我们认为人类的理性可以通过抽象阶段把握世界的本质，但这种把握只是无限的接近，而且还带有相对性，禅宗却把间接性知识的局限性、相对性无限地吹胀了。

2. 紧接着，禅宗又把相对和绝对的对立绝对化。我们认为这二者是对立的，但是在认识过程中又是联结在一起的。禅宗却把人们认识的相对性同真理的绝对性绝对地对立起来，结果得出这样的结论：必须抛弃现有的只具有相对性的各种认识，只有把认识能力、认识媒介全部抛弃掉，另找一条认识途径，来一个认识能力的突变，这样才可以豁然贯通，认识一切、洞察一切。这种境界，禅宗认为只能亲证，只能够默照、默契、心领神会，不能说，也说不出来。乃至于一切逻辑思维失效，不得不借助于诗的语言。因为形象思维有时对认识真理多少有点启发。比如：

道悟问石头希迁：如何是佛法大意？

师曰：不得，不知。

曰：向上更有转处也无？

师曰：长空不碍白云飞。

道悟于言下顿悟。

只"长空不碍白云飞"这一句诗，听者言下顿悟，当场懂了。禅师运用这样的诗句很多。如：

"有时立在高山顶，月下披云笑一声。"

"依稀似曲才堪听，又被风吹别调中。"

"孤蟾独耀江山静，长啸一声天地秋。"

"有缘即住无缘去，一任清风送白云。"

······

这些都是用诗的语言进行启发。

禅宗的这类东西应该这样分析：它本来强调的是彻底的不可知论,它要剥夺人的全部正常认识能力,但它并不归结为不可知论,不像康德那样归结为不可知论,而是转而经过顿悟,一下把握全部真理,即由彻底的不可知论,经过顿悟契机的转化,变成了彻底的可知论,洞察一切。禅宗说的真理,当然是佛教的真理,这时它所掌握的已经不再是逻辑思维的间接性知识,而是借助于形象思维、借助于神秘直觉的一种直接性知识。

禅宗通过夸大认识的局限性、相对性,把相对绝对彻底割裂开来,把认识的相对性同真理的绝对性绝对对立起来,引导人们进入神秘境界。这种思维途径,在哲学史上、在现代科学哲学中间是相当普遍的。现在,禅宗在世界上很流行。马赫的学生、维也纳学派的大师石里克曾经说过：对于形而上学的问题只能沉默。石里克还说：形而上学不过是概念的诗歌,不是科学探讨的问题。

禅宗在这里还遇上了一个悖论：第一义谛不可说,而又不得不说,因为它要传教。第一义谛不可说,这个命题本身对第一义谛是有所说明的。因为你说它不可说本身就是对它有所说了。这就成了悖论。这个问题,后期禅宗提出了一些很烦琐的解决办法。如临济宗,为解决第一义谛不可说而又不得不说这一矛盾,提出了"四照用"说：

有时夺人不夺境,有时夺境不夺人,

有时人境俱夺,有时人境俱不夺。

这就是临济宗的四照用语。在认识论问题上,有两个原则：要有认识对象,要有认识能力,永恒运动着的物质过程就是客观对象,这一方面,禅宗称为"境";另一方面,禅宗把人的认识能力则称作"人"。禅宗把"境"又称作"法执",即坚执有所认识的对象,把"人"又称作"我执",即坚执有一认识的主体。禅宗在这两方面下功夫,按照"四照用"说因材施教,目的在于要否定人所坚执的客观认识对象和主观认识能力。有一种人,比较坚执客观对象,那么,就要夺走他的客观对象,这叫"夺境不夺人"。有一种人坚执有主观认识能力,这就要"夺人不夺境"。有一种人是"人""境"都坚执,这种人很难办,他既坚执有客观的"境",又坚执有主观的"人"。对这种人要进行残酷的思想斗争,敲骨取髓,痛下针砭,对他人境俱夺,如"驱耕夫之牛,夺饥人之食"。这种剥夺,用禅宗的语言说,是要用"慧剑斩精灵"这样才能"云散水流去,寂然天地空",使之既没有客观,又没有主观,完全"没有捞摸处""心无所用",从而接受禅宗的理论。还有一种上上根器的人,即已经具有上等智慧的人,他已经多少领会到佛教的道理了,可以"人境俱不夺",这种人你对他点醒之后,尽管他人还是人、境还是境,但是顿悟了,精神境界变了,觉悟了,就在这现实世界中便得到了解脱。

禅宗后期的理论更发展到极端,甚至呵佛骂祖。说佛如"厕口"。讲经说法如同一个人自己把粪含在口里又吐给别人吃;念佛经之类是"运粪入",即把粪运入口中。禅宗认为只有他们的办法才是"运粪出",把粪运出来。临济宗甚至这样说,要真正懂得佛教真理,你必须"见佛杀佛""但莫受人惑"。认为讲经说法对你是欺骗,你不要受人惑。应该向里、向外,即对"我"、对"境",逢着便杀,乃至于"逢佛杀佛,逢祖杀祖,逢父母杀父母,逢亲眷杀亲眷",遇什么杀什么,这样,"始得解脱",才能从迷惑中解脱出来。这里所说的"杀",是否定、取消、消解、解构的意思。它的实质是:任何对于对象的认识,包括对于佛以及佛法的认识,禅宗都主张坚决取消,取消任何对象化了的认识,即对于任何间接性知识都要全部否定,这样,你才能达到一个彻底了悟的境界,才能得到解脱。故作惊人之语,这是禅宗的特点。取消认识对象、取消认识能力,这就是它的实质。一旦把认识对象、认识能力全部取消,就达到了佛教的最高境界。而一旦达到佛教的最高境界,则可人境俱不夺,乃至于"一切声色,俱是佛事"。这时,你就会"不起一切心,诸缘俱不生,即此身心,是自由人"。说来说去,关键在于思想上来个飞跃、突变。

关于精神境界问题,辩证唯物主义究竟怎样解释,这也是个复杂的问题,但禅宗认为,领了佛教真理后,人还是人、境还是境,但你的精神境界变了,在现实世界中你就解脱了,你就是自由人,"披枷带锁中,即是自由人"。精神境界变了,苦难的现实世界看起来也变成了一个很幸福、很和谐的世界,也是佛性的表现。这样，就转入第三个环节。

（三）凡夫即佛

所谓成佛，就是觉悟了。并不是说另一种有神性的人才能这样，而是任何凡夫都有佛性，都可以成佛，问题在你是否觉悟。禅宗说：

> 凡夫即佛，前念迷，即凡夫；后念悟，即佛。前念著境，即烦恼，后念离境，即菩提。（《坛经》）

禅宗大师还有一段话：

> 未悟未解时，名贪嗔；悟了，唤作佛慧。故云：不异旧时人，异旧时行履处。

这两段话，前面是慧能讲的，后面是百丈怀海讲的。未悟时，贪嗔痴，这是最坏的；悟了，贪嗔变成了佛慧，还是刚才那人，但所作所为的意义不同了，即境界不同了，一切都变了。禅宗说"放下屠刀，立地成佛"，这是顿悟，进一步，不放屠刀，也可成佛。只要精神境界变了，"杀盗淫妄"都同样可以干。这在唐末那种混乱的社会状况下，对于巩固宗教阵地起了很大的作用。但另一方面，也要看到人的精神确有不同的境界，如低级趣味，高尚情操，不同的道德境界等，还有我们今天经常说的共产主义精神境界，这中间是有认识飞跃的过程。

为了说明禅宗的亲证顿悟和凡夫即佛说，你们可以翻一下《黑格尔辩证法哲学批判》导言，这里面本来讲的马丁·路德的宗教改革，但与佛教的禅宗颇有共通之处。马克思说，马丁·路德的宗教改革是："他破除了对权威的信仰，却恢复了信仰的权威，他把僧侣变成了俗人，但又把俗人变成了僧侣。他把人从外在宗教解放出来，但又把宗教变成了人的内在世界。他把肉体从锁链中解放出来，但又给人的心灵套上了锁链。"

马克思的这种黑格尔式的语言很深刻。这段话从某种意义上说，也可以拿来分析禅宗。

从我们对禅宗的思想进行的分析，可以看出两方面的问题：

第一层，禅宗在认识论问题上进行了唯心主义的、形而上学的割裂与颠倒，从而巩固了佛教的阵地。

唐代后期，由于寺院经济严重侵蚀了国家的财政收入，隐匿了很多的人口，于是，唐武宗搞了个毁佛运动。在他的命令下，凡废寺（朝廷赐名号的僧居）四千六百余所。僧尼还俗二十六万零五百人，释放奴婢十五万人。对佛教的这个打击，是运用政权的力量。结果，当时佛教的一些宗派如天台宗、唯识宗、华严宗等基本上都因此而衰落了。但是，禅宗却大盛行，毁佛运动丝毫没有毁掉禅宗，因为禅宗把僧侣变成俗人时，又把俗人变成了僧侣，它把宗教的锁链套在人的心灵上，这无疑巩固了宗教的阵地。

禅宗又显然在客观上对不少进步思想家起过积极的作用和影响。有不少思想家从不同的角度吸取了禅宗的思路，从这一角度说，禅宗又起了解放思想、反对权威、独立思考的作用。柳宗元、刘禹锡对于禅宗非常欣赏，他们的几个佛教好朋友都是禅师，柳宗元、刘禹锡对他们极为赞扬，并用禅宗思想来反对韩愈等人为代表的那套官方正宗道统学说。至于李贽、方以智、谭嗣同、章太炎等也全都欣赏禅宗。李贽是反权威的，反对以孔子的是非为是非，要以吾心之是非为是非，这一理论起了反封建的作用。方以智是个科学家，但他相信禅宗，他的著作中充满着禅学的机智。至于近代谭嗣同等人都接受禅宗的影响，到日本留学的辛亥革命前后一大批先进思想家，大都受禅宗的影响，因为日本的禅宗非常流行。有人认为，日本展开明治维新，反对旧的传统观念束缚，并从此开始了日本的近代史，就是受禅宗和王阳明的影响。确实，禅宗的反权威反传统的思想对后代学者起了启发的作用。另外，禅宗强调主观精神，强调精神境界的作用，在一定条件下对革命者起了鼓舞斗志的作用。谭嗣同的著作《仁学》有很多吸取了禅宗的思想。戊戌变法失败后，他在监狱里写下了这样的诗句："我自横刀向天笑，去留肝胆两昆仑。"临刑，他又提笔写了一首诗："有心杀贼，无力回天，死得其所，快哉快哉。"这也是精神力量的鼓舞。他的《仁学》里常有这种冲决一切罗网、逢佛杀佛、逢祖杀祖的气概。所以,这个问题就值得我们重新考虑。《美术》杂志刊登画家关良画的"鲁智深醉打山门",郭老曾题了一首诗:

> 神佛都是假,谁能相信它!打破山门后,提杖走天涯。见佛我就打,见神我就骂。骂倒十万八千神和佛,打成一片稀泥巴。看来禅杖作用大,可以促进现代化。

鲁智深的禅杖逢佛杀佛,逢祖杀祖,一切神佛都打倒。由此可见,这一面可以肯定,这是一层。

再一层,从认识史的角度看,从中国哲学史的发展逻辑来看,禅宗以某种歪曲的形式,加深了、发展了认识论的问题。如果我们从哲学思路这个角度把握它的话,可以看出,它至少提出了在认识过程中怎样克服片面性、怎样克服局限性的问题,它提出认识过程中相对和绝对的辩证法问题。认识是有相对性的,真理都是相对真理,但相对中又包含着绝对。另外,禅宗事实上提出了逻辑思维和形象思维的关系问题。在宋以后,我们中国的文艺评论里面有一派就是用禅宗的理论来解释文艺现象,特别是严羽的《沧浪诗话》,就运用禅宗的理论来解释文艺现象,来解释很多美学问题。另外,近代的王国维的《人间词话》,也是用禅宗的理论来解释很多文艺现象,例如,他把境界的高低作为一项评论标准。这些问题,禅宗尽管讲的还是佛教,还是要顿悟成佛,还是讲的佛教的理论。但是,它已经转入了哲学思维,而且把哲学思维提高到相当精炼的程度,有时候很极端,极端时反而暴露出的问题更尖锐。比方说,在认识过程中怎么克服局限性的问题。感性认识,理性认识,以及各种媒介都带有局限性。这的确是个问题,现在,有好多自然科学中的问题。如量子物理学,提出关于测不准原理的问题,认为微观世界里有些东西你测不准,你一测它就变了。又如近代遗传工程很复杂,讲所谓密码,认为人体本身有很多现象尚待探索。他们提出"黑箱理论",认为人身上许多现象、机能、变化等,要用活人来观察,但人体是个"黑箱",当你通过解剖进行观察时,一解剖就变了,这个叫"黑箱理论"。怎么探索生理病理规律似乎成了问题,这些问题都是说明我们认识本身的局限性、各种认识工具的局限性。电子显微镜、计算机了不起了吧,也有很大的局限性。这样一些认识论上的问题,在禅宗、在哲学史上有一些理论提出来了,以朴素的形态,或以神秘的形式提出来了,给人以启发。这对后期封建社会的哲学当然有促进作用。华严宗直接成为程朱理学的理论来源,而禅宗就直接成为陆王心学的理论来源。前期封建社会仍然是讲天命、神权,较粗糙,到后期封建社会大部分讲本体论、认识论。因为禅宗、华严宗的这种思辨起了推动作用,把我们的思维水平提高了。所以,我们要研究中国哲学发展的逻辑、发展的圆圈。从认识史角度来考察,对禅宗、华严宗都要摆在一定的地位,它们是这个螺旋前进必经的环节。而且由于我国出现了这样的环节,所以后期封建社会的哲学就得以在更高的理论思维水平上进行,不管唯心论、唯物论都是如此,辩证思维也因之而得到发展。

最近,黑格尔《哲学史讲演录》第四卷出来了,建议同志们认真看一看,黑格尔写德国古典哲学从雅各比(Jacobi)说起,这个人值得注意。德国古典哲学一般都是从康德讲起,黑格尔却从雅各比说起。雅各比就有类似禅宗的东西。我们认识客观事物时,往往经过这么三个阶段:感性具体阶段——我面临一个事物,对它诸方面的情况笼统地组成一个表象;然后进一步,进入第二阶段——悟性阶段,悟性阶段是抽象分析,从这个侧面到那个侧面,分析了事物很多侧面,实际上并没有反映这个事物的本质;然后就是第三阶段——理性阶段,即把多方面的规定加以综合,结果形成理性的具体。一般来说,认识需要经历这三个阶段。哲学探讨的问题是整个宇宙,宇宙的诸现象是多样性的,你对整个宇宙的本质的把握,只能从诸现象去把握,诸现象就是感性具体;然后对它进行分析,比方说时间、空间、物质、运动、质量度,等等,你可以搞很多判断对它分析,这个分析是悟性的;到最后来个理性具体,把它综合起来,形成一个总的认识。关于能不能达到最后一个总的认识的问题,在哲学史上长期争论,黑格尔对这个问题很有贡献,我们看德国古典哲学,可以看出这一点。历史上解决关于对宇宙本质能不能形成理性具体来把握它的问题,大致有三派。一派以康德为代表,发展到最高典型,就是宇宙本质是无法知道的。物自体是不可知的,你对它不能进行规定,不可能用我们现在的认识能力把握它。休谟这样讲，康德这样讲。现代的逻辑实证论都沿着康德的思路。认为形而上学的问题是不能去探讨的，不能够理解的，现在欧洲的分析哲学都是这样。第二派，就是雅各比派，认为可以把握，但要把握就要排斥掉所有的理性阶段的那些认识，本来这一派古代、中世纪都有。雅各比等为代表，谢林也有这个味道，在现代资产阶级哲学中也很多认为只能用神秘的直觉才能认识事物的本质、真谛。这一派类似禅宗。还有第三派：黑格尔，认为通过感性、悟性、理性三个阶段，促成飞跃，可以形成理性具体，不离开感性，也不离开悟性，但是提升上来可以形成理性的具体，从抽象再上升到具体，这样可以把握客观世界的总体，把握它的本质。当然黑格尔也有缺点，马克思继承了黑格尔，形成了唯物辩证法的学说，形成了唯物辩证法的认识论的理论，比方说，我们把感性、悟性、理性，以及一些媒介的辩证关系搞清楚，我们把相对和绝对的辩证关系搞清楚，把一般和个别的辩证关系搞清楚，把具体和抽象的辩证关系搞清楚，等等，形成一个唯物辩证法认识论体系，从而唯物地解决这个问题。禅宗在中国哲学史上恰好代表着那种相信直观的、属于雅各比派的看法，认为对客观世界的本质只能依靠神秘的直觉来解决。所以，我们在学习中国哲学史的过程中如果论史结合，用辩证唯物主义的理论和目前达到的时代最高水平，回头来看看历史上哲学家到底在他的哪些方面失足，我们面对这些问题应该怎么回答，如果这样学习那么就可以磨炼我们的理论思维能力。

我这次讲得很粗糙，很多资料没引用，有些问题只点了一下。但是，我有个想法，是试图用马克思主义理论来分析哲学史上的这些问题，从而反过来思考一些马克思主义尚未解决、或尚未完全解决的问题，这样才有意义。还有一个意思，就是马克思所说的，应该把哲学家的语言，还原为现实的语言，把看来很玄的哲学问题，还原为现实生活中的问题。论史结合，古今通气，这样学习才能锻炼和提高我们的思维能力。

（由乐九波、刘可风记录整理）

师友评说

灵均芳草伯牙琴　契真融美见精神

许苏民

一

《吹沙集》是萧萐父先生近三十年来所写讨论哲学与文化问题的论文与序跋的结集。

立足于理性的审视,作者娴熟地运用了"科学—理性"的工具,努力揭示出每一时代的理论思维都是一种历史的产物,它反映了特定时代人类历史实践的水平,在不同的时代具有非常不同的形式和内容;他强调"连环可解",从浩繁的哲学原典中爬梳剔抉,努力揭示哲学范畴从朦胧到清晰、从抽象到具体、从贫乏到丰富的逻辑演进,勾勒出中国哲学发展的"大圆圈"和"大圆圈中的无数的小圆圈",展示出中华民族的哲学认识由低级向高级发展的内在逻辑。

同时,借助于审美的形象思维的体验和感性观照的辅助,作者又十分注重以诗人的直观能力去"神交古人"——全身心地投入特定历史情境下的社会化情感共鸣的审美体验之中,去悬想事势,遥体人情,设身处地体验特定时代经济政治的外在刺激与哲人的亲缘地缘关系、师门授受、文化教养、性格气质、身世浮沉等相互作用所造成的哲人心灵的深层矛盾,以及这些矛盾对其理论思维的制约作用。

——在这里,作者给以求真为目的的"科学—理性"工具的运用注入了审美体验和观照的生动的感性生命,而感性的审美观照(形象思维、体验、直觉)亦服从和服务于理性的求真目的,其中亦渗透着理性分析的因素;这情理交融的体验促进了理解,而深刻的理解又对象化为生动的陈述和再现。于是,哲学史的陈述就不仅仅是黑格尔之"正、反、合"式的单纯的逻辑演进,而是以把握过去时代的真髓和血肉的"真实性"代替那种只有逻辑的骨骼而没有感性生命的血肉的所谓"客观性"。

以求真为目的的科学的理性方法,并不排斥研究者的强烈的道德热情和历史使命感,通过二者之审慎的结合,后者将给历史科学的研究以不竭的动力源泉,前者亦将给予研究者的道德激情和使命感以科学的理性规范。

在中国哲学史界所注重的"三际"(周秦之际、魏晋之际、明清之际)中,作者尤其钟情于明清之际的早期启蒙思潮,认为这一时代的哲人以朦胧的历史自觉顺应了中国社会行将走出中世纪的历史进步潮流,其思想代表了历史的前进方向,是中国现代精神文明建设的源头活水,亦是传统文化与现代化的历史接合点;其砥砺气节、自我超越的道德情操更体现了"光芒烛天、芳菲匝地"的人格美。然而,作者在阐明历史科学时并不排斥情感,所以"一瓣心香拜顾(炎武)王(船山)"的同时,又十分注重揭示"旧的拖住新的、死的拉住活的"这一历史洄流对哲人的理论思维的制约,致力于分辨其"言志之作"与"应酬之作",辨析哲人心灵中新旧杂陈、矛盾重重的思维格局,揭示其理论思维的误区及其阶级的和历史的局限性。

——在这里,求真的科学态度始终是作者全部立论的生命所系,而道德激情和历史使命感则十分自然地体现于其科学态度之中。这样,作者也就自觉地避免了把不可重复的既往的历史当作"当代史"来写的所谓"真历史"的误区,而是以完整准确地把握对象自身中的灵魂的科学性代替了那种仅仅为了"满足一种现在的兴趣"、从而避免"使过去变成了现在"的主观随意性。

《吹沙集》中除收录了作者研究中国哲学和文化的论文、演说外,还收录了反映作者追求美与真之统一的心路历程的诗作,这是《吹沙集》的又一特色。"灵均芳草伯牙琴",是少年时纯真的向往;"梅蕊冲寒破雪开,……吸取诗情向未来",

是青年时如火的情怀；"九畹兰心凝史慧，五湖鸥梦入诗篇"，是壮年时广阔深沉的思绪；直到老年，"劫后高吟火凤凰"，仍然自信"一瓣痴葵蕊不枯"。对于"海上琴心""火中鸣凤"的咏叹，与其论说相映照，表现了作者对中国哲人将求真与求美结合起来的文化精神的自觉继承。

二

　　哲理、史慧、诗心，具有内在精神相互贯通的特征。无论中西，概莫能外。在中国，"究天人之际""通古今之变""穷性命之原"，乃至"原天地之美""称神明之容"的精神追求，贯通于同属人文学科的文史哲诸领域。在西方，柏拉图以"爱"贯通于对不同层次学问的追求，且以爱情的最高境界为哲学的最高境界；歌德题其自传曰《诗与真》，暗示爱与美的诗情与哲学之慧境的关系；而现代的新黑格尔主义者，更大讲"辩证法是爱情的逻辑"。

　　人文学科内在精神相贯通的特点，使得学者们往往具有哲学家、史学家和诗人（文学家之泛称）等多重身份，尤以哲学家而兼诗人者为多，这一点也是中西所同。在中国，庄周、荀况、屈原、贾谊、嵇康、阮籍、柳宗元、刘禹锡、苏轼、王阳明、李贽、王夫之、龚自珍乃其显例。在西方，无论写哲学史还是文学史，都要写到柏拉图、亚里士多德、西塞罗、维吉尔、卢克莱修、琉善、孟德斯鸠、伏尔泰、狄德罗、卢梭、尼采、萨特、海德格尔……

　　这一切，启迪我们思考诗与真的关系问题，包括哲学家如何"由真入美"，又如何"由美入真"，以及如何实现从"由真入美"到"由美入真"的境界递升等。萧萐父先生的《吹沙二集》（以及《吹沙集》《吹沙纪程》等论著），既有对于诗与真之关系的探索，启迪我们由此达于"爱智"（哲学）之本性的更深的理解；又有在哲学史研究中体现"历史感情与历史科学之统一"的大量范例，启迪后学在"由真入美"又"由美入真"的递升中走向重建现代理性的新哲学境界。《吹沙二集》首页印有诗人哲学家苏渊雷先生赠作者诗句，"屈狷庄狂聊尔汝，归奇顾怪见心肝"，可谓词约义丰，一语中的。足见，把握诗与真或美与真的关系问题,乃是理解《吹沙》作者的哲学襟怀(人生追求、价值理想、精神境界等)的一大关键。

爱与美的真情、深情,乃是造就别具慧解的哲学学说和哲学家的必要条件。一位真爱智者,首先必是一个有真性情的人,而后才是一位有独创性的哲人。有真性情,故能保持一颗执着追求真理、不被流俗污染的"童心";有真性情,才会有表现其作为一个真正的人的精神追求的哲学创造。面对"天地有大美而不言",却情不自禁地总想"原天地之美""赞天地之化育"而有所言。

《原美》是作者于1948年8月"为纪念两年前大渡河上一个美丽的黄昏而作"的一篇哲学论文,写作这篇论文的激情和灵感早就孕育于他在两年前写的十几首《峨眉纪游诗》中了。这组诗在大陆早已散失,化为劫灰,在1995年方由北京大学比较文学家乐黛云教授偶从海外的一本英译中文诗集中觅得。作者称之为"缪斯的复归"。并在给乐黛云教授的致谢信中说:"您为我们觅回的,非仅是一组中英文符号,而是我们的童心,我们的初恋,我们在诗情画境中自我塑造的精神美。"[1]《峨眉纪游诗》是以五言格律诗的形式展示的精神美,"出岫白云静,在山泉水清","不入无言境,安知忘我情"[2]……《原美》是以哲学语言展示的精神美,"由'静的和谐'到'动的和谐',形成人生美的发展阶段:那便是由'形体美'而'智慧美'而'情操美'到'人格美'的转化与递升。……"[3]二者展示的是同一境界。而先有《峨眉纪游诗》,后有哲学论文《原美》,乃是"由美而入真"——《原美》中认定"美统摄真善"的最高哲学智慧,属于在意义和价值的世界中追问终极实在是什么的觉解之"真"的范畴,不是科学认知之"真",而是对于人生意义和价值的洞察之"真"。——在这里,爱与美的真情、深情不仅是诗人的灵感源泉,更能使真正的哲人产生柏拉图之所谓犹如神灵附身般的创造冲动。

在《原美》中,作者满怀爱与美的诗情,激扬文字,驰骋论说,指点评说柏拉图"美即是善"、普罗提诺"美是神圣理念在宇宙中的展开"、近代浪漫诗人济慈"美

---

① 萧萐父:《吹沙二集》,巴蜀书社,1991年,第728页。
② 萧萐父:《吹沙二集》,巴蜀书社,1991年,第717、725页。
③ 萧萐父:《吹沙二集》,巴蜀书社,1991年,第378页。

即是真"、温克尔曼"美是一种燃烧着的精神力量"、席勒"美是认知主体与感性对象互相调和时一种合目的性的快感",以及尼采、鲍桑葵、詹姆士、克罗齐、桑塔耶那等西方哲人关于美的论述,扬榷各家而自创新说,论述了由"形体美"而"智慧美""情操美"而"人格美"的转化和递升,把四种人生美的意义交相融合而又加以和谐化,以人格尊严——建立在对宇宙人生之智慧洞彻的基础上、化理论为德性的意志绝对自由与高度和谐——作为美的最高绝的境界;热烈讴歌精神生活之美的意义,讴歌真正的爱情对于人格的完善和建立一个美好的道德世界的巨大作用,讴歌人生意义是在不断创造进化中的扩大与充实。作者吸纳柏拉图(柏拉图论定从美的形体到美的学问知识,到美的制度,最后契悟美的本体),继踵柏格森(柏格森揭示生命的意义在于"创造进化"),在一定意义上,可以说,《原美》试图提出一个体现着真善美之和谐统一的新哲学粗纲,一个新人学的哲学体系雏形!

在哲学研究中,对于具有"知"与"情"二者兼胜之禀赋的哲人来说,往往陷于王国维所谓"可信者不可爱,可爱者不可信"的矛盾之中:知识论上的实证论、伦理学上的快乐论、美学上的经验论虽可信却不可爱;伟大之形而上学、高严之伦理学与纯粹之美学,虽可爱却又不可信。这一矛盾是深刻的,其中自有极微妙的学理上的张力有待揭示。不仅如此,王国维又自云:"欲为哲学家则理性苦寡而情感苦多,欲为诗人则理性苦多而情感苦寡。"他虽曾求助于康德哲学及叔本华哲学,但始终未能从此种两难困恼中超拔出来。难道具有"知"与"情"兼胜之气质的学人就只能像王国维那样,分别去研究殷墟卜辞、古史新证、宋元戏曲和人间词话,而躲避哲学,自陷矛盾,乃至不得不自沉昆明湖以求解脱吗? 我们从《吹沙集》(第二卷)中似乎可以找到另一种答案:"知"与"情"兼胜的禀赋,并不妨碍哲学认识的探求,而且善于融合,还可能是达到哲学认识之终极目标的必要条件。

《序方任安著〈诗评中国著名哲学家〉》是作者写于 1995 年的又一篇力作,堪与近 50 年前的《原美》一文媲美。前者(《原美》)是"由美而入真",后者则是"由真而入美"。前者是就哲学认识的结果而言,即由情爱之美产生哲学认识,在爱与美的氛围中激发出直觉的创造智慧,力求观照宇宙人生之真谛。后者是就哲学认识的途径而言,因为凭借知性(狭义的"真")不能达到哲学认识所追求的终极目标,而实践理性("善")对此亦无能为力(尽管可以更接近于达到目标),因而就只能诉诸审美观照,是为哲学认识途径上的"由真(经过善)而入美"。在这里,"知"与"情"兼胜的气质在哲学认识的不同阶段可以先后或同时发挥着不可或缺的重要作用。

以西方哲学史上从柏拉图到康德的诸多启示作为参照,作者结合对中国哲学史和诗学史的研究,对此作了别有会心的阐发,认定"哲学的诗化"与"诗的哲学化"几乎是同一的心路历程。在此前提下,明确地指出:

> 在情与理的冲突中求和谐,在形象思维与逻辑思维的互斥中求互补,在诗与哲学的差异中求统一,乃是中华哲人和诗人们共同缔造的优秀传统。他们在这两种心灵创造活动中实现着美和真的合一,使中国哲学走上了一条独特的追求最高价值理想的形而上学思维的道路(此处"独特"二字似可斟酌。——引者),既避免把哲学最后引向宗教迷狂,又超越了使哲学最后仅局促于科学实证,而是把哲学所追求的终极目标归结为一种诗化的人生境界,即审美与契真合而为一的境界。①

这段论述虽然仅仅是就中国哲学与诗学的优秀传统而言,且是对中国哲学精神也近似一种理想化的表述,但却体现着作者对马克思所谓"真正的哲学"(无论中西)之神髓的独到把握。历史上占统治地位的哲学往往与宗教的特定历史形态相联系,或直接就是宗教或准宗教,新柏拉图主义导向中古基督教神学的宗教迷狂,奉行程朱道学的人们大兴文字狱以及如醉如狂地观看妇女搭台殉死的"狂欢节",比起西方中世纪的宗教狂迫害来也大有过之而无不及。这里,作者所强调的美与真的合一以避免把哲学引向宗教迷狂,体现了他对"五四"时期中国

---

① 萧萐父:《吹沙二集》,巴蜀书社,1991年,第512页。

进步思想界热烈提倡的"以美育代宗教"之精神的自觉传承和发挥:"五四"学者大都仅就艺术审美教育的功能而言,这里则是就哲学的诗化和诗的哲学化而言,因而涵摄似乎更深广。至于反对使哲学最后仅局促于科学实证,讲哲学的审美与契真合而为一的境界,更体现了他对于超越现代逻辑实证主义的知识哲学之局限、扬弃现代非理性主义的行动哲学、重建体现真善美之统一的新人文哲学的热切盼望。此外,关于哲理、诗心与史感之统一的论述,既为后学指点了研究哲学史须将逻辑分析、历史分析、审美观照三者相结合的门径,也为有志于新哲学之创造者提供了"哲思三昧",解决了"非名言之域何以言说"的问题,通其解者,可语上乘。

记得亚里士多德曾经说过,"诗比历史更接近于哲学"。在把历史理解为史料编纂学的意义上,这一论说是正确的。但在颇具史识或史慧的人们看来,这一说法就未必完全正确了。史识中同样可以具有诗心,诗心中亦未尝没有史慧,因而二者在接近于哲学这一点上也就难分轩轾;更有甚者,通过诗心的敏锐直觉而获得的史慧往往直接就是哲学认识的组成部分。"史慧欲承章氏学,诗魂难扫瑓人愁"①,这是作者回忆其少年情怀的两句诗。少年时代的学养往往影响人的一生,章学诚的"通史家风"和龚自珍的"剑气箫声",与犹如初恋少年一般的"童心"的契合,铸就了作者卓然独立的思想品格。善哉,朱哲君之言:"他既是一位学者,也是一位诗人。""不仅在学术上慎思明辨,而且在生活中敢恨敢爱,能哭能歌,不仅有澄澈的慧解,而且有深挚的感情。"(《吹沙纪程·编后记》)这就是他常说的"历史感情与历史科学的统一";而历史感情与历史科学的统一,就是"史慧",历史哲学的智慧。在这里,"由真入美"与"由美入真"又是依次递升的,同时也可以说是互为表里的,是"诗与真"的统一。试详说之。

由历史科学的知性的"真"而达于史慧意义上的理性的"真",乃是从"由真入美"向着"由美入真"的递升。以科学认知的眼光审视历史,只能达于对历史的"知性"的认识,在哲学史的研究中,也只是客观地揭示哲学发展的内在逻辑。在

---

① 萧萐父:《吹沙二集》,巴蜀书社,1991 年,第 756 页。

这里，人是一个纯粹认知的主体，而不是一个情感和意志的主体，而情意因素在此时的介入，往往带来以偏概全的主观随意性。此时排除主观好恶的私情而专注于逻辑的疏理，就可以避开一些偶然的因素而再现哲学认识发展史的客观逻辑进程。然而，要达到对历史（包括哲学史）的"理性"认识，就不仅需要发挥对知性起综合作用的那种理性能力，而且需要一种植根于生命深处的直觉智慧的辅助，一种容纳情意因素的理性直观能力，借助情意的因素来"由真入美"，即：设身处地于古人的历史情境，去体验不同学派的人们何以会提出不同的哲学命题或学说，以情感去体验情感，以实践的意志去体验实践的意志，由此对不同学派的人生追求和精神境界之高下作出入情合理的解释。这样一种理性能力，就是一种洞悉不同历史情境中的人的心灵底蕴的艺术家的眼光，一种使古人复活以再现真实的历史风貌的艺术家的能力。研究哲学史时的这种入乎其内、同情理解、神交古人的心境，可以说就是"由真入美"，也就是作者一再表彰的王船山善引庄子的"参万岁而一成纯"一语所申说的巨大历史感，"数千年以内见闻可及者，自当参其变而知其常，以立一成纯之局，而酌所以自处者。……"这是"云中读史千秋泪"所产生的一种"鉴之也明，通之也广，资之也深"的历史觉解[①]。同时，就认识的结果而言，由这种极类似于艺术家的直感体验所再现的历史的真实，又是更高或更深意义上的一种真实；且这种真实既可以艺术的形式来表达，又可以逻辑推理的理论形式来表达，也可以会通两者的诗化语言来表达，所以在这一意义上又可以叫做从"由真入美"向着"由美入真"的递升。我想，这也许就是作者之所以不满足于早期提出的把哲学史"纯化"为"哲学认识史"，进而又提出把哲学史研究"泛化"为"哲学文化史"，"更能充分反映人的智慧创造和不断自我解放的历程"[②]的一个重要原因吧。

真实地再现古人绝不等于认同于古人，入乎其内还须出乎其外。仅能入乎其内而具史识或史慧者，只可能成为优秀的学者或史家；如果既能入乎其内而又善于出乎其外，以其哲理性的史识或史慧致力于现代理性结构之重建者，方可称

---

① 萧萐父：《吹沙二集》，巴蜀书社，第430—431页。
② 萧萐父：《吹沙二集》，巴蜀书社，第410页。

为哲人或思想家。在此，作者似乎在启迪我们，作为一位思想者的精神旅程，还须再经历一次从"由真入美"向"由美入真"的突进和递升。

首先，"由真入美"，即通过审视人类理性的发展历程，产生我们的历史感情。不同的时代有不同的理性，如果要把历史上那些反映宗教异化和伦理异化的哲学论说看作是合乎理性的，那就会与我们现在所要求的理性完全背道而驰。因此，作者特别强调"现代中国人的理性觉醒、理性的自我批判和理性的成熟发展"所具有的重要意义，强调重建体现人的自由而全面发展之要求的现代理性。而这种现代理性，乃是涵摄知情意三个方面的。从这一点去看中国哲学史，于是就有了鲜明的爱与憎、赞叹与悲悯的历史感情：对于维护伦理异化、摇笔弄唇而为民贼之后援者的憎恶和抨击，对于敢于冲破圣经贤传的神圣光环、以"童心"反抗伦理异化乃至以身殉道的"哲学烈士"的钟爱和赞美，对于并非有意识地弄虚作假、在理论思维上颇有贡献、却又不自觉地充当了专制帝王之统治工具的哲人的悲悯与痛惜，等等，以这样的历史感情去引发我们对传统思想资源的评判、取舍。这种历史感情是建立在对中国哲学的各家学说之清醒的科学认知基础上的，是为"由真而入美"，此乃从中国哲学史研究走向重建现代理性的第一步骤。

从建立在科学认知（"真"）基础上的历史感情出发，把中国哲学开始其"特定的自我批判时代"以来反映人的觉醒之主题的哲学，看作是从传统走向现代的历史接合点，看作是重建现代理性的源头活水，由此走向新哲学之创造，是重建现代理性的第二步骤，是为从第一步骤的"由真入美"向着更高一级的"由美入真"的递升。作为传统与现代之历史接合点的中国早期启蒙哲学，必有其赖以出发和改造的先行思想资料的渊源，所以并不排除此前中国哲学中的一切合理因素，且须"漫汗通观儒、释、道"，此不仅有助于理解传统哲学资源与早期启蒙哲学之关系，而且有助于发掘在传统哲学中一切尚有价值的思想因素，以再造中国现代新哲学。同时，把中国的启蒙哲学看作是与西方文艺复兴以来的哲学思潮本质上同一的思想文化历程，吸取西方哲学的一切合理因素，兼及其他文明民族哲学思维的成就，以"文化包容意识""多元开放心态"来"从容涵化印、中、西"。广泛涉猎百家异说而不徇流俗，骋心游目于多元价值取向而又自有主见。因而，其对唐君毅,肯定"君毅发愤著书,自处于言说之境,但由其历史感情所蓄发的理性激情,使其著述时,'一波才动万波随',下笔不能自休,沛然不可中止,其言说皆由生命流出,无穷悲愿,跃然纸上,意在赋予中国哲学以新的生命,……"①其对冯契,则肯定其"始终保持着心灵的自由思考,始终保持着耿介不阿的自由人格,神思慧境,磊落嶔嵜。……特别是他身体力行地把哲学理论化为个人德行的实践中,对于真善美统一的自由理想的执着追求,对于独立人格的自我塑造,对于社会异化现象的高度警惕,具有一种非凡的自觉性"②。其上下求索、评说诸家,所执着不已者,乃"启蒙""解蔽""破霾"等不能自解的历史情结。此种情乃一贯而思自成纯,是乃更高层次上的"由美而入真"。

现代理性对于可爱者必求其可信,则理性必以科学的知性认识为基础;同时,对于可信者又必求其可爱,因而要把可信的科学认知(知性)上升到理性,以反映人的实践的意志和审美的理想追求;而从知性上升到理性的过程,正是把科学认知上升为哲学智慧的过程。追求可爱与可信之一致正是《吹沙集》作者反复论说"美与真的合一"的哲学思想的根本特征,而"由真入美"与"由美入真"之迭相循环、反复递升,乃是作者的哲学史研究和新哲学之创造的方法论神髓。读完《吹沙集》(第二卷),启迪实多,但书中两句诗:"一卷高吟入玄圃,契真融美见精神"③,总在脑际盘旋。一个风骨嶙峋的行吟诗人,闯入了庄严静穆的哲思玄圃,其精神结局是什么呢?只能是哲学的诗化与诗的哲学化,契真与融美的合而为一。如此领悟《吹沙二集》的哲学致思倾向和治学方法,不知作者与读者印可否?

(作者系南京大学教授)

---

① 萧萐父:《吹沙集》,巴蜀书社,1991 年,第 547 页。
② 萧萐父:《吹沙二集》,巴蜀书社,1991 年,第 447 页。
③ 萧萐父:《吹沙二集》,巴蜀书社,1991 年,第 516 页。

星空德律导佳句，哲命诗魂化典辞

邓晓芒

一

有幸读到萧萐父先生凝聚三十余年治学精华的《吹沙集》一书，眼前浮现出的是一位历尽坎坷而又信念如磐、热情如火的耕耘者的形象。刘梦得诗云，"千淘万漉虽辛苦，吹尽狂沙始到金"，这正恰当地概括了作者的治学和为人。对于一位以追求真理为第一生命的学者来说，最令人安慰的莫过于体验到狂沙吹尽、真金开始闪烁出诱人光辉的那一瞬间了。作者自谦"是否见到真金，则很难说，因为'发光的不一定就是金子'"，但依我看，书中所论述的思想之宏富，分析之透辟，见解之发人思索，的确显示了作者深厚的学术功力和独到的真知灼见。

学贵有创见。在国内哲学和哲学史学界，作者以论述明清之际中国哲学启蒙及其坎坷道路著称，且在海内外独树一帜，作者既反对死抱传统、故步自封的"西学中源""中体西用"等陈说，又不同意"全盘西化"论的幼稚病，也不赞成现代"新儒学"试图从儒家传统中"开出"现代文明的幻想，而是着力于从 17 世纪以来民族文化传统中的反封建蒙昧的启蒙思潮（主要是明末清初的王夫之、黄宗羲、颜元、戴震等为代表的反理学思潮）来确定中国文化内部打破传统、走向现代化的"生长点"或"接合点"。这就一方面避免了"新儒学"只知从正统儒家文化中附会出现代文化的根由,而找不到由儒家文化转变为(或"开出")现代文明的内在历史动力这一弊端,另一方面也排除了"全盘西化"派的外因论,而以马克思主义的矛盾发展学说来解释中国文化趋向于现代化的内在必然性。中国传统文化的这一内在矛盾不仅体现为儒家文化本身的内在矛盾,而且一开始就体现为儒、道、墨、法、阴阳等各家之间的矛盾交织,中经西来佛学的融合会通,至明清之际,终于以儒学本身产生出它的对立面或叛逆者,即反理学的早期启蒙思潮,而导致了中国文化自身矛盾的总暴露和蜕变的必然性。书中第一部分就系统而扼要地阐明了作者上述主要观点。

本书的第二部分"传统反思",正是以这种矛盾发展观来透析中国传统哲学的一些领域,除在许多具体问题上取得了丰富的成果外,也为论证中国传统文化中包含走向现代化的"内在根芽"提供了历史证据。在这方面,作者提出了两个重要的观点。一是关于儒家传统的"伦理异化"。作者并不一概贬斥儒家传统,而是作了细致的区分,认为先秦原始儒家还有其朴实的一面,在一段时期内以其对道德自觉的重视、对教化作用的强调、对人际和谐的追求,而吸引了历代知识精英,发挥了特有的文化优势。然而,作者又认为,儒家传统经过原生、衍生、变异、衰落诸阶段的历史演变,由强调人们的家庭宗法道德情感而起向全面否定人的价值,日益变为人类的桎梏,脱离了人的道德自我意识,这就造成了"以理杀人"的异化现象。正如欧洲近代反对宗教异化导致了西方启蒙运动的兴起一样,中国明末反对理学伦理异化的思潮也可视为一种启蒙思潮。第二个重要观点是关于道家"思想异端"的看法。作者认为,中国文化不能一概归之于儒家文化,而是由儒、道、法、墨、阴阳等多元融合而成的文化,其中又尤以道家、隐者的"山林文化"构成与儒家"庙堂文化"相对峙的补充;这一异端传统到明清之际则发展为新的启蒙意识中的一个重要因素。上述两个观点,从反面和正面论证了明清之际启蒙思想形成的必然根据,具有很强的逻辑力量。

通常治中国学问者,极易陷入就事论事、"集腋成裘"式的经验考察,而缺乏严密系统的逻辑方法。对于本书中的学术见解,人们也许会局限于从事实和内容上来评估,而看不到在这些见解后面所运用的一套方法论体系。然而,精研并熟练地掌握马克思主义的哲学史方法论,这恰好是作者一切立论的前提。作者对黑格尔的哲学史观进行过长期深入的研究,尤其对马克思、恩格斯的"历史与逻辑相一致"的历史辩证法和唯物主义原理多有所得;近年来更将现实生活所提出的文化与文化史问题,与马恩晚年在人类学研究上的方法论见解贯通起来,提出了哲学史研究既要"纯化"(即通过对史料的筛选,那些具有纯哲学意义的范畴实现出来,构成逻辑演进的线索),又要"泛化"(即联系当时的整个时代精神、民族心理、文化氛围来理解这一逻辑线索)的新见解,向人们展示了广阔的理论前景。

《吹沙集》作者是一位具有丰富情感和诗意的学者。他在书中有专文论及《历史感情与历史科学》,主张研究历史不可能不带感情,只有设身处地,才能理解古人。但他又指出,有两种感情:一种是个人主观的非科学的偏爱偏恶,这是科学研究中应该去掉的"私情";另一种则是"历史感情",即具有历史感的价值判断或"公情"。的确,我们在《吹沙集》的文章中几乎处处都可以看到时代的忧患、民族的感奋和历史的深沉。没有这种博大的感情,作者的奋力耕耘便不会有强大的动力。特别可贵的是,作者在本书最后一部分"滴水吟稿"中,为我们辑录了自己从少年时代到现在的部分诗词一百余首。这些诗稿,有的咏物感怀,有的直抒胸臆,表达了对祖国、对事业、对同志的真挚的爱,体现了高度的艺术修养和深邃的哲学智慧的完美统一,除了具有非同一般的艺术价值和欣赏价值外,对于我们理解作者的整个思想风貌乃至整个人格,都是不可缺少的。我们从这里看到的不是一些抽象概念的辨析,而是一个思考着、慨叹着、爱着和恨着的活生生的灵魂。掩卷而思之,禁不住也题诗一首,以志余怀:

面壁吹沙应有时,启蒙破块竟栖迟。

长天路漫心为炬,愿与先生共致思。

二

萧萐父教授为海内外知名之学者。1947 年毕业于武汉大学哲学系,毕业论文做的是"康德之道德形上学"。50 余年的教学生涯,主要讲授中国哲学,也讲授过西方哲学、马克思主义哲学和一般的哲学史方法论。在 20 世纪 80 年代国内的文化大讨论中,曾以"中国哲学启蒙的坎坷道路"为主题独树一帜,获得海内外的高度评价。萧先生治学,要之以《周易》及道家为旨归,然儒、道、佛兼通,不拘于一门一派,且或古或今,或中或西,只要是深刻的思想,几乎没有界限,看似驳杂,实乃游刃于形而上的哲思境界,以文化哲学和辩证思维一以贯之,突现出强烈的思想个性和哲人风貌。在所辑《吹沙集》(巴蜀书社 1991 年版)之后,又有《吹沙二集》(巴蜀书社 1999 年 1 月版)面世,正是这一哲人风貌的全面展示。

然而,除了哲思敏捷、学养渊深之外,萧先生从性情上说其实是个诗人,诗与哲在他身上达到了几乎浑然一体的化境。两部《吹沙》近百万言,书后均附有"滴水吟稿"诗词,共 200 余首,时间跨度 50 余年,蔚为奇观。先生的诗,明显深受中国传统禅境诗的影响,充满灵气和妙悟。尤其是他早年(40 年代)的诗作,融哲理于意境,堪称出神入化,其中所录先生 20 余岁时偕恋人(后来成为萧先生夫人)游峨眉山的组诗《峨眉纪游》凡 14 首,均为英汉对照。这里面有一段鲜为人知的佳话。1948 年,作者因闹学潮后躲避国民党当局的追究,刚从武大毕业即潜回成都,经友人介绍,协助华西协合大学美籍教授费尔朴(Dryden L. Phelps)将陶渊明诗译成英文,因而与费氏结下忘年之交。新中国成立后,费氏回国,50 年未通音讯。90 年代一个偶然的机会,友人从国外觅得《峨山香客杂咏》一册,系费氏与另一教授选择的中英对照诗集,其中除辑入唐太宗、李白、杜甫、岑参等名人游峨眉山诗 70 余首外,最后选入萧先生未刊《峨眉纪游》全部 14 首。佚稿失而复得,且以这种方式找回青春时代的见证,萧先生夫妇大喜过望。时费氏已过世多年,译诗及编辑出版过程详情皆湮不可考,唯留下这本诗集代表着他对中国文化及一位中国朋友的深情厚谊。今日捧读吟诵,原诗及英译均字字珠玑,朗朗上口,一律的五言律诗,对仗工整,意境幽深,与萧先生后期诗作相比,不用一典,自然清新,道骨仙风,超尘绝世。很难想象这是一个年仅20余岁的学生运动领袖所作。

如果说,诗人气质是萧先生的浪漫天性使然的话,那么投身于哲学则是时代带给先生的命运。先生少年时即心怀忧患,报考武大时选择了当时称之为"冷门"的哲学系,毕业时洋洋三万余言的学士论文《康德之道德形上学》旁征博引,纵横思辨,能令今天的博士生哑舌。然而即使在这时,诗性精神仍然渗透在哲学的思辨中。先生于1948年所作《原美》一文便是绝好的证明。用先生的话说:"人生的历史是在事实的平原上创造着价值生活或意义生活。价值理想渗透了整个的人生历程",这价值理想就是美。美虽生长于"事实的平原",但却能赋予整个世界以价值和意义,"只要有一个自觉的心灵观照着这个宇宙,那里便已有一个美的世界了"。先生还把美的历程分为"形体美""智慧美""情操美""人格美"四个阶段,但它们并不是互相排斥而是层层涵摄的,是美的意义不断提高与充实的过程,"因为生命本身是创化的历程,是自我不断扩延的历程"。只有当四个层次彻底综合为和谐的统一体,达到最高的"美的美"这种庄严人格的境界,才是"人性底最充实与最光辉的实现"。显然,先生的美学思想在这里把柏格森和尼采的创造进化观念纳入孟子所说的"充实之谓美,充实而有光辉之谓大"之中来了。在先生看来,中国文化最高的境界并不像一般人所认为的是道德伦理,而是涵盖真、善于一体的"大美"。这既是先生对自己亦诗亦哲的个性人格的理论阐释,也是他一贯追求的理想目标。

新中国成立后,先生致力于马克思主义哲学的钻研,在中国哲学方面,尤瞩目于与马克思主义辩证法有某种暗合的王夫之。但这一时期直到20世纪70年代末,先生的诗情几乎被人为地压抑,30年间所留诗稿,收入两部《吹沙》者总共才20余篇,且诗味大减,似不敢吟。直到80年代,萧先生才重返诗园,再寻缪斯。这时的诗与年轻时代相比,少了几分处子的静穆,多了几重人世的沧桑,诗含玄机，多用典故，现代人苦无注释，几不能解。萧先生90年代的诗更是平添了一层人生的孤独落寞，虽然超脱，却不再飘逸，艺术上直追50年前，境界上却为之一变。的确，半个世纪的坎坷，岂是"淡泊"二字了得的？"春江花月空回首，欲向灵均续远游"（《访德杂诗·九》），"耻随渔父扬泥滓，漫向长沮问去津"（《壬申和李锦全诗》）。孤寂中的探索，使先生置自身荣辱于不顾，"寒凝大地浑忘却，吟步荒崖唤野鸥"（《琼岛行》），决不做趋时媚俗的"被保护动物"："久蓄樊中渐失真，珠冠玉珥媚游人。可怜舞步空留影，不抵冲天唳一声。"（《癸酉访齐齐哈尔养鹤园》）其伏枥之志，可见一斑。但这一切，其实都可以看作他对早年美学思想的坚守。在1992年为纪念王船山逝世三百周年所作的《船山人格美颂》中，先生开篇便写道："船山一生，风骨嶙峋。时代的风涛，个人的经历，传统文化的教养，学术道路的选择，都促使并激励着他始终执着于'壁立万仞，只争一线'的理想人格美的追求。"这实在是先生自己的真实写照。故文末有"神交心悟，目击道存""言不能及，眉笑而已"之语。

先生早年曾有《自题吟稿》自况：

> 诗情慧境两参差，犹记荒江独立时。
> 海燕孤飞翻有梦，春蚕自缚尚余丝。
> 堪怜丽思纵横处，难解狂歌叱咤辞。
> 文藻江山摇落感，飞凉萝月又眠迟。

自古诗情与哲思不可能不发生矛盾，这种慨叹原是很自然的。但天下人少有像萧先生这样，将诗与思的这一矛盾化为自己追求自我的内在动力，以诗促思，于思中觅诗，而达到如此高的诗思合一境界的。我惊叹萧先生的才思过人，更钦敬先生的道德人格，因步先生《自题吟稿》韵以和之：

> 天公孕物各参差，岂有英雄未应时。
> 难改痴心生白发，已将夙愿换青丝。

星空德律寻佳句[*]，哲命诗魂化典辞。

春意重来山欲滴，先生莫道夕阳迟。

[*] 自注：康德有云：位我上者灿烂星空，道德律令在我心中。

（作者系武汉大学教授，今华中科技大学教授）

吹尽狂沙始到金

陈家琪

说来也怪，1978 年我在武汉大学读西方哲学史专业的研究生时，真正给了我一个"史"的概念的，是萧萐父老师。那时武大哲学系的中西哲学史两个教研室是合在一起的，有些课也合开，如哲学史方法论。萧老师讲得最多的就是历史与逻辑的一致，是范畴自身的逻辑运动和哲学作为一种人类认识发展史的"圆圈"现象。当时所讨论的文本主要是列宁的《哲学笔记》，但列宁不过是在读黑格尔的书，所以黑格尔一时成为热门话题；而黑格尔哲学中最富思辨的，就是那套把哲学与哲学史统一起来的理论与方法。我们这代误入哲学之门的学子们大都有一个在不断后退中补求知识、扩充学问的过程：一开始所接受的自然是当代的马列主义即毛泽东思想，但"文革"时凡读过一些《哥达纲领批判》《德意志意识形态》的人已在辩论中占了逻辑思维的优势，这就促使许多有可能从政治斗争中抽身出来退隐山乡的"老三届"们开始了对马克思著作的日夜研读。这种从毛泽东退到马克思的现象，恐怕一开始就注定了我们的补求知识只能是一种在正本清源框架内的自我清算。1977 年后的命运转机更使我们有可能从马克思退到黑格尔，退到康德、笛卡儿、巴门尼德。许多治中国思想史的朋友们也有一个大体相似的过程，《周易》之热，也许和《周易》是退到最后不能再退的一部最古老而又最玄妙的天书有关。退到《周易》和退到前苏格拉底，就心路历程和心态转换而言，恐怕和萧老师所说的那种"文化寻根中的当代意识"①不无暗合之处。

在"退"中,我们摇身一变而为学人,从此不再只满足于马克思主义的社会批判和自我清算。

然而那种批判精神还在。为学求知永远只是为了完成或实现一种理想的大同,哪怕意识上对此早已反省到深恶痛绝的地步,痛绝后依旧希冀着一种自我的实现,这一点也注定了自我反省与社会(可以从制度抽象为文化再具体为人种)批判才是我们这代人的价值依托。

如何把"史"的学问与社会批判的热情统一起来,对我们这代人来说已不大是个"理论上"必须解决的问题了,个中的苦闷与失落自是一言难尽;现在不要说批判的热情,就连那点"史"的学问也不敢在下辈人面前有所表露,稍有不慎,便成同情对象。熊十力、冯友兰、金岳霖、贺麟等一代大儒去后,"后无来者"便成一喟然长叹。当我拿着萧老师这本新出的《吹沙集》时,也依然挥不去那种"后无来者"的感觉,而且这种感觉还更为深沉,更为弥久。如果说熊冯金贺的"后无来者"更具个人悲剧色彩的话,萧老师这代人的悲剧则深深印有时代的烙印;能在"后五四时期"(20 世纪 30—40 年代)达到中国哲学最高成就的,毕竟只熊冯金贺几个人,而像萧老师这样"殷勤笔耕,多成废纸,而鼠齿之余,仅有零篇"(《吹沙集·后记》)的,则要以"代"计;当然反过来,熊冯金贺在三四十年代所达到的是个人的成就,而萧老师则代表着我们这样一个时期所能达到的高度,至少从马克思主义的中国思想史研究这一角度来看是这样。

构成这本文集的基调的,恰是"史"的学问与社会批判的统一,用萧老师自己的话说,叫"历史感情与历史科学的统一",这意思也可表达为"马克思主义的党性原则即客观性原则本身包含着历史的感情"或"倾向性与历史的前进性的相一致"②。千万别以为这只是一句官样的空话,他们那代人的全部追求差不多就在这里,而且也已潜移默化为我们这代人的一种情结。

要相信"倾向性与历史的前进性相一致",就得持有理念,这是萧老师那代人

---

① 萧萐父:《吹沙集》,巴蜀书社,1991 年,第 46 页。
② 萧萐父:《吹沙集》,巴蜀书社,1991 年,第 403 页。

精进不已、无怨无悔的精神支柱；要使这种"相一致"成为"史"的学问，就得讲求方法，在理念间建立起逻辑的联系，让社会批判的热情（倾向性）获得一种合规律性（前进性）的依据。

先让中国哲学史的研究对象从伦理学、美学、心理学、社会学中独立出来，再从中哲史的思想之争中剥离出范畴间的逻辑联系，如"天人""名实""和同""常变"等等，既不能"百家往而不返"，也不能只是千古心传的"道统"。总之一旦纯化为纯粹思维，中国哲学的逻辑演进也就有了轨迹可循，而且从根本上说，中国哲学的逻辑演进应该是人类思维轨迹的缩影，至于人类思维的轨迹，自然以黑格尔的《逻辑学》为标本。这无疑是一项极富开创性的浩大工程，上下两卷的《中国哲学史》就是明证，然而又极具冒险性。问题不在史料，而在理念的框架，于是引申出又一问题，人类精神的活动本身是否提供着这样的依据？或者说，西方哲学是否可视为这一运动框架的样本？从要求纯化的逻辑范畴到把明清之际的启蒙思潮确立为中国（其实也是西方）精神现象的转折点，萧老师差不多等于从黑格尔的《逻辑学》退回到了《精神现象学》，这依然是"退"的态势，于是也就与黑格尔后的又一个里程碑式的人物胡塞尔分道扬镳；胡氏继续追求思的纯粹以捍卫科学的独立价值，我们则回到笛卡儿以来的反思哲学以高扬主体的能动。这种能动具体体现为建制规律与架构逻辑，于是思维的存在就是存在的思维，反思中的"我"的思维过程也就成为打开人类思想史的钥匙，这不是主观性（subjectivity），而是主体性（同一个 subjectivity）；尽管萧老师在明清之际的精神转折中所看到的中国哲学的主体性原则依旧局限在"心""我""人""人格"的范围内，与胡塞尔走出笛卡儿、康德后所立足的"超验主体性原则"并不相同，但也正是"心""人格"这样的概念，才更具那种个性解放的感性色彩和在社会批判中实现自我的历史意识。

中国知识分子最要命的就是这个历史意识。史学是国学的主干，以史为镜、鉴往知来是史学的传统。历史意识对古代的士来说，是一种"为天地立心，为生民立命，为往圣继绝学、为万世开太平"的人格境界，"史"内化为内圣外王、修齐治平的功夫；马克思再把这种内化的历史意识对象化为历史科学，让思维架构起的历史的逻辑成为主体之批判性的合法依据,这一点很容易就会使中国知识分子在历史感情与历史科学的统一中获得一种双向的满足。如果说历史感情与历史科学是正反题的话,认识论就是合题,所以萧老师才很喜欢普列汉诺夫的话:"历史家不应该哭,不应该笑,而应该求得深解。"①

所以从表面上看,从万历到"五四"的反理学思潮是文化启蒙,其实是人的解放;这解放有两个向度,一个是个性,一个是求解。萧老师一点也不愿意谈论抽象的"人"。1985 年西去兰州讲学时,他曾在一首记游诗中说:"玄奘西去达摩来,丝路莲花朵朵开。今日我来寻活水,鸣沙山月共徘徊。"在一小段类似于注的文字中,萧老师特别突出了一下"我来"二字:"口占,复出两'来'字,可改而不愿改,因'我来'二字,表露了一种自觉参与意识。"②1988 年 10 月,萧老师更是断然认定"中源中体俱无着,重掘丹柯火样心"③。他心中的活水源头,时间上放在明清之际的启蒙思潮,空间上则有赖于"文"而"化"之的"人";无论传统文化与现代化之间怎样接合转型,离开"人"这一文化主体总是无着。"人"或"我",如果说在龚自珍那里是"众人之宰,非道非极,自名为我"的世界第一原理的话,在熊十力则是"天上地下,唯我独尊"的"个性"④。马克思所给予我们的,就是在"第一原理"和"个性"之外的一套求解的方法或工具,萧老师认定 17 世纪为传统文化与近代化转型的"接合点",就是因为那一时期同时面临着个性与求解的双重饥渴;而满足的形式则是传统的自我批判(反理学),内容涉及五次文化大论战,触发的杠杆是西学东渐,而其学术轨迹则可细分为三股:一股源自龚、魏、康、梁的"今文经学",一股是朱、王理学的自我翻新,第三股则把今文经学的历史意识(启蒙精神)纳入马克思主义的历史学说之中,于是有了嵇文甫、杜国庠、谢国桢、侯外庐这样一批思想史家。与此相对应,在朱、王理学的自我翻新中,或走出志开外王的新儒家一系,或逸为避入书斋的乾嘉朴学。梁启超视乾嘉朴学为清代学术的全盛期,是因为他在《清代学术概论》中只看到当时的"学问饥饿",而忽视了

---

① 萧萐父:《吹沙集》,巴蜀书社,1991 年,第 402 页。
② 萧萐父:《吹沙集》,巴蜀书社,1991 年,第 46 页。
③ 萧萐父:《吹沙集》,巴蜀书社,1991 年,第 99 页。
④ 萧萐父:《吹沙集》,巴蜀书社,1991 年,第 613 页。

"学问饥饿"背后要求个性解放的一面,或未把启蒙精神更准确地定义为个性解放。

开外王就其不满足于空谈心性而言,与乾嘉学派同路,就其基于对当前儒家使命的重新认识而言,又不脱今文经学的旧穴;争论只在外王何以开出和传统文化自身是否具有那种"自我坎陷"的能力。按萧老师的意思,离开西学东渐和现代化这一西方坐标的确立,近300年学术史就无从谈起;而西学若不以马克思主义为代表,近300年五代启蒙学者的前赴后继也就无结果可言。但新儒家先退到朱、王再往前开和萧老师立足于今天再回头去看的思路,却是明明白白;而乾嘉学派在此夹缝中倒显得左右逢源,说不定正体现着学术自身的独立价值。

学术自身的价值只能依附于人的解放或外王的开出,这一点正是近代西方包括马克思主义在内的启蒙哲学的主旨。鲁迅在《文化偏至论》中说:"国人之自觉至,个性张,沙聚之邦,由是转为人国。"萧老师一面把"人"具体到"我来"的"我",另一面又抽象为"国人"的"人",但在"我"与"国人""我的自觉参与意识"与"国人之自觉至"之间又无任何东西可以担保那种理想的同一。一旦哀其不幸,怒其不争,则很可能把人的解放的自觉变成解放人的自觉行动,于是萧老师所说的那种"伦理异化的哲学理论"就有了堂而皇之的理由。就此而论,明天理、灭人欲式的"解放人"和自觉至、个性张式的解放人,作为一种对人的要求,其实是殊途同归。鲁迅之哀之怒还停留在文化的偏至上,一旦文化上再矫枉也无济于事的话,是不是会让武器的批判代替批判的武器呢?一部中国近代史,先是西方文化以"批判的武器"的形态从城市向乡村扩展,再是"武器的批判"以农村包围城市的形式夺取政权,其间总似乎有某种联系。"人的解放"是个启蒙的好口号,然而启蒙者又必以自己已然解放为前提,所以免不了萌生出"解放人"的"自觉意识",对中国文人修齐治平的道德理想而言也在情理之中。这二者一暗合,再加上一套求解求知的方法,历史意识不就成了意识的历史,天将降大任于斯人的个人抱负不就成了一种社会的使命感和献身于历史的道德热情了吗?

然而只要历史意识还在,马克思的学说就最具科学形态;只要格物致知之"物"仍在"知"外,西方认识论模式也就极具说服力;只要致良知确立的是主体性原则①,那么良知问题也就逃不出道德反思的言路。

从格物到致知(中国式的认识论:摄所归能,摄物归心),从良知到反思(中国式的天赋观念:一念灵明,自作主宰),这两者是很容易与西方近代的主体性哲学找到结合点的,所缺的只是从历史意识到意识的历史即中国式的逻辑学(方法论)这一环。萧老师恐怕是在治中国思想史的学者中对此最先意识到的很少人中的一位,而且中国《新工具》之难产也屡屡使萧老师为之浩叹。这一环自然是黑格尔和马克思所补上的。所以萧老师总体上的想法是有道理的:以马克思主义为代表的西学经上百年东渐已经融为我们传统文化的一部分,现在的问题只在寻找其活水源头,只在回答它是何以和怎样的问题。

如果中国的思想家们执意要补上主体性(包括个性解放与求得深解的方法)这一课,那么明清之际的启蒙运动就是题中应有之义,此前提一定,思想史有其内在的合规律性、人的自觉也有其程度上的深浅之分就只是个寻找方法问题。如果换一个角度,认定主体性原则正体现着人以其工具(科技、理性,甚至语言)规范世界的僭妄与无知的话,那么就要对历史、致知、反思中的进步问题、感性理性问题,以及良知的普遍性问题全面反省——不是自我反思,那会把我们重新纳入归途,而表现形态或如当代西方"后哲学"(哲学之后)那样在对历史、致知、良知意识(形态)的解构中体现个体言说之差异,或摆脱西方形而上学的发问方式,复归中国式的非认识论(非方法论)的语态中去,看从中是否还有智者之路可循。

但我们能做到吗?

1984 年初秋,萧老师在纪念傅山先生 300 周年的讨论会期间,曾有诗 14 首以抒怀,第一首即"白发朱衣两袖风,萧然物外脱牢笼。坎坷道路惊回首,愧向山翁说启蒙"②。这"愧向山翁说启蒙"一句可有两解:一是不该对一"萧然物外"的山翁大谈启蒙;再是启蒙不就,"蝉蜕"未果,终成历史洄流。萧老师的意思显然在后。但我又总感到愧疚中仍不乏与傅山"萧然物外,自得天机"的相通之处;萧老师本质上是个诗人,他钟爱于自己那些触机而发的电石火花,时时都捕捉着诗

---

① 萧萐父:《吹沙集》,巴蜀书社,1991 年,第 339 页。
② 萧萐父:《吹沙集》,巴蜀书社,1991 年,第 304 页。

的直感与真情。"滴水吟稿"一栏中的几十首诗词,我个人倒是偏爱作者差不多半个世纪前写在"自题吟稿"中的两句:"诗情慧境两参差,犹记荒江独立时。"每读至此,眼前就有一风骨嶙峋、荒江独立的智者或诗人,于是油然而生敬慕之情。《吹沙集》"吹沙"二字,有取于刘梦得诗句:"千淘万漉虽辛苦,吹尽狂沙始到金。"我有时会忽发奇想,觉得这本集子是萧老师数十年吹沙所得,但也未尝不可将其再视为一堆沙子任由后学淘漉,那种隐隐在心但又一时把握不住的"金"到底是什么? 由此推而想之,甚至觉得今天遑论西学东渐和文化寻根的当代意识(无论是认同、复归还是革新、启蒙)尚为时过早。那时的莘莘学子,愧向山翁时又会和又该说些什么呢? 以此欤? 或非耶? 谁能析之?

(1991 年 10 月武汉沙湖)

神州鼎革艰难甚，唤起幽潜共启蒙

——浅谈萧教授的学术思想

钟兴锦

萧萐父教授才高识广，思路敏锐，家学源远流长，根深叶茂。有深厚的传统文化根底，又具有丰富的西方哲学素养，从大学毕业论文《康德之道德形上学》，便可见功力之深。他很早便接触到马克思主义，了解马克思主义，积极参加反对独裁争取民主的爱国学生运动。新中国成立后，他从事中国哲学史的教学和科研工作，对中国哲学史的演进历史及其发展规律，都有新的开拓和创获，成果累累。我有幸在 20 世纪 60 年代到哲学系进修，亲聆他的讲授，其后在工作中，经常得到他的关心爱护和教导，耳濡目染，获益甚多。萧教授关于中国哲学史的学术见解是很丰富的，我无力作出全面的绍述，现仅就我所了解的谈谈一些粗浅看法。

一

萧教授较早就突破长期流行着的中国哲学史的旧框架，着手进行新的哲学史体系的建构。在 60 年代，萧教授便思考这个问题，不断探索和展开讨论。真理标准问题讨论后，萧教授"慨然奋起，砸碎枷锁，打破禁区，开辟草莱"①。他和

① 萧萐父：《吹沙集》，巴蜀书社，1991 年，第 463 页。

李锦全教授主编的《中国哲学史》教材，就是以崭新的面目出现。按照列宁的提法，他认为哲学史"就是一般认识的历史"[①]，也可说是对客观世界和人自身的本质和规律的总结、概括和反思的历史。该教材特别注重把对哲学产生的社会历史根源和哲学思想演进的逻辑轨迹有机地结合起来阐述。例如，该教材第三编封建社会前期(秦汉至隋唐)哲学的发展"绪言"中，对前期封建社会的经济关系、阶级结构，以及社会矛盾等方面都作了扼要说明。然后论述了这一历史时期哲学思潮的演变：围绕着"天人关系"这个中心而展开，从董仲舒的"天人感应"神学，到魏晋玄学、隋唐佛学，而以刘禹锡的"天与人交相胜"作为终结。这既是对玄佛的扬弃，也是在某种程度上对荀况《天论》的复归。形象地说，顺藤摸瓜，瓜藤并举，读者易于领会哲学是时代精神的精华，使哲学观念所蕴涵的文化意识因此更能启迪人们的智慧。该教材自 1982 年正式出版后，便引起了强烈反响，曾获得张岱年、石峻等名家称誉，许多高等院校选作为教材，一直沿用至今。

萧教授视野广阔，根据现代人类学的新成就，田野考古的丰富材料，他提出文化"从来就是多源发生，多元并存，多维发展的"[②]。人们最先是生活在不同地域，互相隔绝，很少来往，各地人群按照自己不同的生产和生活方式来创造自己的文化。早在史前时期，便形成海岱、河洛、江汉等文化区，后逐渐形成华夏文化。春秋战国时期，诸子争鸣，学派纷起，持续数百年之久。秦汉一统，儒学独尊，成为官方的意识形态。可是在儒学内部又出现古今文学派之争。接着佛学东来，道教兴起，儒释道三者鼎足而立。理学反对佛教，实际上融合了佛教，把儒释道合于一体，成为后期封建社会的官方哲学，居统治地位达数百年之久。而在理学发展中，又产生出气本论、理本论和心本论。萧教授由此认为："合分——分合，合中有分，分久必合，乃是中华民族文化慧命持续发展的内在生机和客观法则。"中华民族文化是世界上从未中断过的文化，没有遇到过古埃及古希腊文化那样的厄运，有文字记载的历史超过五千多年，这样悠久丰厚的文化传统，源源不绝地产生出巨大的精神力量，激励着其子孙后代为中华民族的生存发展兴盛

---

① 萧萐父、李锦全：《中国哲学史》，人民出版社，1997 年，第 4 页。
② 萧萐父：《吹沙二集》，巴蜀书社，1991 年，第 4 页。

而贡献自己的力量。

分与合相反相成，研究时就必须依据历史进程作具体的分析，不能简单化。过去把哲学史看作是两军对战你死我活的斗争，是公式化的表现。近些年来，谈哲学发展，却只讲合，强调互补，不讲分，是又一种偏向。互补就是两个异质文化，吸取对方的思想资料，融摄成自身的有机部分，两者相得益彰，互相促进。以佛学传到中国的情况来说，先是激烈的冲突，后依附于玄学，玄学被用以解释佛学，隋唐后，出现了天台、华严、禅宗等中国化的佛学宗派，宋代出现的理学，就是对佛学挑战的回应。理学吸收和融合了佛教，成为中国传统文化的一部分，这一过程大约花了七八百年时间。分中有合，合中有分，分与合相互渗透，又相互转化，学术思想的发展，不是单向度的直线式演化，而是多向度的螺旋地曲折前进，单用两者间的互补来解释是不够的。萧教授说："总以为'合'比'分'好，贵一而贱多，党同伐异"，这是"一种违反客观史实的流行偏见"①。这种讲同不讲异的观点，是封建王朝所遗留下来的影响，对内自满自足，目空一切，对外孤芳自赏，不愿交往，在当今经济全球化的大潮中，我们依稀还可见其踪影。

萧教授充分肯定以道家为代表的异端思想。他谈道："道家学脉，源远而流长，其思想积淀，可溯源到远古时代，……尤其是原始社会末期公社成员产生一部分'避世之士'所坚持的自由精神和对阶级分化与权力异化的自发反抗意识等，凡此，都为道家思想奠下了原发性的文化基因。"②《老子》一书集其大成，因而成为道家形成的标志，有南北不同流派。社会大动荡大分化，各学派也进行重新组合，道、法由合而分，儒、法由分而合并成为封建统治思想，为当权者服务，儒学吸收了法家的不少观点，有"儒表法里"之称。道家贵己重生，不事王侯，成为失势退隐的在野派，从而形成儒、道相黜而互补的文化格局。

萧教授通过史料的梳理，对以道家为代表的异端思想源流演变，历代著名人物的谱系的追寻，及其在中国文化史上的地位和作用，都作出深入细致的分析。"历代道家学者仍然以与封建正宗相对立的异端身份，倔强地从事学术、文化的

---

① 萧萐父：《吹沙二集》，巴蜀书社，1991年，第6页。
② 萧萐父：《吹沙二集》，巴蜀书社，1991年，第232页。

创造活动和批判活动,不断地取得许多重要成果,尤其在发展科学、文艺和哲学思维方面作出了超迈儒家的独特的贡献,从而形成了我国历史上别树一帜的道家文化。"①萧教授还指出:"有一种流行的偏见,即认为儒家文化似乎可以代替或代表整个中国传统文化,把传统文化单一化、凝固化和儒家化。这显然是不符合历史实际的。"②在萧教授的倡议和组织下,1990年在诸葛孔明隐居的襄阳隆中举行"道家(道教)文化与当代文化建设"学术讨论会,这次集会有力地把已逐渐由冷趋热的道家研究的兴旺势头,再往前推进一步。萧教授接连写出了《道家·隐者·思想异端》《道家风骨略论》《道家学风述要》《隋唐时期道教的理论化建设》等重要论著,还为《中华道学》创刊号和青年学人阐述道家思想的学术著作出版作序,从各个方面扩大和深化对道家思想的研讨和讨论,大大丰富了中国哲学史的研究内容。

萧教授提出"道家风骨"这个概念,具有多方面内容,就其基本特征来说,有下面几个特点。

(一)"被褐怀玉"的异端性格

"自愿处于'被褐'的卑贱者地位,对世俗价值抱着强烈的离弃感,对现实政治力图保持着远距离和冷眼旁观的批判态度,从而在学术思想上往往表现出与正宗官学相对峙的异端性格。"③集中起来说,就是独立的人格和自由之思想。自愿处于卑贱者地位,不屈服于淫威,不取媚于权势,始终坚持独立自主的人格,因而就能摆脱各种世俗价值观的束缚,能够清醒冷静地观察社会,思考人生。隐者道家群中的巢父、许由,就是"在政治上不依附、不屈从于权力结构,……试图保持人格的独立和尊严,在思想上按道家的思想人格和价值尺度来立身处世,讲学议政"。所以成为"最高典范"④。

中国是一个长期封建专制独裁国家,皇权至高无上,政治权力支配社会。"士"作为中央集权下的知识群体,"每个人随时都面临所谓'穷达''出处'、跻身

① 萧萐父:《吹沙集》,巴蜀书社,1991年,第161页。
② 萧萐父:《吹沙集》,巴蜀书社,1991年,第144页。
③ 萧萐父:《吹沙二集》,巴蜀书社,1991年,第167页。
④ 萧萐父:《吹沙集》,巴蜀书社,1991年,第157页。

庙堂或退处山林的不同命运,因而决定其立身处世态度乃至价值观念等不同选择"①。在"士"的知识群体中,通过察举或科举考试,一部分人跻身庙堂,依附皇权,得到当权者所赏识,荣华富贵。另有一部分人,难以跻身庙堂,或不愿卖身投靠,只得退隐山林,流落民间,过着清贫生活。这批隐者群体,大都靠近社会下层,有"布衣"这个称号。但也有其他社会阶层出身的,如精通乐律和天文历算的王子朱载堉,便是朱元璋的后代,皇族出身。不管其来自哪个阶层,都必须具有一个最本质的共同点,就是"对现实政治力图保持着远距离"。

独立的人格,自由之精神,是紧密联系着的。如果没有不依附权贵的独立自主人格,就不会有无限追求的自由精神。思想的原创力存在于个人的自由之中,一个人的自由越是得到充分发展,生命就越是充沛洋溢,思想上的创新活力就能蓬勃向上。反之,失去了个人的独立人格,思想桎梏累累,精神枷锁重重,随波逐流左顾右盼,不可能有思想上的创新和突破。千难万难,就是独立之精神、自由之思想最难。权力崇拜,依附皇权,是自由思想的天敌,很不幸的是,几千年的封建专制统治,没有给人民应有的自由,因而严重窒息了中华民族的创造精神。黑格尔说,精神的本性是"自由",一个意思是从外在的控制下得到解放,另一个意思是从情欲内在的束缚中得到解放。急功近利能使人们志气低下思想庸俗,只有心灵处在完全自由的状态下,才能进行有价值的科学艺术的创造,思想自由总是来自理性对世俗各种欲望的超越。这就是所谓"志意修则骄富贵,道义重则轻王公"②。

(二)"道法自然"的客观视角③

"道"是道家的最高哲学范畴,是生育天地万物的本原,是"天地之根""万物之母"。道法自然,就是要像道那样自自然然运作,而不是任意造作,违反事物本性,道法自然不是不要作为,而是反对妄为,要顺乎自然,取法自然,了解自然,实际上就是要对自然作科学观察,掌握各种事物的性能和成分,自觉或不自觉地把

---

① 萧萐父:《吹沙集》,巴蜀书社,1991年,第152页。
② 萧萐父:《吹沙二集》,巴蜀书社,1991年,第165页。
③ 萧萐父:《吹沙二集》,巴蜀书社,1991年,第166页。

科学放在经验的基础上,这也是我国古代科学所以能取得辉煌成就的一个重要因素。尤其是中医及药物学的成就更令人瞩目,因为中医学就是在对人体作长期观察治理经验积累的基础上形成的,李时珍的《本草纲目》就是一部药物学的百科全书。道法自然,不仅反对主观成见"别囿",还把道法自然与社会批判联系起来,把矛头直指现存社会制度:"礼者,忠信之薄,乱之首也"(《老子》第三十八章)"法令滋彰,盗贼多有"(《老子》第五十七章)。与皇权专制拉开了距离,摆脱了急功近利的物欲,就能思考深层次问题,对一些被奉为神圣的教条,久已习以为常的思想积弊,也能提出疑问,辨其真伪,除旧创新。

(三) 物论可齐的包容精神①

道家强调道法自然,力图从客观实际出发,但不是消极被动对自然的模仿,而是充分发挥联想作用,虚拟出一个个想象的世界。在《庄子》一书中,有许多寓言故事,文辞优美,想象丰富,意味深长。在《秋水》篇中,河伯与北海若有关于大小的对答,先是河伯看见大地到处都灌满河水,便自负起来,可是行到了大海,目睹大海无边无际的景观,自愧不如,认识有了变化。从河伯与北海若的对答中,可以看到大和小都处在一定的关系中,大和小的区分是相对的,离开一定条件,根据不同的参照系,事物大小位置是可以改变的。庄子是过多地强调大小的相对性,大可以变小,小可以变大,但并不完全是抹杀了事物之间的区别,而是说,从变化观点看,相通为一,万物是平等的,正因为事物之间还存在着差别,因而才有超越的问题。萧教授说:"通过认识的不同层次,把人们引向开阔的视野,引向一种不断追求、不断拓展、不断超越自我局限的精神境界。这是庄子对道家风骨的独特体现。"②庄子所虚拟出的想象世界,不是对现实的简单重现,而是对现实的超越,是存在与非存在的统一,在想象世界中要有一定的客观因素,不能主观捏造任意乱编,否则就会失去了认识意义,但它又远远超越了现实,是现存世界所没有的。庄子把现实与想象联系起来,就大大开拓了思维空间,使不可能的逐渐变为可能,提高人的选择能力,在不断追求和超越中,最后达到人与自然

---

① 萧萐父:《吹沙二集》,巴蜀书社,1991 年,第 169 页。
② 萧萐父:《吹沙二集》,巴蜀书社,1991 年,第 171 页。

的统一。

道家在文化心态上,是"别具一种超越意识和包容精神"①。道家看到人们受到各种条件限制,不容易达到全面系统的认识,因而必须采用多角度多层次的不同方法去考察。而认识的多样化,就必定是包容的开放的,因为认识的多样化,就是要在包容开放的心态中才能形成起来的。对于学派的形成发展,各种学术观点的争辩,道家是以开放的心态对待的,"吹万不同,咸其自取"(《庄子·齐物论》)。儒法墨各家都是有排斥异端的褊狭气度,是其所是,非其所非,甚至主张用行政手段去禁止异端。道家这种包容开放心态,是对儒法墨各学派的超越,也是对过去哲学的反思而得来的。道家通过反思,揭示出人们在认识过程中的种种困难和矛盾,促使人们要跳出原有旧的哲学思路,去寻找新的认识途径,从而有力地推动哲学向前发展。战国中期的稷下学宫,各种学派都有,包括儒法阴阳等各家人物,最多的是道家学者,在道家学风的影响下,兼容并包,彼此驳难,争辩不休,稷下学宫成为百家争鸣学术空气最活跃的场所,成为我国学术史上的辉煌一页。

<h2 style="text-align:center">二</h2>

明清之际的早期启蒙思潮,特别是其中的代表人物王夫之的哲学思想,是萧教授的历史情结。早在童年时期,阅读宣传辛亥革命的书籍时,萧教授便读过王夫之的《黄书》,心灵上受到很大震动,以后,看到梁启超《清代学术概论》《近三百年学术史》与侯外庐《中国近世思想学说史》等著作,从而开始对中国近三百年历史发展及其思想上所表现出来的特殊性进行了探索。到了 20 世纪 60 年代,萧教授执教武大哲学系,制定中国哲学史教学大纲时,便对明清时期哲学发展的新动向,增辟独立的编、章作专题的论述,表现了作者对中国哲学史明清时期的独到见解,及其对时代背景的宏观驾驭能力。萧教授写出《王夫之哲学思想初探》

---

① 萧萐父:《吹沙二集》,巴蜀书社,1991 年,第 170 页。

《浅论王夫之的历史哲学》等，这是对王夫之哲学思想最早的具有突破性的成果，影响几代学人。由他建议得到李达校长的支持和领导，1962 年 11 月在长沙举行纪念王船山逝世 270 周年学术讨论会，邀请全国知名学者共聚一堂，相互切磋学术，有力地推动了对王夫之学术思想的研究，引起国内外学术界人士的重视。

改革开放后，萧教授更豪情满怀，意气风发，坚持不懈地组织和推动多次王夫之学术思想的研讨会，在很短时间内，写出《中国哲学启蒙的坎坷道路》《王夫之矛盾观的几个主要环节》等一系列论著，主编《王夫之辩证法思想引论》，使武汉地区的许多青年学子得到良好的熏陶。萧教授站在中国走向世界历史的高度上，从宏观上，通过对中西历史的深入比较，提出中国有过自己的文艺复兴，各民族都有走出中世纪的历程，这是相同的，但各民族因情况不同，这一道路千差万别，中国具有与西方文艺复兴不同特点的启蒙道路。在微观上，萧教授通过对王夫之哲学体系进行多方面多层次的细致剖析，揭示出王夫之博大精深的哲学体系的重大成就。在宏观考察和微观分析的纵横交错中，同中求异，异中求同，清晰地显现出明清之际的时代风貌和王夫之哲学的精神实质和内在价值：通过对中国传统文化的历史反思，实现了从中世纪蒙昧主义向近现代哲学思想的转换。在叙述过程中，始终贯穿着材料和论证、继承和创新融于一体，吹沙淘金的严谨求实学风。这些论著是萧教授在大半个世纪不断探索深深思考出的重大学术成果，得到人们普遍关注和赞许。

萧教授指出，"王夫之把'絪缊'作为他的辩证发展的气化流行论或自然史的逻辑起点"。因为它"'蕴涵'着尚待展开的自然演化的全部丰富性"[①]。"絪缊"这个范畴包含了其后一切哲学范畴的因素，王夫之哲学体系内的所有范畴都是"絪缊"范畴的自身展开，这就为更好地审视和解读王夫之哲学思想的内在机制和重要命题，提供出一个广阔的平台。王夫之把"絪缊"看作是"太和絪缊之本体"（《张子正蒙注》卷一），又是"敦化之本"（《张子正蒙注》卷二），王夫之认为，

---

① 萧萐父、许苏民：《王夫之评传》，南京大学出版社，2002 年，第 123 页。

"绷缊"不是虚空,而是包含着阴阳二气的实体,"'绷缊',二气交相入而包孕以运动之貌"(《周易外传》卷六)。这就把作为物质实体的气,和物质实体气的运动统一起来,而不是在气之外或之上,安置一个精神本体,来推动气的运动,"绷缊"实体所固有的阴阳二气相感相交相摩相荡,推动着气化日新的流行过程。王夫之没有停留在物理性能上来给气作哲学规定,而是另辟蹊径,通过哲学的沉思,对气作出新的哲学规定,"他认为'绷缊不可象'的气的最本质的属性,就是其客观实在性"①。萧教授认为"从而实现了中国哲学认识史上的一次飞跃,把哲学认识的水平提到了一个新的高度"②。针对理学家把"天理"当作最高最大最全的精神实体,王夫之说:"理与气互相为体,而气外无理,理外亦不能成其气,善言理气者,必不判然离析之。"(《读四书大全说》卷九)王夫之反复强调"气外无理",不能把气与理截然分开,使在中国文化史上被奉为最重要的"道",从形而上学的虚空世界,回到形下的现实世界的丰富性中。

萧教授还指出,为了把虚幻之道变为现实之道,把精神本体的天理,变成为各具特性实有之道,王夫之的"体用胥有而相需以实"的"体用不二"思想具有重大意义。(《周易外传》卷二)体用相即,不能相离。世界本体就体现在万物生化的过程中,天地万物的变化则是绷缊生化本体的相互作用。体用关系不是西方哲学所说的,现象背后的本质实体和千变万化现象的关系,而是本根与源流的关系。唯心主义都是体用割裂,要么只讲体,要么只讲用,把虚无看作世界的精神本体,否认客观世界的物质实在性。王夫之则把本体回归到现象界,回归到现实生活。王夫之以"物物相依""至常者生也",即人类的社会实践生活来论证物质世界的客观实在性。世界上任何事物都不是孤立地存在,而是相互联系着的。人是社会的人,人要生活下去,就要从事生产,并相互交换产品,现实的社会实践生活,都是人与人之间相互参与的感性活动。鼓吹"内绝待乎己,外绝待乎物"的说法是做不到的,是对人性的蔑视。离开了人的物是没有意义的,人离开物便会死亡。人生活着的大千世界的意义,是人与物相互作用

① 萧萐父、许苏民:《王夫之评传》,南京大学出版社,2002年,第91页。
② 萧萐父、许苏民:《王夫之评传》,南京大学出版社,2002年,第92页。

创造出来的,人是创造性的存在物,萧教授特别强调王夫之"治地者有而富有,起功者有而日新"的说法,人通过社会实践,可以创造出更加丰富多彩更加文明的社会生活来,王夫之在"至常者生"的生活实践中感到了人的价值,生命的尊严,由此他发出了"破块启蒙,灿然皆有"(《周易外传》卷二)的呼唤,认识总是从生活实践开始,要倾听来自生活实践的心声,我们要热爱生活、热爱劳动,而不是摧残和仇恨。萧教授称之为"这是使中国人恢复其健全的理性的又一次壮丽的日出"①。

在社会历史观方面,萧教授以己与物作为历史主体和历史客体的相互作用进行考察。王夫之把人理解为一个"类",人是自然界的最高产物,人是"物之利用者"(《周易外传》卷一),人能利用和创造工具,在改造客观世界的同时,不断提高完善自己,发展人的本质力量,"人有可竭之成能"(《读春秋左氏博议》卷一)。人之所以成为人,是因为人改造了世界,人对世界改造越大,他所创造的社会价值也就越多,物质和精神生活质量也会逐渐改善和提高,社会也就不断向前发展。萧教授提出,王夫之"依人而建极"的主张,就是"以'人'作为出发点来考察天地万物,考察人类在天地中的地位及其活动规律"②。这就是要爱护人,尊重人,以人为本的人文主义精神。人作为历史活动中的主体,是社会生活的发动者和组织者,人具有无穷无尽的潜能,应当使其充分发挥出来,这就是人的崇高地位和重大的历史使命。

能所问题是佛学家经常提到的,王夫之加以唯物主义的改造来说明认识客体和认识主体之间的区别与联系。佛学否认物质世界的客观实在性,消所入能,把认识对象融合在认识主体中。理学也没有把认识对象弄清楚,往往把自然拟人化,把自然界的某些属性和认识主体的伦理特性混同在一起。萧教授指出:"王夫之则不然,他力图使认识论突破伦理学的藩篱,以整个自然界、人类社会和思维规律为认识的对象。"③朱熹提出"格物致知",认为格物的目的,在于"一旦

---

① 萧萐父、许苏民:《王夫之评传》,南京大学出版社,2002年,第97页。
② 萧萐父:《王夫之辩证法思想引论》,湖北人民出版社,1984年,第39页。
③ 萧萐父、许苏民:《王夫之评传》,南京大学出版社,2002年,第171页。

豁然贯通"来领会先验的天理,他所着重的仍是人的德性修养。王夫之把格物致知,看作是两种知之方,各有不同的认识功能,但都是在整个认识过程中不可缺少的环节。王夫之把认识看作一个能动反映客体的过程,重视见闻习行,又要认真思考,发挥心思作用,以心循理,认识客观事物发展规律。王夫之在谈认识论时,是把对外部世界的认知活动和追求心性内在体验区分开来,分别对认识对象、认识过程、致思途径逐一加以论述。萧教授认为,"应当说,王夫之朦胧地触及了感性、知性与理性三阶段在认识矛盾运动过程中的统一"。王夫之的认识论与近代哲学的认识论构架是很接近的。

"天理"是理学最高范畴。萧教授指出:"是专制时代政治文化的'君道臣节名教纲常'的形而上表述。"程颐说:"吾学虽有所受,'天理'二字却是自家拈出来。"①朱熹是理学集大成者,他对"天理"作了哲学的提升,把"天理"说成至高至大至全。他用"月印万川"来说明天理与万物的关系。天理是至高无上的精神本体,是派生万物的根源,并由此引申出"万变而不出吾之宗"的说法,王夫之批判说:"谓彼之事一吾宗之结构运行也,非天下之至诞者,孰敢信其然哉?"那些认为世界上万物的变化都是按照他的思想模式去运行,最荒唐不过,有谁信呢? 王夫之由此提出"有即事以穷理,无立理以限事"(《续春秋左氏传博议》卷下)的重要结论。作为事物发展规律的理,是根据客观事实而得出来的,都带有一定的局限性,就其在一定范围层次来说,不可能有永不能被证伪的真理,我们不能把它夸大,到处乱套,那就大错特错了。人们的认识是由不完善到比较完善,由片面到比较全面的过程,不能把认识凝固化绝对化。萧教授总结说:"从'天理'的'理一分殊'到注重考察各不相同的'分殊'之理,从'立一理以穷物'的先天象数学到讲求以'质测'为'格物'("即物以穷理")的新兴质测之学,是王夫之对哲学认识论的重大贡献。"②

朱熹不仅把天理说成是高大全,而且是纯之又纯"透底都明",是绝对的同一。他说,"理在气中,如一个明珠在水里"(《语类》卷四)。不管是清水浊水,明

① 萧萐父:《王夫之辩证法思想引论》,湖北人民出版社,1984 年,第 68 页。
② 萧萐父、许苏民:《王夫之评传》,南京大学出版社,2002 年,第 179 页。

珠都是一样的。王夫之则认为:"杂统于纯,而纯非专一也。积杂共处而不忧,如水谷燥润之交养其生,生固纯矣。"(《周易外传》卷七)杂统一在纯里面,而纯不是绝对的纯。各种千差万别的事物,聚积在一起,并不可怕,比如水和谷,干的和湿的东西,这各种养分结合在一起,就能养育生命。王夫之批判了"'执一''贵一''归一''抟聚而合之一''分析而各一之'及'合两而以一为之纽'"等反辩证的谬说。萧教授对王夫之的这些论点,给予很高评价,认为"摆脱过去'统比分好,贵一贱多'的偏见"①。朱熹就是强调抽象的同一性,他说:"如一所屋,只是一个道理,有厅,有堂;如草木,只是一个道理,有桃,有李;如这众人,只是一个道理,有张三,有李四……。"(《朱子语类》卷六)这是皇权至上在意识形态上的反映,高度的中央集权,要求整个社会组织机构同步化,尤其要求思想信仰的同步化。王夫之则认为人类社会是一个"同者所以统异""异者所以贞同"(《周易外传》卷四)的矛盾统一体。萧教授对这个观点给予充分肯定,认为是王夫之"旷观历史,面对现实"②的理论概括。《周易》是六经之首,是被奉为天经地义的道理,王夫之质疑,"序卦非圣人之书也"(《周易外传》卷七),推翻了陈旧的说法,萧教授由此认为:"王夫之又能够以'乐观其反''不畏其争'的理论勇气,登上封建社会朴素辩证法思想发展的光辉顶点。"③

王夫之十分重视对社会历史的探讨,对社会经济制度和政治制度提出许多见解。萧教授指出,其中对土地所有权的主张尤其值得重视。"是王夫之'行之以自然'的经济思想的进一步展开"④。王夫之说:"若土,则非王者之所得私也。天地之间有土而人生其上,因资以养焉。有其力者治其地,故改姓授命而民自有其恒畴,不待王者之授之。"(《噩梦》)王夫之对均田、限田、经界之法持否定态度,认为这是"夺人之田以与人",会造成"相倾相怨以成乎大乱"的局面。他认为:"上之谋之,不如其自谋,上为谋之,且弛其自谋之心,而后生计愈蹙。"(《读通鉴论》卷十九)"上为谋之",就是想办法把农民牢牢地束缚在土地上,便于控制和征

---

① 萧萐父:《吹沙二集》,巴蜀书社,1991年,第66页。
② 萧萐父:《王夫之辩证法思想引论》,湖北人民出版社,1984年,第51页。
③ 萧萐父:《王夫之辩证法思想引论》,湖北人民出版社,1984年,第99页。
④ 萧萐父;许苏民:《王夫之评传》,南京大学出版社,2002年,第480页。

收财物。王夫之"有力者治其地"的主张,是和他批皇帝把国家当作"家天下"的说法相联系的,王夫之说:"一姓兴亡,私也;而生民之生死,公也。"(《读通鉴论》卷十七)人民应有自己的生存权和财产权,这是问题的关键,因为如果人民个人的生存权和财产权得不到真正保障,人民仍是这样那样依附于专制皇权的被统治者,成为皇帝最高统治下的顺民。走出中世纪的过程,就是人民逐渐摆脱对统治者的依附,成为一个独立自主的个人,拥有自己的财产权和生存权。王夫之"土地民有"的提出,虽然比较笼统,却是一个富有远见的主张。萧教授评价说:"这是一个要求土地私有权的宣言。"①

三

萧教授在对王夫之思想进行深入系统全面剖析的同时,对中国早期启蒙思潮的发展过程及其特征作了充分的论述。他对明清早期启蒙思潮作了如下界定:"中国有自己的文艺复兴或哲学启蒙,就是指中国封建社会在特定条件下展开过这种自我批判。"中国早期启蒙思潮不同于中世纪的异端思想,是反映资本主义的初步萌芽、反对中世纪蒙昧主义的思想启蒙运动,但又尚未发展到资产阶级革命时期哲学成熟程度;它是在封建社会各种矛盾日益激化,矛盾已充分暴露,但又未达到崩溃的历史条件下开展的社会自我批判,作为旧制度灭亡的预兆和新时代先驱者而出现,"是世界各主要民族走出中世纪的历史必由之路"②。

中国早期启蒙思潮的出现,比欧洲迟了两百多年。从16世纪中叶开始,思想上出现了新的动向。到17世纪,也即"明清之际南北崛起了一代思想家,顾炎武、傅山、黄宗羲、王夫之、方以智、陈确、唐甄、李颙等,更以对宋明道学的批判、总结和扬弃,而掀起一代新思潮、新学风,宛似西方文艺复兴时期的'思想巨

---

① 萧萐父、许苏民:《王夫之评传》,南京大学出版社,2002年,第487页。
② 萧萐父:《吹沙集》,巴蜀书社,1991年,第15页。

人'"①。可是接着却是 18 世纪的历史洄流,启蒙思潮受到很大的摧残。欧洲自文艺复兴开始,接着便是 17 世纪英国资产阶级革命取得成功,标志着封建中世纪的结束,世界近代史的开始,出现了培根、洛克等著名哲学家,创立和发展了近代资产阶级的新哲学。而中国经历了近百年的历史洄流,到了 19 世纪初,伴随着商品经济的发展,晚明开始的早期启蒙思潮也逐渐苏醒,出现戴震抨击理学是"以理杀人"的呼声,历史缓慢地向前发展,但比起欧洲,已经落后三百多年。19 世纪 30 年代后,西方列强入侵,中国开始沦为半封建半殖民地社会,但中国从中世纪走向近现代的历史课题还没有改变,一直到那时,中国还是处在走向近现代化"难产"②过程中。

"难产"是萧教授对早期启蒙思潮特征的概括,含义深邃,它不仅表现在历史洄流上,而且在早期启蒙者从事的学术研究上也表现出来。以王夫之、顾炎武、黄宗羲为代表的早期启蒙者,他们大都参加过反抗清军的武装斗争,只有在大局已不可挽回的形势下,才不得不改变斗争方法,把精力转移到对传统文化的整理和研究上来。但清王朝并没有因此而放过他们。顺治十年,即公元 1653 年,顾炎武以"通海"罪被逮捕,幸得友人救出,被迫远离家乡,跑到雁门垦荒,自后一直客居荒凉西北高原,没能落叶归根,回到家乡。黄宗羲也是在顺治十年,被悬赏通缉,改名换姓隐蔽,过着逃亡生活,最后才回到家里。王夫之自衡山举兵失败后,离家出走,长期凄宿破庙或藏遁窑洞,颠沛流离,备尝艰辛。直到晚年隐居在偏僻的石船山傍,仍得不到安宁,经常受到清朝官吏和暗探的骚扰。王夫之曾写《勘破窗纸者爱书》,对暗探歹徒的罪行作愤怒的控诉。还写了《斋中守犬铭》,用"以志警志","有潜窥暗伺于我室者,尚赖其博噬驱除之而勿迟也"(《王船山诗文集》上册)。王夫之写两文时,已是六十多岁的老人,可是清统治者对这个体赢多病的老人还放心不下。早期启蒙者是冒着大的政治风险和在物质生活极度贫困的条件下,从事学术研究工作,这就需要极大的勇气和决心,"虽饥寒交迫,生死

---

① 萧萐父:《吹沙纪程》,上海文艺出版社,1998 年,第 22 页。
② 萧萐父:《吹沙集》,巴蜀书社,1991 年,第 27 页。

当前而不变"(王敔)(《大行府君行述》)。

欧洲文艺复兴时期,曾出现过哲学家布鲁诺被活活烧死在罗马广场,伽利略被宗教审判,哥白尼的《天体运行》列为禁书,他的学说被看作"邪说"等,宗教裁判所对启蒙思想家心狠手辣,时机一到,便整人杀人。但毕竟是时代不同,强弩之末了。在西欧,王权和教权相分立,二者利益是相冲突的,王权为了对抗教权,便同市民阶层相结盟。而教会内部,派别林立,骄奢淫逸,贪污腐败,也大大削弱了其影响力。有些国王,为了发展经济和文化,对启蒙思想家态度比较宽容。薄伽丘著名的《十日谈》,据说开始于为佛罗伦萨女王乔凡娜讲故事,规定每人每天轮流讲一个故事,十天之内,共讲了一百个故事,故名《十日谈》。佛罗伦萨因为较早地摆脱与罗马教皇的从属关系,资产阶级掌了权,思想家、文学家、艺术家得到自由,因而成为文艺复兴发祥地。而中国早期启蒙所处的历史背景就大不一样了。正如萧教授所说的,那时的中国,正处在"由落后族的征服到被融合的过程中,封建专制主义回光返照地稳定了一段"①。以王、顾、黄为代表的早期启蒙者,就是在清王朝不断迫害的险恶环境下,从事学术研究、思想探索,作出重大贡献的。"至于王夫之、黄宗羲这样博学深思、著作宏富的思想家,在世界文化史的这一阶段上可说是旁世无匹。"②那些硬说王夫之等人思想是不反理学、没有新东西的说法,与实际情况是不相符合的。

在风云突变、形势急转直下的情况下,以王、顾、黄为代表的早期启蒙者,经受着从未有过的心灵震撼,思想感情上生出各种各样的困惑。他们都是爱国主义者,具有强烈的民族自尊心和自信心。王夫之说:"中国财足自意也,兵足自强也,智足自名也。"(《黄书·宰制》)当时的汉族政权完全可以依靠自己的力量来保卫国家,可是却被少数民族统治者所征服,这个严峻现实,不能不引起他们沉痛反思,"哀其所败,原其所剧"(《黄书·后序》)。这就使他们处在既热爱传统,又要批判传统的"两难"之中。我们可从陈确的《祭山阴刘先生文》窥见其中一些信息。明亡后,刘宗周绝食而死,其弟子祝渊自缢身亡。陈确在文中说:"……时

---

① 萧萐父:《吹沙纪程》,上海文艺出版社,1998年,第225页。
② 萧萐父:《吹沙纪程》,上海文艺出版社,1998年,第224页。

移事违,天崩地裂,执友见背,明师云徂,宇宙茫茫,向谁吐语?"[1]文中表达了对师友离世的内心哀痛,对个人孤独生存无奈的叹息,同时也吐露了迷惘、怀疑、失落,一时无所归宿的"茫茫"感慨。时间过了七年,顺治十年,即公元1653年陈确作《大学辨》。顺治十年,是一个很有分量的年头,王夫之写《章灵赋》,决心"退伏幽栖,俟曙而鸣",从事学术探索,顾炎武、黄宗羲都是在顺治十年被逮捕或通缉。陈确在《大学辨》中,提出《大学》非圣人之旨,这种警世骇俗的言论一出,便遭到非难,陈确作《祭阳明山阴两先生诗》,诗中有忆师友怀旧之情,但更多的是表白他为了探索真理、不怕非议、爱吾师更爱真理、"好辨亦不置"的批判精神。黄宗羲晚年提出的"工夫所至,即是本体"(《明儒学案序》),就是受到陈确思想的影响。黄宗羲还承认他过去对陈确评价有不当之处,这种对待不同意见争论的开放心态也难能可贵。可以看到,尽管困难重重,以王、顾、黄为代表的早期启蒙者,通过这种或那样的反思,终于冲破了宋明理学的牢笼,实现了向近现代人文主义思想的哲学转换。

萧教授还说:"'难产'作为一种历史现象,指社会运动和思想运动的新旧交替中出现新旧纠缠,新的突破旧的,死的又拖住活的这种矛盾状况。"[2]这种新旧相互纠缠相互颉颃的情况,在王、顾、黄等早期启蒙者身上,最明显的表现是打着复古的旗号来求得解放。顾炎武说:"古之所谓理学,经学也。……今之所谓理学,禅学也。"(《与施愚山书》,《亭林文集》卷二)黄宗羲针对理学空谈性命,提出"不为迂儒,必兼读史"(《赠编修弁王·吴君墓志铭》)。陈确在《祭阴明山阴两先生诗》中说:"古学不可诬,焉能灭同异?"王夫之在自题墓石上表明他学术活动的宗旨,"抱刘越石之孤愤""希张横渠之正学"(《船山先生传》,《衡阳县志》),就是怀着反抗异族压迫的政治情操,发扬张横渠的气本论,而对空谈误国的各种学说,"伸斧钺于定论"(《读通鉴论》卷五),进行批判和总结。他们都主张回归孔孟,通过对儒家原典的诠解来表达他们的新思想。这种新旧互相纠缠的复杂情

---

① 侯外庐:《陈确哲学选集》,科学出版社,1958年,第29页。
② 萧萐父:《吹沙集》,巴蜀书社,1991年,第27页。

况,就需要我们作认真细致的分析。萧教授说:"在思想史的研究中必须注意这共性、特殊性和个性的关系,善于洞察三者固有的辩证联结,既见'枝叶',又见'树木',又见'森林',而不应把三者加以任意割裂。"①

早期启蒙者通过历史反思,提出各种各样的政治主张。王夫之提出天子、宰相、谏官三者"环相为治"(《宋论》卷四)的机制,顾炎武明"寓封建之意于郡县之中"(《郡县论》,《亭林文集》卷一)的设想,黄宗羲倡察举征辟制。欧洲中世纪晚期,王权与市民结盟,共同与教皇争权,在保护市民利益,争取城市独立上起过重大作用。中国没有这种情况,早期启蒙者想通过这种那种的机制,取得地方自治权力,由地方任免官吏,发挥谏官作用,以削弱君权。萧教授对这些主张,给予了充分肯定,"为了防止政治腐败和社会动乱,王夫之主张实行分权制衡,即以权力来制约权力"②。早期启蒙者上述的各种主张,不同于欧洲的具体做法,有许多不切合实际,甚至有些地方似乎像是向古代复归,但他们总是想通过设立机制,逐步扩大小共同体的权力,对皇帝家天下的大共同体起制衡和消解作用,这是对公民社会朦胧的憧憬。萧教授这一评价,是从"善于洞察"共性、特殊性、个性三者的相互联结得出来的,是既看到枝叶、树木,又看到森林的具体分析。

萧教授对近现代学者关于明清早期启蒙思潮十分重视。他说:"中国近代的启蒙者既普遍接受西学,又充分肯定明清早期启蒙学术的地位,兼顾民族性与时代性的认同,鲜明地显示启蒙思潮的一贯性,同时,表现人类文化固有的趋同性。"③因为这一问题不仅是对个别思想家评价高低问题,而是一个接续不断出现,带有规律性的事情,是中国近三百多年来的一种精神文化现象,它折射出中国近现代学术思想的新走向。开始一个时期,人们对早期启蒙思潮不甚了了,甚至有所误解,直到戊戌维新变法前后,才开始注意到早期启蒙者的思想渊源。谭嗣同认为,"三代以下无可读之书",王、顾、黄有"兴民权之微旨"(《上欧阳中鹄》

---

① 萧萐父:《吹沙二集》,巴蜀书社,1991 年,第 154 页。
② 萧萐父、许苏民:《王夫之评传》,南京大学出版社,2002 年,第 404 页。
③ 萧萐父、许苏民:《明清启蒙学术流变》,辽宁教育出版社,1995 年,第 24—25 页。

第二十二）。梁启超明确指出,明清时期学术思潮,是"对宋明理学之一大反动,而以'复古'为职志者也。其动机及其内容,皆与欧洲之'文艺复兴'绝相类"①。辛亥革命时期,黄宗羲的《明夷待访录》、王夫之的《黄书》等,成为批判封建专制、宣传资产阶级民主革命的最流行的读物。五四新文化运动后,民主和科学启蒙思潮汹涌澎湃,中外对比,古今会通,促使人们对早期启蒙思想家作进一步研究和认同。侯外庐把明清时期的批判思潮,概括为中国"早期启蒙思潮",是"具有近代新世界观的萌芽"②。熊十力亦提出:"民主思想、民族思想、格物或实用之学,皆萌生于明季,清人虽斩其绪,而近世吸收外来文化,明儒实导先路,不可忽也。"(《读经示要》卷二),尽管时代不同,视角有差异,评价也有高低,但却形成一个对早期启蒙思潮认同的趋势。

近三百年来,一代又一代学人经过不断探索和反思,越来越明确认识到,明清早期启蒙思潮是我们最可利用的思想资源,外来的先进文化可以和早期启蒙思潮结合,在中国土地上生根开花结果。萧教授说:"作为中国式的现代价值理想的内在历史根芽,乃是传统与现代化的历史接合点。"③中国人长期以来所追求的现代化目标尚有一段路程要走,而要实现现代化,走出中世纪所笼罩着的蒙昧主义,就必须启蒙,这是中国历史发展的客观要求,也是中国人民的自觉选择。无论是总结近三百年来思想演变历史,还是展望中国未来文化的发展走向,都不能绕开明清早期启蒙思潮,这是近三百年来所形成的新传统,是中华民族多元文化的一支流脉,它具有独特的意义和价值,不能把它轻易地化解掉。中国社科院欧洲所前所长陈乐民在 2003 年 4 月 6 日《中华读书报》上说:"如果说我们的社会应该从农业社会到工业社会到信息社会、到民主的现代化文明社会的转化,我们连现代化还没有到,属于前现代化,启蒙更是需要,否则会耽误循序渐进的进程。"

---

① 梁启超、朱维铮:《梁启超论清学史二种》,复旦大学出版社,1985 年,第 3 页。
② 侯外庐:《船山学案》,岳麓书社,1982 年,第 1 页。
③ 萧萐父、许苏民:《明清启蒙学术流变》,辽宁教育出版社,1995 年,第 24 页。

四

萧教授博学多才,他对中国哲学史研究是多方面的,不断伸至更为宽广的领域,他的易学思想,别开生面,熠熠发光。20 世纪 80 年代中期,经萧教授倡议,在东湖召开《周易》学术讨论会,接着全国各地纷纷举行易学讨论会议,易学研究热潮在全国升起。"人文易"就是萧教授在 1990 年庐山论易的会中提出来的,以与正在兴起着的"科学易"相对应。自易学热兴起后,学人纷纷从自然科学角度来研究《周易》,"科学易"成为富有活力的学科分支。萧教授对"科学易"亦很关注,他注意到,早期阴阳家与易学的关系,正因为吸收了阴阳度数之学,哲学家才能实现把经提到传的飞跃,阴阳度数之学是易学的自然科学基础。与"科学易"相比起来,"人文易"研究比较薄弱,应该更为重视。萧教授"强调'人文易'是易学和易学史研究的主干和灵魂"[①]。萧教授在发掘易学人文意识的同时,对《易》《庸》之学十分关注,不断深入发掘,他认为《易》《庸》义理互通"新建构了儒家的天道观和人道观","中和""中庸""时中"等范畴,不仅是主体间的道德规范,而且是"一种普遍的价值尺度",特别是"中和"所强调的"万物并育而不相害,道并行而不相悖",是多元开放的文化史观的"理论基石",可惜"被长期湮没未得彰显"[②]。

从萧教授对"人文易"的精湛论述中,笔者认识到,《周易》是一部蕴涵着价值论的经典,是中国价值论的源头。为什么这样说呢?因为价值论就是探讨世界及人的自身对人的意义。实际上萧教授已经提到这个问题了。他说:"人所面对的理的世界,既有理性(工具理性)所认知的实然之理,也有心灵(价值意识)所感悟的应然之理,两者互相区别,又互相联系,但却永远不能互相代替。"[③]这就是说,人们不仅应当认识世界是什么样的问题,也应该弄清楚世界对人的各种需要

---

① 萧萐父:《吹沙二集》,巴蜀书社,1991 年,第 111 页。
② 萧萐父:《吹沙二集》,巴蜀书社,1991 年,第 99 页。
③ 萧萐父:《吹沙二集》,巴蜀书社,1991 年,第 116 页。

意味着什么,即价值问题。早在 1948 年,萧教授在《原美》中说:"人类是站在事实的平原上创造意义生活。因此,事实判断以价值为依归,而唯有价值观念的合理系统,才能解释整个人生意义之全。"①《周易》是把宇宙看作一个生生不已的过程,人应该效法天,不断进取,日新其德,开物成务,创造美好世界。《周易》的主旨,就是表达出人类对生命存在形式的肯定和对生命内在价值的追求。"科学易"是研究物质世界作为客体同作为主体的人所需所用的各种关系,因为"人类是站在事实的平原上创造意义生活"。"科学易"和"人文易"是相互区别,又相互联系着,都是表达世界及人的自身对于人的意义,可以用价值论统一起来,在哲学的高度上,对世界及人自身的各种问题作出价值判断,以促进人类对其生存环境的提高和自我认识的深化。用价值论把"科学易"和"人文易"统一起来,更有利于克服当今科技迅速发展所带来的负面影响,避免"科学易"与"人文易"相乖离的趋势,使科学精神和人文主义思想得到更充分发挥。

哲学从本性上来说,是一种智慧。因为哲学是对各种科学知识的总结和概括。知识是关于各种事物的性质特点及其功能的认识;而智慧则是指对各种知识理解领会的能力和素养。萧教授说:"现实的人的认识活动中,确也存在着认识、理解和觉悟、领会两者的区别。"这里,萧教授提出了知识和智慧的区分,还特别注意到佛学中"转识成智"的飞跃问题,萧教授在佛学研究中,做了许多开拓性工作,在剖析佛教哲学的思辨结构时,他指出:"认识过程中的飞跃问题,佛教赋予它以神学的夸张,视为'顿悟成佛'或'转识成智'的一个关键,而客观上人类认识的辩证法存在着各种飞跃形式,有待辩证唯物主义给予科学的说明。"②萧教授对中国哲学史的教学和科研就十分重视这个问题,他主编的《中国哲学史》教材,在"导言"上便写道:"源远流长的中国哲学史,并不是什么'百家往而不反'的可悲战场,也不是什么千古心传的'道统'记录,而是中华民族的哲学智慧在艰苦曲折中发展的合规律的必然历程。"③萧教授十分强调哲学要贴近生活,面向实

---

① 萧萐父:《吹沙二集》,巴蜀书社,1991 年,第 370 页。
② 萧萐父:《吹沙二集》,巴蜀书社,1991 年,第 261 页。
③ 萧萐父、李锦全:《中国哲学史》,人民出版社,1997 年,第 11 页。

际,树立忧患意识,提高哲学批判功能,反对奴性,批判蒙昧主义。萧教授在近半个世纪的岁月中,历尽人世风雨沧桑,涉过了急流险滩,年老多病,但他仍然倔强地走在时代的前面,崇尚理性,呼唤启蒙,不断超越,无尽追求。他铁骨凌霜的人格,高风超俗的风骨,深邃隽永的智慧,令人敬佩!其始终执着历久弥新的开放心态,在他纪念熊十力诞生百周年诗句——"神州鼎革艰难甚,唤起幽潜共启蒙"中,有了充分的体现,故以之为本文题。

吹沙觅金　心火之传

黄小石

　　萧萐父先生的这部学术论集,题名《吹沙》,表明真正的学术成果只有通过艰辛的劳动才能取得,也正体现了一个严肃的学者数十年来吹沙觅金的探索精神。

　　本书分为六个部分,即"启蒙胚语""传统反思""方法刍议""学思斠评""序跋余瀋""滴水吟稿"。各部分互相独立,重点不同,但一以贯之地体现了作者的学术思想与精神风貌。前三部分多属研究性、探索性的学术论文,后三部分是读书心得、序跋及作者的诗词题咏等。其中颇有一些真金闪烁的文字,单篇发表时,早为国内外学人所瞩目。现辑编成书,自为经纬,必将吸引更多的读者。有幸得先读此书,受益匪浅,不揣冒昧,略述管见于后。

　　首先,中国哲学启蒙的特殊道路问题,是作者近年来在文化讨论热潮中反复思考的一个重点。作者通过对明末清初以来 300 多年哲学文化历史进程的科学分析,认为"应当从我国 17 世纪以来曲折发展的启蒙思潮中去探寻传统文化与现代化的历史接合点"。这一论述主要见于第一部分"启蒙胚语"的六篇文章中。作者对于常引起歧解和争议的"启蒙"概念,作出了历史的科学的严格界定,指出:"所谓'启蒙'的确定意义,应当区别于中世纪的异端,也区别于资产阶级革命时期的成熟理论,而仅是指特定条件下封建制度及其统治思想的自我批判,它与资本主义萌芽经济相适应,只是表示旧思想必将崩解的征兆,新思想必将出现的先声。"这样,就从启蒙哲学的时代特征、内在本质方面,将其与中世纪的异端思想、资产阶级的革命理论区分开来了。

根据这一界定，作者将中西文化的比较研究与对中国哲学文化具体历程的深沉反思结合起来，认为中国哲学启蒙的特殊道路是指中国封建社会特定条件下"所展开的自我批判"，它肇端于16世纪中叶，是伴随着资产阶级萌芽的生长而出现的哲学新动向，"直到17世纪特殊历史条件下，涌现出以否定宋明道学为主旨的批判思潮，南北呼应，不约而同"，典型地表现出中国式的思想启蒙的特点。在明清之际的社会大动荡中，中华民族产生了在各方面可与西方文艺复兴时期相媲美的思想巨人。在这些人的思想中已经孕育着近代哲学的"破块启蒙"。如某些超越封建藩篱的早期民主主义意识（"以情抗理""以人造天"），对"核物究理"的"质测之学"的重视，反抗"伦理异化"的自我觉醒等，具有明确的启蒙性质。此说一出，即受到来自各方面的反驳和挑战。但作者立论高屋建瓴，而且多年来重视对明清之际王夫之、傅山、方以智、黄宗羲等人的深入研究，为此说准备了充分的论据，实难被驳倒。

"中国的现代化，绝不是，也绝不可能是什么全方位的西方化，而只能是对于多元的传统文化和外来文化，做一番符合时代要求的文化选择、文化组合和文化重构。因此，就必须正确认识到自己民族传统文化的发展中必要而且可能现代化的内在历史根据或'源头活水'，也就是要找到传统文化与现代化之间的文化接合点。"作者对中国哲学启蒙的历史道路的探索，正是寻找中国文化现代化"源头活水"的实际努力。这表明作者是站在历史自觉的高度，以一种崇高的历史使命感来探讨研究这个问题。

作者还独树一帜地主张将17世纪以来400年的中国文化史，作为中国文化哲学近代化的全过程来加以审视，认为这个过程可分为从明万历到"五四"，从"五四"到今天这样两个历史阶段。在这一过程中，就中西文化论争而言，经历了五次大的论战。中国近代革命的"难产"，封建意识的深厚积淀在文化深层结构中的复旧作用，以及历史形成的"西学中源""中体西用"等思想范式，把人们引入历史迷途，使中国文化哲学走向现代化的过程形成了一条曲折、坎坷的历史道路。在对这段历史进行深刻反思的基础上，作者主张今天的中西文化研究应揭示其同中之异与异中之同,"超越中西对立、体用两橛的思考模式,找到中国传统文化中固有的现代化的生长点,特别应当重视明清以来反理学的启蒙思潮,正确理解中华民族必须而且可能现代化的历史依据"。上述这些观点,精到而发人深省。平心而论,作者对中国哲学启蒙特殊道路的考察,以及对传统文化与现代化的历史接合点的深入探讨,是20世纪80年代中国文化研究中的颇有价值的理论成果之一。

本书的第二部分"传统反思"载有15篇论文,反映了作者30年来纵贯古今的探索历程和某些专题研究的成果。以下略举三点:

第一,关于我国文明史的开端的见解。这个问题一直是古史尤其是在古代文化研究中长期争论不休的重大课题。国内的泥古派只信古代典籍的记载,而不信考古的实物证明;疑古派则认为殷周以前的古史记载全是春秋战国以至汉代人所编造的,予以全部否定。两派皆未能科学地说明古代文明的开端,而国外则有"中国文化西来说"与"中国历史缺环论"的流传。

本书作者在《古史祛疑》一文中,根据我国近年来考古研究的新成果,结合古史文献,以其深厚的理论修养与考辨功夫,令人信服地论证了中国远古就存在海岱、河洛、江汉三大史前文化区,经炎帝、黄帝、少昊时期三次大战,融合了黄河流域各地文化而产生了早期的华夏文化;再经颛顼到尧、舜、禹的两次"绝地天通",使三大文化区融合为统一的华夏文化;自夏禹后,中国进入了统一的奴隶制的发展期。作者清晰地勾勒出殷周以前中国文明的发展史,说明了这是一个自本自根、多源汇合、独立发展的过程,从而澄清了近代疑古派长期散布的迷雾,也有力地驳斥了西方流行的"中国文化西来论""中国历史缺环论"等谬论。

第二,关于儒家传统的研究。作者强调不能把儒家传统单一化、凝固化,不仅同一时代的儒家内部分化复杂,而且不同时代的儒家更有重大的变化。所以,历史上的儒家是"摄取各家,为我所用,而自有重心,蔚为中华文化中的主流学派之一,形成一个多向度而可供诠释者自我选择的丰富传统"。依此,作者将儒家学说的历史发展划分为"原生、衍生、变异、衰落"诸阶段,并对诸阶段的内容和特点作了高度的概括。这不仅为从一个崭新的角度来审视儒家传统提供了理论依据,而且也给人们的进一步研究提供了有益的启示。

儒家以重伦理为特点,作者对此作了历史的动态分析,区分了先秦儒学与秦汉新儒学、宋明道学所重伦理的不同,指出自秦汉新儒学始有一种类似宗教异化的"伦理异化"色彩,这在宋明道学中发挥到了极致。作者将"伦理异化"称为伦文主义,认为儒家的伦文主义是对人的真正独立价值的漠视,因而它绝不是人文主义,而恰恰是对人文主义的否定。作者对传统文化与现代化的接合点的思考,之所以有别于"儒学复兴"说,是与他关于儒家"伦理异化"的看法有直接关系的。

第三,作者对道家的历史定位、对秦汉之际学术思潮的起伏、对晚明学风的变异等专题研究,以及对杨泉、何承天、刘禹锡、傅山、黄宗羲等人思想的个案剖析,无不立意高远,引据翔实,论说精当。如论道家与儒、法的关系,提出"道、法相依而分驰","儒、法相乖而合流","儒、道由相黜到互补"的多维并存、矛盾两分的基本格局,对学术思想的历史分合作了极为简明的概括。又如论魏晋哲学,一般哲学史论著只注重北方士族名士的玄学思潮,而忽略了对南方哲学思想的研究,作者一反此风,专门著文论说杨泉、何承天等南方学者的思想,钩沉发微,多有新解,从而充实了魏晋哲学研究中的薄弱环节。

本书的第三部分"方法刍议",围绕的重心是对马克思主义哲学史观及其一系列方法论原则的研究,并探讨如何使之与中国哲学的具体历史特点相结合。

首先,作者坚持唯物史观与辩证方法,坚持观点和材料的统一、一般和个别的统一、历史和逻辑的统一等方法论原则,将其内化为自己学术思想的有机部分,并在对中国哲学的长期探索中,形成了诸如对哲学史研究对象的纯化,对哲学范畴的逻辑分析、学思并重、中西对比、古今贯通等治学特点。其中尤以对哲学史研究对象的纯化有着重要的理论意义。哲学认识不同于宗教、艺术,以及具体科学等社会意识形式,哲学史所研究的特定对象是哲学认识的矛盾发展史。因此,中国哲学史研究应当依据它所研究的特定对象去确立重点,筛选史料,摆脱在过去研究工作中长期存在的对象不明、越俎代庖的现象,揭示哲学发展的本质矛盾和内在规律。作者把净化哲学史研究对象的问题明确地作为一个重要方法提出来,并在自己主编的《中国哲学史》中进行了成功的运用。此书被学术界称赞为"通古今之变,成一家之言","反映了中华民族思想跳动的脉搏",是"颇具哲学智慧的哲学史著作"。

在《吹沙集》后记中,作者将前一辈学者播入其心田的火种比喻为"丹柯燃心为炬的圣火,永远也不会熄灭"。我想,从这本集子里,读者也一定会深切地感受到这种"心火"之传。

(原载于《中国社会科学》1992 年第 4 期)

萧萐父和中国启蒙哲学研究

施炎平

著名学者萧萐父先生力求以中国启蒙哲学专题研究作为解决"传统与现代化关系问题"的契入点和路径,提示"以古代文化长期积累为背景的传统文化向现代转化"的内在根据和环节,不仅对启蒙哲学的概念作了新诠释,而且对中国启蒙哲学的阶段历程及中国启蒙哲学精神作出了新概括和新探索。萧萐父先生的这一专题研究,是他数十年学术人生寻求传统与现代的历史接合点的"再思索"与"新开发"。

当代中国哲学的进展,其主旋律是马克思主义与中国传统哲学优秀遗产的交融汇合。一批在 20 世纪八九十年代仍具创新活力的老一代学者对此作出了突出贡献。他们学贯中西,思维严谨,富于时代责任感,基于各自学术探索和哲学体验的经历,从不同角度、不同侧面探讨了传统哲学走向现代的内在机制和必经环节,使马克思主义和中国传统哲学优秀遗产的交融结合带上了民族特色和学者个性风格。其中颇具代表性的有张岱年的"文化哲学"探索,冯契"智慧哲学"的构建,任继愈的"中国佛教哲学研究"等,而萧萐父先生对中国启蒙哲学的研究具有同样的典型意义。

一、学术人生的新追求

当然,萧萐父先生本人并不赞成将他的学术探索和哲学创思归为"启蒙哲学"一类。他多次表示要把启蒙哲学研究作为"文化问题讨论"的一环,强调"应当从我国17世纪以来曲折发展的启蒙思潮中去探寻传统文化与现代化的历史接合点"①。"历史接合点"的提法似乎更确切,更有深意。作为一个动态性的概念,"历史接合点"表达了主体参与、自主选择的强烈意向,尤能体现萧萐父先生从事中国启蒙哲学研究的思想宗旨和观察视角。尽管"历史接合点"的说法并非萧萐父先生首创,正如他自称:这"不过是继续前辈学者已有的思索进行再思索"②,但问题的关键就在于萧萐父先生作了认真的"再思索"。

萧萐父先生通过"再思索",一方面提出了"历史接合点"的核心问题,即"涉及中华传统文化的悠久发展是否已在特定条件下孕育出可以向近代转化的文化主体问题"③。所谓文化主体,就是李大钊、鲁迅所呼唤的"青春中国"的民族魂。把"民族魂"作为"历史接合点"的核心问题,说明萧萐父先生在17世纪以来曲折发展的启蒙思潮中所要寻求的是代表民族灵魂的文化基本精神。另一方面,萧萐父先生的"再思索"确有更为深广的视野;力求提示整个中国启蒙思潮进程的历史传承及代谢更新,透视其现代转化的轨迹,凸现中国启蒙思潮的坎坷历程。

一个显见的事实是:萧萐父先生从"历史接合点"的意义上对中国启蒙哲学的"再思索",贯穿于他数十年学术人生,并在改革开放时代重新焕发学术青春以后又达到一个新的境界。探寻明清启蒙志士的人格和思想,是萧萐父先生的少年心志、历史情结所在。当这种追寻转化为职业性的研究时,由于爱国热情和时代责任的双重驱动,更在哲学思维的层面上得到提炼和升华。萧萐父先生又是个学识渊博、极具才华的学者,他的研究既渗透了历史感和思辨性,又因其喜好作诗以抒情志,论说间常辅以激扬文字和华彩词章,故富于感染力和鼓动性。20世纪80年代发表的一系列论文,90年代陆续出版的《吹沙集》《船山哲学引论》《明清启蒙学术流变》《中国辩证法史》等著作,都体现着理性深沉和情感激荡的有机结合。可以说,像萧萐父先生那样有明确的宗旨和风格特点、执着于17世

---

① 萧萐父:《吹沙集》,巴蜀书社,1991年,第54页。
② 萧萐父:《吹沙集》,巴蜀书社,1991年,第56页。
③ 萧萐父:《吹沙集》,巴蜀书社,1991年,第98页。

纪以来中国启蒙哲学研究,勤奋撰文、著书立说、提出多方面创见并在国内外产生积极影响的学者,在当今中国学术界确不多见,殊属可贵。

在我看来,萧萐父先生是力求把他的启蒙哲学研究作为解决"传统与现代化关系"问题的一个契入点和路径。"传统与现代化"的关系正是 20 世纪中国几代哲学家、文化学家反复思考、论争的问题,中国哲学与中国文化的现代化离不开对传统文化的反思和借鉴。但传统本身是复杂、多重的,既有延续两千余年的古代传统,又有百多年的近代传统,"五四"以后还形成了以马克思主义为指导的新文化传统。由古代传统到近代传统、再到现代的转化,是个文化上的变革与代谢过程。如果期望现代化可以通过回归古代传统而直接"开出",那就否认了近代传统的过渡和在文化上的变革代谢,导致文化保守主义;而主张通过"断裂"来完成这一任务,那势必失却现代文化的历史根据和民族特色,被视为靠"西化"外力推动的消极产物。要么文化保守主义,要么"西化",这种中西对峙、体用两橛的思维模式,曾长期困扰着人们,影响了对"传统与现代化关系问题"的深入思考。萧萐父先生正是自觉意识到这种思维模式的弊端并力求予以突破。他强调今日回顾传统之所以"应从 17 世纪说起",是为了更好揭示"以古代文化长期积累为背景的传统文化向现代化转化"的内在根据和环节,找到传统文化向近代以至现代转化的"源头活水"。他把这种探索和寻找看成是直接参与民族文化传承的"接力赛",思考并设定最近、最佳的"接力点"。

此外,萧萐父先生认为,中国启蒙哲学的研究同时也是在新形势下对"五四"精神的一种继续和发扬,是社会主义精神文化建设的一项重要任务。针对国内外不断有人打出"重估'五四'"的旗号、断言"五四"是全盘反传统主义的典型,造成了中国传统文化的"断裂"等观点,萧萐父先生充分肯定了"五四"新文化运动对当时尊孔复古逆流的勇猛反击,对封建旧传统、旧思想的尖锐批判,推崇鲁迅的"韧性战斗"精神,赞颂巴金《随想录》对鲁迅精神的"新发展,大发扬",并以高尔基所述"丹柯燃心为炬"的俄罗斯童话为比喻,疾呼要"重掘丹柯火样心",接续 17 世纪以来尤其是"五四"精神的思想火炬,"唤起幽潜共启蒙"。他从总体上考察了"五四"新文化运动的两重功能,分析了"五四"启蒙也有本身的弱点,这"为马克思主义在中国的进一步发展造成了土壤稀薄的困难",因此"我们应当自觉地培育这种土壤"。他把这种"土壤培育"工作看成是"为了马克思主义及人类其他一切优秀成果能够在中国生根、发育,为了中国自己的现代化特别是精神文明现代化得到正常的发展",抵制各种形式的思想洄流或反复、避免某些突破僵化格局后的急躁、偏激或肤浅。他宣称:"如果这些都算作启蒙性质的工作,我宁愿支持并从事这样的继续启蒙工作。"①这就提升了中国启蒙哲学研究的境界,增强了这一研究的时代感,开辟了研究的新领域。

二、"启蒙哲学"概念的新诠释

合理评价萧萐父先生的中国启蒙哲学研究,必得提及他对"启蒙""启蒙哲学"概念所作的诠释和界定。

"启蒙哲学"一词从历史上看,歧义颇多,理解不一,在现实政治生活中又易引起争论和误解,颇使研究者犯难。但启蒙哲学思潮作为特定的时代精神的反映,不仅确实存在,而且和当代哲学和文化思潮的进程密切相关,是学术研究无法回避的课题。作为一个确立了马克思主义信念的学者,萧萐父先生以其理论勇气、学术真诚、执着探索的精神来理解和诠释"启蒙哲学"概念,把启蒙哲学作为一个特定的历史现象纳入马克思主义唯物史观的轨道加以考察,并联系现代哲学的发展作出合理的断定。

萧萐父先生认为,"思想启蒙、文艺复兴之类的词,可以泛用,但纳入马克思主义的历史科学,应有其特定的涵义"。以此为据,他提出"17、18世纪中国的哲学启蒙,似应看作中国近代哲学的历史准备的一个特殊阶段,它是明末清初特殊历史条件下的产物"②。

将明末清初的哲学定为17、18世纪中国启蒙哲学的观念,固非萧萐父先生的独创。前辈马克思主义史学家侯外庐对此早有论述,以后如嵇文甫、杜国庠、

---

① 萧萐父:《吹沙集》,巴蜀书社,1991年,第75—76页。
② 萧萐父:《吹沙集》,巴蜀书社,1991年,第10、16页。

谢国桢、邓拓、赵纪彬等与之呼应，从不同角度发掘了明末清初思想家、文艺家的启蒙意识、启蒙精神，取得很大的研究成果。萧萐父先生对中国启蒙哲学的探索，既吸取了这些前辈学者的研究成果，同时更显露了自己根据新的时代需要着眼于寻求"传统与现代化的历史接合点"进一步诠释、阐发"中国启蒙哲学"概念的特色和创见。

首先，他通过中西哲学的异同比较，揭示出启蒙哲学在发展模式和类型上的多重性，进而概括出"中国启蒙哲学"的独特内涵。

马克思在剖析西欧历史时，曾从整个文艺复兴时代的社会思潮中发现了"重新觉醒的哲学的启蒙性质"。以此为据，萧萐父先生认为启蒙哲学的性质应代表一种文化、一个民族的"重新觉醒"，所以启蒙哲学作为西欧民族"走出中世纪的历史必由之路"，"应该区别于中世纪的异端思想，也区别于资产阶级革命时期的成熟理论"。提出这两个区别，实际上就把"启蒙哲学"理解为一种介于中世纪守旧哲学与资产阶级成熟哲学之间的过渡形态即转化形态的哲学，即"仅仅是指特定条件下封建制度及其统治思想的自我批判，它与资本主义萌芽经济相适应"[①]。

值得注意的是，萧萐父先生并不是把西欧的启蒙哲学看成有统一模式与类同形态的过程，而强调"西方也有不同的发展类型"。他概括这些不同的发展类型有三种：意大利、法国等地中海沿岸西欧国家类型，德国等腹地西欧国家的类型，以及俄国的发展类型[②]。从中西哲学比较角度契入中国启蒙哲学的研究与探讨，通过与西方启蒙哲学的这三种不同发展类型分别作异同比较，由此引申出对"中国启蒙哲学"的特定理解，正是在这样的意义上，萧萐父先生认定中国有自己的文艺复兴或哲学启蒙。他认为，与欧洲一些国家作比较考察，"不难发现中国显然异于意大利及法、英等国，而与德国、俄国却有不少历史的相似点或共同点"；这些相似点或相同点就是中、德、俄三个国家在"走向近代，对沉重的封建包袱进行自我批判"时所走过的道路而言。比较起来，中国虽与德、俄两国有相似

---

① 萧萐父：《吹沙集》，巴蜀书社，1991年，第65页。
② 萧萐父：《吹沙集》，巴蜀书社，1991年，第13页。

点，然因其自身独特的社会历史和文化演变的背景，故哲学启蒙有更为曲折洄流终至"难产"的坎坷历程。

其次，萧萐父先生还注意通过文化论争和文化批评来表达他与文化保守主义及现代西化论者的不同观点和见解，阐明他对"中国启蒙哲学"概念的理解思路。

萧萐父先生从 17 世纪以来中国文化的变动来确定启蒙哲学概念，曾受到两方面的挑战。一方面是海外的一些现代新儒家学者，通过极度表彰儒家传统、提倡复返儒家心性学之本，以此作为中华文化认同的基础，把明清时期许多"启蒙运动"的健将都归到笼统的儒家门下，指责说"如将 17 世纪的中国启蒙思潮与宋明儒家当作对立面，是犯了'范畴错置'的谬误"①。另一方面，包遵信则坚持 17 世纪的中国没有出现过什么思想启蒙或文艺复兴，声称"中国传统不可能靠自我批判达到自我更新，在传统文化中去寻觅近代文化（科学与民主）的生长点，无异于缘木求鱼"②。

对于这两方面的挑战，萧萐父先生的论争尽管颇为和缓甚至有点谦恭，但态度和观点是鲜明的。他指出，即使像宋明道学那样的儒家传统"仍然是属于中世纪的蒙昧主义"，因为其理论虽有某些合理因素，但"其理论归宿、价值取向绝非近代人文主义的哲学启蒙"。他据此强调，"中国启蒙哲学"是在"对整个宋明道学（包括理学和心学）的否定性批判中开始的"。同时，他也绝不同意包遵信那种"全盘否定中国文化有自我更新以实现现代化的可能"的观点，认为此种观点无疑是说"中国只能命定地被现代化、被西化或被西方文化所涵化"，于理于情都说不通。为此，他以"中国文化的代谢发展"命题立论，把"启蒙哲学"定义为与"资本主义萌芽发展相适应，作为封建旧制度崩解的预兆和新思想兴起的先驱"③。当然，这种定义并没有提示"中国启蒙哲学"概念的具体内容，但至少给人们提供了一种理解思路和理解信息，即"中国启蒙哲学"更多的是哲学上、文化上的一种

---

① 杜维明：《儒学第三期发展的前景问题》，联经出版事业公司，1989 年。
② 包遵信：《也谈文化的民族性》，参见《晚霞与曙光——论明清之际的社会思潮》，《湖北社会科学》1988 年第 6 期。
③ 萧萐父：《吹沙集》，巴蜀书社，1991 年，第 12 页。

自我更迭、新旧交替的精神过程,是在社会政治与经济变革的基础上,主要通过对传统的辩证否定实现的;而对传统的辩证否定,重点在于对传统观点、传统材料的重新理解和重新诠释。由此,我不禁想到卡西尔和普列汉诺夫对"启蒙哲学"概念的解释。卡西尔在判定启蒙理性特征时,强调这是相对于守旧的形而上学思维而言,"从方法论上讲,虽是一种飞跃,经历了一个辩证否定的过程,但二者之间并无真正的鸿沟"①。普列汉诺夫指出:"启蒙学者的历史任务,是对历史继承下来的社会关系、制度和概念的各种材料,用根据新的社会需要和新的社会关系所产生的新思想的观点来作出评价。"②可以看到,萧萐父先生对"启蒙哲学"的理解和卡西尔及普列汉诺夫有相通之处,但应用于中国的特殊事实上情况有了新的发展。

另外,萧萐父先生还据于"改革开放的历史反思"来诠释"中国启蒙哲学",具有很强的时代意识。

人们不会忘记,萧萐父先生经历了"文革"劫难之后,于 20 世纪 80 年代初重新投身于中国启蒙哲学研究,是开始于"真理标准问题"讨论中对真理与民主关系的思考。《吹沙集》里以"启蒙胚语"为题收入的六篇文章,大都是他在新时期改革开放条件下,为寻求"传统与现代"的"历史接合点"而撰写的。他把真理标准问题讨论的展开视为"激发亿万群众革命智慧的解放运动",又在哲学思维的层面上,剖析了"文革"所带来的思想禁锢和意识蒙昧。这实际上是适应新时期哲学启蒙的需要,对历史上的启蒙哲学进行再反思,提出了新时期的哲学启蒙任务,体现了他"站在高级阶段回顾历史"、把握时代精神来探索"中国启蒙哲学"的宽广眼界和深沉理性。

正因为这样,我们可以看到萧萐父先生在诠释"中国启蒙哲学"概念时,不仅肯定其基本精神和普遍原则,而且注意提示其在不同历史阶段、不同时代条件下的不同内涵和倾向。他在考察明清启蒙学术的同时,提出戊戌时期资产阶级改良派的哲学启蒙、"五四"时期资产阶级民主派和早期马克思主义者的哲学启蒙,

① [德]恩斯特·卡西尔:《启蒙哲学》,顾伟铭等译,山东人民出版社,1988 年,第一章。
② 《普列汉诺夫美学论文集》,程代熙译,陕西人民出版社,1983 年,第 11 页。

称早期马克思主义者的代表李大钊"是中国近代史的伟大转折时期出现的新启蒙运动中最有远见、最有深度的伟大思想家"。对 20 世纪 30 年代到 40 年代共产党人发起的辩证唯物主义思想运动,萧萐父先生也作了高度评价,视之为"开辟了中国历史上哲学革命的新纪元,这是此前的中国哲学启蒙经过 300 年坎坷曲折的道路所达到的历史总结"①。这种联系中国近代哲学革命来理解早期哲学启蒙、又纳入马克思主义轨道作新的诠释以推动现代哲学启蒙的理解思路,大大丰富了"启蒙哲学"概念的历史内涵和时代意义。

三、中国哲学启蒙历程的新探索

萧萐父先生中国启蒙哲学研究的一个重要方面,是揭示和剖析哲学启蒙历程的阶段脉络,进而把握其整体特征。20 世纪 80 年代发表的《中国哲学启蒙的坎坷历程》及《活水源头何处寻》两文,勾画了中国哲学启蒙历程的大致途径和发展框架;1996 年出版的《明清启蒙学术流变》(与许苏民合著)一书,则有了翔实、丰富的资料佐证和细致严密的分析论述。

关于中国早期启蒙的发展历程,侯外庐做了许多开拓性工作。他提出了"三阶段划分"的设想,并就每一阶段启蒙思想的主要特点作了分析与评价。侯外庐先生的观点和见解在学术界有相当大的认同面,事实上,萧萐父先生正是在充分吸取侯外庐先生的研究成果的基础上作更进一步的展开和新的探索。他着眼于"传统和现代化的历史接合点",提出"从万历到'五四'"这 17 世纪以来的思潮发展是充满了文化更新、哲学启蒙的"坎坷"历史,以此把哲学启蒙的阶段性划分放到 400 余年整个文化思潮历史中加以考察,指出:"这一阶段,跨越三个世纪、两个朝代,从经济运动到文化运动的实际进程看,本质上是一个统一的历史过程,即中国资本主义与中国启蒙思潮萌芽、挫折、复苏、发展而历尽坎坷,终于'难产'的过程。"②

---

① 萧萐父:《吹沙集》,巴蜀书社,1991 年,第 28、30 页。
② 萧萐父:《吹沙集》,巴蜀书社,1991 年,第 36 页。

在萧萐父先生看来,这一过程贯穿着古老的中国走出中世纪而迈向近代、同时打破海禁而放眼世界那样的历史背景,又可区分为明清时期的早期启蒙和早期启蒙的近代影响这两大阶段。萧萐父先生花了极大努力,对此进行爬梳、整理、剖析,着眼于在学理的层面上揭示出启蒙思潮不同发展阶段上的争论问题、代表人物、主要思想观念及其精神实质,并特别就思维方式、价值观念演变的走向,力图清理出承前启后、一以贯之的主线。他以丰富的材料和清晰的分析,证明了这不同发展阶段上的启蒙思潮,有"普通、特殊、个别"三者的内在辩证关系,既贯穿着变易、矛盾以至对峙,又组为一统一乐章,真所谓"历史乐章凭合奏,见林见树费商量"①,呈现着多元而又统一的发展格局。

以《明清启蒙学术流变》一书为例,萧萐父先生把早期启蒙思潮划分为三个发展时期,详细分析、概括了每一时期启蒙思潮的主要观点和各自特点。一是晚明时期,即从嘉靖到崇祯约16世纪30年代至17世纪40年代的时期,分列了李贽、袁宏道、吕坤、李时珍、徐光启、宋应星等人的思想,从时代变革和传统学术蜕变进路上,剖析了这一时期的新理欲观、新情理观、新义利观、个性解放学说、理性觉醒和科学精神等启蒙思潮的要素,概括其特点为抗议权威,冲破因缚,立论尖新而不够成熟,进而断定这一时期启蒙思潮的中心一环是"人的重新发现"的近代式人文主义的初现。二是明末清初时期,即从南明到清康熙、雍正约17世纪40年代至18世纪20年代的时期。这一时期在晚期启蒙思潮的基础上,又提出以"人的自然权利"为出发点的政治哲学和科学上的知性精神,其中心环节是批判君主专制制度的初步民主思想的确立,以黄宗羲、顾炎武、王夫之、唐甄等为代表,思想动态上有"深沉反思、推陈出新、致思周全而衡虑较多"的特点。三是清中叶时期,即从乾隆至道光二十年,约18世纪30年代至19世纪30年代的时期。通过对戴震、袁枚、章学诚、焦循、汪中等启蒙学者思想的剖析,展示了这一时期"虽远离政治但却与经济发展和人民的感性生活有密切联系的理欲、情理、义利诸哲学问题的探讨",其思想动态的特点可概括为:"执着追求、潜心开拓,身

---

① 萧萐父、许苏民:《明清启蒙学术流变》,辽宁教育出版社,1995年,跋语。

处洄流而心游未来"，力图揭示这一时期启蒙思想在曲折洄流中的价值走向。①

至于明清启蒙哲学在近代的影响和流变问题，实际上是探索中国文化走出中世纪迈向近代进而实现其现代转化的重要环节。对此，萧萐父先生在许多文章、论著中都有涉及。例如，他在《传统·儒家·伦理异化》一文中指出：近代中国的思想家如谭嗣同、章太炎等接续黄宗羲、李贽、龚自珍、戴震等人的启蒙思想，发出一派反抗伦理异化的叱咤以后又延续发展出"五四"时期那种"哀其不幸，怒其不争"的反传统精神，进而断定它"并非什么传统文化的断裂，而正是四百年文化代谢中这一优秀传统的继承"②。再如《活水源头何处寻》一文也讲到："17世纪的早期启蒙思潮在19世纪后半叶的变法维新和反清革命的运动中显示了它的活力，在事实上成为中国近代化的内在动力和活水源头。这一点，在梁启超、谭嗣同、章太炎、熊十力等人的思想中都有一定自觉的反映。"③

在《明清启蒙学术流变》一书的《导论》中，萧萐父先生更明确提出"中国近代学者向明清早期启蒙学术的认同"问题。他把龚自珍确定为"早期启蒙学术的最后一位思想家和近代启蒙学术的第一位思想家"，着重通过对龚自珍启蒙思想的全方位剖析，揭示了近代启蒙学者在科学精神、民主思想和新道德观念等方面对早期启蒙学术的认同和所受的影响，令人信服地证明："从晚明到五四，历时三百多年，中国的启蒙思潮经过漫长而曲折的发展，就其思想脉络的承启贯通而言，确可视为一个同质的文化历程。"④

四、早期启蒙精神的新概括

研究中国早期启蒙的近代流变与现代转化，还必然涉及对其精神实质的剖析和概括。问题在于从什么角度着手理解，如何提炼、概括才更为合理。

---

① 萧萐父、许苏民：《明清启蒙学术流变》，辽宁教育出版社，1995年，跋语。
② 萧萐父：《吹沙集》，巴蜀书社，1991年，第142页。
③ 萧萐父：《吹沙集》，巴蜀书社，1991年，第95页。
④ 萧萐父、许苏民：《明清启蒙学术流变》，辽宁教育出版社，1995年，第24页。

在这一点上,萧萐父先生给自己规定了一个很高的目标。据我的观察,这个目标似乎想说明:明清启蒙学术"作为中国传统文化转型的开端,作为中国式的现代价值理想的历史根芽",是如何充当传统走向现代化的精神桥梁的。萧萐父先生在这样的意义上着意剖析、概括的中国早期启蒙精神,主要包括人文、科学、民主三项内容,他联系中西文化冲突、融合的历史背景,深刻地揭示其时代内涵和思维特征。

和杜维明等现代新儒家学者不同,萧萐父先生反对泛化"人文主义"的做法,以确定"伦文主义"和"人文主义"两者的区别来考察中国早期启蒙的人文精神,这是颇具特色的。在萧萐父先生看来,宋明时期的道学虽被人视为"新儒学",但仍以"道统"观念立论,其主流和本质是中世纪的蒙昧主义,理论核心在于辩护伦理异化的合理性,故其价值取向"不过是传统的伦文主义的哲学加工"。所以萧萐父先生主张"把17世纪崛起的反道学思潮视为中国式的人文主义启蒙的典型表现",强调:"正因为打破了宋明道学的伦文主义的思想桎梏,才产生了人文主义的初步觉醒,……才产生出与西欧文艺复兴时代的巨人比肩的人物。"①

从内容上讲,早期启蒙时代的人文精神主要是"个性解放的新道德"。《明清启蒙学术流变》一书花了相当大的篇幅分析和评述这种"新道德",肯定其"既有理性层面上对于理欲、情理、义利、个体与类之关系的哲学论说,又有感性层面上对于伦理异化的突出表现——诸如残害妇女的节烈、纳妾及'吃人'的忠孝观等——的激烈批判"②,指出明清启蒙思潮的民主精神在政治学说上的根本特点,"是从讲学的社会团体的原则引申出国家的原则,以对抗从家族制的原则所引申出的专制国家原则"。这在何心隐反对"局之于君臣以统天下"、主张"天下统于友朋"的思想中有明显体现,因为它肯定了"君臣的原则应该遵循师友的平等原则"。此外,萧萐父先生对黄宗羲的民主思想给予了高度评价,认为何心隐思想和东林党人关于"以众论定国是"的主张,构成了《明夷待访录》的先声",在此基础上,黄宗羲已发展出"近代式的人的'自然权利'"观念,"并且将批判君主

---

① 萧萐父:《吹沙集》,巴蜀书社,1991年,第59页。
② 萧萐父、许苏民:《明清启蒙学术流变》,辽宁教育出版社,1995年,导论。

专制与设计中国民主政治的方案十分明确而紧密地结合了起来"①。

至于早期启蒙思潮中的科学精神，萧萐父先生将之概括为："纯粹的求知态度""'缘数以寻理'的科学方法""从'重道轻艺'向注重技术科学的转变"三方面，涉及求知态度的提倡、思维方法的更新、工具理性观念的崛起的科学精神的三大要素。萧萐父先生主要以徐光启、方以智、王夫之、王锡阐、梅文鼎、李光地、颜元、戴震、袁枚、章学诚等人为例，对此三大精神要素进行分析，论证其既有吸取西学、与西方近代科学精神相似的一面，又指出其通过和传统学术的分化和转化、发展出自身特色的另一面，很好地体现了中国早期启蒙中科学精神的时代内容和民族风格。

总起来说，本文从四个方面分析了萧萐父先生的中国启蒙哲学研究，评价了他对此问题的"再思索"和新开发。不难看到，萧萐父先生积数十年心血执着探讨的这一课题，其指导思想鲜明、准确，贡献的新见解和新成就言之成理、持之有故。尤其需要指出的是，萧萐父先生的中国启蒙哲学研究力图从一个重要侧面推进马克思主义哲学的中国化，着意探索中西哲学各自传统中优秀因素的互补结合，寻求传统哲学精神近代化及其向现代转化的特定环节和途径，确实为当代中国哲学的发展和繁荣作出了自己的贡献。就此而言，可以说萧萐父先生所成就的哲学事业是 20 世纪中国哲学进程的一个组成部分，也是面向 21 世纪的中国哲学探索工程的一个组成部分。

诚然，中国启蒙哲学研究是个极为庞大、复杂的课题，困难也很多。所以，在探索过程中存在这样那样的不足和值得商榷之处，并不奇怪。举两个例子：一个是萧萐父先生继续侯外庐先生的思考方式，视明清时期启蒙为一种反理学思潮。尽管萧萐父先生自立了"多维两分"的考察进路来对宋明理学作具体分疏，以见启蒙思潮和儒学传统的因果关系，但这样做总有偏重于提示启蒙思潮和正统儒学之间的区别以至对立，似乎易忽视同一位启蒙学者身上的新旧杂陈与正统学之间的难言难别的复杂关系。事实上，即使像王夫之、戴震那样的人物，仍

---

① 萧萐父、许苏民：《明清启蒙学术流变》，辽宁教育出版社，1995 年，导论。

保留着相当的理学气息(尤其在道德伦理观念上),很难用单一的"反理学模式"来概括。另一个是关于李贽的异端思想在晚明启蒙思潮中的定位问题。也许出于"反理学模式"的考虑,萧萐父先生特别把李贽那样的异端思想家视为晚明启蒙思潮的"旗帜""代表"①,旨在强调其对旧的"时代意识"的"新的突破",这确是种深刻见解。不过,如果联系晚明思潮至清初的分化走向看,则许多思想家是以重返原始儒学为标帜(如李颙)、或从阐扬"经世致用"的传统精神出发(如顾炎武),只是适应当时时代需要,只和社会上新的经济成分、文化因素相联系而走向启蒙的。由此反观晚明思潮,总体上也属于这一类格局。举这两个例子是想说明萧萐父先生的学术观点和评判见解还有可以讨论的地方。但不容置疑的是,他的学术研究成果所达到的水平、深度应该充分肯定,给予高度评价,后来的研究者可以超过他,但无论如何不能绕开他。

(作者系华东师范大学哲学系教授)

---

① 萧萐父、许苏民:《明清启蒙学术流变》,辽宁教育出版社,1995 年,跋语。

萧萐父先生"明清启蒙" 学术史观之演进

秦 平

萧萐父先生被学界许为"哲学启蒙"派的领军人物,他创造性地继承并发展了梁启超、侯外庐等前辈学人重视明清之际早期启蒙思想的传统,提出"应当从我国 17 世纪以来曲折发展的启蒙思潮中去探寻传统文化与现代化的历史接合点"①,进而系统深入地阐述了他别具一格的"明清启蒙"学术史观,引起学术界的广泛回应,蜚声海内外。

通过对萧先生不同时期关于这一主题诸多成果的爬梳整理,我们发现,近半个世纪以来萧先生在思索"明清之际哲学启蒙"问题时,固然有其前后相承、一以贯之的精旨,但似乎亦客观存在着一个思想不断发展演进的过程。本文正是从这一理解入手,按照时代的线索,分阶段介绍萧先生"明清启蒙"学术史观从初始萌发到逐渐形成,再到臻于完善的具体演进过程。

一、60 年代:"明清启蒙"学术史观的萌发期

萧萐父先生关于明清启蒙学术的思考萌发于 20 世纪 60 年代,但这一思想

---

① 《文化反思答客问》,见萧萐父:《吹沙集》,巴蜀书社,1991 年,第 54 页。

的历史情结则可以追溯到他童年的生活经历。

萧先生童年时期生活在成都城西一座废弃的桑园中。一次,先生偶然从自家屋角的旧书堆里翻出几本清末同盟会印作革命宣传品的小册子,其中就有黄宗羲、王夫之等明清之际思想家的著作,书的封面上还注明"黄帝纪元"或"共和纪元",这些都引发了先生好奇的童心。加之时常听父辈谈起明清逸事,耳濡目染,感受到父辈对明清之际思想家们既敬佩又亲切的情感,愈发在他的"童心中留下深深印痕"[①]。

童年的心结化作潜在的历史情结,促使他在以后的求学生涯中不断思索:为什么明末清初这批学者在300年前写的书会对辛亥革命起到鼓动作用? 明清之际思想异动的意义究竟何在?

带着种种疑问,萧先生从20世纪40年代起先后阅读了梁启超的《清代学术概论》《中国近三百年学术史》,以及侯外庐的《中国近世思想学说史》,颇为心折。梁任公创造性地将明末清初的历史独立出来,作为中国学术思想发展的一个特定阶段,指明其反理学的思想性质,并将之与欧洲"文艺复兴"相媲美。侯外老更是以马克思主义为圭臬,用唯物史观统率大量史料,全面论述了17世纪的中国社会和启蒙思潮的特点,为科学地研究17—19世纪中国思想史奠定了坚实的基础。

"哲学的发展必须以前一代人已经达到的终点为起点,它以继承、综合或改造先行思想资料作为自己发展的前提。"[②]在努力挹注前辈学者研究成果的基础上,萧先生于50年代、60年代系统研究了黑格尔—马克思的哲学史观及其一系列方法论原则,特别吸取了历史与逻辑相统一的分析方法,以及"历史的发展只有到特定阶段才能进行自我批判和总结性反思"的论断,尤其关注对明清之际崛起的批判思潮中的启蒙因素的发掘。

以上思考的成果集中反映在他60年代完成的王船山研究的系列论文中。

---

① 《历史情结话启蒙》,见萧萐父:《吹沙二集》,巴蜀书社,1999年,第151页。
② 《哲学史研究的根本任务和方法问题》,见萧萐父:《吹沙二集》,巴蜀书社,1999年,第394页。

例如，他明确指出我国明清之际兴起的哲学思潮具有启蒙性质，"它虽然对封建专制制度和传统思想束缚进行了勇敢的斗争，批判了旧世界，却又不能发现一个新世界"①。又如，他十分重视从历史的角度展开哲学史的研究，重视吸纳被马克思主义改造过的历史与逻辑相统一的方法，并视之为哲学史研究的方法论基础。在此基础上，萧先生着重以王船山的个案阐释了这一启蒙思潮的具体进程和思想成就，明确指出王夫之是我国明清之际兴起的启蒙思潮中的哲学代表，并深入抉发了王夫之历史哲学中"依人建极"思想的人本主义因素，同时注意到王氏"天理寓于人欲"之论所具有的人性解放的光辉。

然而，任何一个思想家都不能完全脱离他所处的时代去独立创造。受当时盛行的苏联斯大林—日丹诺夫"左倾"教条主义之风的影响（日丹诺夫把哲学史定义为唯物主义和唯心主义两大阵营斗争的历史，强调意识形态领域的阶级斗争），萧先生这一时期的作品不可避免地具有时代的局限性。在他 60 年代有意识地完成的一系列历史上具有唯物主义和无神论倾向的思想家的研究中，明显带有"哲学战线上两条思想路线对立斗争"的色彩。

应该说，从思想家所处的阶级（这是一个经济范畴）来分析其思想产生的背景和性格，以及从唯物、唯心的认识分歧来评判其思想类型，都是极有价值的。但是，一旦把这些标准奉为放之四海而皆准的"金科玉律"，以此来排斥和取消其他思维方式的意义和价值，则不免沦为僵化的教条，而走向它的反面。

对于这种时代的局限性，萧先生后来作了严肃而深刻的剖析和反省。在《吹沙集·自序》中，他说道："由于历史形成的各种思想局限，往往画地为牢，作茧自缚，甚至迷信权威而丧失自我，这就难于作出创造性的学术贡献。"

综观萧先生 20 世纪 60 年代的研究成果，一方面基本上继承了侯外庐等人的启蒙理论，尚未真正意义地提出自己的学术史观；另一方面，就是在这些带有时代局限性的成果中，他关于哲学启蒙的思考已经萌发并逐渐形成自己的特色，并在诸多方面为日后正式形成系统的"明清启蒙"学术史观准备了资料。

---

① 《船山哲学思想初探》，见萧萐父：《船山哲学引论》，江西人民出版社，1993 年，第 3 页。

二、80 年代:"明清启蒙"学术史观的形成期

从 20 世纪 80 年代起,结合对改革开放的哲学思考,萧先生深入讨论了近代以来一直纠缠不清的中西文化关系问题。

首先,他历史地肯定了 16 世纪末开始的"西学东渐"运动对中国近代文化代谢发展的积极影响。他说:"中国文化走向近代,自中国人接触西学始。"①当时西方的传教士把一些科技知识作为宣传天主教的敲门砖输入中国,而中国的先进学者却出于一种历史的自觉把它们当作人类文化创造的成果来吸收,并且从一开始就表现出很强的主动性和开放性。如徐光启主张对异质文化应由"翻译"而"会通",进而求"超胜"之;方以智在系统地研究传入的西学后得出结论:"泰西质测颇精,通几未举。"在吸纳西学改造和发展中国固有科学传统的基础上,中国当时的自然科学(尤其是天文学和数学)的水平得到很大提高,其影响辐射到经济、政治和社会心理等各个层面。可以说,17 世纪的中国正是借助于西学东渐的触媒,开始了走出中世纪而迈向近代的民族觉醒和思想启蒙。所以萧先生把"西学东渐"视为中国近代文化代谢发展的杠杆,"确乎在中国现代化的文化代谢中起过引发作用"②。

但是,萧先生也注意到当时(乃至到近现代)人们对于中西文化关系存在一种奇怪的理解。根据对西学的态度,学者们被分为革新派和守旧派,然而这势成水火的两派却一致认同"西学源于中国",甚至不少博雅学者为此遍翻典籍,进行了大量的考证。萧先生认为,不能简单地把这种现象理解为人们的虚骄和无知,它"除透露出在西方文化冲击下人们意识中的某种畸形的民族情感以外,还似乎隐示着异质的西方近代文化一传入就产生了如何使之与中国传统文化相结合的历史课题"③。这实际上暗示了目前在世界上并行的、对流的两大思潮——全球

---

① 《认同·立异·会通》,见萧萐父:《吹沙集》,巴蜀书社,1991 年,第 32 页。
② 《活水源头何处寻》,见萧萐父:《吹沙集》,巴蜀书社,1991 年,第 92 页。
③ 《中西文化异同辨》,见萧萐父:《吹沙集》,巴蜀书社,1991 年,第 49 页。

意识和寻根意识——之间的辩证关系。一方面,现代化是世界思潮,它强调各种文化的互动和融合;另一方面,任何一个民族的现代化都是独立发展的,无论是本土文化的创造性转化,还是外来文化的吸纳涵化,都存在着一个"文化寻根"的问题,即探寻自己民族文化的根基,"这就构成了 20 世纪文化发展在对立两极中必要的张力"①。

在这一点上,萧先生赞同杜维明"要在自己的民族文化中找到源头活水"的主张,指出:"中国文化的现代化必须从民族文化传统中找到内在历史根芽,找到传统与现代化的历史接合点,否则由于旧传统的惰力在文化深层中的排拒作用,往往使新文化难以生根;而仅是外来文化的引进,则只能是表层文化的被现代化,而不可能实现民族文化整体的代谢发展和真正的自我更新。"②

接下来,萧先生系统论述了"历史接合点"的思想,这也是他的"明清启蒙"学术史观的核心内容之一。

萧先生主张,"历史的接合点"应该用"接力赛"的"接",而不是"结合"的"结"。萧先生的这一字之改遭到了一些语言学家的批评,他们认为"接合"的提法不符合现代汉语的规范。但这种看上去不太规范的提法,恰恰显示了萧先生独特的创造性,它实际透露出浓郁的历史连续性和强烈的主体参与意识,"因为主体参与的文化代谢发展,有一个如何'接力'的问题"③。而这与他对"传统"的独到见解一脉相承。在他看来,"传统,并非已经死去的历史陈迹,不仅仅属于过去;它是生生不已的文化生命,渊源于过去,汇注于现在(经过现实一代人的参与),而又奔流向未来"④。所以,"传统"并不是过去的、凝固的,它是活生生的、现实的;它不仅造就了我们,而且我们本身就生活在"传统"之中。"传统"也不是可以随意抛弃的东西,人们只能在某种文化传统中去承先启后,谢故生新,"任何人研究历史文化,清理思想遗产,无论他自觉与否,实际上都是在参与民族文化

---

① 《活水源头何处寻》,见萧萐父:《吹沙集》,巴蜀书社,1991 年,第 82 页。
② 《活水源头何处寻》,见萧萐父:《吹沙集》,巴蜀书社,1991 年,第 92 页。
③ 《文化反思答客问》,见萧萐父:《吹沙集》,巴蜀书社,1991 年,第 55 页。
④ 《活水源头何处寻》,见萧萐父:《吹沙集》,巴蜀书社,1991 年,第 79 页。

的接力赛,都是在寻找最佳、最近的接力点"①。

但是与历史的"接续"并不是与抽象的、模糊的历史的接续,我们只能与某种明确的、具体的历史传统相承接。选择怎么样的传统作为"历史接合点",完全取决于思想家的历史感。可以说,有什么样的历史感就会有什么样的传统观。而人们对历史的理解和感受不尽相同,加之历史传统又是多元的,因此人们对"历史接合点"的取舍也众说纷纭。

萧先生明确主张应当从我国 17 世纪以来曲折发展的启蒙思潮中去探寻传统文化与现代化的历史接合点。在他看来,明清之际在我国文化思想史上是一个特殊的发展阶段,社会经济的变动、文化心态的转型、价值观念的突破,汇合着社会政治的剧烈动荡,构成了这一时代"天崩地解"的生动图景。几乎同一时期,涌现出一大批文化精英,他们从政法、科学、文艺以及哲学各个领域掀起一代批判思潮,锋芒直指宋明道学,尤其集中抨击了道学家们把封建纲常天理化而以"存天理、灭人欲"为主旨的一整套维护"伦理异化"的说教,这就触及封建意识的命根子,典型地表现出中国式的人文主义的思想觉醒。

"伦理异化"的概念是萧先生最早提出来的。他认为除了宗教异化、政治异化、劳动异化外,还存在与宗教异化相类似的伦理异化,这一点在中国传统研究中尤其应该注意。

萧先生把中国封建社会视为典型的发达的封建社会,具有充分发展了的统治思想,表现为唐以前宗教异化的神学理论形式和宋以后的伦理异化的哲学理论形态。他论证的重点是"伦理异化"。

看重伦理的特殊价值是中国传统文化的根本特性之一,尤其是长期占主导地位的儒家传统,更是视伦理为人生践履的核心。萧先生反对将儒家传统看作单纯的学术思想或精神资源,认为儒家传统"主要是依存于以自然经济与血缘纽带为支柱的宗法农业家庭,以及由这样的家庭——宗族细胞按分层隶属原则而

---

① 《文化反思答客问》,见萧萐父:《吹沙集》,巴蜀书社,1991 年,第 55 页。

构成的宗法封建制"①;反过来,它又以"三纲五常"为核心的一整套宗法伦理规范来强化这个封建等级制度。

萧先生对儒家传统作了历史的考察。儒学在其早期阶段虽然保留了某些天命神权或神道设教的传统思想,但它重视人伦和人的实践智慧,从伦理实践的角度肯定了人作为主体的道德自觉的意义,尚未把伦理规范绝对化。秦汉以后,宗法伦理逐渐由相互的道德情感转变为绝对的伦常义务,由自觉的道德要求转变为强制的行为规范,并经董仲舒而形成宗教异化的神学思想。宋明理学则将这种神学发展为哲学。理学家们全力论证宗法伦理及其政治推广的纲常名教的神圣性和绝对性,于是绝对化的纲常名教日益成为主体道德自觉的异化的伦理教条,而个体的主体性逐渐消融于伦理纲常的网罗之中,个体存在的意义和价值完全隶属于超个体的异化的群体之中。这就是"伦理异化"。

伦理原本是人们为实现人的本质所形成的一定的社会关系和道德规范,人的价值正是在这些关系中自觉实践道德规范而得以表现的。然而,"当这些规范被架空,脱离了现实的人际关系,脱离了人的自我道德意识,而异化为一种强制、奴役、愚弄人的'天生铁定底道理'",就会出现"一个人的道德自觉性愈高,愈是最大限度地尽到伦理义务,也就愈是自觉地否定自我,乃至扼杀个人的道德意识"的荒谬现象。结果是人成为非人,人在实践道德规范中反而丧失了人的本质②。

萧先生把这种"伦理至上"的异化现象称作"伦文主义"。与人文精神截然相反,伦文主义是以维护伦理异化、扼杀个人的道德意识和独立人格为特征的。伦文主义和伦理异化的出现,突出地暴露了封建专制主义的弊端和宋明理学潜藏的种种负面。而明清之际的哲学启蒙正是在对宋明理学种种负面的否定性批判中开始的。一大批足以与欧洲"文艺复兴"时代的巨人相媲美的思想巨匠从人性、个性、理性各个方面对封建专制主义和伦理异化进行了猛烈的批判。

---

① 《文化反思答客问》,见萧萐父:《吹沙集》,巴蜀书社,1991 年,第 61 页。
② 《传统·儒家·伦理异化》,见萧萐父:《吹沙集》,巴蜀书社,1991 年,第 140—141 页。

首先，他们呼唤人性。王夫之对宋明理学的"存天理、灭人欲"颇为不屑，他明确提出"天理寓于人欲"，"人欲之各得，即天理之大同"，从封建天理观的网罗中撕开一个口子，恢复了人的欲望的价值和人性的尊严。

其次，他们呼唤个性。从李贽的"人本自治"到黄宗羲的"人各自私"，从王夫之的反对"无我"到龚自珍的呼唤"自我"，他们抨击封建专制制度用群体价值（"公"）来压迫甚至取代个体价值（"私"）的异化现象，从而肯定了个体价值——"私"——的合理性。

最后，他们呼唤理性。他们痛斥宋明理学"空言心性"的虚夸作风和"清谈误国"的迂腐麻痹，尊重新兴的"质测之学"，吸取科学发展的新成果和"核物究理"的新方法，提倡重实际、重实证、重实践的经世致用之学。

由此萧先生指出，17世纪中国崛起的哲学思潮就其一般的政治倾向和学术倾向看，已显然区别于封建传统思想和中世纪的异端，而具有了对封建专制制度和封建蒙昧主义进行自我批判的性质。然而，时代的局限及18世纪的历史洄流，又使得这一思潮还达不到资产阶级革命理论的高度，"它虽然对封建专制制度和传统思想束缚进行了勇敢的斗争，批判了旧世界，却又不能发现一个新世界"。这就使明清之际崛起的哲学思潮具有"启蒙"的性质。所谓"哲学启蒙"，应该既区别于中世纪的异端思想，又区别于资产阶级革命时期的理论。它与资本主义萌芽经济相适应，表现了封建旧制度崩解的征兆和新思想兴起的先声，是在特定条件下封建主义的自我批判。

综上所述，萧先生在20世纪60年代思考的基础上，于80年代正式形成了系统的"明清启蒙"学术史观。他从"西学东渐"的影响和中西文化的关系入手，确立了"历史接合点"的观念，进而剖析传统，集中清理了儒家传统的"伦理异化"现象，从而彰显了明清之际崛起的哲学思潮的反理学性质和启蒙意义。萧先生的这一学术思想突破了"两军对阵""汉宋纷争""朱陆异同"的陈旧模式，对"中体西用"论和"西学中源"说进行了双向扬弃，对于人们理解明清以来的学术流变及思索传统与现代化的关系，都有重大的启发意义。

三、90 年代以来："明清启蒙"学术史观的完善期

20 世纪 90 年代以来,萧先生的气象更加博大。伴随着对民族文化传统的更深层的反思和对世界文化潮流的更主动的回应,他进一步完善了"明清启蒙"学术史观。

首先,先生带着一种跨世纪的历史感全面回顾了建国 30 余年学术文化所走过的坎坷历程,指出历史留给我们的最深刻的教训就是把学术文化简单地、直接地、草率地政治化,用政治标准代替其他一切标准,用一元化的简单方法来处理学术文化领域的所有问题。这实际上违背了人类文化的根本特性和真理发展的客观规律。事实上,人类文化从来就是多元发生、多维进化,而又在一定条件下普遍趋同的,不可能有一元的、单一的进化模式;真理的发展也从来都是多元、多维、多根系、多向度的,在差异、矛盾、对立和竞争中互补互动,互相采摘吸纳、渗透融合,这才是真理发展的必由之路。

因此,他主张在思考文化问题时,应该以一种多元开放的文化心态和文化包容意识来回顾过去,疏观现在,展望未来。多元开放的文化心态是对过去简单一元化的超越和对世界文化多元化潮流,以及"文化中国"观念的回应;文化包容意识则是对传统文化资源深入挖掘的结果,它吸取了道家和《周易》的文化包容精神,继承了黄梨洲尊重"一偏之见"、乐闻"相反之论"的文化史观,主张把矛盾、杂多看作是统一、和谐的前提。多元开放的文化心态和文化包容意识是互相依存、互相促进的。只有能够包容差异,才有可能实现文化的多元;而具备了多元开放的心态,就会使文化更具有包容性。

紧接着,萧先生提出了"两化"的思想,即中国传统文化的现代化和西方先进文化的中国化。这是对他先前提出的"历史接合点"思想的进一步深化。他指出,"两化"是一个相互区别而又相互联系的"同一文化过程"。一方面,要使中国传统文化实现现代化,就必须吸收包括马克思主义在内的西方先进文化;另一方面,再好的外来文化,如果不与我们的民族特点和现实需要相结合,不经过民族

文化的涵化和现时代的选择,都不可能真正发生作用。

萧先生的"两化"思想从更为广阔的视域透析了本土文化的创造性转化和外来文化的吸纳涵化之间微妙辩证的关系,将"历史接合点"的观念放置到全球性与时代性的宏阔背景下,展示了一种活生生的、动态的主体意识和开放精神。还应该注意到的是,萧先生在此明确把马克思主义看作西方先进文化的重大成果,并提出马克思主义的中国化问题,这也体现了一种科学的、客观的学术精神。

最后,他还提出"理性启蒙"的概念,以区别于那种感性的、浮面的启蒙。具体地说,"理性启蒙"首先应着力于"价值取向"的转变,努力将传统文化中伦理价值至上的取向转变为人的全面发展,使人的主体性和人生价值在各个方面都得以平等实现。其次应关注"思维方式"的改造,把传统文化偏重整体综合、直觉体悟的思维方式改造为以实证分析为基础,统合感性、知性、理性的新的思维方式。最后应实现"行为方式"的创新,对传统文化中的公私、群己、义利观念慎加分疏,去其糟粕,取其精华,创造新的行为方式。

可见,20世纪90年代以来萧先生对"明清启蒙"学术史观作了进一步的完善。我们可以发现,先生这一时期的思考已经站在世界文化发展全局的高度,他的视野是广阔的,他的态度是自信的;又因为广阔而包容,因为自信而开放。这时,"启蒙"已不仅仅是挨打者的反思和落后者的追赶,它更是伟大的民族文化的自我振兴,它有勇气对传统文化进行解构和重构,有信心吸纳涵化优秀的外来文化,有力量参与世界性的"百家争鸣",从而为人类文化的新发展作出应有的贡献。

以上,我们以思想的初始萌发、逐渐形成、臻于完善的动态过程为线索,分阶段介绍了萧萐父先生的"明清启蒙"学术史观,从一个侧面揭示"明清启蒙"学术思想的独特价值,尤其是它对于人们深入思索传统与现代化关系问题的重要的启发借鉴意义。同时,也借以烛见萧先生近半个世纪以采"千淘万漉""吹尽狂沙"的学术执着与追求真理的热忱。我们有理由相信先生对于这一问题的"吹沙淘金"的思索过程将继续下去,并取得更加辉煌的学术成果。

(作者系武汉大学哲学学院副教授)

湖
海
微
吟

湖海微吟(续)

丙子冬,长沙石头禅学会中,曦曦小居士(十二岁)为大会一字不差背诵希迁著《参同契》,心生法喜,题赠一绝

曦曦朗诵《参同契》,颗颗摩尼落玉盘。

寄语草庵休怅望,童心最契石头禅。

丁丑春,曦曦小居士画梅花尼悟道诗意相赠,诗以谢之

巴山蜀水育灵根,心印拈花有夙根。

笔底冷香缘一嗅,蓦然春意满乾坤。

丁丑夏,曦曦小居士与濮叔畅游三峡,登古琴台,留影并有诗见投,喜而贺之

踏波出峡上琴台,万里晴川慧日开。

臂拟冰弦心作轸,慢吟低抹隐惊雷。

无忧无悔恃童心,湖海神交跨古今。

舜鼓南薰嵇散绝,渊明独好无弦琴。

附:曦曦原作

古琴台前遇故人,扬子江边逢知音。

伯牙应惜毁轸缦,子期悠然持臂吟。

弹尽心中岁月痕,何劳徽上指中寻。

先生为我快心曲,无弦琴奏无尽音。

（丁丑夏曦曦十三岁作于古琴台）

丙子冬,喜题刘译亮作《中国五百阿罗汉》一书

三乘初果阿罗汉,慧解神通各异情。

莫道醍醐同一味,佛门欢喜百家鸣。

一九八五年黄州纪念熊十力先生会中,冉云华君有赠诗,谨步原韵,奉和二绝

相逢石溪畔,眷顾古神州。纶贯圭峰意,禅源活水流。

苇航三万里,一笑聚黄州。心印无多语,碧岩云自流。

附: 冉君原诗

同分巴山水,识荆在美洲。

学德惊朋辈,诗酒两风流。

步德永《游伊岑岩》原韵

昙花百万年,开遍洞中天。神女霓裳动,芦笙笑语喧。

雪山鸣战马,翠幕隐流泉。海底蛟龙睡,何时出世间。

附: 德永原诗

游 伊 岭 岩

沉沉伊岭下,别有洞中天。月白云岩冷,林深鸟语喧。

雪山飞火炬,战马饮流泉。万里征途远,乾坤俯仰间。

再叠韵赠小韦

莫叹人间世,支离别有天。天风方浩浩,裈虱何喧喧。

献璧怜双足,采珠泳九泉。春兰在空谷,何必问人间。

一九八一年十二月参观旅顺、大连日俄战争遗迹,赠导游小毕

聆君一席话,胜读五车书。妖梦留残碣,枭魂泣废墟。

怆怀思痛史,昂首望征途。如此导游者,堪称海上珠。

劳君指点入山阴,花雨纷飞画里行。

慧语连珠频解说,海滨风物古今情。

临 江 仙

弹指华年怜逝水,罗浮疏影阑珊。采珠不畏海风寒,苍凉诗外语,潦倒醉中颜。 蓬岛仙游迷远近,双成笑指嫣然。雪莱诗句记胸间,童心犹未泯,蝶梦醒应难。

附:李锦全原词

临 江 仙

萧公赋诗三赠小毕,戏作芜词奉赠,传王子兴华一粲。

三赠诗篇留别念,归来意态阑珊。客中无奈五更寒,华年伤逝水,鹤发忆童颜。 捧岛迷津凭指点,英姿笑语依然,双成今又降人间。情天原是幻,蝶梦醒何难?

大连会中,辽大金仁安同志为打印简报及勘误表等,不辞辛劳,诗以谢之

感君字字刻珠玑,手巧心红不畏疲。

误勘得免传书讹,简报珍存郢斧几。

渤海重申言尽意,船山休叹解人稀。

编余一卷诗情厚,盛会勿忘打字机。

丙子初冬长沙石头希迁与曹洞禅学研讨会中

性海乘龟梦太奇,灵源一脉漫湘巇。

石头路滑参同契,曹洞丁宁善接机。

玄化通观涵渐顿,神游鸟道贯中西。

殊途百虑劳回互,昂首征程有所思。

戊寅冬,题曹玉清先生《陈抟易数玄机昭秘》一书

图南易数蕴玄机,绝学弘传事已奇。

河洛古今谜可解,阴阳时位理相依。

三才立极恢人道,万象归藏溯母仪。

圣智与民共忧患,果行育德复何疑。

辛巳初春,罗炽见示六十自寿九律,意蕴情真,谨依第七首韵奉和一首

梦醒蓬莱一笑通,相忘相响契幽衷。

峥嵘史笔排云鹤,曼宵诗情隔雨峰。

喜有鸿篇传铎响,愧无博议继姜风。

十年华盖偏忘老,踏雪寻春萼正红。

甲子(1984)秋登武当山

雨后云生漫翠岗,逶迤山路入苍茫。

此行不负平生愿,开放情怀上武当。

武当何处觅仙踪,深谷巉岩一径通。

十万民工血泪尽,空余山顶几堆铜。

《中国哲学史》书稿初成,聚渤海黑石礁审稿,呈编书组审稿组诸同志,征和

弹指三秋学累丸,居然秃笔笑江淹。

花城纫佩情初合,北海探珠意自闲。

九畹兰心凝史慧,五湖鸥梦入诗篇。

今朝同上黑礁石,莫向箜篌说路难。

附:诸友赐和

步莲父同志韵

李德永

为学恰似走泥丸,失足岂能怕水淹。

志在高山堪仰止,书归正传非等闲。

牵藤苦历春秋节,论史粗成上下篇。

返璞归真劳指点,工夫狠下不辞难。

读莲父同志七律有感次韵奉和

朱光甫

鸥贴波头似走丸,生花梦笔学江淹。

横流沧海心无静,独立层峦意等闲。

拍岸风涛迎瑞雪,间关词赋续鸿篇。

来年共赴长沙会,且引新歌不畏难。

和莲父老师

罗 炽

引玉辽东掷弹丸,螺旋曲径可通淹。

毛锥写秃书生累,风雨同舟战友贤。

喜看圆圈凝信史,愧无妙笔补鸿篇。

攀登不畏寒和暑,一笑当年蜀道难。

读蓬父征和诗步原韵三首

李锦全

其 一

小小寰球似弹丸,无涯学海孰通淹。

川江云气随舒卷,辽海波涛只等闲。

千古定评凭信史,百家异说待鸿篇。

会当直上蓬山顶,前路崎岖不畏难。

其 二

知君饱啖赖汤丸,不怕雷轰与水淹。

任尔千秋黄鹤去,终归一片白云闲。

珞珈山畔忘机括,望海楼头续逸篇。

何日乘风且归去,兰闺春暖莫为难。

其 三

函关一线锁泥丸,冷对千夫永不淹。

入世且随牛马走,忘机始觉鹤猿闲。

潜心谁解思玄赋,奋志还存自纪篇。

聚首天涯非易事,著书论道喜相难。

奉和蓬父同志"累丸"诗

王兴华

相聚天涯共累丸,三年奋笔谱新篇。

壮游喜结同心乐,敝帚欣闻逆耳言。

诲勉谆谆有前辈,切磋济济赖群贤。

中华自古多才智,昂首攀登十八盘。

步老萧韵试奉和一首以凑趣

刘蔚华

东方哲海多珍丸，须得慧眼救沉淹。

理璞成璀有妙手，并丽西翡岂等闲。

古献悠悠成旧业，今籍频频谱新篇。

故国风骚诚可佩，敢拓新域觅向难。

大连感怀奉和蓬父

张军夫

冷风热雨走泥丸，忧乐情怀范仲淹。

九曲涓流顽石破，一泓秋水白云闲。

海珠桥论螺旋史，黑石礁评急就篇。

几度奔波人易老，更番雕镂始知难。

和萧老师"累丸"诗韵

萧汉明

黑石滩头拾玉丸，几番风浪不曾淹。

花城盛聚无缘会，滨海观涛幸得闲。

两卷呕心结慧果，三秋沥血谱新篇。

天若有情应不老，凌峰趋步亦何难。

审 稿 会 志 感

吴熙钊

春暖羊城解冻霜，攀登蜀道苦难忘。

冷风热雨经三载，且看辽东抱弄璋。

再叠前韵答诸同志兼呈岱年石峻老师

乌飞兔走运泥丸,吞吐百家愧博淹。

雪夜饭牛忘苦乐,炎宵汗马等忙闲。

羞随宋玉夸风赋,愿学侯芭续逸篇。

渤海湾前冬日美,心扉余暖扫疑难。

北京定稿完成送别锦全兴华

三年萍聚散匆匆,别后相思几处同。

自有诗情通窅窕,岂因华盖失从容。

六编心史鲛人泪,一卷行吟郢客风。

世路崎岖且珍重,楚天寥廓盼飞鸿。

西江月·和锦全

史慧园圈参透,诗情缱绻升华。虎滩鸥彰美难夸,花雨飞天漫洒。

莫对秋林弹雀,且忘荒寺听蛙。孤山雪里隐红芽,岂向凤姨论嫁。

满 江 红

一九八二年元旦,旅居京华,夏甄陶同志家小饮漫谈,归志所感。

日月迴环,莽乾坤,又成一岁。自古来,史称董狐,智夸曹刿。大地沉浮谁作主,诗人歌哭缘何罪?盼叶公,早日驾真龙,翱天际。 管弦杂,咸池美;泥沙下,奔腾水。岂方针二百,卫巫能会?宋玉漫夸风赋好,卞和宁惜荆山泪。待来春,踏雪步荒湖,梅花媚。

言犹未尽,再叠前韵

羁旅京华,倦登临,悄迎新岁。牵情处,楚弓易觅,杞忧难讳。国步艰辛民有信,变风怨悱谁之罪?念当年,热血浇鲜花,情无极。 农足食,田园美;鱼相忘,江湖水。任采珠异域,果能心会? 一席香槟狐步舞,百年鞭扑英雄泪。待何时? 风雨霁神州,朝霞媚。

[附] 诸友赐和

满 江 红

奉和老萧八二年元旦词步原韵

李锦全

剖判乾坤,到如今,莫知纪岁。说春秋,肉食者鄙,功归曹刿。一局定能分黑白,千秋难以评功罪。问苍生,谁与主沉浮,言无际。　　重民意,分丑美;亲百姓,同鱼水。念情深安泰,何时重会。壮士空流秦殿血,男儿莫洒荆山泪。过严冬,风雪洗玄黄,春光媚。

满 江 红

奉和老萧词步原韵

夏甄陶

天地回旋,周复始,年年新岁。观今古,时轮作史,不为人讳。漫说谁何褒与贬,安论底事功和罪! 不声言,真理积长河,悠天际。　　钟灵秀,山湖美。冲污浊,长江水。愿通宣,多有邵公能会。砚底甘磨辛苦汗,樽前笑洒欢欣泪。更从容,步赏百花园,春光媚。

满 江 红

奉和蕙父同志,遥寄罗炽征和

王兴华

京西再聚,栖南院,共迎新岁。夜朦胧,寒风枯树,百结难讳。千载兴衰凭信史,卅年曲折论功罪。到如今,重振旧山河,难无际。　　尊贤良,去佞幸;开言路,纳民意。任波涛险阻,宏图可绘。唤醒国魂先烈志,浩茫心事匹夫泪。待重头,艰苦辟新途,山河媚。

辛未秋,书赠大江诸青

风雨神州赤子心,大江航道苦探寻。

明朝捧出鲛人泪,一颗珍珠一片贞。

丁卯(一九八七年)夏,欢迎台湾青年夏令营来访珞珈

一

喜看青春结伴来,汉皋兰茝为君开。

江山不负寻根意,华夏腾飞待骥才。

二

肺腑高吟火凤凰,如兰笑语溢华堂。

薰风一曲同忧乐,共祝龙年国运昌。

颂彭尘舜老师八十华诞

彭老高情未有涯,从容八十笔生花。

难忘广寺冰封日,一笑春温赐雪茄。

奠谭戒甫老师

一

早辨形名发隐微,新编屈赋煦朝晖。

葵心到老情弥笃,蚕颂云歌嗣远徽。

二

初探郢斧费朱铅,弹指湘波十二年。

今日工农共评说,倩君传语慰船山。

(1974 年 12 月)

一九八三年五月,参加内蒙古哲学会中赴呼和浩特市郊拜谒昭君墓

不觉荒寒塞外行,呼郊垂柳郁鬽鬽。

漠河青冢长相伴,麦秀芳畴四望平。

昭君坟上矗红亭,芳树环栽蔚蔚青。

蒙族姑娘偏爱舞,录音机伴踏歌声。

干戈玉帛几千秋,血染雕弓尽列侯。

独有王嫱留美誉,琵琶弦语最温柔。

一九八〇年十一月,参加洪山宾馆三百人会,读《决议》稿

卅年创业艰辛史,抚卷凝思百感生。

扁鹊多方药竟误,钟馗自醉鬼难擒。

错缘牯岭无端怒,泪洒雄碑万众声。

重写春秋董狐笔,是非功过要分明。

附:诸友赐和

锦 全 和 诗

为民务要全终始,革命安能顾半生。

有意栽花均已谢,无端作茧自成擒。

卅年创业空遗恨,一代英才失颂声。

但愿如磐风雨过,依然红日现光明。

罗 炽 和 诗

抛家瘁国开新史,卷起长缨唤众生。

枪杆驱邪劳指远,毛锥织鬼倩谁擒。

功亏只为奇峰祸,计失缘迷巫蛊声。

何用春秋董狐笔,百年功过自分明。

烃坤和诗

放歌六十费沉吟,苍生误我误苍生。

老子卖牛关难出,钟馗为佛鬼休擒。

五岳巍巍刑偶语,千村漠漠发新声。

宣尼空为获麟叹,汗青功罪正分明。

(1980 年 11 月 27 日)

怀蜀中老友

银桂溪桥画梦痴,珞珈风雪望春迷。

卅年龙血离朱眩,四野鹃声郢客悲。

蚕室有心存信史,蜗居怀旧和新诗。

相忘相呴相思意,红豆江南发几枝。

一九八〇年,玲儿何平结婚之喜,文筼贺以红梅一幅,欣然题此二绝,画境诗情,心期如一

雏凤原从烈火生,当年腊柳注深情。

今朝比翼长征路,莫畏崎岖赴远程。

薰风弦语护兰芽,春暖湖波漾碧莎。

雪后孤山情似旧,心期一片缀红霞。

一九八六年元月,首届中国文化学术会举行于上海龙柏饭店,会中口占

艳阳冬日浦江滨,胜友如云论化成。

莫道海山多阻隔,心同理异乐争鸣。

乙亥初秋,再游康桥,访友不遇,怅吟

查里清波月有痕,嵚崎楚客郁诗魂。

微茫姑射蓬山远,独忆湘灵瑟语温。

甲戌冬赴穗参加易学会,题美芝灵拟建之东方文化城基地

花都春信早,百卉正争荣。文物东方美,宏图象意新。

灵珠涵赤水,众妙隐玄门。当践重游约,相携入化城。

一九八七年春,傅伟勋教授来访,告以他在大陆、台湾及海外宣扬"文化中国"概念,颇得广泛认同,挚情可感,诗以答之。

文化中华不可分,血浓于水古今情。

百年风雨嗟回首,同赋《无衣》盼好春。

踏 莎 行

一九九七年十月,忽得日英电告,克正以肺癌弃世,不胜震悼,哀吟当哭。

总角同窗,春游结伴,嘉州琴韵峨山恋。灵签鸥梦证仙缘,双飞鸿影人争美。　海外偎依,青城缱绻。深情远寄罗兰卷。相呼蜜语话当年,那堪电讣来天半!

金缕曲·哭悼吉权

忍泪呼权子。怎匆匆,骑鲸入海,翛然长逝。虹影跫音银桂月,听雁追萤往事。忆别后,涉江兰芷。蒿目时艰重聚首,感秋词,意蕴深如此。宋、徐、我,庶相拟。　迎来新国齐更始,纵征途,几多曲折,几番朱紫。白眼鸡虫诗骨硬,浩荡风骚微旨。记寒夜凤歌难继。海内知交独再和,唤迅翁慷慨同心史。——魂归欤?泪难止。

(1999年2月)

奠 昌 璧

珞珈碧血初惊蛰，风雨神交五十年。

播火有心传大义，叩阍无路乐分煎。

每吟世事深忧患，独辟新科猛着鞭。

正待嘤鸣翔渤海，招魂何处泪潸然。

（2001 年）

悼念志宏同志

舍身入虎穴，奇谋破敌营。朝晖芙蓉暖，细雨珞珈春。

丹心昭日月，直道岂沉沦。浩荡东湖水，日夜悼忠魂。

一九八九年五月，赴京参加"五四"七十周年纪念学术会，返汉车中吟此

风雨鸡鸣七十年，曙光难破久霾天。

虽经龙战玄黄血，依旧鹃啼板荡篇。

监谤卫巫徒误国，行吟楚客忍投渊。

燃心再写春雷颂，唤起猖狂共着鞭。

感时用鲁迅诗韵，寄吉权征和

问天呵壁此何时，泪洒雄碑抗瓦丝。

国际悲歌唤龙种，青春鹃血染红旗。

颠狂画盅千夫指，涕泣燃萁七步诗。

历史洄流竟成谶，招魂何处赋无衣。

附：吉权和诗二首

素心几度忆当时，已作春蚕更吐丝。

自是庙堂崇髦蛊，堪惊娇贵尚黄旗。

洄流细味西风颂，放眼狂吟咏史诗。

苦念斯人长寂寞，相思路远怅披衣。

硝烟欲漫上林时，愁倩春阳系柳丝。

廉暗讳言三遗矢，风狂柱柱八竿旗。

辇前再拜臣愚诏，殿外齐歌主圣诗。

濯罢沧江人往矣，冷岗千仞试征衣。

孺子歌

狱火难消孺子痴，飞霜六月雁归迟。

桃花潭水谁能测，侠义风承外祖师。

狱火难消孺子哀，东方蜃气幻楼台。

百年龙种纷成蚤，何日胥潮动地来？

狱火难消孺子愁，十年愤悱付东流。

屈吟贾哭翻成罪，长夜樗蒲兴未休。

读史纪怀二律

缧绁难移孺子心，无私无畏自坚贞。

情痴宁效荆山哭，道直甘闻独漉行。

蚕室谤书留信史，丹炉烈火炼金睛。

雪郎少作西风颂，垂老狂吟泪欲倾。

（1990 年 3 月 9 日）

顶天七尺自昂藏，坦荡甘迎扑面霜。

聋听三人成市虎，惊心歧路竟亡羊。

天街碧血风雷隐，蚕室青春岁月长。

痛惜寸阴勤炼骨，胥涛飞处再飞觞。

（1990 年 4 月 20 日）

断 肠 韵 语

一九九八年五月二十八日,大量便血,被医临床诊断为"结肠癌",决定手术切除,局麻卧手术台上,颇闻医生护士们谈说声及刀剪剖割运作声,默想飘萧,诗以自遣。

一

厄尔尼诺民物秧,维摩示疾亦平常。
随缘消业愿无尽,抛却牢愁几段肠。

二

何来二竖暗兴妖,潜入腔肠鼓血潮。
肠镜B超擒住了,蟠泥秋藕岂能逃。

三

龙门史笔何崔嵬,蚕室悲歌日九回。
写到人间断肠事,屈吟贾哭慨同归。

四

解空龙猛千篇论,钵水投针慧业传。
一笑提婆肠委地,血凝百字重如山。

丙子除夕七三初度

七十三秋弹指过,几番勤奋几蹉跎。
峨峰缥缈诗心远,稷下峥嵘剑气多。
祓禊湘西春意动,行吟易北绿洲波。
阴晴圆缺俱无悔,同倚高楼发浩歌。

附:

锦 全 和 诗

弹指光阴都易过,人生在世总蹉跎。

追寻往事遐思远,回首前尘入梦多。

老去一心应止水,归来四海已扬波。

菩提悟道无牵挂,漫步江头发浩歌。

杨 坚 和 诗

驹隙光阴转瞬过,有书名世岂蹉跎。

朝宗南岳播敷远,执教东湖沾溉多。

剥复推移阳著象,风雷激荡海扬波。

斡旋国运看今日,哲艾更当一放歌。

(1997 年 3 月 17 日)

己卯岁杪七六初度

七六驹光叹逝波,此生不负此娑婆。

孤山诗梦梅魂洁,四海交游处士多。

自笑吹沙留蹩躠,岂因华盖废吟哦。

蜗居岁暮怀人远,目送飞鸿发浩歌。

附:

钟树梁学长和诗

信是身轻一鸟过,雪松今日昔频婆。

学无缧绁宜高举,诗有阳秋不患多。

蜀国山川萦窘寐,楚天云彩助吟哦。

造神奴性须真扫,此世应参傅子歌。

香港法住学会创建二十周年诗以致贺

法住香江二十年,潮音花雨粲南天。

凌空鸟道原无迹,匝地灵根自有缘。

涵化中西文化美,融通儒佛慧心圆。

日新富有唐衢广,钵水投针待细参。

庚辰秋严寿澄先生自新加坡寄示《天南阁诗存》,谨依《山居即事》韵奉和一律

海客倦浮槎,苍茫何处家。壶中忘日月,笔底泛烟霞。

忧国情难遣,劳生梦有涯。阮车休怅望,前路自然赊。

一九九九年初,罗浮山道家文化会中,题筠画梅

梅蕊冲寒破雪开,罗浮山下缪斯(Muse)回。

神州春色东南美,吸取诗情向未来。

王珉毕业北归赋此送行

一

雏凤南翔又北归,学成物理尽精微。

愿君莫唱箜篌引,踏过崎岖嗣远徽。

二

斧破坚冰路已通,愚公有子慧心雄。

今朝喜听春潮曲,快马加鞭赴远峰。

庚午年(一九九〇年)题白鹿洞书院

濂溪去后紫阳来,通志研几易道开。

七百年间神不死,天心数点雪中梅。

癸酉夏,漫汗欧游,得访荷兰莱登 Keukenhob 花园古木参天,繁英匝地,恍如仙境,步吟得句

> 童心景慕古荷兰,精卫愚公志可攀。
>
> 填海英魂应不死,郁金香沁艳阳天。

李浚川先生有《医易会通精义》专著,余曾拜读受益,乐为之序;先生近又有《咏怀》诗作,意蕴情真,谨依其第二首韵,敬和一律,颂德祝寿,先生印可否?

> 医易会通岂寻常,仁者襟怀智者量。
>
> 兰佩荷衣思屈子,累丸抱甕继蒙庄。
>
> 洞观情志探新宇,燮理阴阳拓归章。
>
> 绛帐悬壶浑忘老,栖栖一代不辞忙。

戊寅秋诗贺朱伯崑教授七五华诞

> 未名德斋静,初访论船山。世事沧桑易,天心剥复还。
>
> 明夷呼大壮,鼎革庆临观。不负莱翁意,东西梦欲圆。

戊寅冬,参加第二届道家文化会于罗浮山中黄龙观,论道之余,诗以纪怀

> 采珠玄圃入黄龙,岂为丹砂访葛翁。
>
> 别囿探源儒道合,澄怀观变古今通。
>
> 碧霄鹤翼诗弥远,白首松云梦最浓。
>
> 尊隐奇文谁会得,全真风骨正葱葱。

缅怀侯宝垣道长

一九九八年冬,第二届道家文化国际会举行于重建之古黄龙寺,得再谒侯老,目击道存,默无多语。会中吟得小诗题壁,侯老欣然印可。别后数月侯老仙逝,而此情如昨,迄今弹指又已三年矣。

侯老乘鹤去，翛然赴上清。青松延学脉，甘棠荫远人。
大道联国际，高风乐众声。朗朗黄龙寺，殷殷印可情。

壬午年(2002年)春寄滋源北美

隔海嘤鸣鸟道通，乘桴抱器此心同。
水西门外星如梦，长岛洲前月似弓。
笔底沧桑诗未老，望中儿女气争雄。
相期濠上忘言处，孔乐佛悲一笑融。

庚午秋贺华西大学八十校庆

扬马风流杜宇魂，中西璧合粲黉门。
传来医术人争誉，译去诗篇韵最温。
团结歌声迎解放，腾飞国运赖斯文。
八旬华诞峰前路，花雨纷纷扫劫尘。

壬午秋侯外老百年诞辰颂

蓟下烽烟笔仗雄，胸悬北斗气如虹。
旷观古史知难产，密察新芽继启蒙。
细案船山昭学脉，钟情四梦寄幽衷。
百年风雨神州路，永记前驱播火功。

浣　溪　沙
贺武大校报创刊八十周年

秋肃春温八十年，黉门学脉赖薪传，火中鸣凤更翩翩。质测通几齐愤悱，道心诗梦共婵娟，相期同着祖生鞭。

己卯春贺岱年老师九十华诞

巍峨泰岱蠹中流，椽笔纵横七十秋。

直道而行存浩气，疏通知远蕴芳猷。

渠山学脉堂庑广，今古思潮漫汗游。

综合创新立意美，从容闲步百花洲。

辛巳年（2001 年）秋，新辑校《熊十力全集》出版，喜题

八卷雄文慧命传，无穷悲愿说人天。

神州鼎革艰难甚，唤取猖狂共着鞭。

苏民新著《人文精神论》出版，读之神旺，走笔题此

湖波激滟月孤明，秋水伊人梦最真。

欲采蘋花珠化泪，凤歌一曲唤芳春。

一九八八年新加坡儒学会中，韦政通兄对拙文论及"伦理异化"部分，特加评赏，
后又纳入《中国论坛》，可感！2002 年珞珈之会，政通兄原慨诺莅会，同仁属望殷
殷，惜未果愿，吟望久之，寄此致意

难忘星岛直心谈，独赏新诠异化篇。

隔海思君云树渺，琴萝荒径怅盘桓。

壬午秋珞珈会中缅怀伟勋

长岛初逢一笑融，吹沙掘井此心同。

善歌敢哭诗情美，统合层分慧力雄。

察异观通儒佛道，互为体用印西中。

招魂楚些吟秋水，传火丹柯炬正红。

金 缕 曲

壬午除夕,七九自省

寂寂"常关"内。有娇儿,懵懵莽莽,呱呱坠地。七九流年如逝水,不觉垂垂老矣。漫回首,此生无悔。锦里琴书岷峨雪,酿就诗魂莹粹。墨池畔,"虹"飞"飙"起。慷慨燃心"春雷颂",更纵横"稷下"多英气。罗浮梦,青城美。　凯歌欢舞迎新纪,谁料得,征途曲折,抑朱扬紫。踏过劫波风骨健,默指天心梅蕊。拼余热,汀耕不止。毕竟知交多处士,竹林下,煅灶犹堪睡。虎溪笑,谁能会。

自注:

(1) 我出生时,父母为中小学教员,家住成都城西一废桑园内,短墙有门,上书"常关"二字,盖取陶渊明《归去来辞》"门虽设而常关"意。我初生时瘦弱,父母虑难养,因取小名"莽子",呼为"莽莽"。

(2) 中学成县中,乃扬雄故居,有扬雄洗墨池诸胜。高中时与同班同学合办《Rainbow》英文墙报与《空谷跫音》中文墙报,曾出《狂飙》诗专号等。入武大后,投身学运,曾写《春雷颂》朗诵诗。毕业返蓉主编《西方日报·稷下副刊》,文风尖锐。

(3) 庾信《小园赋》:"嵇康煅灶,既暖而堪眠。"

绍崑兄宝蕊嫂翱翔四海,归栖汉上,建"心斋工作坊",开展心理治疗培训,卓有成绩,置新居于丽岛花园,杯酒相招,诗以谢之

　　双鹤翔归汉水滨,精神澡雪见精神。

　　隆情眷顾珞珈隐,丽日繁花再贺春。

壬午夏贺《开卷》二周岁

　　梦醒罗浮一笑痴,偶从开卷觅新知。

　　书生自有逍遥处,苦乐忧悲尽化诗。

读杨宪益先生《银翘集》,丙子春

杨公名世译红楼,骂鬼呵神岂打油。

棍瘩官绅齐切齿,《银翘》一卷抵《春秋》。

己卯年(1999 年)珞珈山首届楚简学术研讨会中

神明呵护墓门开,楚简缤纷出土来。

学脉探源儒道合,人文成化古今谐。

不传而禅公心美,道始于情六德恢。

嘉会珞珈瞩新纪,东方旭日扫阴霾。

附:饶宗颐先生和词

水 龙 吟

珞珈山楚简之会,蓳父先生先有诗。余以不克赴荆门,别筵之顷,依东坡韵,谱此阕辞行。座上有任继愈、庞朴、陈国灿、郭齐勇诸君子。时己卯重阳前一日也。

自无创见惊人,休论故纸争雄处。穷泉启椟,苍天雨粟,兴会标举。黄鹄依然,朱甍宾至,八方译语。看滔滔江汉,煌煌勋业,驰玉轪、逐鸾驭。 树复青青如此,笑游踪、宛如飘絮。天涯尊酒,故人高踽,心期同许。风雨重阳,黄花对客,清吟箕踞。且忘机白首,明朝翠霭,又征骖去。

己卯冬,澳门回归大庆之日,选堂书画展开幕,谨缀芜句,以表贺忱

海上鹏飞宿雾开,饶公笔底起风雷。

百年精卫于归赋,万顷诗情向未来。

满 江 红

奉得饶公电传隽词,奖誉有加,感愧莫名。谨步原韵,敬和一阕。

父母乾坤,予兹藐,安能绝物。怅回顾,蓬山路邈,江湖浪阔。幸有芳情吟桔颂,偶存卮酒邀明月。笑吹沙,躄蠢印泥涂,飘华发。　　苌弘血,真成碧?嵇康灶,果堪息。感清晖恒照,砺我诗骨。涓子琴心公独理,淮南桂树谁攀折。问薑斋,何事最关怀?立人极!

附:饶公原词

满江红·寿萧教授蓂父八十

与子论交,记秋老、可人风物。喜提挈、船山师友、文澜壮阔。已化神奇从臭腐,更开云雾见新月。问何来,玄旨澈微茫,心如发。　　潇湘恨,波澄碧。参洙泗,异端息。漫登山临水,道家风骨。俯仰扁舟天一瞬,商量绝学胲三折。借长江,作酒进冰壶,春无极。

王而农《蝶恋花》词有"渺渺扁舟天一瞬"句,君究心王氏学,所造尤卓越。

(饶宗颐俶稿)

金 缕 曲

癸末岁杪,八十自省

耄耋休言寿。怅平生,韶光半掷,愧酬师友。蓬岛迷茫泥路滑,自择何须搔首。幸葆此童心无垢。桃李芬芳腾巨浪,更峥嵘,笔剑冲牛斗。少年游,诗情茂。

星穹德律萦怀久。解连环,螺旋结构,乐章合奏。平等智观儒佛道,偏赏蕾芽新秀。仁桥头,承前启后。历史洄流多激漩,弄潮儿争作擒龙手。丹柯炬,燃心授。

癸未除夕八十初度

乾坤父母予兹藐，逝者如斯不可追。

湖海微吟诗未老，童心依旧恋芳菲。

联　语

挽李建章先生

一生执著追求，淡泊明志，精神家园里，自寻孔颜乐处；

几代绵延慧命，呼唤启蒙，心潮激荡中，别有屈贾情怀。

挽曾启贤同志

挚情无间死生，莹化诗魂，虽痛历劫波，童心不改，蓦似见双鹤翩跹，同归玉宇；

谠论流誉中外，忧深国运，任迎头风雨，素志弥坚，更那堪黉门冷落，又失精英。

挽黄焯老

冶训诂形音为一炉，学脉继章黄，正字释经，旁世皋比能有几；

历雨露风霜而不改，诗心通屈贾，招魂树义，黉门薪火自相传。

挽继哲

戎马青春，际会风云，功在锦城和平解放；

崎岖岁月，宅心高远，魂萦祖国一统宏图。

挽梁漱溟先生

无我为大,有本不穷;

先生不死,风骨峥嵘。

挽 余 正 名

银桂溪桥,珞珈风雪,五十载忧患知交,亲如手足情如水;

巴蜀弦歌,江城化雨,一百年育才大业,历尽波涛志更坚。

挽 谢 国 治

当年雪压珞珈,慷慨悲歌,君最年少;

如今春融江汉,凄凉笛韵,何处招魂。

挽 刘 宿 贤

风雨曾经,落红岂是无情物;

沸涛应息,捐璧休忘抉目人。

调兵山明月禅寺开光法会暨月照法师升座典礼

月印万川,慧光普摄十方朗;

照而恒寂,灵根遍植众心安。

黔灵山弘福寺赤松大师开山三百三十周年纪念

慧业无涯,雪蕴梅魂明剥复;

海印三昧,波涵月影辨中边。

贺北海当代文化沙龙

合浦珠还,霞蔚云蒸文化美;

银滩春早，鸢飞鱼跃海天宽。

贺李锦全教授八十华诞

霁月襟怀仁者寿，

春风讲席隽才多！

贺章开沅教授八十华诞

集千古之智，融东西之长，走自己的路；

究天人之际，通古今之变，成一家之言。

贺新儒学国际会

多维互动，漫汗通观儒佛道；

积杂成纯，从容涵化印中西。

原 版 后 记

编完此书之后，不免欣慨交心。

所欣者，数十年吹沙所得，终于选出长短文五十篇，诗词百首，得以辑存，在当前学术著作出书极度困难的条件下，巴蜀书社竟慨然惠允出版，高风可钦！卞和献璞，反遭刖足；扬雄草玄，徒供覆瓿。居今吊古，幸如之何！

所慨者，数十年风雨征程，德业蹉跎。殷勤笔耕，多成废纸，而鼠齿之余，仅有零篇。今虽稍得辑存，实难补其空白。抚今追昔，怅如之何！

此次蓉城之行，目的之一是掬诚拜候中学时的启蒙老师，适罗孟桢老师旅游昆明未得见。然去岁曾奉得罗老师寄赐之新著《古典文献学》，珍若拱璧。日前幸得拜见贾题韬老师，谈锋之健，宛如五十年前，蒙贾老师以新著《论开悟》一书相赠，更喜出望外。抚念生平，其所以走上学术道路，勉力驰骋古今，全赖从中学时起就受到几位启蒙老师言传身教的智慧哺育和人格熏陶。至于大学时代传道授业诸师，冷峻清晰如万卓恒师、朴厚凝专如张真如师、渊博钦崟如金克木师，海教谆谆，终身不忘。20世纪50年代中赴京进修，曾问学于汤用彤、贺自昭、冯芝生、张岱年、任继愈诸师，饫闻胜义；又从李达老、杜国庠、侯外庐、吕振羽诸前辈的立身治学风范中得窥矩矱，深受教益。自负笈墨池，至今半个世纪过去了，而老师们播入心田的火种却始终在延烧。这是丹柯燃心为炬的圣火，永远也不会熄灭。从我自己切身的感受，确乎如此。如果《吹沙集》还有一些读者，我相信，他们也会从中多少感受到这种"心火"之传。

苏渊雷老师和温少峰同志乐为本集题梦得诗句,笔走龙蛇,俱为珍品,衷心铭感!

这本集子的编校出版过程中,巴蜀书社编辑部同志给予了热情的关注,提出了中肯的建议,谨此深致谢忱!

1990 年 10 月记于成都

跋

萧萐父先生的《吹沙集》《吹沙二集》《吹沙三集》，分别于 1991 年、1999 年、2007 年由四川巴蜀书社出版。目前，这三本集子在图书市场上已经很难买到了。正值萧萐父先生诞辰百周年之际，武汉大学哲学学院中国哲学学科点同仁决定重新出版先生的三卷《吹沙集》，一是纪念先生诞辰百周年，二是满足当前学术界对萧先生思想研究之需要。

本次《吹沙集》(三卷本)重新编辑出版，在个别有明显笔误与校对之误的地方，做了一些修改与校订。个别地方在不影响原文意思的前提下，编辑做了一点技术性的处理，使表达更加规范。其他地方一仍以前版本之文字。但由于出版时间仓促，可能还存在少量的校对错误。敬请读者与家属谅解。

此合函三卷的《吹沙集》之出版，得诸胜缘之和合，一是感谢中国出版集团东方出版中心的领导层之支持，慨然应允再版之事。二是感谢武汉大学人文社会科学研究院张发林副院长之大力支持，可以灵活使用一些研究经费。三是感谢陆琼女士在出版经费方面之支持。四是感谢刘旭君为新版《吹沙集》(三卷本)所做的索引，方便读者与研究者检阅。最后感谢冯媛等一众编辑的辛苦工作，抢时间以保证该书能在纪念会议之前出版。

先生自 2008 年 9 月 17 日辞世，一晃已经十六个年头了。但先生的思想与风骨，经过时间的淘洗而愈发显示出其价值与光辉。明清早期启蒙说与中国现代性的诸论述，在当前"中国式现代化"的历史运动中，更彰显了其思想的前瞻性。其"诗化哲学"和"新人学"的精神追求,以及其哲学史"纯化"与"泛化"相结合的方法论之提点,对于中国哲学的主体性、民族性之关注,亦为当代中国哲学和汉语哲学之探索,提供了现代哲学的思想成果。萧先生呼吁我们要敢于参与世界范围的"百家争鸣",既体现了他那个时代的哲人们的广阔胸怀与民族文化自信,也将激励我们后继者,要在精神最艰深的领域里勇敢地参与到世界各民族的竞争之中,为人类的和平、繁荣与合理化的发展,贡献中华民族的智慧。

吴根友小识

2024 年 4 月 8 日

索　引

人名索引

冯契　5,176,306,347

梁启超　33,35,37,126,195,243,
　　317,327,338,339,356,360,361

李约瑟　3

吕振羽　24-26,28,135,195

王船山　17,27,31,32,71,72,75,76,
　　87,90,91,95,98,109-111,113,
　　114,117,128,134,169,182,183,
　　188,304,312,328,335,361,362

莱布尼茨　3,5,155

康熙　3,154-156,355

白晋　3,155

熊十力　15-18,20-22,135,173,
　　176,178,182-188,211,225,315,
　　317,338,341,356

李达　24,25,28,161,167,169,176,
　　328

汤一介　22,26,131,188

康德　22,37,40,168,188,264,271,
　　286,288,293,294,301,302,310,
　　311,313,314,316,321

黑格尔　35,37,40,109,146,223,
　　245,249,264,268,290,293,294,
　　298,299,308,314,316,319,325,
　　361

鸠摩罗什　150,244,247,257

慧能　151,278-282,284,285,290

法藏　151,266-278

龙树　150,241-244,253-258,260,
　　262,268,269,281

陆九渊　225-228

徐光启　3,154,155,355,358,363

李大钊　161,217,348,354

李之藻　3,154

方以智　3,5,154-156,291,334,

343,358,363

柳宗元　90,109,111,223,280,291,
　299

刘禹锡　151,280,291,299,322,345

列宁　68,86,196,246,249,251,258,
　271,314,322

侯外庐　24,25,28－34,36,38,39,
　126,135,156,195,196,317,327,
　338,350,354,358,360－362

马克思　38,40,41,44,146,151,195,
　223,245,249－252,264,290,294,
　302,309,314,316－319,351,361

恩格斯　40,41,44,109,146,151,
　152,156,246,249,250,258,275,
　309

王夫之　14,33,42,44－70,79,90,
　91,93,94,97,108,117,126,128,
　129,136,142,143,146,156,172,
　175,176,181,196,202,203,212,
　299,307,311,327－338,343,355,
　358,361,362,367

王船山　17,27,31,32,71,72,75,76,
　87,90,91,95,98,109－111,113,
　114,117,128,134,169,182,183,
　188,304,312,328,335,361,362

邓晓芒　307

许苏民　43,130,201,297,354

吴根友　126,136,210,212,229

名词索引

明清启蒙　4,172,175,196,214,215,
　337,348,353－357,359,360,362－
　364,367－369

中体西用　4,160,198,307,343,367

西学中源　4,307,343,367

全盘西化　4,307,308

国粹　4,166

自我批判　5,6,41,42,305,317,333,
　342,343,351,352,361,367

两化　6,7,179,180,368,369

全球意识　7,179,363

寻根意识　7,17,179,183,187,364

百家争鸣　5,7,26,173,178,179,
　327,369

汉学　8,9,37,166,194

经学　10,14,18,184,218,317,318,
　336

楚简　8,9,13,14,174

封建专制主义　16,335,366

思维模式　5,16,187,199,224,349

时代精神　9,16,178,208,309,322,
　350,353

中国化　6,7,16,151,152,169,177,
　179,180,223,224,237,244,247,

248,258,266,278,282,323,358, 368,369

近代化 3,16,200,214,229,317, 343,356,358

长期性 25

停滞性 25

周秦之际 29,193,298

明清之际 17,27,29,32,42,57,62, 90,110,129,134,155,156,177, 180,183,188,193,196,197,199, 202,214,298,307,308,316,317, 319,327,328,334,343,352,360 - 362,365 - 367

不合时宜 30

早期启蒙 29 - 37,39,41,42,117, 129,134,180,193 - 197,199,200, 298,305,308,327,333 - 338,354 - 358,360

唯物史观 25,34,35,37,194 - 196, 199,201,345,350,361

社会史 24,28,29,37,38,134,194, 211

思想史 13,18,25,29 - 34,36 - 39, 70,101,106,126,134,135,180, 188,193,195,196,210,211,222, 223,225,250,314 - 317,319,337, 361,365

马克思主义 7,24,29 - 31,35,37, 40,41,146,152,161,168,169,178, 179,194,195,200,210,211,234, 248 - 251,253,264,294,308,310, 311,315,317 - 319,321,345,347, 349,350,353,354,358,361,362, 368,369

道德律 40,313

自由 16,17,22,30,33,35 - 37,39 - 41,44,45,49,50,52,55,57,65,70, 127,134,156,176,187,198,230, 235,289,301,305,306,323 - 325, 335

实践 6,13,14,18,40,41,74,91,95, 105,107,109,120,121,135,137, 145,146,169,172,181,187,199, 208,212,220,222,227,228,230, 238,250,263 - 265,297,302,304, 306,329,330,366,367

理性 17,30,36,37,40,68,90,91, 93 - 95,109,122,123,181,197, 226,227,252,263,264,278,286, 292 - 294,297 - 299,301 - 306, 319,325,329 - 331,340,341,348, 353,355,357,358,366,367,369

历史接合点 41,42,171,180,199, 214,215,298,305,338,342,344,

347,348,351,353,354,360,364,
365,367－369

辩证法 26,41,71,72,95,99,101,
109,145,146,151,152,171,172,
174,175,210－212,223,228,238,
242,246,250,251,255,258,259,
265,275,276,290,292,294,299,
309,311,328,330－333,340,348

返本开新 41,198,199

现代性 35,40,41,52,194,195,227

自我更新 41,42,199,352,364

文明冲突 6,42

会通融合 42

以理杀人 42,156,308,334

人的发现 42,197

均天下 62－64,68,117

依人建极 42,71,72,74,118,362

人禽之辨 75

本体论 17,85,94,119,133,187,
246,250,251,256,282,293

启蒙 3,14,17,29－31,33－35,39－
43,71,90,101,156,158,159,161,
171,172,177,180,183,186,188,
193,196－199,202,214,215,218,
305 － 310, 316 － 321, 328, 330,
333 － 335, 337 － 339, 341 － 344,
347－363,365－367,369

主体 6,7,18,42,45,74,107,125,
143,160,187,196－200,207,225,
226,228,251,252,271,277,283,
288,300,303,316－319,330,339,
340,348,364,366,369

自觉 4,5,12,16,17,32,33,40,42,
75,76,108,109,117,120,121,134,
160,161,171,176,177,183,188,
196,208,217,225,226,235,298,
299,302,305,306,308,311,317－
319,325,338,343,349,350,356,
363,364,366

辩证法 26,41,71,72,95,99,101,
109,145,146,151,152,171,172,
174,175,210－212,223,228,238,
242,246,250,251,255,258,259,
265,275,276,290,292,294,299,
309,311,328,330－333,340,348

忧患意识 15,18,119,206,341

中体西用 4,160,198,307,343,367

范畴 17,22,32,84,90－92,95,100,
110,111,114,131,137,138,140,
141,170,181,196,212,247,254,
256,257,260,263,265,272,278,
283,297,300,309,314,316,325,
328,331,339,345,352,362

文化多元 22,177－179,188,368

资产阶级　156,158,161,294,333 -
335,338,342,343,351,353,367

无产阶级　158

乾嘉盛世　156

文艺复兴　9,33,35,37,42,153,156,
193,195,305,328,333 - 335,338,
343,350 - 352,357,361,366

人文主义　33,42,114,117,133,156,
178,180,330,336,340,345,352,
355,357,365

形而上学　99,138,139,171,181,
210,212,245,251,259,288,291,
294,301,302,319,329,353

唯心主义　94,115,225,242,245,
250 - 252,255,271,284,285,291,
329,362

唯物主义　31,161,228,242,250,
251,258,270,289,294,309,330,
340,354,362

玄学　244,246 - 248,282,322,323,
345

佛教　22,150 - 152,159,173,177,
188,222 - 224,237 - 272,275,
278 - 283,285,288 - 292,322,323,
340,347

历史洄流　157,200,298,319,334,
367

真理　6,17,26,27,30,132,135,146,
157,161,182,197,211,223,238,
241,243,245,251 - 253,257 - 265,
269,270,276,277,282,283,285 -
289,292,300,307,321,331,336,
353,368,369

异端　36,63,115,126,132,157,177,
196,197,308,323,324,327,333,
342,351,359,367

绝对　40,50,68,69,82,83,101,105,
110,141,146,197,199,246,251,
252,258,259,262,263,275,276,
286 - 288,292,294,301,331,332,
366

无限　22,140,187,188,209,246,
251,259,286,287,325

真谛　259 - 264,277,294,301

阿赖耶识　271

佛性　224,241,252,279,282,289,
290

认识论　17,27,187,246,251,285,
286,288,291 - 294,317 - 319,330,
331

现象　26,33,35,50,71,72,85,89,
93,102,111,147,153,158,201,
219,243,245,247,250,253,256,
258 - 260,264,265,268,272,273,

276,277,281,283,292,293,306，308,314,316,329,336,338,345，350,363,366,367

本质 31,33,35,37,40,42,73,74，76,84,85,131,133,147,170,196，198－200,211,215,245,250,251，253,255,258－260,265,277,281－283,285,286,293,294,305,319，322,325,329,330,342,345,354，357,366

百家争鸣 5,7,26,173,178,179，327,369

人化 104,143,330

人道 16,18,30,71－74,81,103，104,116,123,187,206,339

矛盾 4,6,18,27,34,36,44,68,70,74,90,95,97－101,106,108－110,117,124,126,130,131,133,138,140－143,158,170,171,187,188,194,200,210－212,215,245,246,250,255,258,259,269,270,276,278,284,288,297,298,301,308,312,322,327,328,331－333,336,345,355,368

文化创造 18,148,154,187,363